JN017571

昭和芸能界史

戦後の芸能界は
如何にして発展したか

昭和32年～
昭和40年篇

塩澤幸登

戦後の芸能界は如何にして発展したか
昭和三十二年〜昭和四十年篇

昭和芸能界史

●目次

装幀　　中村　健
本文デザイン　茉莉花社編集部
校正　　新村摩耶
日本音楽著作権協会許諾（出）第2204124—201号

まえがき　昭和と西暦のはざま

戦後の日本社会というか、現代の日本の大衆の歴史意識は微妙に異なる二つのくくりによって作り上げられていると、わたしは考えている。

一つは昭和二十年代、三十年代、四十年代、……という区分である。そして、もうひとつは西暦。一九四〇年代、一九五〇年代、そして、六〇年代、七〇年代、八〇年代、……という区分。

わたしたちは一九＊〇年代という言い方と昭和＊十年代という言い方を、無意識のうちになんとなく使い分けている。はっきりした使い分けの意識があるわけではなく、なんとなく使っているのだが、確かに、わたしも原稿を書くときのその場その場で昭和と西暦を使い分けて書いている。昭和で表記するとなんとなく物足りない感じがすることがあるし、西暦の表記でも同様に感じることがある。

ものごとを昭和で考えたり、西暦で考えたりしている。これはいったい、なにを意味しているのか。

私見だが、わたしたちはおそらく、二つの違った歴史意識を無意識のうちに使い分けているのである。社会的現象にはトラッド（伝統的事象）とトレンド（流行）があるが、概略としては、トラッドは日本固有の歴史にかかわり、トレンドは多くが外国からの輸入文物に関係している。

それほど画然とした明確なものではないかも知れないが、なんとなくである。

もしかして、わたしたちは二つの生活意識に分裂したところで生きているのではないか。

それは端的にいうと、トレンドに身を任せるワクワクするような楽しさとトラッドなものに囲まれたときのしっとりとした落ち着き、と書いてもいいかもしれない。いつの間にか、わたしたちは生活様式のことをライフスタイルと言い換えるようになっている。つまり、生活様式とライフスタイルと、生活の価値基準が二つあるのである。

生活の基準が二つある、というのはこういうことだ。伝統的な生活要素でいうと、わたしたちは年初にお正月をお祝いし、七月八月にお盆を迎えてお墓参りに出かけ、大晦日には年越しそばを食べたり、ところによってはブリの切り身を夕ご飯に食べる。一方で、同じ生活の流れのなかで、外国伝来の風習であるクリスマスを祝い、バレンタイン・デイにチョコレートをもらい、サンクスギビィング・デイには扮装して盛り場をねり歩いたりする。

これらの生活様式と、わたしのいう［二つの歴史意識］、西暦と昭和、平成、令和の使い分けは、正確にではないが、グズグズの関係で相関しているのではないか。そして、このことはわたしたちの意識のなかの文化の多様性というか、日本人の精神の二重の構造と深く関わっているのではないかというのがわたしの疑念である。

和洋折衷という言葉がある。そもそも近現代の日本はアジアとヨーロッパのあいだで揺れ動く存在だったのだが、この段を受けると、和は昭和であり、洋は西暦、ということになる。ＩＮとＯＵＴ、ＯＮとＯＦＦ……、生活はいくつかの考え方で二つに分けることができる。

もしかしたら、ハレとケとか、陰と陽(かげとひなた)、公と私などの考え方も、この場合、時代はもっと古く、相手はアメリカ、ヨーロッパではなく中国文化かも知れないが、この類に属する区分法なのかも知れない。

あるいは、もっと概念をひろげて、アジアと欧米、都市と農村、地方と中央、農業と工業というような近代日本の枠組みのなかで成り立った二項対立、さらには土俗と近代、保守と革新、右翼と左翼、大衆文学と純文学、歌謡曲とポピュラー音楽というような文化的な二項対立にまで話をひろげてもかまわないのかもしれない。

冒頭からどうしてこんなことを書くのかというと、本書で扱おうと考えている時代が昭和三十一年から四十年まで、言い換えると、一九五〇年代の後半、一九五六年から一九六五年までの十年間であるからだ。後段で、詳しいことを書くつもりだが、この十年間は、大ざっぱに書くと、ほぼふたつに区分することができるというのがわたしの考えである。

［1］昭和三十一年～昭和三十五年（西暦一九五六年～一九六〇年）
［2］昭和三十六年～昭和四十年（西暦一九六一年～一九六五年）

ねじれた形になるが、こういう区分けを意識して原稿を書き進めようと思っている。

昭和（A）、西暦（B）とふたつに分けて時代を考える。これは大衆文化の流れとうねりについての自分の考え方である。

そのふたつを仮にAとBとすると、それらは互いに相互干渉的に力関係を持ち、政治的にいうと［1］は岸信介によって国家の政治的な形や国際関係を整える時期、［1］と［2］の間に六〇年安保闘争があり、［2］は池田勇人によって国内の経済や大衆の生活を豊かにして形を整えていく時期、［2］の五年間には東京オリンピック、そしてそれは池田勇人の死によってあとを佐藤栄作に受けつがれ、進歩発展していく（反面で、衰退没落していく部分もある）。昭和四十一年以降、つまり西暦一九六六年以降の日本社会は社会の発展（高度経済成長）のいきすぎの修正（反体制運動などのポストモダンな動き）の受容の時期、軌道修正のさまざまの運動があり、それが社会を混乱させることもあった、そういう時期と考えることができると思う。この本のページ数の関係もあり、その部分は次巻に譲る形になる。

これはあくまでもざっくりした、おおまかな流れとうねりである。

この時代の若者たちは、安保闘争をくりひろげて、アメリカ帰れ！　などと叫びながら、かたわらでロック&ロールに熱中し、ジーパンをはいて、アメリカのテレビ番組を面白がった。ビートルズに熱狂しながら、ベトナム戦争に反対し、「米帝（アメリカ帝国主義）は日本から出ていけ！」などと叫びながら、デモ行進した。

これは、つきつめて考えると矛盾した生活態度だったと思うが、わたしたちはなんとなく、そういうものだと思って暮らしていた。そのふたつの心情、端的にいうとナショナリズムとコスモポリタニズム、民族主義的な意識と世界市民的な意識なのだが、このふたつの意思がこの時代の大衆文化の歴史を作り出した、わたしはそう思っている。

そういう考え方をしないと、例えば、昭和三十二年に新しい時代を象徴するスターになった俳優の石原裕次郎の主演映画が大ヒットするかたわらで、嵐寛寿郎が明治天皇に扮して主演した新東宝映画『明治天皇と日露戦争』という懐古的な軍国映画が、戦後の映画史上最大のヒット作といわれて二千万人の観客を動員している、一見、矛盾して見える二つの現象が同時に起きた原因を、論理的に説明できないのだ。大衆文化は、この時点ですでに明らかに重層的なのである。

そして、不思議なことだが、この昭和と西暦と、ふたつの合わさる五年ごとの区切りに、時代の境界線にふさわしい、何らかの大事件が起こっている。例えばそれは、安保闘争だったり、東京オリンピックだったり、全共闘運動だったり、ということである。

これらのことをひとつの大きな歴史の流れで説明するには、日本の社会に多様な意識といわないまでも、二つの大きな文化の流れが存在していると考える方が自然ではないか。その流れの有り様が、歴史的なさまざまの事象の裏に存在している、そう考えると文化的な出来事の必然性が説明しやすくなる。

わたしは昭和三十年代の十年間はまだ、政治が社会の設計図を描いて、その設計図のなかで社会の変化を促すことのできる段階にあり、そこでは政治家と官僚が計画を立案して、社会インフラを整備し、新しい経済や文化の活動の概ねの方向性を決めて、その成長と発展を自在に促すことの可能な時代だったと思う。

そういう昭和三十年代をつくり出した最大のキー・パーソンはすでに名前をあげたように岸信介と池田勇人である。岸は昭和三十二年に総理大臣になり、積極的に日本の国際化と産業社会化をめざして、アメリカとのあいだでも一九六〇年（昭和三十五年）に日米安保条約を改定している。この条約によって日本はアメリカの属国になったという人もいるのだが、アメリカ社会という巨大な市場への日本製品（メイド・イン・ジャパン）の進出が可能になり、同時にアメリカの軍事力を背景にした国家権力の余碌にあずかって、軍事費に大きな予算を割くことなく国家の運営ができた。

これらの布石によって、岸から総理大臣の地位をバトンタッチされた池田勇人は、さまざまの産業奨励の手を打って、国民にわかりやすい、『所得倍増計画』なるものをスローガンに、爆発的な経済成長を実現させて、日本社会は大いに発展していったのだった。そして、その到達点（実は通過点だった）が昭和三十九年（一九六四年）の東京オリンピックという国家揚げての、国民総参加のイベントだった。

政治的にいうと、昭和三十二年（一九五七年）の岸内閣の発足から、一九七二年（昭和四十七年）七月の田中角栄の総理大臣登場までの十五年間は、岸信介、そのあと、池田勇人、つづいて佐藤栄作によって、順調に（順調ではなかったという説もあるが）高度経済成長をつづける日本経済とそれに合わせて変容する社会の動向に合わせた舵取りが適切に（適切ではなかったという説もあるが）おこなわれていた時代、と書くことが出来るだろう。

昭和三十年代から一九七三年、石油ショックまでの日本の経済成長率は左表のようになっている。

経済成長率の推移

昭和31（1956）年	6.8%
昭和32（1957）年	8.1%
昭和33（1958）年	6.6%
昭和34（1959）年	11.2%
昭和35（1960）年	12.0%
昭和36（1961）年	11.7%
昭和37（1962）年	7.5%
昭和38（1963）年	10.4%
昭和39（1964）年	9.5%
昭和40（1965）年	6.2%
昭和41（1966）年	11.0%
昭和42（1967）年	11.0%
昭和43（1968）年	12.4%
昭和44（1969）年	12.0%
昭和45（1970）年	8.2%
昭和46（1971）年	5.0%
昭和47（1972）年	9.1%
昭和48（1973）年	5.1%
昭和49（1974）年	−0.5%

日本経済は終戦後、何年かデフレ（大衆の購買力不足）で苦しんだ時期があるのだが、朝鮮戦争が様相を一変させた。隣国の戦争で好景気というのは、人聞きが悪いが、実際にそうだったのだから仕方がない。実にここから日本経済の離陸（テイク・オフ）が始まったのである。図表は昭和三十一年からのものだが、経済成長はすでにかなり前から始まっていたのである。
わたしは小学校高学年の社会科の授業で「日本は世界で十三番目でイタリアのつぎの国力だけど、経済成長率は世界一だからいずれ経済大国になるだろう」と教わった記憶がある。

この数字は、大衆的なレベルでひとりひとりの消費能力の向上、生活水準の上昇、快適な（素敵な）生活への憧憬（願望）と結びついている。

この数値の一覧を見てもらうとわかるが、毎年、驚くべき数字が並んでいる。昭和三十一年から四十八年にかけての十七年間の経済成長率の平均数値は9・1％、これはつまり、昭和三十一年に一〇〇であったものが歳月の経過のなかで、十七年後に四〇〇・二になっていることになる。

つまり、このことを給料の話ですると、月給二万円だったものが、同年齢で八万円になっていることになる。しかも、月給二万円だった若者は十七年後には中年のおじさんになっていて、年功序列的な賃金体系によってさらに多くの月給を得ている、ということなのだ。

昭和三十二年にフランク永井が『一三八〇〇円』という歌をヒットさせている。これは、一カ月間働いてもらえる給料の額を歌にしたものだった。昭和三十二年にこの金額であったものがその十年後の昭和四十二年にいくらになっているか、経済成長率に沿って計算すると、三九一五〇円、約三倍の数字になる。

これはわたし自身の体感としてもその通りで、昭和四十五年に新卒で出版社に入社したときの初任給が月給五万八千円だった。それが四年後、昭和四十八年、わたしは二十五歳だったが、あの近辺の月給はたしか十一、二万円くらいもらっていたという印象である。つまり、わずか四年のあいだにほぼ倍増しているのだ。

これは出版界が景気よかったというか、わたしが入社した会社が未曾有の好景気のさなかにあったということなのかもしれない。あのころはそういう、モーレツな賃上げの時代だった。

一方で、物価の動きを調べると、例えば、白米10キロの値段はこういうことである。

昭和30年	８４５円
昭和35年	８７０円
昭和40年	１１２５円
昭和43年	１５２０円
昭和47年	１６００円

これを生活費全体の値上がりとして考えると、この間にほぼ二倍になっている。

このふたつの話を組合わせると、一般論としてだが、収入は四倍以上になり、物価は二倍になっている。

つまり、人々の生活は往時の倍のお金を使って、暮らすことが出来るようになっているのだ。

本書で取りあげる九年間というのは、大衆のそういうフトコロ具合のなかで繰りひろげられた文化営為なのである。そして、このフトコロ具合にも大きな、好景気、不景気を背景にした大きなうねりがあるのである。おおまかにだが、この間の景気波動はこうなっている。

神武景気	昭和29年12月〜昭和32年6月	31カ月
なべ底不況	昭和32年7月〜昭和33年6月	11カ月
岩戸景気	昭和33年8月〜昭和36年12月	42カ月
オリンピック景気	昭和37年1月〜昭和39年10月	24カ月
40不況（証券不況）	昭和39年11月〜昭和40年10月	12カ月
いざなぎ景気	昭和40年11月〜昭和45年7月	57カ月
第一次石油ショック	昭和48年10月	

いざなぎ景気の終焉については説明が必要だと思うが、ネットの［日本の経済史］という項目のなかにこんな説明がある。

1970年になると大阪万博による特需で、好調であったものの、1971年8月15日にリチャード・ニクソン大統領がブレトン・ウッズ協定により固定比率であったドル紙幣と金との兌換を停止を宣言（ニクソン・ショック)、その年の12月にスミソニアン協定が結ばれ、今まで、1ドル360円だった固定相場が1ドル308円の固定相場に変更された。

しかし、その後この協定による体制(スミソニアン体制)は長続きせず、日本は1973年2月から固定相場制から変動相場制へと移行することとなった。この為替レートの変更や変動相場制への変更による為替差損で輸出産業は大打撃を受け、高度経済成長期の終焉を迎えた。

(この時期の経済・産業の構造)経済・産業構造は農業や繊維などの軽工業から、鉄鋼・造船・化学などの重化学工業が中心となった。この経済成長で雇用の拡大が続いて失業率は3%を切り、完全雇用が達成された。個人所得の増大により可処分所得が増加したことから、耐久消費財の需要も増加し、三種の神器や3Cの登場で消費ブームが発生した。

更に、日本初の高速道路として名神高速道路の開通と共に自家用自動車市場が拡大し、日本のモータリゼーションが始まった。一方では、石炭から石油のエネルギー政策の転換によって炭坑の廃坑による労働争議が勃発し、地方と都市部の所得格差の拡大、公害の発生やそれによる環境破壊、東京一極集中による地方の過疎化、大企業と中小企業との二重構造が顕著となった。

戦後昭和の経済成長の歴史のなかで、経済成長率がマイナスになったのは昭和四十九年、石油ショックがあった翌年だけで、この年はマイナス0・5%だった。右記の景気一覧のなかには不景気の時期もあるのだが、それでも経済成長率は5・0%を割りこむことはなかった。

だから、映画や石炭のように産業的に衰退していく部分はあったが、全体として、社会は高度な経済成長に基づく、高揚感に包まれていた、と書いてもいいのではないかと思う。

昭和三十年代初期から一九六〇年代末期にかけての大衆文化はこの社会状況のうえに花開いた、と書くことができる。〝昭和元禄〟というのは政治家の福田赳夫の造語だが、確かに、そういう繁栄に耽溺する側面を強く持った時代であった。

昭和の大衆文化の中心的なジャンルは［芸能］であったとわたしは思っている。

芸能は文化の花園だった。可憐な花、大輪の花もあれば、妖しい隠花植物、毎年ごとに美しい花を咲かせる花木もあった。また、みどりみずみずしく真っ直ぐに育った樹木もあった。

それらはいずれも、ふたつのキー・エポック、［昭和］と［西暦］、歴史的な伝統と外国からやって来る文化という異なる土壌のないまざった地上に、見るものにあざやかな印象を与えるものとして存在していたのである。

第一章

1957（昭和32）年 大衆心理と教養主義

［昭和三十二（一九五七）年］

まず初めに、この一年間の政治経済的な動向を書くと、こういうことである。

一月三十一日　石橋湛山首相、病気のため岸信介外相を臨時首相代理に任命。
二月二十三日　石橋内閣総辞職。
三月二十一日　自民党大会、岸信介を総裁に選出。
五月十七日　東北開発促進法公布。これ以後、各地の同法を公布。
五月二十日　岸首相、東南アジア六か国訪問に出発。
六月十六日　岸首相、訪米。日米共同声明、安保委員会発足を準備。
八月一日　在日地上米軍撤退開始発表。
九月十日　文部省、教員勤務評定制度について通達。
十月一日　日本、国連安保理事会非常任理事国に当選。
十二月六日　日ソ通商条約調印。
十二月十一日　百円硬貨発行。
十二月二十二日　日教組、勤務評定反対闘争のため「非常事態宣言」発表。

めまぐるしく次々と、国と社会の形を整え、世界との関係を作り直す作業がつづいている。

ここから、昭和三十五年の六月までの三年半あまりは、激浪の時代、疾風怒濤の時代と書いてもいいかもしれない。追加的に説明すると、五十五年体制の確立の後、昭和三十一年に鳩山一郎が日ソ和平の交渉に精力を注いだ最大の理由は、実はこの国と仲直りしておかないと国連で理事国として発言できないという大きな理由があった。

鳩山は昭和三十一年末にソ連との国交回復の共同宣言をまとめあげたあと、病気を理由に総理大臣を辞職、石橋湛山にバトンを渡す。石橋も病気持ちだった。石橋内閣は短命で、わずか二ヶ月で終焉、このあとすぐ、岸信介が登場する。岸は戦犯として逮捕され、巣鴨プリズンで三年余をすごし東京裁判で無罪放免になったあと、しぶとく政治家として復活し、遂に総理大臣として敏腕を振るうことになった。〝妖刀〟の異名を持つ鬼才、学生時代には東大法学部で、のちに東大法学部の部長を務める吾妻栄と成績の優劣を競う優秀なインテリで、戦前は北一輝らの国家社会主義者とも接触したこともあった。岸の基本は国が栄えなければ民は

岸信介は1896（明治29）年生まれ。1987（昭和62）年没。行年90。山口県生まれ、東京帝大卒、官僚として満州国建国に関わり、のちに満州国で果たせなかった産業社会の夢を戦後の日本社会で実現させた。

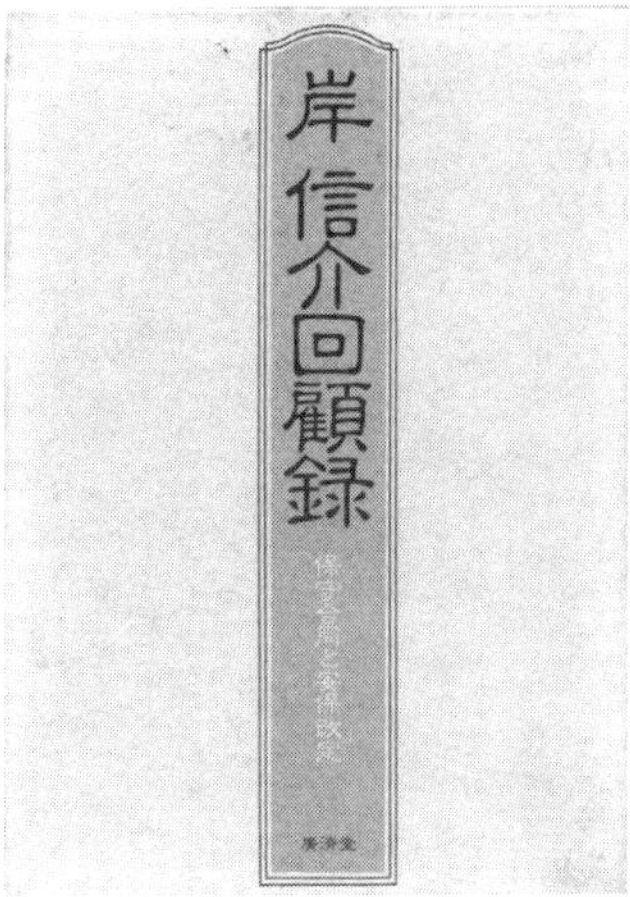

『岸信介回顧録』は昭和58年も廣済堂の発行。保守合同と安保改定の副題がある。A５版645ページの大著だ。

滅びると考える、国家社会主義的な心情を持つ人だった。（1）

彼は自分の夢みた理想の産業国家を満州に実現しようとしたキャリアも持ち、戦時中、東条英機に乞われて、内閣の商工大臣を務めた人である。岸は満州国で自分が果たせなかった理想の産業国家と近代化された市民社会の夢を、逆に改めて、五十五年体制下の日本社会で実現しようとしたのだった。

総理大臣になってからの岸は、めざましいというか、めまぐるしい活動を開始する。彼は外相も兼任し、本来は反米的な思想の人だったのだが、この状況ではアメリカと同盟する以外に日本が世界で生きていく方途はないと見定めて、親米政策に一挙に舵を取り、安保条約の不平等性解消に取り組むことになる。

政府はまず四月の参議院で攻撃的核兵器の保有は違憲の統一見解、そのなかで岸は自衛権の範囲なら核保有も可能と答弁。五月から六月にかけて東南アジア歴訪、途中、台湾で蒋介石と会談。同月、訪米。二十一日、日米共同声明、新時代の到来を強調、日米安保委員会設置、米地上軍撤退を発表。七月、内閣を改造。藤山愛一郎を外相に任命。日中国交回復国民会議を結成。十月には国連の非常任理事国となり、十二月にはソ連とのあいだで日ソ通商条約を調印。素早く、あっというまに打てる手をすべて打っている、という印象だ。

安保条約の改定問題については、後段（第四章）であらためて論じる。

それで、芸能界である。一九五七年の芸能界に於ける最大の事件というと、たぶん、つぎの三つではないか。

①美空ひばり、顔に塩酸かけられ事件。
②新東宝映画の『明治天皇と日露戦争』の大ヒット。
③石原裕次郎の大活躍。日活映画の隆盛。

昭和三十二年の芸能界はまず、①のことを最初に書かなければならないだろう。それは正月早々に起きた。歌謡界と映画界、両方の世界での第一位の人気者であった美空ひばりの【塩酸かけられ事件】。まず話の伏線だが、ここに至るまでのひばりの状況はこういうことである。ひばりの独白だ。

昭和三二年、私は、人気の絶頂に立っていました。この年、デビュー以来のレコードの売れ行きは総計五二〇万枚をこえました。出演映画七九本。昭和三一年度の所得二一〇〇万円。毎日平均二五〇通のファンレターが届き、後援会の会員は七万名をかぞえました。満二〇歳の成人式をようやく迎えようとしている若い娘にとって、それは桁外れの収入でした。（2）

竹中労の著作『美空ひばり』のなかに、その部分だけ、ひばりの書いた（書いたことになっている？）一人称の文章があるのだが、そこからの引用である。所得二一〇〇万円というが、いまの金額に換算すると昭和三十一年の銀行員の初任給が五千六百円、それがいまはだいたい二十万円くらいだから、およそ35・7倍、七億五千万という金額になる。コマーシャルの出演料などない時代の二十歳にならない女の子の仕業なのだから、たいしたものだ。

それでひばりの塩酸かけられ事件は一月十三日、場所は浅草・国際劇場で起きた。当日、たまたま現場に行っていた月刊『平凡』の編集者の証言がある。この人から直接、事件について話を聞いている。

美空ひばりに塩酸かける

国際劇場で　犯人は十九娘

十三日午後九時四十分ごろ東京都台東区浅草芝崎町の国際劇場に出演中の歌手美空ひばり＝本名加藤和枝さん（一九）横浜市磯子区間坂町一二三四＝に十九歳の少女が塩酸をぶっかけて全治三週間の火傷を負わせ、浅草署に逮捕された。

【写真は塩酸で焼けた衣装と円内は美空ひばり】

この日正月公演の実演「花吹雪おしどり絵巻」に出演中の美空ひばりが最終回に出演中、舞台の左揚幕で出番を待っていたところ、客席から上って来たあずき色オーバー、ポニーテールの髪の少女が、いきなり二合入りの薬びんに入っていた塩酸をひばりに投げた。ひばりは顔の左半分と、舞台衣装のドレスの上から胸、背中などに塩酸を浴び全治三週間の火傷を負ったほか、そばにいたひばりの付添人板橋区上板橋一ノ一〇七佐藤一夫さん（三〇）同時出演の大川橋蔵の付添人京都市中京区堺町西村真一さん（二二）渋谷区幡ヶ谷本町二ノ二六六日活俳優南博之（三〇）らはそれぞれ顔に全治一週間以内の火傷を負った。

すぐそばで舞台写真を撮ろうとしていた台東区浅草雷門二ノ一七ブロマイド出版業斎藤午之助さん（三〇）が直ぐ少女を捕え、警備中の浅草署員に突出した。ひばりらは直ぐ近所の浅草寺病院で手当を受けたが、宿直医師の小林健一さんによると「ひばりさんの火傷は軽いもので直っても跡が残る可能性は非常に少ないと思うが、いまのところは確定的なことはいえない」と語っている。ひばりは手当てをうけ、文京区湯島天神の旅館「帆台荘」で同夜静養した。

少女は浅草署でも興奮して何もしゃべらないが、ハンドバッグにあったメモ帳には「ひばりちゃんの美しい顔をいためなければ承知できない。その醜い顔を一度見たい」というようなことが書いてあり、熱狂的なひばりの人気をシットしたものらしい、と同署ではいっている。

少女は米沢市出身で、東京都板橋区内で女中奉公していたが、去る十一日に奉公先を飛出し都内をぶらぶらしていたという。

あの日、ひばりちゃんは浅草で大川橋蔵さんと共演で公演をやっていたんです。

ボクはカメラマンを連れてひばりちゃんと橋蔵さんのポスターだったかカレンダーだったか、顔合わせグラビアの取材をしにいったんですよ。楽屋でふたりの写真を撮影させてもらった。

それが終わって会社に帰ってきてから、ひばりちゃんがファンの女の子に顔に塩酸をかけられたという情報が入ったんです。それで、あらためて、その日のうちに心配でお見舞いに行ったんです。

彼女は公演中は湯島天神下にある帆台荘という旅館を定宿にしていて、浅草寺病院で手当を受けた

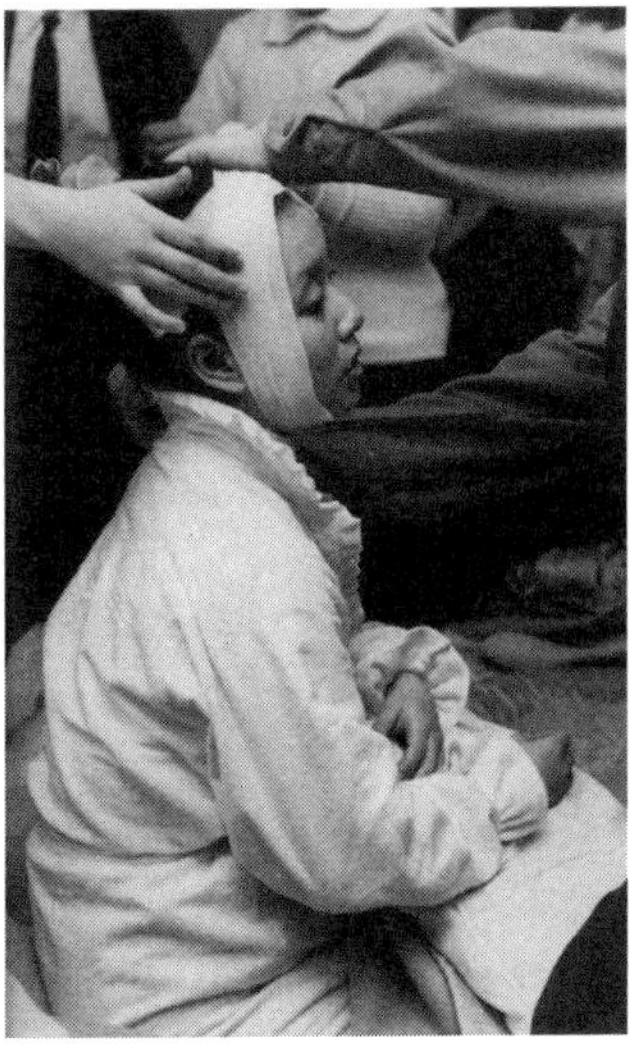

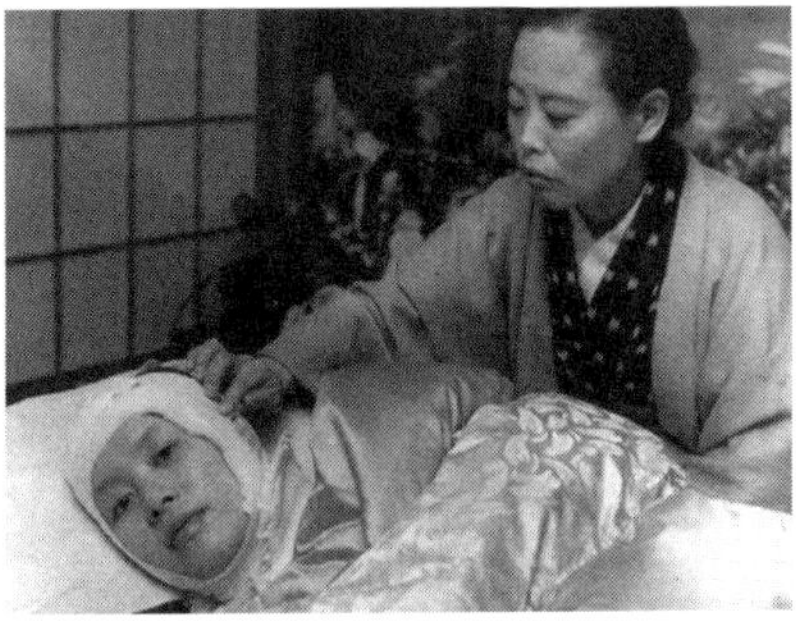

事件のあった当夜のひばり。本人の心の痛手も大きかったが、それ以上だったのが母親・喜美枝さんのショック。事件後、医師から「大丈夫、傷は残りません」と聞いて、トイレで失神してしまったという、精神安定剤を飲んで寝たが、一晩中うなされて「速く逃げよう、ママと一緒に逃げよう」などと大声で叫んでいたという。

あと、そこにもどっていて、騒ぎが大きかったわりに本人は元気にしていて、平凡サンなら、ということで面会してくれて、顔に包帯をしていましたが、取材に応じてくれました。あのころのひばりちゃんはかなり『平凡』を頼りにしていましたから。

顔にかけられたのが硫酸ではなくて塩酸でまだ少しはよかったと。顔にドーランを塗っていたからね。心配だったけれど、あのとき、橋蔵さんの付き人の西村さんがひばりちゃんと舞台の袖に立っていて、ひばりちゃんの顔にかけたはずの塩酸が直接、西村さんの目に入って、失明しそうだっていう話で、そっちの方も大きな事件になった。西村さんも失明ということはなくて、よかったけど。

塩酸をかけられたこと自体の被害は重傷ではなかった。

しかし、それから、ひばりの環境はものすごい勢いで変わっていった。この事件を、竹中労の『美空ひばり』は次のように書いている。これもひばりの独白である。

浅草の国際劇場でおこったあの〝事件〟を、私は生涯忘れることができません。午後九時三〇分、舞台の上手。正月公演「花吹雪おしどり絵巻」のフィナーレ。私は揚げ幕のかげで出番を待っていました。スポット・ライトがいっせいに絞られて、一歩、舞台に足をふみだそうとしたそのときです。「ひばりちゃん！」と突然声をかけられました。上ずった、異様な声音でした。はっとして振りむいたとたん、「エイッ、エイッ」と、真正面から水のようなものを、顔にあびせかけられたのです。ひやっとして、すぐカッと熱くなりました。火がはしるように、激しい痛みが額から首筋に灼きつきました。いったい、何がおこったのか、とっさには理解できませんでした。私は痛みとショックで失神し、その場にたおれてしまったのです。川田先生の愛弟子の鹿島密夫さんが、あわて水道のところに私を抱きかかえていって、顔を洗ってくれました。すぐに近所の病院に運びこまれました。（2）

この事件はいったいなにを意味しているのだろうか。

これに類する事件として、すぐ思い出すことができるのは、一九八〇年にニューヨークの自分の住んでいたアパートの玄関先で熱狂的なファンの男にテロをかけられ、ピストルで射殺されたジョン・レノンのことだ。これも犯人はレノンの大ファンだったたという。この事件について、わたしたちはふたつの立場から考えなければならない。ひとつは勿論、なぜこんなことをするのかという、ひばりの顔に塩酸をかけたファンの女の子の側の心理。そして、もうひとつは塩酸をかけられた美空ひばりの側の話である。

大好きなスターだから殺そうとする。歪んだ心理だとは思うが、わたしはこれらの行為に、大衆の、そうはいってもひとりひとりの現代社会の構成員である人間たちの複雑に錯綜した憧れと嫉妬、愛情と憎悪の入り交じった心理状況をみる。このことは、昭和三十年代が、大衆の社会の隅々にまで生きている、ひとりひとりの人間が自分で夢を見て、自分なりの希望を持って生きようとする、そういう時代が日本社会にもやってきた、そういうことを意味しているのではないか。大衆レベルでの個々人の自我の目ざめである。

わたしはこの十九歳のお手伝いさんという、まさしく大衆であるひとりの女子に、明確な自我と自己主張があり、生活のなかに憧れや願望があり、それに対して冷静になる現実主義的な認識と憧れの対象に対する、反語的な破壊願望も合わせもった精神の営為があったのだと思う。

しかし、個別の人間ひとりひとりのこの精神の営みこそ、大衆文化創出の主要で根本的なエネルギーの湧出なのである。スターに対して憧れの気持ちを抱き、そして、それに飽きて、そのスターに対する自分の気持ちを抹消して、見限る。これが大衆と人気者のあいだの基本の構図である。わたしはこの事件に、同じひとつの対象に憧れを抱きながら、同時にうらはらな憎しみを抱く、そういう人間だれしもが持っている精神の両面性をみる。

この話は、終戦後の十年余の期間の、民主日本的な、ささやかにだが確かに成立しようとしている大衆文化の営為の手のひらからこぼれ落ちたものを、なんらかの形で象徴していた、と書いてもいいのではないか。戦後、新しい大衆文化が育ててきた、そのかげの部分である。

世界は希望に満ちあふれている、輝かしい未来が待っているというが、本当にそうなのか。そんな反語の世界がこの少女の行為の背後に、大衆の怨念というか、恩讐の形で潜んでいるのではないか。それはのちには、豊かな社会の貧富の格差や弱者への差別という現実になっていくのではないか。わたしはそういう気がする。

一方のひばりの側のショックは大変なものだった。ひばりの独白はつづく。

一時は、目がつぶれてしまうのではないか、ふた目とみられぬお岩さまのようになってしまうのではないかと、気が狂いそうになるほど心配したのですが――。私に浴びせかけられた熱い水は塩酸でした。そして犯人は私と同じ萬十九歳の娘さんだったのです。

「焼けただれてみにくい顔になる。舞台にも映画にも出られなくなる。そんなひばりちゃんを、みにくいあなたを、私はみたい。ひばりちゃんゴメンナサイ。かんにんしてちょうだい」

東北の田舎から上京して、お手つだいさんをしていたというその人が、犯行の前に書き残したノートを、私は後になって読みました。

「……みじめな自分にひきくらべて、みなにチヤホヤされているひばりちゃんが、憎くてたまらなかった」と書いてありました。私は、まっ暗な穴の中に落ちていくような、たまらない寂しさと悲しみを感じました。塩酸をかけられた傷よりもずっと深いところで、心がうずきました。

あの塩酸は私にではなく、ゆがんだマスコミの鏡の中、〝人気〟という怪物に浴びせかけられたのにちがいないと。もしその娘さんが、潮来の水の上で泣いていた加藤和枝の、ほんとうの美空ひばりの涙をみていたら、けっしてあんなことはしなかっただろうと。同じ一九歳の、その人と私との間に、暗く大きくひらいた距離に、私は慄然としました。（略）それまで、いわば十代の感傷でしかとらえられなかった、人気というものの正体を、私は文字どおり肌に刻みました。(2)

この文章が載っている竹中労の『美空ひばり』は、事件から八年後の昭和四十年に刊行されたもので、いろんな事情があって、当然、こういう出来事につきまとって然るべき生臭さが抜け落ちたところで書かれている。その背後の事情の説明はあと回し（第九章524ページ）にする。

この事件のあと、ひばりたちに重要な問題になっていったのは、こういうことが二度と起こらないようにするためにはどうしたらいいかということだった。

まず、本人が安全に仕事をしていかなければならないのだ。ひばりはここで初めて、「人気」というものが持つ複雑な側面を知ったのだろう。そして、人気はいろいろな意味で守らなければならないものだということにも気が付いたのだろう。それまで、彼女は非常に幸運な、人間的な善意に取り囲まれて生きてきていて、おそらくこれが、人生の苦渋を知った、はじめての経験だった。

この事件があってから、彼女は自分がはっきりといろいろな人から［追いかけられる立場］にある、ということを自覚し始める。それは、ファンの人たちに、なかには悪意を持って追いかける人もいる、ということもそうだが、芸能界の同輩や後輩の歌手、女優たち、さらには彼女の《人気》を利用しようとする人々、業界の人たちとも、そういう競争関係にあるのだということをはっきりと自覚して、自分の立場を守ろうとし始めるのである。

その選択が、山口組の3代目、田岡一雄が中心になって作る《神戸芸能社》というプロダクションに所属して、その勢力を背景に身を守ることだった。

田岡はもともと、ひばりがまだ子供だったころからの熱心な応援者で、保護者のような存在だった。

そういう彼に正式に身柄を預けた。田岡は山口組の名前で興行を仕切るわけにいかず、ひばりのために新

ひばりと山口組組長の田岡一雄。山口組はいまや悪の権化のようにいわれているが、昭和のこの時代まで、不安定な前近代社会には不可欠の存在だった。ひばりが身の安心のために田岡一雄を頼ったのも地方の暴力団の跋扈を考えれば当然の判断だった。ただ、田岡の背後には無数の命知らずがいて、山口組は私設軍隊のような暴力装置でもあった。

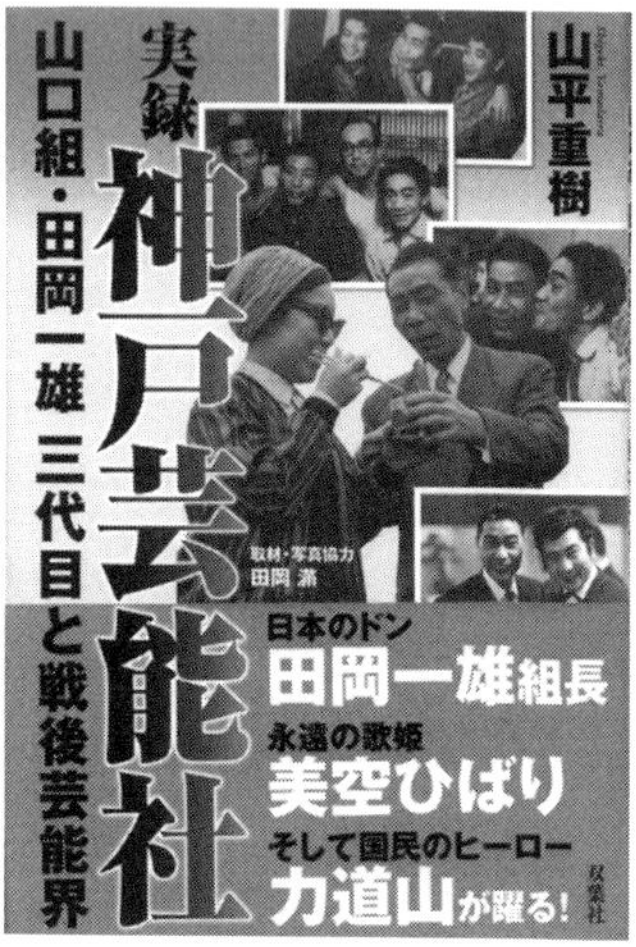

『実録神戸芸能社』、著者は山平重樹。

しく「神戸芸能社」という芸能プロダクションを作ったのだった。これが、塩酸事件の三ヵ月後、四月一日のことである。美空ひばりはそこの専属第一号タレント（この時代、まだタレントという言葉は確立されていないのだが）となる。もう、あたしに手出しはさせない、というわけだ。

話が寄り道する形になるが、それまでの興行の世界、歌手の地方公演の世界は、いろいろな意味で歌手やその所属事務所にとっては、大金を手に入れることはできるが、地回りのヤクザたちと接触しなければならない、危険きわまりない、わずらわしいものだった。

それまでの芸能界での地方巡業の世界は、それぞれの地方ごとに興行を買う側の、小屋主のような存在である興行主がいて、その人はその場所を縄張りにして仕切っているヤクザの親分であるか、その興行主の背後に地場のヤクザの親分がいて、その人たちへの挨拶なしに興行を打つことができなかった。場合によっては、芸能人本人がそこを縄張りにする親分の酒席に呼ばれて、嫌な思いをすることもあった。そういう丁寧で煩雑な手順を踏んできちんとスジを通さないと嫌がらせをされたり、場合によっては公演の邪魔をされたりした。

そういうときに、当時の芸能人たちが頼ったのが、地方にまでその雷鳴が轟いている、神戸を本拠地にする山口組の田岡一雄だったのである。地場のヤクザたちは、その芸能人の背後に山口組の田岡がいるとわかると、その威勢を畏れて、興行に介入するようなことがほとんどなかった。

ヤクザがまだ、反社会的な権威だとわかっていても、表面上は大衆の治安に一役買っていた時代だった。田岡はひばりの大ファンでもあり、ふだんは温和な人で、この人があの山口組の、……ということを疑わせるような温厚な印象の人だったが、手下には何人もの命知らずの突撃隊みたいな人たちがいて、暴力装置であることにかわりはなかった。

昭和三十年代の芸能活動を既述するうえで、神戸芸能社＝山口組の存在を無視するわけにはいかない。溝口敦さんが書いた『血と抗争 山口組三代目』（講談社α文庫）のなかに、当時、山口組、つまり神戸芸能の仕切りで地方公演をおこなっていた芸能人の名前が書きとめられている。

以下の人たちである。興行実権を持っていた歌手は美空ひばりをはじめとして、田端義夫、高田浩吉、山城新伍、北条菊子らがある。そのほか同社の扱い荷物（タレント）には、榎本美佐江、フランク永井、松尾和子、和田弘とマヒナスターズ、藤本二三代、野村雪子（以上ビクター）、守屋浩、村田英雄（以上コロムビア）、三橋美智也、三船浩、春日八郎（以上キング）、松山恵子、坂本九（以上東芝）、三波春夫（テイチク）などの名前がある。このほかに、何人ものいまも現役で活動している人たちの名前がたくさん並んでいた。

いまも存命の歌手たちの名前は事情を慮って省略したが、本人たちに直接は関係ないが、相当数の歌手が神戸芸能に下駄を預けていたことだけは間違いない。それらの錚々たる歌手たちの、山陰、四国、九州での興行権は同社が握っていた。神戸芸能は東京、大阪、岡山に支社を設けて、東京以西の歌謡曲の興行利権を一手に収めていた。要するに、興行的な価値を持つ、当時の人気歌手のほとんどが、神戸芸能社＝山口組の世話になっていたということである。（3）

旧来の芸能界は、そういう昔ながらのしきたり、慣習にびっしりと取り囲まれた、旧弊な世界だった。この時代の山口組＝神戸芸能社は、そういう古い興行の世界から新しい芸能を大衆の娯楽として考えるビジネスの世界へと移行するための過渡的な、必要悪的な集団として存在した、と書いてもいいかもしれない。

三十年代は国家権力が、戦前の天皇制とセットになった社稷の思想に基づく権力とはまた別の（民主的な）国家の力の実現をめざしたものだった。そこでは、社会の治安は警察権力が受け持つもので、旧来の、民間の、それまでは町の治安を受け持つ役割を持っていた、ヤクザたちを排除せざるを得なかった。かつては、ヤクザものが侠客という名のもとに、国会議員を務めるようなこともあったのである。三十年代の芸能界の背後には、町の自治を自分のところに収めようとする警察権力と暴力団と呼ばれるようになるヤクザ者たちとの抗争があった。

神戸芸能は古い芸能の世界から、戦後に生じた新しい芸能界への渡り廊下のような存在だった。山口組自体が暴力団なのだが、最初、新しい芸能界は彼らを旧来の、古い興行者に対する盾として存在させざるを得なかったのである。そして、ここから、あまねく全国にひろがって存在していたヤクザたち＝暴力団からの干渉を受けない芸能界をつくり出すのは、政府の新しい考え方による暴力団対策と、新しいメディア、テレビや週刊誌などの役割だった。

美空ひばりの〝塩酸かけられ事件〟とその背景になる社会の状態と被害者になった彼女のこの事件による変化に大部の紙数を使ってしまった。わたしはこの事件は、昭和三十年代の芸能の状況に深く関わる出来事だと思っている。説明したように、芸能界に山口組の勢力が浸透していったこともそうだが、実は、この時期、俳優では長谷川一夫などの一部の例外を除いて、昭和二十年代からつづいてきた芸能界の世代交代がほぼ終了したと、書くことができると思う。

俳優や歌手だけでものを考えるわけにはいかず、作品の内容がどうかということもあるのだが、小説家や映画監督なども含めた表現者たち全般的な状況において、戦後の社会で教育を受けて育った人たちが台頭し、戦前から芸能活動をしていた人たちの人気が退潮していった、と書くことができる。新しい人たちがどんどん人気者になっていったのである。

そして、この状況のなかで、人気者と呼ぶことのできる人たちの大枠の数が定まって、真ん中に坐ることのできる椅子の数が決まっていった。そういうなかでの芸能人の生存競争が、これは資本主義社会の類似商品の販売競争みたいなものなのだが、〝生き残りゲーム〟のような体裁ではじまったのである。それは大衆に飽きられて支持を失い、人気者の座を追われる人と、その代わりに新しい趣向で、人気を得る人たちの新陳代謝だった。当然のことながら、いまこの時期に人気のある人たちは、自分の人気をなんとか守ろうとし始めて、概ねにしてだが、マネージメントがみんな、保守的になっていった。

しかし、芸能人に対して大衆は、熱狂的であり同時に冷酷、残酷でもあり、ひとりの人が露出過多だったり、時流から外れた作品しか作れなくなると、一部の熱烈なファンをのぞいて、すぐに飽きてしまい、新しい面白い新人の登場を熱望する。

この新陳代謝は昔からある程度はあったことだが、状態を例えるとマスの中に豆が入っているような具合で、芸能界は年々、経済や社会の成長、増大に合わせて規模は大きくなってはいくのだが、一定の人数しか受け入れないことに変わりはなく、芸能者たちの〝生き残りゲーム〟は新しく現出した芸能界の重要な側面になっていくのである。

そういう形での新旧の交代機能が明確に存在する芸能界はまず、社会の動きに大きな影響を受け、同時に、芸能の作品を社会に向けて発表することで、社会を動かす、大衆の生活の方向性に影響を与えるという、相互作用で変化していった。芸能はこの時期から大衆の文化生活と密接に結びついて、テレビ、週刊誌などの新しいメディアの社会的な浸透に伴って社会の変化を娯楽やニュース、ドラマの形をとった、歌であれば歌詞の内容なのだが、具体的な作品の傾向として表現する傾向もあらわにしていったのである。

これは歌の世界でも映画の世界でもそうだった。

【歌謡界】

昭和三十二年の歌の流行は左ページの表のようになっている。

これはベスト1から30まで、レコードセールスの成績順に並べたものだ。

第一位の『有楽町で逢いましょう』(♪あなたを待てば雨が降る　濡れてこぬかと気にかかる…)から第三十位の松山恵子の『未練の波止場』(♪もしもわたしが重荷になったらいいの　捨てても恨みはしない…)までは相当のヒットの規模の違いがあるのだろうが、売上枚数まではわからない。

【昭和32（1957）年年間シングルヒット曲　ベスト30】

①有楽町で逢いましょう	フランク永井	195707
②港町十三番地	美空ひばり	195705
③東京だョおっ母さん	島倉千代子	195704
④チャンチキおけさ／船方さんよ	三波春夫	195708
⑤俺は待ってるぜ	石原裕次郎	195702
⑥バナナ・ボート	浜村美智子	195706
⑦東京のバスガール	コロムビア・ローズ	195710
⑧青春サイクリング	小坂一也	195704
⑨あん時ゃどしゃ降り	春日八郎	195709
⑩りんご花咲く故郷へ	三橋美智也	195707
⑪喜びも悲しみも幾年月	若山 彰	195709
⑫東京午前三時	フランク永井	195701
⑬逢いたいなァあの人に	島倉千代子	195701
⑭踊子	三浦洸一	195708
⑮錆びたナイフ	石原裕次郎	195708
⑯一本刀土俵入り	三橋美智也	195704
⑰おさらば東京	三橋美智也	195711
⑱柿の木坂の家	青木光一	195709
⑲お月さん今晩は	藤島桓夫	195704
⑳夢みる乙女	藤本二三代	195711
㉑メケ・メケ	丸山明宏	195711
㉒十代の恋よさようなら	神戸一郎	195712
㉓霧のロンドン・ブリッジ	江利チエミ	195706
㉔ラブ・ミー・テンダー	雪村いづみ	195701
㉕船頭小唄	森繁久彌	195701
㉖帰る故郷もない俺さ	曽根史郎	195704
㉗ヨーデル唄いと洗濯女	ウィリー沖山	195706
㉘丘にのぼりて	若原一郎	195709
㉙吹けよ木枯らし	石井千恵	195710
㉚未練の波止場	松山恵子	195706

しかし、この三十曲の歌の羅列のなかで、いくつかの歌がヒットするための傾向を指摘することができる。

（1）都市生活をテーマとしてうたった歌。

第一位にランクされた『有楽町で～』のように東京を楽しい生活、あるいは新しい暮らし方のできる場所として提案し、あるいは実行しているところとしてうたった歌。また、それと表裏のセットにして考えていいのではないかと思うが、出身の地方、村落などの農村地帯を故郷と考え、そこでの暮らしを回顧して、望郷の念をうたったもの。都市は東京が代表的だが、このなかには美空ひばりのうたった横浜(『港町十三番地』)やのちに藤島桓夫がうたう大阪も含まれる。これらの歌の内容には『有楽町で〜』から、順位最後の『未練の波止場』まで必ず、出会いや別れが絡んでいる。

(2)ジャズやアメリカのポップス、シャンソンなど、洋楽を日本風にアレンジしたもの。江利チエミや雪村いづみ、新しいところで浜村美智子の『バナナ・ボート』、和製ポピュラーソングの嚆矢ともいうべき小坂一也の『青春サイクリング』、丸山明宏(現・美輪明宏)はシャンソン、ウィリー沖山はヨーデルの専門家。こういう人たちの歌も受け入れられていた。アメリカのポピュラーソングの焼き直しはこのあと、爆発的な展開を見せる。

(3)うたう映画スターたちのヒット曲。

写真上から美空ひばりの『港町十三番地』、石原裕次郎の『俺は待ってるぜ』。下段写真は『哀愁の町に霧が降る』をヒットさせた山田真二。

写真上から小坂一也がうたった『青春サイクリング』、三波春夫の『チャンチキおけさ』。下段は『バナナ・ボート』をうたった浜村美智子

この時点では石原裕次郎が独壇場だが、俳優としてのキャラクターはまったく違うが、森繁久彌の『船頭小唄』も同系統の作品と考えてもいいかもしれない。このほかにヒットの年度は違うが、鶴田浩二や高田浩吉、昭和三十一年に『哀愁の街に霧が降る』をヒットさせた山田真二がいる。

裕次郎の場合、歌の内容が映画のストーリーと重なっていて、特定の場所と恋愛の機微をまぜこぜにしてうたっていることが多い。

（4）青春歌謡の萌芽。

神戸一郎の『十代の恋よさようなら』。神戸一郎は雑誌『平凡』で募集した「うたうミスター平凡」の優勝者。甘いマスクの持ち主で、歌謡曲をうたって若い十代の女の子たちに特定的に支持され、アイドル的な扱いをされるようになった最初の歌手だと思う。神戸一郎の写真は第三章１５９ページに掲載している。

付随的な説明をすると、（1）の系譜に古い時代の人情を懐古的にうたった三波春夫の作品や三橋美智也の『一本刀土俵入り』などを、同じ心理状態の裏表と考えると、［表］のなかのかなりの数がこのグループに入ると思う。

個人的な感想だが、実はこのへんの歌になると、だいたい覚えている。子供のころ、自分はオンチなのに、流行歌が大好きだったことも理由の一つだが、大学を卒業して、就職した時に最初に編集作業をやったのが『週刊平凡』の別冊で『ベストヒット歌謡曲４００』というムック（当時はそういう言葉はなかったが）だった。ここで、戦後のヒットした歌謡曲を徹底的に調べて聞き込んだのである。そういうことから、どの歌もだいたいのところを記憶している。

この時期の歌のヒットをおおまかにだが、支えた人たちが地方からの都市への流入人口だったことが、ある程度分かったと思うが、もうひとつ、ここで書きおかなければと思っていることがある。

手元に、昭和三十年から二十一年間、昭和五十年までの地方から東京への流入人口の統計があるのだが、それは左ページの表のようになっている。これは総務庁（現在は総務省）統計局の「住民基本台帳人口移動報告年報」という資料をもとにわたしが作ったものだが、わたしはこの表の昭和三十二年のところをみるたびに心穏やかでいられなくなる。なぜならば、そこにある数字の55万４６６１人のなかの一名がわたしだからだ。そして、四名がわたしの家族、両親と姉と妹なのだ。

数字はひとりひとりの人間の離郷の悲しみや都会生活の苦労を表現してくれているわけではない。しかし、この図表を見るたびに自分の心のなかにざわめきやわだかまるものがある。昭和五十年の時点で関東の首都圏、一都三県の総人口は2700万人ほどなのだが、この統計から読みこめば、そのうちの1400万人が地方から上京した人たちなのである。これはおそらく、関西でも中部・名古屋圏でも同様なのではないかと思う。

当時流行した歌の背景にも非常に大きな社会変化があった。それは昭和三十年代を通してのものだが、地方の農村地帯からの大量の都市部への人口移動である。高度経済成長のなかで起こった現象なのだが、地方の農村に農業以外の仕事はなく、それも土地持ちでなければ仕事にならない。

【昭和30年代】 首都圏流入人口推移	総人口 （千人）	首都圏 転入率 %	移動 人口増数 実人数
昭和30（1955）年	89 276	0.57	508 873
昭和31（1956）年	90 172	0.55	495 946
昭和32（1957）年	90 928	0.61	554 661
昭和33（1958）年	91 767	0.61	559 779
昭和34（1959）年	92 641	0.63	583 638
昭和35（1960）年	93 419	0.68	635 249
昭和36（1961）年	94 287	0.72	678 866
昭和37（1962）年	95 181	0.78	745 412
昭和38（1963）年	96 156	0.80	769 248
昭和39（1964）年	97 182	0.80	777 456
昭和40（1965）年	98 275	0.80	786 200
昭和41（1966）年	99 036	0.78	772 481
昭和42（1967）年	100 196	0.77	771 509
昭和43（1968）年	101 331	0.80	810 648
昭和44（1969）年	102 536	0.82	840 795
昭和45（1970）年	103 720	0.83	860 876
昭和46（1971）年	105 145	0.81	851 675
昭和47（1972）年	107 595	0.75	806 963
昭和48（1973）年	109 104	0.72	785 549
昭和49（1974）年	110 573	0.65	718 724
昭和50（1975）年	111 940	0.61	676 734
		合計	14 180 634

※首都圏は埼玉、千葉、東京、神奈川の一都三県。

※昭和50年時点の首都圏の人口は27 042 000人。

産業立国を国是として都市部に工業地帯が作られ、そこでは大量の労働者を必要としたが、その労働力は地方の農村部の余情人口に依存せざるをえなかった。農村の人口は減りつづけ農業は衰退していったが、それを上回る工業生産があり、日本は経済発展したのである。

長男は家業を継げるが、次男以下は親のあとを継ぐ以外の仕事を探さなければならない。しかし、田舎にはロクな仕事がない。逆に、発展、膨張をつづける都市には強烈な労働力不足があった。『NHKテキスト』の「100分で名著　オルテガ「大衆の反逆」」のなかに、東京工業大学の中島岳志が書いた一文がある。

産業化による農村社会から工業社会への変動がありました。この変化によって、農業の次男、三男は食べていけなくなり都市にでるしかなくなっていく。一方で、工業化が進む都市部では大量の労働者が求められていたので、需要と供給がマッチし、都市に多くの人々が流入しました。

そうして、都市に出てきた人たちは、自分が自分であることを担保してくれる場所、つまりトポスを捨ててきています。農村ではローカル共同体の構成員として意味づけられた存在だった彼らが、都市の労働者となり、代替可能な記号のような存在として扱われるようになっていくのです。（4）

先日の『朝日新聞』の県民性について論じた「コロナで注目の県民性、なぜ盛り上がる?」という記事のなかで、「日本大学の武田圭太教授（社会心理学）によると、故郷を離れ、様々な人と触れあう中で、違和感も増えてくる。その不安を埋めるのが、「ふるさと回帰」で、自己防衛の一種だという」という文章を見つけた。たしかに、これはわたしも同じだった。故郷に戻りたいという思いがなければ、東京での生活に耐えられなかったかも知れない。（5）

東京で暮らし始めて六十五年が経過し、いまや故郷は東京、という意識のほうが強いが、子供のころは自分が生まれ九歳まで育った在所の長野県の下伊那郡（現在は飯田市）にもどりたくて仕方なかった。

写真、上から三橋美智也の『哀愁列車』、春日八郎の『別れの一本杉』、青木光一がうたった『柿の木坂の家』。いずれも望郷歌謡の名曲である。

三橋美智也の『哀愁列車』（♪惚れて惚れて惚れていながら行くおれに　旅をせかせるベルの音…）や春日八郎の『別れの一本杉』（♪泣けた泣けた　こらえきれずに泣けたっけ…）、青木光一の『柿の木坂の家』（春には柿の花が咲き秋には柿の実が熟れる…）などの〝望郷歌謡曲〟はわたしの子供心の支えだった記憶がある。社会学的にみると確かに、望郷の念を村落共同体から追放されたひとりひとりの人間が都会で生きていくための自己防衛心理のひとつと考えることができると思う。そして、実は大衆文化の根源には、個別の作品の受容が大衆としてひとくくりにしてまとめて論じられるひとりひとりの、孤独な人間（民衆）が自分の精神的な立脚点を求める営為として存在しているのだと思う。

「ベストヒット30」の話にもどると、首位を取った『有楽町で逢いましょう』は数奇な巡り合わせで大ヒットすることになった歌だった。ウィキペディアがその経緯を要領よくまとめているので、これを紹介しよう。

この楽曲の作成の経緯は、そごう（本社／大阪府大阪市南区。南区は現在の中央区）の東京への進出の際に、出店地候補の一つとして有楽町を検討していた事から始まる。

1950年代前半当時の有楽町は闇市の面影もあり、現在ほど活気が無かったものの、人通りは徐々に増え続けていた事もあり、有楽町も出店候補先に挙げられていた。そごう社内での検討の結果、有楽町駅付近への出店が正式に決定したものの、有楽町の更なる活性化を目的に、1957年5月予定の「有楽町そごう」開店（2000年9月24日閉店）に際し、当時そごうの宣伝部長であった豊原英典以下宣伝部により「有楽町高級化キャンペーン」を企画した。豊原は企画段階でアメリカ合衆国の映画「ラスヴェガスで逢いましょう（en:Meet Me in Las Vegas)」からタイトルを拝借して「有楽町で逢いましょう」とのキャッチフレーズを提案し、それを採用する事になった。又並行して各種マスメディアとの提携（タイアップ）も行ってそごうは「有楽町高級化キャンペーン」を展開した。豊原は日本テレビにこの話を持ち込み、議論の結果、そご

『有楽町で逢いましょう』は雑誌（月刊『平凡』）とテレビ（日本テレビ）、音楽（ビクターレコード）、映画（大映）、そごうデパートのイベントと、異なるメディアが組み合わされてくり広げられた大キャンペーンで、大成功を収めた実例となった。有楽町はこのあと、昭和の時代の長きにわたって、有数のデートスポットとなり、歌も長く愛唱された。『平凡』の表紙はまだ17歳の浅丘ルリ子。昭和32年11月号である。

う提供による新番組作成が決定し、同社一社提供による歌番組「有楽町で逢いましょう」が１９５７年４月に放送開始された。

　これらのキャンペーンが功を奏し、「有楽町で逢いましょう」との言葉は当時の流行語となり、そごうの開店前に有楽町界隈は一躍有名となった。そこで平凡出版（現・マガジンハウス）は同名のタイトルで小説を芸能雑誌「週刊平凡」に連載を開始した（作：宮崎博史）。

　当時オリンピック需要で高速道路の建設などの、出稼ぎ労働者と妻の憩いの合言葉となり、労働意欲の向上としても生産性を上げた。豊原とその部下の団結によって企画したこれらのキャンペーンが大当たりし、有楽町そごうは開店前から評判と人気が高くなった中で、同年5月25日午前10時に開店。

　初日の天候は雨であるにも拘らず30万人以上の来店客で賑っていた。その直後にこの楽曲「有楽町で逢いましょう」を佐伯孝夫作詞／吉田正作曲で同年11月に作成。この楽曲はフランク永井が歌唱した。その後、大映がやはり同名のタイトルで映画化を行い、翌１９５８年１月15日に封切された。後に夫婦となる川口浩と野添ひとみの他、京マチ子、菅原謙二らの当時の大映オールスターが映画に名を連ねた（監督：島耕二）。またフランク永井自身も主題歌でもある「有楽町で逢いましょう」を歌唱する場面で出演している。（6）

左はＤＶＤのカバーに登場した映画主演の京マチ子。

ひとつの歌のヒットの背後には、必ず、時代を生きる人たちの憧れや野望、企業の新計画が複雑に絡み合って存在している。デパートは当時、そこにいけばなんでも買える夢の場所だった。テレビは始まったばかりで、いまのような巨大な広報能力は持っていなかったと思うが、「雑誌＝『平凡』・レコード＝ビクター・映画＝大映」のメディア・コングロマリットはかなり強烈な集客能力を持っていたことがわかる。

ちなみにだが、引用文中には雑誌名が『週刊平凡』とあるが、『週刊平凡』の創刊は昭和三十四年のことで、この時点では存在しない。小説が連載されたのは月刊雑誌の『平凡』である。また、確認したが、このウィキペディアの文章は、現在は簡略に書き替えられているようだ。のちに『週刊平凡』を創刊する、当時はまだ月刊の『平凡』の編集長だった清水達夫にこんな思い出話がある。

（当時の）『平凡』という雑誌は、連載小説は、すべて映画化を目的としたものをのせ、しかも必ずレコード会社と話しあってその主題歌をレコードにした。だから、連載小説を企画したときは、映画会社のプロデューサーとレコード会社のディレクターとそして私たち編集者が協議した。その代表的なものをあげれば、『有楽町で逢いましょう』という大ヒットソングがある。これは宮崎博史さんというユーモア作家の原作を『平凡』に連載し、それを大映が映画化したのであるが、連載をはじめる前からすでに『有楽町で逢いましょう』というフランク永井の主題歌は出来ていた。（略）この企画はもう一つ「そごう」というデパートも参画していた。もともと有楽町に「そごう」というデパートが関西から東京への進出を試み、有楽町にその東京進出のデパートをつくったことからこの『有楽町で逢いましょう』という歌と映画と平凡連載の共同企画がすすめられたのである。（略）

ユーモア作家の宮崎博史さんは、戦前は日本橋三越の宣伝部長で、例の岡田茂氏（註＝三越デパートのワンマン社長で〝岡田天皇〟と呼ばれたが、一九八二年に愛人への不当な利益供与が明るみに出て罷免された）は、宮崎さんの大学の後輩で、宣伝部長時代の部下である。私が『有楽町で逢いましょう』の執筆を依頼したのは、この映画が「そごう」というデパートを中心にしたものなので、デパート宣伝部長の体験をもつ宮崎さんをわずらわせたのである。（7）

歌のヒットの大小とは別にこの年の一番の人気歌手は誰だったか、という人気投票が毎年恒例行事で、月刊『平凡』で行われているのだが、そこでのこの年のメンバーは左の表のようなことである。

ここでは、やはり、望郷系の歌謡曲を歌う歌手たちが圧倒的な人気を保持している。

【昭和32年度人気歌手】

投票ベスト10［男性］		年齢
第一位	三橋美智也	27歳
第二位	春日八郎	33歳
第三位	三浦洸一	29歳
第四位	藤島桓夫	30歳
第五位	若原一郎	26歳
第六位	白根一男	20歳
第七位	小坂一也	22歳
第八位	青木光一	21歳
第九位	曽根史郎	27歳
第十位	小畑　実	34歳

投票ベスト10［女性］		
第一位	美空ひばり	20歳
第二位	島倉千代子	19歳
第三位	江利チエミ	20歳
第四位	野村雪子	20歳
第五位	大津美子	19歳
第六位	雪村いづみ	20歳
第七位	鈴木三重子	26歳
第八位	コロムビア・ローズ	24歳
第九位	松山恵子	20歳
第十位	菅原都々子	30歳

『月の法善寺横丁』の藤島桓夫

ベスト・テンの顔ぶれを経歴でみると戦前から活動しているキャリアの人は、男性歌手小畑実、女性歌手菅原都々子だけになって、ほぼ、世代交代を終わらせた感がある。また、この人たちの平均年齢を調べると、男性陣が約二十七歳、女性陣は二十二歳。前年の顔ぶれを調べると、男性陣は三十二年の投票では前年はベスト・テンに入っていた戦前からの活躍組の岡晴夫（四十一歳）と田端義夫（三十八歳）が姿を消して、曽根史郎（二十七歳）と小坂一也（二十二歳）が登場して、大幅に若返っている。

女性陣は榎本美佐江（三十三歳）、宮城まり子（三十歳）、奈良光枝（三十四歳）が圏外に去り、代わりに、前年『愛ちゃんはお嫁に』の大ヒットを飛ばしている鈴木三重子（二十六歳）、『未練の波止場』の松山恵子（二十歳）、『ここに幸あり』の大津美子（十九歳）が新登場。

昭和三十年代の前半をトップで走りつづけたのは三橋美智也。上は昭和31年のヒット曲『リンゴ村から』だが、累積で270万枚うれているという。
下は『東京の人』、『踊子』などのヒット曲を持つ三浦洸一、その下は『おばこ船頭さん』、『おばこマドロス』などをヒットさせた野村雪子。

こちらも顔ぶれが大幅に若返っている。

大ヒットした『有楽町で逢いましょう』をうたったフランク永井（二十五歳）は都会の生活を多く歌の材料にした歌手だが、人気投票のベスト・テンに入るのは翌年から。ここではまだ顔を見せていない。

フランク永井は最初、ジャズを歌っていたがヒットに恵まれず、歌謡曲に転向、『有楽町で〜』が大ヒットしたことで、それまでパッとしなかった『東京午前三時』や『夜霧の第二国道』も相乗的にヒットして人気歌手になった人だ。

男性歌手のなかで、特筆すべき異色はやはり、前年、アメリカのエルビス・プレスリーの『ハートブレイク・ホテル』を日本語でうたって人気者になった小坂一也。元祖アイドルのような人気振りだった。彼については、『昭和芸能界史〜昭和20年代篇〜』の451ページ以下で詳しくレポートしているので、それをお読みいただきたい。

小坂の出現は、このあと、それこそ有楽町の日劇で行われたウェスタン・カーニバルに受けつがれ、小坂はやがて松竹の青春映画の主演俳優に転身してしまうのだが、この和製洋楽の流れが平尾昌晃とかミッキー・カーチスなど、このあと、日本の音楽シーンで重要な役割を演じる人たちを輩出することになる。それはこの翌年、昭和三十三年から始まることである。

【映画界】

日本映画は全盛時代を迎えようとしていた。

これも雑誌『平凡』の毎年恒例の人気投票だが、［人気スターベスト10］の顔ぶれは次のページのようになっている。映画界では、男優では人気者というと相変わらず、東映の中村錦之助、東千代之介、大川橋蔵が上位にいる。前年の顔ぶれからは伏見扇太郎、大木実、佐田啓二が圏外へ。日活の津川雅彦、石原裕次郎、それに東宝の宝田明が新登場。大映は長谷川一夫、菅原謙二、鶴田浩二はフリー（東宝、新東宝、松竹、大映の作品に出演している）、と、若々しさも感じさせ、ある種の百花繚乱的な賑わいがみられる。

女優陣は大映の美人女優の双璧、若尾文子と山本富士子が妍を競っている。

東映のお姫様女優たち（千原しのぶ、丘さとみ、田代百合子、高千穂ひづる、長谷川裕美子）も根強い人気を持ち、松竹、東宝はメロドラマのヒロインたち、そのなかで日活から新登場の浅丘ルリ子の十七歳がめざましい。新登場した丘さとみ、小山明子、浅丘ルリ子、長谷川裕美子の代わりに、岸惠子、香川京子、津島恵子、野添ひとみらが圏外に去っている。

【昭和32年度人気映画スター】

投票ベスト10 ［男性］		年齢
第一位	中村錦之助	25歳
第二位	大川橋蔵	28歳
第三位	津川雅彦	17歳
第四位	菅原謙二	31歳
第五位	東千代之介	31歳
第六位	高田浩吉	46歳
第七位	宝田　明	23歳
第八位	石原裕次郎	23歳
第九位	長谷川一夫	49歳
第十位	鶴田浩二	33歳

投票ベスト10 ［女性］		
第一位	若尾文子	24歳
第二位	山本富士子	26歳
第三位	千原しのぶ	26歳
第四位	丘　さとみ	22歳
第五位	有馬稲子	23歳
第六位	小山明子	22歳
第七位	浅丘ルリ子	17歳
第八位	田代百合子	26歳
第九位	高千穂ひづる	25歳
第十位	長谷川裕見子	31歳

東映時代劇の隆盛を象徴して、錦之助を先頭に映画界の勢力図をそのまま反映しているような顔ぶれに人気が集まっているが、日活の津川、石原も台頭している。

そして、実はここから昭和三十五年あたりまでが、映画産業の全盛期なのだが、かたわらに次第に力をつけ始めたテレビの存在がある。テレビについては、詳しいことはあとで触れる。

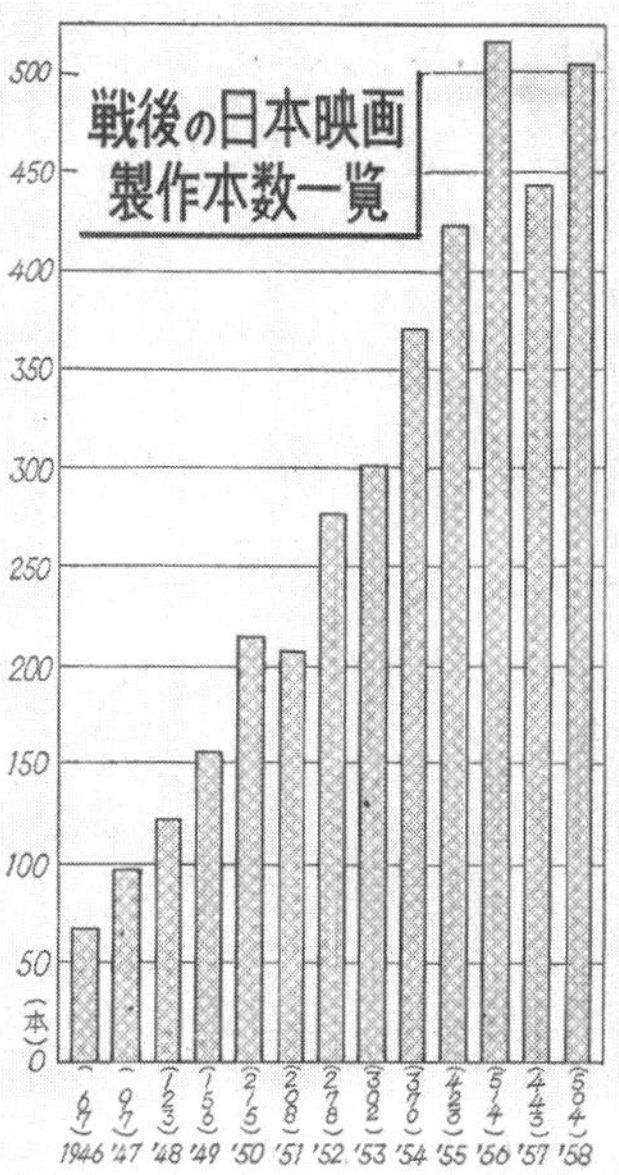

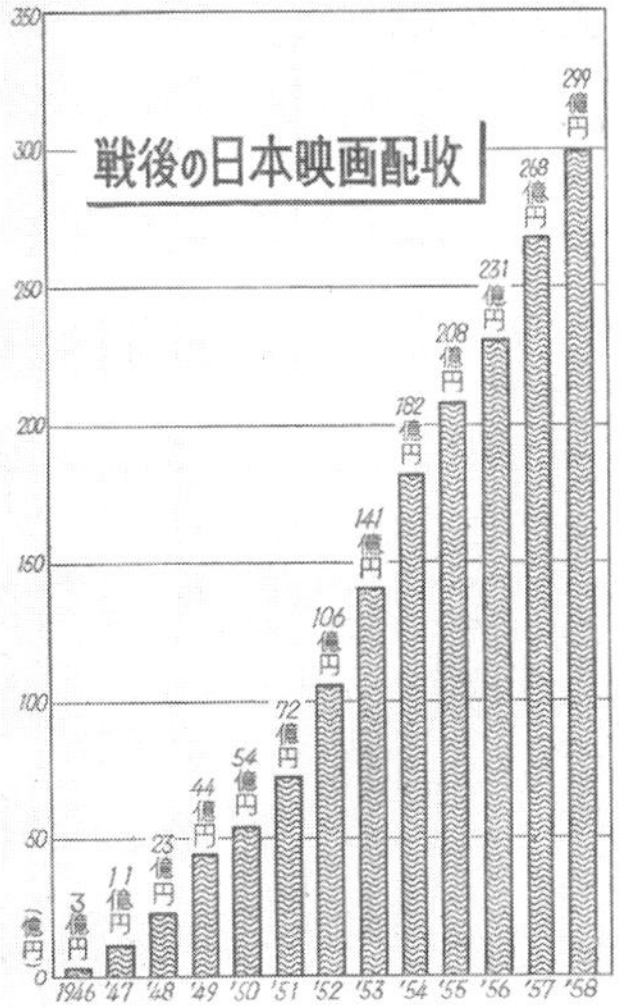

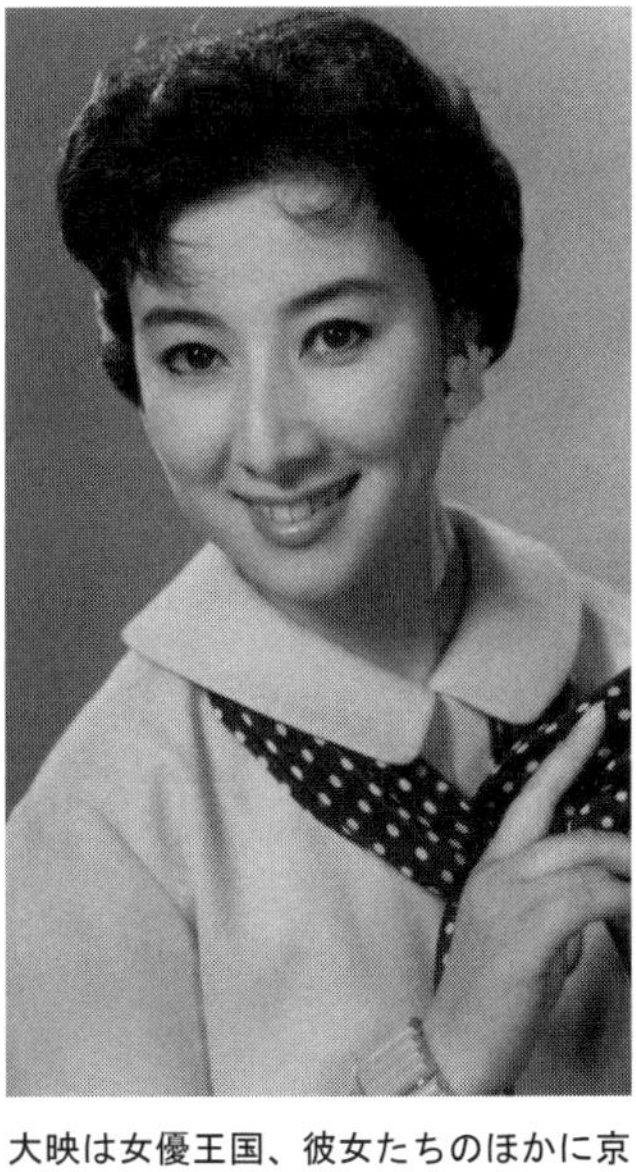

大映は女優王国、彼女たちのほかに京マチ子、叶順子、野添ひとみなどがいた。上写真は２枚ともマルベル堂のプロマイドからの画像引用。

一般家庭での受信機の数が百万台を越えて、新しい娯楽装置として国民的に認知され始めている。映画産業はこのころはまだ天井知らずの勢いで伸長をつづけていた。

作品別の動向を知らべると、いろんな意味で最大の事件はやはり、新東宝映画の『明治天皇と日露大戦争』だろう。嵐寛寿郎主演で、監督は渡辺邦男、発案は大蔵貢だった。この映画は戦後最大のヒット作になった。昭和三十八年に黒澤明が『天国と地獄』を作って興行記録を塗り替えるまで、戦後映画の観客動員の最高記録を保持しつづけた。映画に主演した俳優の嵐寛寿郎はこう回想している。

（新東宝の経営陣が交代して、乗り込んできた）大蔵貢はんここ一番の大勝負、天皇はんをネタにすることを思いついた。並みの神経やない。それまで日本の映画では天皇はんの姿を出すのはタブーでおました。昭和三十二年の正月、京都の自宅におったワテのところへ宣伝部から使いがきました。五月ゴールデン・ウィークに超大作を出す、その主役を演ってほしい。ついては社長じきじきに相談をしたいとゆうてはる、すぐに上京してほしい。

はーそらまた性急な、五月とゆうたらだいぶ先や、どんな写真です？　日露戦争の話としか聞いておりません。詳細は社長と渡辺監督から申し上げます。ともかくお出で下さいと、切り口上で去によった。正月早々から、なんとけたたましい。乃木将軍でもやれということかいなと、あくる朝の汽車で東京の本社に出向いた。ところが、「寛寿郎クン、明治天皇をやってほしい」。へえッ、乃木さんやおへんのか！そらあきまへんな、〝不敬罪〟ですわ。右翼が殺しにきよります。ワテはご免をこうむりたい。「大丈夫や、ボクかて右翼やないか」、監督すずしい顔をしとる、体はこまいが肝っ玉は太い。

日本映画では天皇陛下を演じることはタブーとされていた。相当の覚悟を持って撮影に臨んだらしいが、それが見事に大ヒットにつながった。日本人の五人に一人がこの映画を見たというが、わたし（少年の塩澤）もそのうちのひとりです。

大蔵はん熱弁をふるうた。この作品に社運を賭ける、総天然色・大シネスコ、製作費二億円を投入する。「寛寿郎クン、大日本最初の天皇役者として、歴史に残りたいと思わんかねキミイ」。この方はもと活弁です。説得力がおます。製作費二億円はまあ、話半分と思うたらよし。せやけど、当時はカラーも新東宝よう撮らなんだ。それがシネマ・スコープ。これに心が動きましたんや。うーん、考えさせてもらいましょうと、ワテは答えました。ところが翌日の新聞に、もうデカデカと（嵐寛寿郎主演ということを）発表をしてしまいよった。（8）

こんな経緯で作られた『明治天皇と日露戦争』だったが、これが観客動員二千万人、当時、人口一億人だった日本人の五人にひとりがこの映画を見たという、巨大なヒット作品になった。本書の前作『昭和芸能界史〜昭和二十年代篇〜』でもこの話を取りあげて（201頁）いる。同じ文章だがここでも紹介しよう。

上映した全ての映画館はすし詰めの超満員となった。客席をぐるりとラッシュアワー並の立ち見客が囲み、中央通路や最前列前の通路まで隙間なく床に座る観客、ロビーにまで人があふれ、上映が始まってもドアが閉められないほどだった。戦前の日本と日本人の姿がそのまま再現された映画であり、進駐軍の占領を経て戦前の日本と手を切ったはずの民衆に衝撃を与えた。観客動員数は2000万人、「日本人の5人に1人が観た」と言われ、日本の映画興行史上の大記録を打ち立てた。配給収入5億7000万円は、封切映画の入場料150円の時代の大記録であった。日本語版のまま封切られた台湾でも、同地で公開された日本映画史上最大の観客動員数を記録している。(9)

じつは、わたしも当時まだ九歳だったのだが、現場でこの映画を観た人間のひとりである。映画好きだった母親に連れられて観にいった。三軒茶屋の映画館だった。

前書ではこの引用説明につづいて、わたしは「こういう話をきかされると、日本民族の本質というか、日本の大衆社会の特質的な性向は戦争と占領があってもそう変わらなかったのではないかという気がしてくる。」と自説を書きとめている。この話をもう少し、つっこんで書くと、昭和二十七年に講和条約を締結して、アメリカ軍の占領行政が終わったあと、過ぐる戦争に関係した多くの関係作品が発表された。

例えば、昭和二十九年の『二十四の瞳』は濃厚に戦争の痕跡をとどめた映画だったし、この年(昭和三十二年)の島倉千代子の大ヒット曲『東京だョ おっ母さん』(♪久しぶりに手をひいて　親子で歩けるうれしさに…)も上京した母親が娘といっしょに戦死した息子に会うために靖国神社を参詣する内容の歌だった。

前後するが、昭和三十一年に伊藤正徳の書いた『連合艦隊の最後』が文藝春秋から出版されて話題になっている。同書はこんな、衝撃的な書き出しで始まっている。

二百五十余隻、百六萬トンの連合艦隊が出撃し、戦終るや、戦艦〇、重順〇、小型空母一、軽巡三、潜母一、特務二、駆逐艦三〇、潜水艦一二、合計四十九隻しか残っていなかったという惨敗を、開戦の前後に何人が予想したであろうか。（10）

同書の内容は戦前の軍閥政治の愚かしさを歎きながら、日本海軍が何度かの海戦によって滅亡していく有様を克明に記録、報告したものだった。この本はこのあとベストセラーになり、延々と売れつづけて、多くの人々に読み継がれることになる。太平洋戦争の実情を正確に知らしめた内容の一冊になった。このあと、五味川純平や児島襄、伊藤桂一などの戦後の、戦記文学の作家たちが輩出するのである。

また、こちらは随想の形になるが、あまり知られていない例をもう一つあげれば、戦時中に平凡社で『陸軍画報』という雑誌を作っていて、終戦時に、その雑誌の出版の権利を岩堀喜之助と清水達夫のふたりに譲

伊藤正徳の『連合艦隊の最後』はそれまで漠然としか知られていなかった連合艦隊の滅亡を克明に記録したノンフィクションだった、また下書の中山正男は戦争中、雑誌『陸軍画報』の編集長だった人。『平凡』は『陸軍画報』の用紙を使って創刊された。

り渡した中山正男という編集者・作家（一度、直木賞の候補にあげられている）がいるのだが、この人が昭和三十一年に『一軍国主義者の直言』という本を上梓している。

この本のなかには、こんなことが書かれている。


敗戦の責任は一切軍人に科せられた。「お前たちが、国を亡ぼしたのだ」軍人たちの非人道性が暴露された。「鬼畜のような軍隊」日の丸の旗の波に送られ、愛国行進曲に激励されて出征していった将兵の末路の如何に哀れなことか。（略）米・英・仏・ソ・蘭・中の戦勝国に裁かれた軍事裁判で、南京虐殺、バターン死の行進、東京空襲航空隊の処刑等の真相が発表され、日本の軍隊は人類の敵と刻印された。

たしかにそれら惨虐行為のあったことを認めるとしても、また一面、日本軍の示した崇高な人間愛の姿を打ち消すことはできない。しかも戦勝国である彼等は果たして日本を裁くにたる足る資格を持っていたか。彼等のなした広島と長崎の原爆投下は、非人道的な残虐行為でないと言えるか。日本の各都市を襲った無差別爆撃は神の許しを得てきた行為か。（11）


中山正男が書いているのは太平洋戦争肯定論の代表的な主張である。基本的な考え方のなかには東京裁判が片手打ちの、勝者が敗者を事後法で裁くという一方的なやりかたへの強い反発があった。おそらく、ここに書かれていることは、戦前の平和だった時代を経験していて、戦後の民主主義日本になんとはない違和感を持っている大衆の大半の人々がひそかに抱いている思いだったのではないかと思う。

それは、戦前の日本を軽々に否定されてはたまらないという、ある種のナショナリズムなのだが、「日本は悪くないのではないか」という、これは、当時の占領行政から解放されたあとの日本人（とくに大衆）なら、ほとんどの人が持っていた平均的な感情だった。それと、スクリーンで、演じるのは鞍馬天狗のオジサンなのだが、天皇の立ち居振る舞いを知ることが出来る、このことも映画が大ヒットした原因のひとつ、と思われる。

日本を占領したアメリカ軍とGHQは日本人の性向を変えようとしていろいろとやったが、何千年にもわたって涵養されてきた民族の心情を変化させることはできなかった。戦後も大和民族という言葉の根底には戦前と変わらぬ強烈な自負心があったのだと思う。

戦争に対する思いも単純な話ではなく、直近の具体的な例なのだが、わたしの母方の伯父さんは昭和十四年だったと思うが、東京教育大学（いまの筑波大学）を卒業した直後に徴兵され、中国で戦死している。兄妹は四人いたが、大事なひとり息子だった。母も戦争は嫌で、天皇陛下なんて大嫌い、とひそかに考えていたが、戦争で死んだ兄を戦後の平和の礎になった犠牲の一石だったと信じてもいた。根本に問い詰めていけば、このふたつは矛盾しているのだが、自分の兄の死をどうしても無駄死にとは考えられなかったのだろう。

この作品のあと、邦画の戦争映画はドル箱的な存在になって、新東宝はこの映画の続編にあたる『天皇・皇后と日清戦争』、『大東亜戦争と国際裁判』などの作品を作り、東宝でも『日本のいちばん長い日』、『日本海大海戦』などの映画が作られて、これもそこそこのヒットを記録するのである。

話を三十二年の映画界、全体の状況にもどす。

この年の映画製作の状況を作品から見ていくと、次ページのようなことである。

こんな映画が評判になっている。

【昭和32年　邦画興行成績ベスト10】　　配給収入

第一位	『明治天皇と日露大戦争』（新東宝）	5億4291万円
第二位	『喜びも悲しみも幾年月』（松竹）	3億9109万円
第三位	『水戸黄門』（東映）	3億5334万円
第四位	『嵐を呼ぶ男』（日活）	3億4880万円
第五位	『任侠東海道』（東映）	3億4178万円
第六位	『大忠臣蔵』（松竹）	2億6875万円
第七位	『錆びたナイフ』（日活）	2億4851万円
第八位	『夜の牙』（日活）	2億3721万円
第九位	『挽歌』（松竹）	2億3243万円
第十位	『大当たり三色娘』（東宝）	2億2740万円

※期間は昭和32年4月〜33年3月まで。

【映画評論家が選んだ昭和32年の邦画ベスト10】

第一位	『米』	（今井正監督・東映）
第二位	『純愛物語』	（今井正監督・東映）
第三位	『喜びも悲しみも幾年月』	（木下恵介監督・松竹）
第四位	『幕末太陽伝』	（川島雄三監督・日活）
第五位	『蜘蛛巣城』	（黒澤明監督・東宝）
第六位	『気違い部落』	（渋谷実監督・松竹）
第七位	『どたんば』	（内田吐夢監督・東映）
第八位	『爆音と大地』	（関川秀雄・東映）
第九位	『異母兄弟』	（家城巳代治・独立映画）
第十位	『どん底』	（黒澤明監督・東宝）

※雑誌『キネマ旬報』掲載の映画評論家の投票による。

こうやって作品が並んでいるところを見ると、観客が面白がる映画と評論家たちが褒める映画には，木下恵介の『喜びも悲しみも幾年月』のような映画が典型だが、作品の根底に共通したヒューマニズムと貧しさへの共感があるようだ。時代の声ということだろうか。

表を見てもらうとわかるが、上段の十作品がたくさんの観客が支持して見にいった映画、下の十作品が当時の『キネマ旬報』に指名された映画評論家たちが傑作として選び出した作品なのだが、相変わらず、大衆的に支持され、なおかつ、映画評論家たちにも評価されている作品は少ない。

評論家たちが『明治天皇と日露大戦争』をどう採点しているか調べると、衝撃的で、三〇人の評論家中、点数を上げているのは四名、三名は1点（そのうちのひとりが鶴見俊輔である）、2点の人がひとり、詩人でもあった津村秀夫という人がいるのだが、この人がひとりだけ、作品に5点あげている。

この作品はみんなが見たがったが、映画評論家たちの評価は低い、そういう映画の典型だった。基本的に評論家たちは、大衆に支持される作品を蔑んでいたのではないかと思う。

わたしはこれを、戦後のいわゆる民主化された社会のインテリたち（高等教育を受けた弁舌の徒）の啓蒙主義的な教養優先の考え方と大衆の持つ基本的、伝統的な、あるいは土俗的な社会観、道徳観の対立だったと思っている。大衆の基本的な社会観・道徳観とは、そもそも自分が労働し生活していくためになにが必要かという自問でもある。

マルクスやヘーゲルは確かに、人間や社会の真実の姿・形を論じているかも知れないが、毎日の生活の営みの中で生じる疲れやストレスを癒してくれるわけではない。素朴な人間感情の機微を定型的に描く作品は小説にしても、映画にしても、その基本になっている規範は［勧善懲悪］のような素朴な社会観だったりしても、観客が観て、文句なしに楽しめる高度な、同時にわかりやすい娯楽性を持っているのだ。

芸術的な作品はたしかに、悩み事があるときなどにあらためて自分がどう生きていけばいいかを考えるのに必要なヒントや教訓を与えてくれるし、革命的な示唆に富む思想は辛い人生をやり直そうと思わせてくれるかも知れないが、平和で安定した生活とそれなりに幸せな人生をすごしたいと考えている〝平凡〟な人間には無用の長物である。大衆はその社会体制のなかで、それなりの不満はあるが、毎日同じように（強大で強固な産業社会の歯車の一部として）働きつづける、そういう生活の娯楽を映画や小説、雑誌に求めた。わたしはそれが昭和のこの時代の大衆文化の正体だったのではないかと思う。

これは石原裕次郎の主演映画にもいえることで、この年度の彼の主演映画は配収ベストテンの中に三本入っているのだが、それらの作品に対しての評論家たちの採点は0点である。前年、大騒ぎになった『太陽

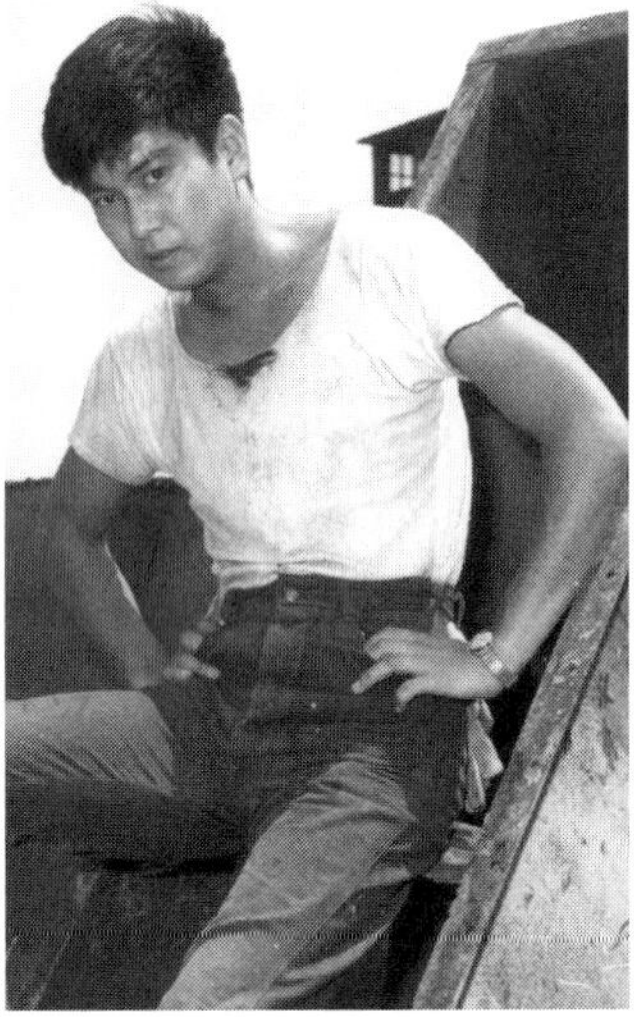

石原裕次郎は昭和12年生まれ。20歳。彼は映画界が産み落とした革命児と言ってよかった。旧弊な風習が多く残る映画と芸能の世界で苦しみながら、文字通りタフに戦いつづけた。十分なインテリジェンスをもつ若者だった。

の季節』も裕次郎の初主演映画の『狂った果実』も全然評価されていない。評論家たちのベストテンにランキングされている作品は、川島雄三が監督してフランキー堺が主演した『幕末太陽伝』だけだった。この映画での裕次郎の役どころは主役ではないのだが、二枚目の高杉晋作を演じて、わたしはこれをどこかで、封切り時ではなかったと思うが、まだ子供のうちに見ていて、裕次郎が登場する場面の異様な迫力にびっくりした記憶がある。

しかし、彼にとっては、自分が主演する映画が評論家的にまったく評価されないのは不本意なことだったにちがいない。裕次郎の兄の石原慎太郎は裕次郎の初主演で、裕次郎の弟役でデビューした津川雅彦の出世作でもある『狂った果実』（昭和三十一年作品）について、こんなことを書いている。

思えば映画『狂った果実』は、弟と津川という運と才能に恵まれた二人の俳優を世の中に送り出したし、加えて中平康という、これもそれまで世に埋もれていた才能を羽ばたかせた。（略）スターの名にふさわしい新しい二人の俳優の誕生と、雌伏してきた才能ある監督の結びつきは季節に応じて花が咲くように、しかし余人には意外な大輪を日本の映画界のために咲かせることになった。（略）

後年、日、仏、独、伊、ポーランド五か国の若い監督たちによるオムニバス映画の合作で、日本部門を私が監督し打合せに行ったパリで、フランス版の監督と総集編をあずかるフランソワ・トリュフォーと話した折、彼がふと自分のヌーベルヴァーグ・タッチはいつか見た極めて印象的だった日本映画に影響されたものだといった。（略）いったいどんな映画かと尋ねたら、題名は『海浜の情熱』とかいう。そんな題の、トリュフォーにまで影響を与えるような作品は思いつかないので、おおまかな話の筋を聞いたら、なんと『狂った果実』のことだった。（12）

このころの石原裕次郎が周囲の人々にどう評価されていたか、その人となりについては次章に細かく書くが、『弟』には慎太郎にしか書けない裕次郎の人間的素顔を描いた記述がある。

彼が井上梅次監督の『明日は明日の風が吹く』という作品に出ている時、他の所用で世田谷の馬事公苑のロケ現場を尋ねたことがあった。丁度弟の出番は休みで、ロケ隊をちょっと外した道端の草むらに腰を下ろして話し込んだ。ところが私たちの斜め向こうに土地のちんぴらが四人やってきていて、何やら粋がって弟の名をさけびながら手招きしている。話を終えてスタッフの近くに戻りかけ背を向けた弟に臆したと思ったのかさらに嵩にかかって「ちょっと顔を貸せよ」とか「ぶっ飛ばしてやる」とか口汚く言ってくるので「あんな奴らかまうなよ。うるさきゃ警察をよんだらいい」私はいい（略）いわれて弟も頷いてカメラの近くまで戻ったが、一度腰を下ろした弟にちんぴらたちがまたえげつなく毒づいてきて、顔色を変える弟に周りが気遣ってはらはらするのを、弟は弟でいらいらして我慢しているのがわかった。（略）

連中がもっとはやしたてた。次の瞬間立ち上がった弟がもう誰も止める暇もなくまっしぐらに彼らに向かって走っていき、連中の退路を断つように逆側に回り込み、いきなり二人を右と左の拳で殴り倒し、呆気にとられているもう一人の股間を蹴り上げ、殴り倒されたまま退って逃げようとしている一人の胴っ腹を思いきり蹴りつけて動かなくしてしまった。最初に殴り倒された片方はもう立ち上がる気力もなく尻をついたまま防ぐように手をかざして後ずさりし、そのまま離れて立ち上がると一散に逃げていった。とにかくあっという間にかたがついた。

弟の体が目で追いきれぬような速度で回転し、気がついたら今までわめいていたちんぴらが三人地面にのびて、残りも腰を抜かしていた。弟がそこで撮っていた映画もやくざの一族の話で、最後は映画らしい華々しい決闘ともなる。しかしその撮影の最中に格闘の振りを付ける振り付け師も含めてスタッフは、多分、白日夢みたいな本物の立ち回りを目にしたのだった。

私にしても、なるほど弟は強いなあと思ったが、周りの連中の印象はもっと決定的なものだったろう。私は心中密かにこれはいいことだと思っていた。活動屋という半ば無頼の世界で、特にその裏側では、通用するものは結局括弧つきの実力でしかない。（略）弟が監督を含めてスタッフたちの前でやってのけたことは多分、演技だのなんだのの前になによりも直截に彼の存在を示したに違いない。（13）

引用が長くなってしまった。しかし、この出来事は石原裕次郎という男の、スターというか俳優以前の人間的な、強烈なエネルギーを感じさせるエピソードである。

54ページの表の作品リストの話にもどるが、これらの作品のなかで、観客動員的にも評論家的にも評価されている映画は木下恵介の『喜びも悲しみも幾年月』だけである。この映画は、歌手の若山彰がうたった同名の主題歌が大ヒットした（ベスト30のランキングの11位に名前がある）ことでも有名なのだが、一生を日本の海を守る灯台守の夫婦の物語、これもわたしは親に連れられて、三軒茶屋の映画館でオンタイムで観ている。

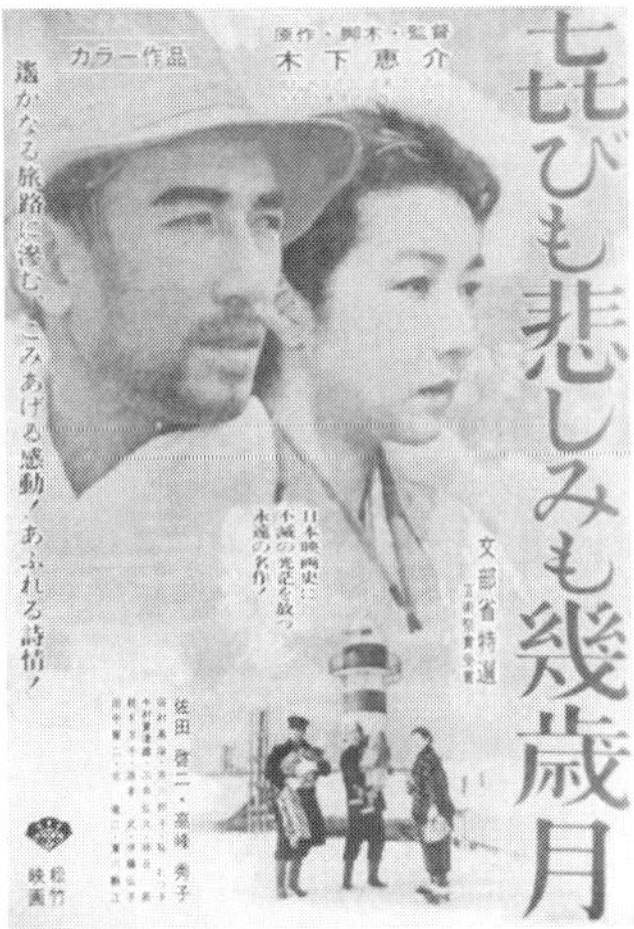

戦後昭和期を通しての日本映画の主要なテーマは貧しい（お金はない）が、清く美しい（それが豊かな人生だった）人生を描きだすことだった。そのことを剥き出しで描いた代表的な映画監督が木下恵介だった。彼の作品のなかでは無名の人生を働いて子を育て、生活し死んでゆく、そういう人間たちの人生の豊かさが、哀歓をもって描かれていた。下は若山彰が歌ってヒットさせた映画の主題歌。映画と同名の『喜びも悲しみも幾年月』。

夫婦を演じたのは佐田啓二と高峰秀子なのだが、内容は無名の平凡な生き方をした夫婦を主人公に人生の遍歴、それこそ喜びと悲しみを淡々と描いた作品だった。いま思えば、当時の大衆の生き方、人生についての考え方そのものがテーマのような作品だった。

【出版界】

ここで、問題の大きな流れを整理しておこう。

わたしはここまで、問題の所在についての筆の運びをインテリゲンチャ対大衆の問題意識についての対立というようなとらえ方で文章を書いてきた。

実は、ことがらはそれほど単純な構図で成立しているわけではない。

このことの歴史的経緯（戦後社会の中心的な文化の思潮について）を書くと、まず、戦前の教育体制のなかで、高等教育を受けたインテリ（知識人）たちが、敗戦を悔いあらためたのち、戦後の民主主義文化をになって、それなりの考え方の新しい時代のあり方にふさわしい、［新しい文化］を作りだしてきた。

わたしはこれを仮定的になのだが、［教養主義文化］と呼ぼうと思う。教養主義文化とはいかなるものなのか。こんな説明がある。

教養主義とは、主として文学、哲学、思想、歴史方面の読書を通じて人格を陶冶し、自己を作りあげようとする価値規範を示す。大正期から一九六〇年代にかけて、旧制高校や大学において広く見られた。（略）大正期の教養主義は、政治から距離をとり、内省的な思弁に特化する傾向があったが、大正末期以降になると、恐慌や労働運動の頻発も相俟って、マルクス主義や社会主義に根差した社会改良志向が、読書や人格陶冶に結びつけられるようになった。「エリートたる者、社会をよくするために書を読み、人格を磨かなければならない」という規範である。（14）

これは福間良明著『「働く青年」と教養の戦後史』のなかの一節である。本書は戦後、昭和二〇年代の後半以後に創刊された、いわゆる、大衆教養誌である『葦』や『人生手帖』などについて論じたもので、大衆社会に教養主義がどう浸透し、どう変化していったかを書いている。そこにはこんな言及もある。

（『葦』、『人生手帖』の）両誌とも娯楽色は乏しかったが、一九五〇年代後半ごろに高揚期を迎え、そのブームは全国紙や大手週刊誌でもたびたび取り上げられた。むろん、発行部数は『平凡』のような大衆娯楽誌に比べれば、けして多いとは言えない。しかし、当時の『中央公論』でも発行部数は十二万部程度（購読数は八万部）であり、『世界』が一〇万部に到達したのも、一九五四年のことだった。『改造』や『新潮』に至っては、五、六万部にすぎない。そのことを考えれば、八万部近くを発行していた『葦』や『人生手帖』は決して小規模の無名雑誌と呼べるものではなかった。（15）

これに追加的に説明するのだが、この時点で『平凡』は一三〇万部とか一四〇万部とか出ていて、前著の『昭和芸能界史～昭和二十年代篇～』でも言及したが、『中央公論』の編集長が、こんなことをいっている。これはこの時代の大衆文化をインテリたちがどう考えていたか、非常に参考になるから、全文引用しよう。

『平凡』がよく売れることは嘆かわしい現象だ。戦後、アメリカの占領軍が残したものに良い面と悪い面があるが、良い面を生かすには金がかかる。結局、悪い面だけが残されがちだ。リーゼント・スタイルとか、ジャズの持っている軽薄な面とか。これらを助長しているのが『平凡』だ。が、これも要求があるのだから、無視することは出来ない。やはり問題は教育だ。まず、小学校の教師の待遇をよくすること、教師たちの教養を高めることだ。美しい文章とはなにか、美しい音楽とはなにか、美しい絵とはなにかを教え、それによって子供たちを導かせる。そうすれば、『平凡』のあのきたならしい誌面や低俗な文章は、だれも見向きもしなくなるだろう。(「中央公論」編集長　藤田圭雄氏)(16)

このコメントは昭和二十年代の後半のものだが、おそらく『中央公論』の編集姿勢はこのあともずっとこの考え方で、『平凡』を一段低い、対抗的な(サブ・カルチャー的な)位置付けで考えていたのではないかと思う。しかし、いまの二〇二〇年の文化状況を見れば、大衆文化こそが日本社会の教養の本質を形成していて、これが雑誌的には『平凡』に源流を持つ、このあと、『平凡パンチ』や『アンアン』へとつづいて、いまや新聞までもが芸能を初めとする大衆文化の情報をできるだけ紙面に汲みあげようとする状況が来ていると書いていいのではないかと思う。

その意味でいうと、『葦』、『人生手帖』などの大衆教養誌は、当時のインテリゲンチャたちが読んでいた、いわゆる〝総合誌〟に憧れる読者が読んでいた雑誌、と書いてもいいかもしれないと思う。とはいえなのだが、実は、わたしも中学生のころだから、一九六〇年代に入ってからのことだが、『人生手帖』(姉妹雑誌の『青春手帖』だったかも知れない)を愛読していた記憶がある。これらの雑誌は貧困などの理由で、義務教育だけで就職せざるを得なかった、学的な環境に恵まれなかった若者たちのなかで、教養や知識を身につければ自分が社会的に上昇していけると考える人たちが読者層の雑誌だった。それは当時の『平凡』の発行部数と比較すれば、大衆的な文化状況のなかではやはり少数派であり、既存のインテリたちの著作や大学教育に憧れるもので、文化の発信力からすればやはり脆弱なものだったと思う。

こういう論調で書き進めて、『平凡』を大衆娯楽誌と書いて、教養的なことはなにもない編集内容みたいな誤解をされそうだが、それは間違っている。教育的な側面に編集的な配慮がなにもなかったというのは誤認である。教養主義的な文化といわゆる〝平凡文化〟の対立は、単純化して書くと、「社会のために役に立つ人間になりたい」という考え方と、「自分の生活を充実させて、人生を満たされて生きたい」という考え方の対立だった。この考え方の対立はいまでも存在していると思う。

これは善し悪しの問題ではなく、自分の人生にとってなにが一番重要なことなのかを自分に向かって問う、価値観の問題だった。『平凡』にしても『人生手帖』にしても、その精神形成がおこなわれている思春期に出会った雑誌が、その人の人間形成に大きな影響を与えた、ということなのだった。

教養主義文化は大学卒業程度の知識・教養・思想を持った人間たちを中心にして形成されてきた文化――具体的にどんな出版社から出版される書物に書かれている考え方によっているかといえば、岩波書店や平凡社、中央公論社などの出版物の傾向に反映されている社会意識や世界観によって成立している――である。

その考え方による個人の生き方の評価の重要なポイントは、社会的に優れた人間として認知されることであり、知的な職業を優れた職業と考えることが一般的である。

戦前の教育思想を一言でいうと、立身出世とか忠君愛国、末は博士か大臣か、というような人生観になるのだが、戦後の日本社会はそのなかから、国家主義的な部分を排除した形で、民主主義社会を実現するための社会思想が涵養されてきた、と書いていいと思う。

その文化を中心的に担ってきたのは、要するに、前述した戦前から存在する老舗出版社、朝日新聞、読売新聞ほかの大新聞社、あるいは講談社のような、なんでも本にしてしまう百貨店出版社、放送でいったらNHKのラジオ放送などであった。これらの企業が作り手となって送り出し、戦後昭和の大衆が「受け手」として存在する〝民主主義的文化〟が教養主義文化であった。

そして、実はこれに戦後教育の大きな特徴として、GHQの肝煎りで政策のなかに取りこまれた、男女平等の思想や労働組合尊重の考え方、独占禁止法や戦争放棄などの新しい日本国憲法の考え方が現実の教育現場に直接的に反映されていたのだが、戦後のアメリカから持ち込まれたこれらの、歴史的にはヨーロッパの歴史に育まれてきた、自由と平等を旨とするこれらの新しい思想と、戦前から日本社会の伝統として存在する儒教思想や仏教的な背景を持つ無常観、国学的な考え方、社会的身分や秩序を尊ぶ思考方法とのせめぎ合いのなかで、戦後の日本の大衆文化は創られていったのだと思う。大衆文化の主眼は、

①自分は社会のためになにができるか、という政治的な発想
②自分は社会のなかでどう生きていくかという人生論的な発想

このふたつの項目の対立のなかで、大衆のひとりひとりがそれぞれ自分なりの考え方を選び取る、そういう自由を保障する思想を根底にして存在していたのだと思う。

【映画】の項にあらわれたようなインテリ対大衆の価値観の対立の構図は、わたしはいったん、対立と書いているが、実は話はそんなに単純なことではなくて、新旧の世代の対立（年齢的な対立や社会階層的な対立、大人と子供の対立など）というよりも、もっと重層的な、相互的な連動関係だと思う。

同じひとつの社会のなかで生きていることで、大衆はそれぞれ自分のなかに、受けた教育程度に対応するほどの知的な部分を持ち、インテリたちもまたこころのなかば、かなりの部分、大衆的な志向、日々の暮らしを楽しみ、苦しむこともある、大衆の部分を持っている。こういう書き方をする方が、正確ではないかと思う。つまり、それはもちろん対立なのだが、一人の人間の心のなかで起こっていた、考え方の変化だったということだろう。

ものごとはそんなに図式的な二項対立で回答を探せるほど単純ではないのだ。それぞれの人が無数の属性を持ち、――例えば、男だったり女だったり、子供だったり大人だったり、田舎に住んでいたり都市に住んでいたり、都市でも下町だったり山の手だったり、山の手でも住宅街だったり商店街だったり、頭のなかの定型的な人間像では具体的、現実の問題はひとつも解決しない。人間は誰もが複雑なあり方をする存在で、社会はそういう人間たちが、働き、遊び、生活することで発展していく、あるいは毎日が過ぎていくのだと思う。

その意味からいうと、大衆文化の正体は実は、インテリも大衆もなく、教養も娯楽も含めて、その社会の構成員たち、ひとりひとりの生活のありようが作り出しているもの、という書き方をして差し支えないのではないかと思う。生活のなかの大きな要素は、日々豊かになっていくそれぞれの人たちの財布の都合であり、昭和三十年代の、高度経済成長のただ中にあったこの時期は、大衆のひとりひとりが日々、豊かになっていって、そのひとりひとりの持つ自分の生活のためにものを買う力（個人の消費能力）が社会全体を動かし始めていた、ということである。

政治体制と社会の雰囲気が変わったことで、戦後の十有余年を生き延びてきた多くの雑誌が淘汰され、姿を消したことはすでに本書の前身である『昭和芸能界史〜昭和二十年代篇〜』で書いた。この時期、昭和三十年代の前半数年にかけていえることなのだが、講談社の『キング』など戦前からの長い歴史を持つ多くの雑誌が廃刊になり、同じような数の新雑誌（かなりの数の週刊誌が含まれる）が創刊している。

戦後教育を受けてある種の好み、志向を持ちはじめた大衆の新しいものにこだわりつづける新陳代謝機能によって変化したのである。そういう状況のなかでの雑誌の『平凡』についての動向だが、重大な転機を迎えようとしていた。この年の隔月の発行部数の推移をみると、こういう形になっている。

雑誌『平凡』昭和32年　発行部数

各月	部数	表紙女優
1月号	135万5千部	有馬稲子
		（昭和31年11月下旬発売）
2月号	140万部	千原しのぶ
		（昭和31年12月下旬＝正月発売）
3月号	140万部	高千穂ひづる
		（昭和32年1月下旬発売）
4月号	138万部	若尾文子
5月号	134万3千部	山本富士子
6月号	137万部	司葉子
7月号	130万部	芦川いづみ
8月号	131万部	美空ひばり
9月号	130万部	有馬稲子
10月号	132万部	高千穂ひづる
11月号	132万部	浅丘ルリ子
12月号	131万部	若尾文子
※4月号以降 すべて前々月下旬発売		
		（昭和33年）
1月号	131万部	美空ひばり
		（昭和32年11月下旬発売）
2月号	131万部	丘さとみ
		（昭和32年11月下旬発売）

補足的な説明だが、版元の平凡出版は飢餓作戦と称して発行部数をギリギリに絞り、返本率を2パーセントくらいに設定し、買いそびれたと思う人がいるくらいがちょうどいいと考えていた。このため書店で日常的に品不足になり、そこに目をつけた集英社がそっくり雑誌『明星』を創刊して業界を驚かせた。

この雑誌は昭和三十年の八月号で百四十万部を発行していて、これがこの時代の発行部数の最高記録になっているのだが、このときの目標返本率が2・5％だったのが、実態は6・5％で、この数字に編集部はショックを受けたのだという。そして、体勢を立て直して、きめ細かな編集を励行している。そして、三十二年の2月号、3月号でも同じ百四十万部を発行して、2月号の付記には「返本率2％で遂に目標に到達」とある。（17）

話が寄り道するが、わたしの手元にこの時期の『平凡』が一冊もなく、どんな内容だったのか知りたくて、古本屋さんに出かけた。京王線の八幡山駅は最寄りに大宅文庫（雑誌の図書館である）があるのだが、ここに行く途中に「カルチャー・ステーション」という雑誌ばかりを扱っている古書店がある。

何年か前に、ここで何冊か自分が手がけた時代の『平凡』を資料として買っている。この店にこの時代の月刊の『平凡』を買いにいって、驚いた。雑誌の値段を一冊、三、四千円だろうと思っていたのである。ところが、だった。当時の雑誌が一冊ずつ、丁寧に透明のビニール袋に入れて売られているのだが、この時代の『平凡』はすべて一万円を超える値段がつけられていた。

いろいろ考えたが、さすがに一冊一万円は買う気になれず、手が出ない。古文書扱いの価格である。

店の理屈としては、めったに手に入らない稀覯の古書ということなのだろう。発行時は百四十万部、定価95円だったものがそういう値段である。一〇〇倍以上の価格がついている、ということはその値段でも買う人がいる、ということだ。もともとはした値のものに万を超える値段がつけられるということは、古書の常識からいったら、日本中合わせても、現存しているのが四部とか五部ということである。

しかたがないので、ということでもないのだが、ここで『平凡』を買うのはあきらめて、大宅文庫に行って、現物をチェックして目次をコピーすることにした。

内容を見るとわかるのだが、雑誌は必ずしも［芸能雑誌］という言葉で括ることの出来ない、広大な拡がりを持っている。一例を挙げると、昭和三十二年の2月号（表紙は千原しのぶ）で口絵に登場するのは、中村錦之助、美空ひばり、大川橋蔵、若尾文子、大木実、高千穂ひづる、芦川いづみ、長谷川一夫、山本富士子、八千草薫、津川雅彦という顔ぶれ。

新年会と銘した［オールスタア座談会］がおこなわれていて、出席メンバーは寿美花代、司葉子、鶴田浩二、野添ひとみ、フランキー堺、川上哲治、市川雷蔵、司会役は野球解説者の小西得郎という顔ぶれである。

［希望対談］は若尾文子と大川橋蔵。

グラビアとオフセットの部分は映画や歌の人気者で賑やかだが、同誌の活版頁の創作小説の執筆陣はこれも驚くべき陣容で、大仏次郎、柴田錬三郎、富田常雄、野村胡堂、壺井栄、北條誠ら、大衆文学の巨匠たちの名前が並んでいて、これにまじって夏目咲太郎がいる。

夏目某というのはこの雑誌の編集長だった清水達夫のこと。この号ではないが、山手樹一郎、菊田一夫、川端康成らの名前もある。挿絵画家も岩田専太郎を筆頭に志村立美、石原豪人、御正伸の名前があり、『若ノ花物語〜土俵の鬼〜』というノンフィクション小説を書いたのは黒澤映画で脚本を担当していた菊島隆三、挿絵を堂昌一が受け持っている。また、女の子の悩み相談室が設けられていて、これの担当はドクトル・チエコ、恋愛の相談相手は田中澄江が引き受けている。

このころの『平凡』の総ページ数は三〇六頁、内容は当時の大衆文化の百花繚乱の一大殿堂と書いていていいと思う。昭和二十年代の苦闘の時代の『平凡』を知っている身としては、よくぞここまで来た、というのが率直な実感である。しかし、これもやがてテレビと週刊誌の登場で大きく内容を変えていくのである。

『平凡』はその後、百三十万部台で推移している。そして、年が明けた三十三年の一月発行の『平凡』の部数は百二十万部ちょうどで、部数を大幅に調整しなければならなくなる。これは、この雑誌の需要がこのレベルで飽和状態にあることを意味しているのだろうが、この飽和状態の原因は大きくふたつあると思う。

①大量の新雑誌の創刊。特に週刊誌が読者の間で定着した。
②雑誌『明星』の市場での認知。部数増。

雑誌『明星』については、後続雑誌で模倣誌ではあったが、発売時、書店は常に平場に並べて陳列して、競争誌として扱ったから、併読されたり、『明星』の方を愛読する人が現れたりして、具体、実体的なことは不明だが、この時点で、ある程度の大きな部数を発行し始めていたのではないか。『明星』がある部数を維持するようになって、マーケットはフル供給の飽和状態になったのではないかと思う。

文学・小説的にも雑誌は新しい潮流を作りだしていて、前年にはなばなしくデビューした石原慎太郎に前後して、新しい作家たち、ランダムに名前をあげていくと、遠藤周作（三十四歳）、開高健（二十七歳）、大江健三郎（二十二歳）、江藤淳（二十五歳）、山川方夫（二十七歳）らが登場して、新鮮な読後感の作品を発表し、文壇は新しい盛り上がりを見せ始める。それぞれの人について細かな説明はしないが、カッコ内の年齢は昭和三十二年時点のものである。俳優や女優と違って、文学者たちの年齢を添え書きすることにどれほどの意味があるのか、わたしにもわからないが、どの人も戦後の新しい社会で育った文学者たちである。

週刊誌の動向について書くと、昭和三十一年の二月、『週刊新潮』の創刊時、発行部数四十万部だったものが、九ヶ月後には部数五十万部を発行する。部数急伸の原因は連載小説、柴田錬三郎の『眠狂四郎』と五味康祐の『柳生武芸帳』だったと新潮社の社史は分析している。週刊誌だから、回転が速く、ひと月に二百万部が

『週刊新潮』の創刊号。創刊準備の会議である重役（斉藤十一）が「金と色と権力に興味のない人間はいない。週刊誌はそれを報道するべきだ」と言ったという。『週刊新潮』は文芸色の強いたたずまいを見せながらじつはかなり辛辣なドキュメント雑誌だった。
下は河出書房が創刊した『週刊女性』。

柴田錬三郎が書いた『眠狂四郎』シリーズと五味康祐の『柳生武芸帳』。両作とも昭和三十年代に書かれた最高の時代・剣豪小説の傑作である。
眠狂四郎は大映で市川雷蔵主演で映画化、『柳生武芸帳』は実は柳生流は剣術ではなく忍術だという話。東宝で三船敏郎と鶴田浩二が主役の忍者に扮して映画化した。

さばかれる勘定になり、出版社にとっては美味しい商売だった。『週刊新潮』のこの動きを見て、各出版社が週刊誌創刊の準備に取りかかり、昭和三十二年、三十三年、三十四年の三年のあいだに七十三誌の週刊誌が創刊されるという、大変なラッシュになっている。

【放送】

まず、この年、ラジオの普及が頂点に達している。

放送研究所が作った『放送小史・年表』の昭和三十二年の項にこんな一条がある。

［3］（三月のこと）ラジオ契約数一四〇〇万台突破。(18)

これにつづいて、翌三十三年の十一月の項には「ラジオ受信契約数一、四八一万台を頂点に横這い状態に入る」という追加説明がある。もちろんこの背景にはテレビの猛烈な普及がある。ひとまずここではテレビのことは措いて、ラジオの話だが、昭和三十二年のラジオ放送は子供心の記憶に残っていて、すてきだった。

まず、一番楽しみにしていた番組は『赤胴鈴之助』、映画にもなったし歌も流行ったが、わたしはラジオにしがみついて番組を聴いた。

主人公の鈴之助の声が吉永小百合で、このとき、初めて彼女の名前を知った。彼女はわたしより年上だから、このころ十一、二歳のはずである。わたしは世田谷の三宿に住んでいたのだが、名前だけのことだったが、小百合ちゃんは淡島通りをはさんだ駒場に家がある、近所の女の子だ（子供たちのあいだに流れた噂。結局ウソだった）と聞いて、どんな顔をしているかも知らずに心を踊らせた記憶がある。

わたしがはっきり記憶しているもう一つの番組は、『赤胴〜』の前後に放送されていた、フランキー堺がナレーションをつとめていた『ハイデガー帝国の逆襲』というラジオドラマで、内容はすっかり忘れてしまったが、やたらと恐くてドキドキする番組で、これも夢中になった。わたしがハイデガーという名前を初めて知ったのはこのときなのだが、この名前がドイツの哲学者だということを知るのはずっとあと、高校生になってからのことである。

いずれにしても、当時、まだテレビはかなり値が張って、一般庶民、低所得家庭には手が届かなかった。ラジオはのちのテレビと同じように家族団らんのための重要な必需品だった。このころは、テレビはまだ普通の家にはなく、プロレスとか、見たい放送時間に合わせて近所のおそば屋さんに食事しに出かけていって見ていた。まもなく、本格的にテレビが一般家庭で普通に見られる時代が始まる。

昭和三十一年十一月に受信契約数三十万台であったものが、一年後には七十万台、翌、三十三年末には

■テレビ受信台数　推移表

［昭和 31 年］	契約数
6・20	契約数 20 万台
11・20	** 30 万台
［昭和 32 年］	
3・31	受像機 419.364 台（普及率 2〜3%）
6・15	契約数 50 万台
9・10	契約数 60 万台
11・20	契約数 70 万台
［昭和 33 年］	
3・20	受信数 90 万台
3・21	受像機 908.710 台
5・16	契約数 100 万台
8・20	契約数 128 万台
12・10	契約数 150 万台
［昭和 34 年］	
4・30	契約数 200 万台
8・30	契約数 280 万台
10・8	契約数 300 万台
［昭和 35 年］	
2・29	契約数 400 万台

テレビは約十年のあいだに受信契約 20 万戸から 1700 万戸というものすごい伸張率で、テレビのこの普及によって日本社会は同じ情報を同時に受け取ることのできる高度な情報社会へて進化していった。

百五十万台という、倍々ゲームの伸び方である。いずれにしても猛烈な増え方で　テレビはものすごい勢いで社会に浸透していったが、数字データをみると、右のページの表のようなことである。

この時代のテレビのコンテンツはどうだったかというと、まず、このころのテレビ欄をみて、すぐに気付くのは家族団らんの夕飯の時間にたくさんのアメリカ製のテレビドラマが放送されていることだ。

現役のテレビマンで東京大学の大学院でテレビ・メディアについて研究し、博士号まで取得してしまった松井英光が書いた『新テレビ学講義』のなかにこんな一節がある。

（この時期の）代表的な高視聴率の番組ジャンルとして、「外画」と呼ばれた「外国テレビ映画」がありま す。この背景には、１９５６年に五社協定で映画会社の専属俳優のテレビ出演を制約し、同時に劇場映画のテレビへの提供中止も決定されたことがあり、代替コンテンツとしてハリウッド製の「外画」が大量に輸入され、その多くが高視聴率を獲得しました。

具体的には、『スーパーマン』（ＫＲＴ）や『ベン・ケーシー』（ＴＢＳ）、『ララミー牧場』（ＮＥＴ）が50％以上を記録しましたが、『パパは何でも知っている』（日本テレビ）や『名犬リンチンチン』（日本テレビ）などのホームドラマが高視聴率となる傾向があり、これらの「外画」により、視聴者がアメリカのライフスタイルへ憧憬の念を抱くようになっていったようです。

結果として、この「外画」に加えて、アメリカの番組フォーマットをコピーした「公開番組」、「プロレス」、「プロ野球」も合わせて、この時期の高視聴率番組により「アメリカ文化」が日本の家庭に流れ込んで行くことにもなりました。（19）

松井英光は「外画」の影響を以上のように分析していた。

『スーパーマン』、『名犬リンチンチン』はすでに前年から放送開始されている。この年に登場するのは『名犬ラッシー』、『アイ・ラブ・ルーシー』、『アニーよ銃をとれ』、『ヒチコック劇場』などである。

愛犬ものの外画の代表作『名犬ラッシー』。わたしも夢中で見た記憶があるが、筋書きはすっかり忘れてしまっている。下は女性の早打ちガンマン(ガンウーマン?)の活躍を描いた『アニーよ銃をとれ』。物語はフィクションだが、主人公のアニー・オークレーは実在の人物だったという。両番組ともKRテレビ(いまのTBS)の放送。

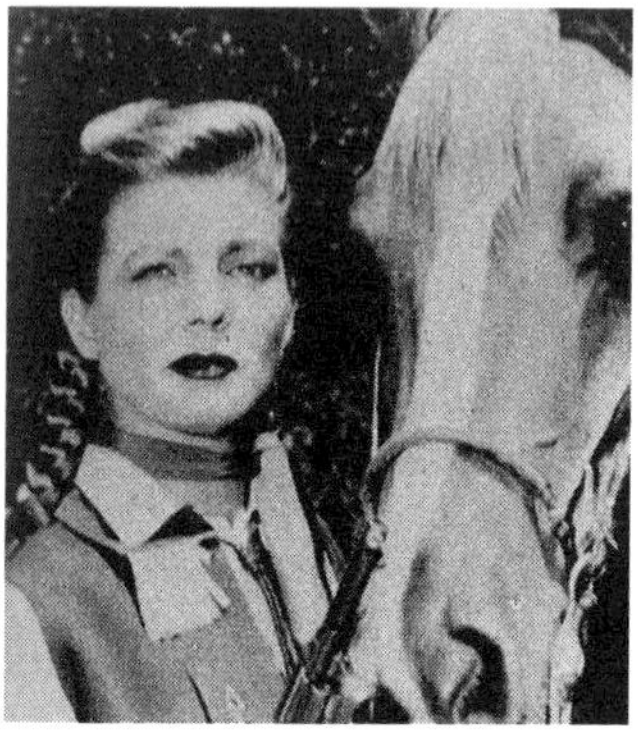

これらはいずれもいまでもみんなの記憶に残る高視聴率番組だった。映画会社はたくさんのテレビで放送してもかまわない映画作品を持っているはずだった。それをテレビになにがしかの値段をつけて売ればいいはずだったのだが、なぜこんなことになったかというと、映画の関係者たちが〈テレビは敵だ!〉と考えて、作品を供給しない、テレビの普及は映画のためにならない、と考えたからだった。

いまにして思えば、映画会社のこの考え方のおかげで、映画は立場を失い、やがて衰退していく。そして、アメリカのテレビドラマの放送は、最初は窮余の一策に過ぎなかったのだが、当事者たちも予期せぬことだったと思うが、アメリカの大衆文化の日本侵略（？）の尖兵となって、アメリカの消費生活を憧れのライフスタイルと考える、新しい時代到来のための下地をつくる役目を果たす。この周辺の事情を東京ニュース通信社の『テレビドラマ全史～1953―1994～』は次のように書いている。

S32年3月。都内で30の映画館が経営不振のため閉館。前年、テレビ局の作品提供を拒否した邦画六社のテレビに対する危機感が現実のものとなっていた。一方、その供給拒否のため、かわりにアメリカ制作のテレビ映画の放送を開始したテレビ各局。この年からその作品群も百花繚乱、ちょっとした外国テレビ映画ブームを形成していく。ブームとなった理由としては、もちろん面白いがゆえの視聴率向上があげられるが、もうひとつは製作費。当時の外国テレビ映画は、日本語の吹き替えとフィルム放送料を合わせて、300万円が目安だった。これで電波料は別としても、東京、大阪、名古屋、福岡、札幌といった主要局をネットできた。（略）放送一回分が50万～60万円だった。(20)

当時、自局制作のテレビドラマの制作費の相場は60万円くらいだったという。外画の方が安いのである。しかし、日本のテレビ局も手をこまねいていたわけではなかった。この年、話題になったのは『ダイヤル一一〇番』だった。日本の元祖・刑事ドラマなのだが、これもお手本はアメリカの警察モノだった。

いずれにしても、この時代の日本のテレビドラマは時代劇をのぞいて〝アメリカに負けるな〟的な発想の、日本独自のモノを追求しようとしたものが多い。日本なりの工夫を凝らしてヒットした作品としてはまず、昭和三〇年からＫＲＴ（いまのＴＢＳ）で始まった探偵モノの『日真名氏飛び出す』、主演の探偵役のカメラマン日真名氏は東宝劇団の久松保夫、助手役の高原駿男は劇団民芸の人。『ダイヤル一一〇番』は日本テレビの制作、警視庁の全面協力で、現実の捜査そのもののような刑事たちのリアルな捜査活動を描いた集合モノ、出演はこれも松村達雄とか玉川伊佐男、鈴木瑞穂といった新劇畑の役者たちだった。映画会社所属の俳優、スターたちは排除してつくられている。それでも、テレビは人気番組をつくりだした。

やがて、この状況から傑作、ＴＢＳ『七人の刑事』が生まれる。そして、たくさんのテレビ出身のスターたちが姿を現すのである。補足説明だが、『テレビドラマ全史〜』の引用の冒頭で、「S32年3月。都内で30の映画館が経営不振のため閉館」という一節は、テレビの影響というより、ひとつの盛り場で映画館が何軒も乱立してお客を奪いあっているという状況の方が原因ではないかと思う。

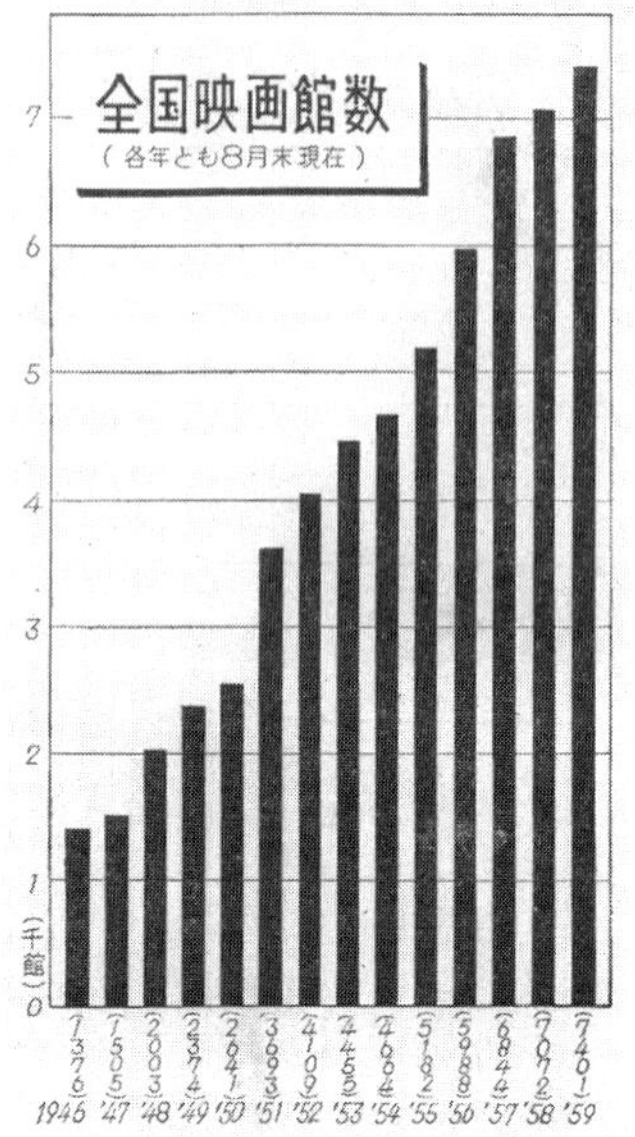

上の図表は『映画年鑑』のなかにあった資料である。映画とテレビの凌ぎあいがいつごろから始まったのかという問題だが、見てわかる通り昭和三十二年の時点でも、全国の映画館の数は増えつづけている。そのなかで、都市部で閉館するということは、系列的に良い配給作品に恵まれず、映画館乱立状態のなかで、過当競争（生き残りゲーム）に負けた、と考える方が正しいのではないか。

最後になるが、テレビはやがて、72ページの図表に掲げた通り、受信台数も猛烈な勢いで増加するのに合わせて、家庭＝家族＝血縁共同体ごとに公共のメッセージ、ニュース、生活のアドバイス、企業のコマーシャルなどをうけとる、最有力のメディアになっていくのである。

【註】

（1）『岸信介』一九九五年刊　岩波新書　原彬久著　P・24
（2）『美空ひばり』一九六五年刊　弘文堂　竹中労著　P・69
（3）『血と抗争　山口組三代目』一九九八年刊　講談社α文庫　溝口敦著　P・244
（4）『NHKテキスト100分で名著』［オルテガ「大衆の反逆」中島岳志著　P・20
（5）『朝日新聞』二〇二〇年六月二十七日号　P・37
（6）https://ja.wikipedia.org/wiki/有楽町で逢いましょう
（7）『二人で一人の物語』一九八五年刊　出版ニュース社　清水達夫著　P・135
（8）『鞍馬天狗のおじさんは～聞書アラカン一代～』一九九二年刊　ちくま文庫　竹中労著　P・272
（9）https://ja.wikipedia.org/wiki/明治天皇と日露大戦争
（10）『連合艦隊の最後』一九五六年刊　文藝春秋　伊藤正徳著　P・1
（11）『一軍国主義者の直言』一九五六年刊　鱒書房　中山正男著　P・137
（12）『弟』一九九六年刊　幻冬舎　石原慎太郎著　P・154
（13）『弟』P・159

(14)『「働く青年」と教養の戦後史』二〇一七年刊　筑摩書房　福間良明著　P・17
(15)『「働く青年」と教養の戦後史』P・18
(16)『週刊朝日』一九五四年九月五日号　P・56
(17)『読者とともに20年〜平凡出版株式会社小史〜』P・137
(18)『放送文化小史・年表』一九六六年刊、岩崎放送出版　金沢貫太郎著　P・93
(19)『新テレビ学講義』二〇二〇年刊　茉莉花社（河出書房新社）松井英光著　P・162
(20)『テレビドラマ全史1953〜1994』一九九四年刊　東京ニュース通信社　P・42

第二章　1958（昭和33）年　和洋混淆大衆文化の誕生

【昭和三十三（一九五八）年】

まず、この年に起こった政治・経済的な重要な出来事だが、次のようなことである。

一月二十日　インドネシアと平和条約・賠償協定調印。
二月四日　インドと通商協定調印（初の円借款供与）。
二月五日　アラビア石油設立。
三月五日　日中民間貿易協定調印。十四日、国民政府が抗議。
四月十三日　北朝鮮と日朝協定調印。北朝鮮帰還。
五月二十六日　総選挙。自民二八七議席、社会一六六議席、諸派・無所属など十四議席。
六月十六日　日米・日英原子力一般協定調印。
八月五日　三井物産、第一物産と合併調印。（1）
九月十二日　藤山外相とダレス国務長官のあいだで安保条約の改定合意を声明。

ここで、アジアの情勢を説明しておくと、戦後、国内のことで手いっぱいだった状態から抜け出して、東南アジア諸国との関係修復の外交努力がつづいていている。

まず、この年、インドネシア、インドとの協定が成立。南ベトナムと仲直りするのが翌三十四年のことで、これは賠償協定。

マレー半島を中心にしたもとのイギリス植民地だったところがマラヤ連邦として独立するのが一九五七（昭和三十二）年のことなのだが、ここからブルネイなどと別れてマレーシア連邦が成立するのが一九六三年、さらにそこからシンガポールの独立が六十五（昭和四十）年、こちらはこのあと、しばらくしてからのことである。東南アジアでいうと、タイとミャンマー（ビルマ）は戦前からの仲良しで、第二次世界大戦を同じ枢軸国として戦った間柄で元々の親日国であった。

外交の体裁を整えて、東南アジア、アメリカ、中国などと関係の修復を急ぐのは、こののち、貿易立国して、日本製品を売りさばくことのできる大規模なマーケットを開拓するための努力だった。

また、熱エネルギーの石炭から石油への交代を見越して、中近東への布石（アラビアへの投資）もしている。いずれも、このあとの日本の産業国家としての発展に欠かせないものだった。

つづいて、社会・風俗・生活関連の主要な出来事は以下のようなことがらである。

一月三十一日　アメリカ、初の人工衛星打ち上げ成功。
　四月一日　売春防止法施行。全国の従業婦十二万人が失業し消えた。
四月二十八日　群馬県、谷川岳警備隊、遭難対策班を発足。
五月十六日　テレビ受信契約数が百万台を突破。
五月三十日　巣鴨プリズン、閉鎖。(2)
　八月一日　国産ステレオ第一号発売。
八月二十五日　日清食品　チキンラーメンを発売。一袋85グラム35円。

九月二十九日　狩野川台風、死者行方不明者一一五七名。

この台風は最初、小さな低気圧として西に進んでいたが、途中で、進路を北に変えると、急速に発達して巨大な台風となった。中心の気圧は877ミリバールと当時の世界最低記録だったという。関東、東北を直撃したが、とりわけ伊豆半島に上陸して、狩野川流域に大規模な水害をもたらした。当時の記録には死者676名、行方不明者698人とある。家屋の浸水災害は52万戸、この記録はいまも塗りかえられていない。

十月一日　フラフープ、大流行し始める。

十一月一日　東京—神戸間を特急こだま運転開始。

十一月三十日　NHKのラジオ受信契約数一四八一万件を突破。普及率82・5％に。

十二月一日　1万円札、発行。

十二月二十三日　東京タワー完工。

ことがらを並べた印象として、戦争の後始末を終わらせ、いまの生活の基本の形が作られ始めた、ということを強く感じる。人工衛星の打ち上げ成功はいまの宇宙空間の開発、探険の競争に通じるし、ステレオの出現は音楽の聴取環境の変化を予感させるし、チキンラーメンの出現は現在のレトルト食品全盛の予兆だった。新幹線もテレビの普及も1万円札の出現も、東京タワー、谷川岳の山岳警備隊の出現も新時代の到来を思わせる。谷川岳の登山事情については、後段で詳しく説明するつもり。かたわらで、東京裁判の被告たちが処刑された巣鴨プリズンが閉鎖され、売春がはっきりとした違法行為ということになって、その世界の女性たちが失業し、ここでもひとつの〝戦後〟が終わった。

また、これも生活の大きな変化のひとつなのだが、普通の収入で生活している庶民＝大衆が値の張る買い物をすることを可能にしてくれる月賦販売が本格化したのもこのころから。こんなレポートがある。

月賦販売は昭和26年頃から少しずつ広がっていたが、どこかに貧乏人が利用するものというイメージがついて回った。しかし、昭和33年頃になって、これが急速に普及。月賦販売ストアー・緑屋（今はない）などの年度売上げもこの年初めて30億円を突破することとなった。当時、よく売れた衣類はセーターが1位で、平均単価２４００円、２位がカーディガンで１５００円、３位が靴下で３００円の順。つまり、こうしたものが月賦で買われるようになってきたわけである。そして、それから2年後、35年には丸井が「クレジット」という言葉を初めて使用。月賦販売は上手な買い物法というイメージを若い世代に定着させていくことにより、今日の〝クレジット時代〟とつながっていくのである。（３）

来たるべき大量消費時代への助走に入った、と書いていいのだろう。

そして、この年から始まる国民的な話題というと、皇太子殿下（いまの上皇）のお祝い事がある。

一月二十七日　正田美智子、皇居に初参内。
十一月二十七日　宮内庁長官、皇室会議での皇太子と正田美智子の婚約決定を発表。

これが歴史に残る〝ミッチー・ブーム〟の始まりである。こんな説明がある。

民間から出た初の皇太子妃として注目され、皇太子が自分で見初めたというのも話題性十分。自宅までちょうちん行列が何度も出るという騒ぎだった。テレビでのインタビューに答え、皇太子の印象を「ご清潔で、ご誠実で、ご信頼申し上げられる方…」と言ったが、これも巷では流行語となってしまった。(4)

挙式は翌昭和三十四年の四月十日に《ご成婚祝賀パレード》がおこなわれ、おめでた気分が社会全体に充満して、全国民が熱狂した。また、スポーツでも全国民が熱中する時代のヒーローが話題になっている。

二月三日　大関若乃花、初場所で横綱栃錦を破り、横綱に昇進。栃若時代の到来。
四月五日　プロ野球選手長嶋茂雄、国鉄スワローズ戦で金田正一と対戦。金田全盛。
八月一日　力道山、ルー・テーズを破り、インターナショナル選手権を獲得。
十月四日　早稲田実業の王貞治、巨人入団を決定。

テレビはまず、スポーツ中継で高視聴率を上げて、一般家庭に猛烈な勢いで浸透していく。大相撲、プロ野球、プロレス、そして、当時の街の電気屋さんは「テレビで皇太子殿下の結婚パレードを見て下さい」を殺し文句にテレビを売りこんで歩いた。つづいて、［芸能界］の動きを見ていこう。

【歌謡界】

まず、昭和三十三年にヒットした流行歌の【ベスト30】は左記のような楽曲である。

【昭和33（1958）年 シングルヒット曲　ベスト30】

①嵐を呼ぶ男	石原裕次郎	1958/02
②からたち日記	島倉千代子	1958/11
③無法松の一生	村田英雄	1958/07
④夕焼とんび	三橋美智也	1958/03
⑤おーい中村君	若原一郎	1958/08
⑥星は何でも知っている	平尾昌晃	1958/07
⑦だから云ったじゃないの	松山恵子	1958/03
⑧ダイナマイトが百五十屯	小林旭	1958/11
⑨俺は淋しいんだ	フランク永井	1958/11
⑩別れの燈台	春日八郎	1958/07
⑪監獄ロック	小坂一也	1958/03
⑫夜がわらっている	織井茂子	1958/07
⑬女を忘れろ	小林旭	1958/09
⑭思い出さん今日は	島倉千代子	1958/04
⑮明日は明日の風が吹く	石原裕次郎	1958/04
⑯センチメンタルトーキョー	三橋美智也	1958/08
⑰ダイアナ	平尾昌章	1958/05
⑱羽田発7時50分	フランク永井	1958/06
⑲旅笠道中	三波春夫	1958/05
⑳ロカビリー剣法／花笠道中	美空ひばり	1958/06
㉑銀座の蝶	大津美子	1958/04
㉒好きな人	藤本二三代	1958/11
㉓河は呼んでいる	中原美紗緒	1958/08
㉔お座敷ロック	五月みどり	1958/11
㉕娘サンドイッチマン	雪村いづみ	1958/02
㉖銀座九丁目は水の上	神戸一郎	1958/05
㉗夜霧の滑走路	三船浩	1958/07
㉘泣かないで	和田弘とマヒナスターズ	1958/08
㉙君は我がさだめ	ミッキー・カーチス	1958/04
㉚月光仮面は誰でしょう	近藤よし子	1958/02

右端の日づけはレコードの発売日である。

この年の流行歌の最大の新傾向は、これもあとから振りかえってわかることなのだが、まずふたつ指摘できる。

①日活の俳優たち（というよりも石原裕次郎と小林旭なのだが）の活躍。

②二月の日劇のウェスタンカーニバルをきっかけにして若い世代で大盛り上がりするロカビリーをうたう歌手たち（平尾昌晃、ミッキー・カーチス、それに【ベスト30】のリストにはないが山下敬二郎、まだバンド・ボーイだったがのちにそれぞれ人気歌手になる水原弘や守屋浩がいた）の出現。

このふたつの動きに並行して、相変わらず都会の生活の楽しさと悲哀、それとうらはらな故郷への望郷の思念をうたう歌手たち（島倉千代子、三橋美智也、春日八郎、フランク永井、ほかのいわゆる歌謡曲をうたう歌手たち）、それに浪曲出身で、古い日本的な心情をうたった三波春夫や村田英雄も根強い支持を得ている。のちに〝演歌〟と呼ぶことになるジャンルの歌から、エルビス・プレスリーやポール・アンカなどのアメリカの新しいヒット曲、いわゆるポップスまで、ひとつの傾向におさめがたい、幅広いジャンルの歌が売れるようになっている。

商売繁盛というわけだが、実は音楽産業は昭和三十年代に入ってから、猛烈な成長・発展をつづけている。日本レコード協会が作っている「日本のレコード産業の音楽ソフト暦年生産推移」によれば、昭和三十年から四十六年まで、十七年間の売上げの変遷は左表の通りである。

合計のところを見るとわかるが、昭和三十一年から四十年までの十年間で、音楽ソフトの売上げは実に六倍になっている。レコード業界のこの時期の趨勢は日本の経済成長率のＪカーブと連動するような急カーブを描いて、産業規模を拡大させている。もちろん、これが全部、歌謡曲、流行歌の売上げというわけではないだろうが、相対する市場には新しい、ステキな歌手やいい歌を求める活発な消費者たち＝あらたに出現した大衆文化を享受する大衆が存在していた、と書いていいと思う。

　歌謡曲、流行歌といっても、その内容は一定ではない。言葉はそのままに存在しているが、その内容は

【音楽ソフト】種類別生産金額推移（単位　100万円）

	SP	17 33	17 45	25・30 33	25・30 45	合計
昭31	11,540		2,379	1,019		14,938
昭32	9,877		3,889	1,821		15,587
昭33	8,520		5,417	3,264		17,201
昭34	5,536		8,726	5,127		19,389
昭35	3,078	73	13,530	7,323		24,004
昭36	1,976	765	19,428	10,653		32,822
昭37	584	2,765	26,927	13,462		43,738
昭38	25	6,606	39,234	13,730		59,595
昭39		9,012	50,954	13,847		73,813
昭40		14,693	61,887	14,354		90,934
昭41		15,285	63,063	16,142		94,490
昭42		15,686	65,338	18,863	213	100,100
昭43		16,968	75,489	27,757	217	120,175
昭44		16,712	78,473	38,332	55	133,572
昭45		11,749	71,704	50,095	7	133,555
昭46		10,453	81,414	58,443	1	150,311

表の見方。音楽ソフトの区別だが、このころはレコード（音盤）が普通だった。SPというのはstandard playingの略、78回転のレコードの総称だった。
新登場の規格はサイズが何種類かあった。17センチのものはシングル盤のレコードでＡＢ面で２曲しか入っていない、ヒット曲などのためのサイズの音盤だった。25センチとか30センチのものが、いまでもいわれているLP（long playing record)。33と45の数字はレコードの一分間の回転数。シングル盤は45回転、一枚の裏表に何曲も入っているLPは33回転が多かった。録音した音がCDなどより柔らかく聞こえるということで、いまでもレコードを愛好する人は多い。

時代の変遷に合わせて、常に変化しつづけていった。ここでは変遷の歴史の全体像を描くことはしないが、一九八〇年代に朝日新聞の編集委員を務めた雑喉潤は著書の『いつも歌謡曲があった～百年の日本人の歌～』のなかで、次のように書いている。

われわれが愛好するのはジャズ、ニューミュージック、そしてポップス。演歌なぞメじゃない。と若い層から威勢のいい発言が聞こえる。

一方で、あの低俗な歌詞、同工異曲のメロディー、大衆を退嬰させるムード、いっそのこと演歌撲滅運動を起こしたい、と有識者の渋面が目に見える。だが何回か不振だ、衰滅だといわれながら流行歌↓歌謡曲↓演歌の流れは、そのつどいくらか変容しながら、不死鳥のように復活してきた。老いゆく世代とともに衰亡してしまうものとは一概に思えない。若いころ、時の新しい音楽に心酔した世代が、ある年齢に達すると演歌への回帰を示す例が、統計にも表れている。とすれば、日本人が存在するかぎり、演歌は不滅、ということになってくる。（5）

歌謡曲はジャズが流行ればジャズを、ロカビリーが流行ればロカビリーを、貪欲にそれを吸収してきた。そして、それが演歌へとつづいている、というのが雑喉さんの認識、演歌はしぶといというのが彼の意見である。

雑喉さんの文章は昭和五十七年、いまから四十年近く前に書かれたものだから、そこからの四十年の歴史・経過を思えば、多少の軌道修正は必要だと思うのだが、いまでもこの言説はある程度、通用すると思う。

わたしの率直な印象では、大衆音楽は新しい革新的、前衛的な【歌】の流れと昔ながらの歴史的な経緯のなかで育ってまもられてきた、土着の、という書き方も出来る【歌】の系譜との両立と相互干渉の歴史である、と書くことができるのではないかと考えている。

これは、映画の【時代劇】と【現代劇】、文学の【純文学】と【大衆文学】、思想的にいうと、【右翼】と【左翼】などの、文化状況の二項対立のひとつとしてとらえることが出来るといえる。このふたつの【項】の対立もまた、新しいものを生み出す力になっているのである。

具体的にいうと、歌謡曲が、というか大衆音楽はという書き方の方が正確だと思うが、海外のポップスなどの影響を受けて、歌謡曲と呼ばれていた旧来の日本の流行歌が、一般的に［Jポップス］と呼ばれるようになるのは、私見では一九九〇年ころのことである。というのは、このころ、テレビ局のそれまであった歌番組がすべて終わった時期なのである。

このことの詳しい説明はここではしないが、大衆の生活のなかでの音楽・歌の役割も変化して、歌謡曲とJポップスのあいだには深い亀裂が存在するようになったというのがわたしの認識である。

時代はちょうど、昭和から平成へと移り変わるころのことだが、雑喉さんの説を受けて説明すれば、この時期まで歌謡曲と呼ばれていたジャンルはいわゆるJポップと、いわゆる演歌に分化して呼ばれるようになった、ということである。

しかし、歌謡曲は［懐メロ］などといわれる呼ばれ方でいまも確実に存在していて、いまも相当の支持者を集めている。カラオケやBS（テレビの）の歌番組、また、NHKなどでは、わざとなのかも知れないが平日のゴールデン・アワーにいわゆる演歌系と呼ばれる歌手たちを集めた番組を放送しているし、どのぐらい人気があるかを出場資格のバロメーターにしている年末の『紅白歌合戦』などには歌謡曲・演歌系の歌手たちがかなり大衆的な支持を受けて、番組に出演している。

例えば、山川豊の『アメリカ橋』や水森かおりの『鳥取砂丘』、最近の作品では山内恵介の『冬枯れのヴィオラ』などの歌は、五木ひろしや森進一が歌っている純正といえる演歌と同一視はできないのではないか。むしろ、歌の内容は郷ひろみの『哀愁のカサブランカ』や西城秀樹が歌った『ラスト・シーン』や『ブルー・スカイ・ブルー』などの歌が描いている世界に近い。

わたしにはむしろこれらの曲の内容は、正統の歌謡曲の延長線上にあるのではないかと思っている。また、これらの歌が演歌というジャンルに属する歌だとすれば、演歌はいまの音楽状況のなかで、相変わらず大きな力を持ったジャンルだということだ。

しかし、わたしはこの考え方よりも、流行歌というか歌謡曲というより、大衆音楽という呼び方が適切だと思うのだが、歌謡曲はいろいろな要素を吸収しながら、ここまでつづいてきているのだと思う。

どういうことかというと、昔からある大衆音楽の様々のジャンルの音楽、例えば琉球の音楽や朝鮮の音楽、日本の古来の民謡、などの土俗の民俗音楽的な要素、それから海外の音楽、ジャズやロック、日本でも日常的に親しまれているクラシック、童謡や文部省唱歌などの音楽も、歌謡曲に関わる作曲家たちにいったん吸収されて音楽的素養として身につけられ、彼らはそれらの音楽からの示唆をアイディアとして受け取り、それを自分なりに編集し作りかえてオリジナル作品として発表して、受け取る側の大衆はその歌を新鮮で、耳に快い新しい歌として受け入れるのである。

そういうことの繰り返しが大衆音楽の歴史を作り、音楽としての許容の幅を広げていった、音楽がそれまでなかったメロディーやリズムを吸収し、自分の姿形をどんどん変えて、進化していったと書いていいのではないかと思う。大衆音楽とはそういうものなのだ。

そして、実はわたしがここまで書いてきたことの代表的な事例が昭和三十三年の音楽の状況なのである。この年の【音楽】の分野での最大の出来事はまず、石原裕次郎が歌った、二月発売の『嵐を呼ぶ男』が大ヒットしたこと（資料に掲げた［ベスト30］ではこの曲は年間売り上げの首位にある）と、同じく、二月八日から始まった第一回日劇ウェスタンカーニバルの大騒ぎのことだろう。ロカビリー・ブームの到来である。

【映画】の話にはみ出してしまうのだが、石原裕次郎主演の映画『嵐を呼ぶ男』の封切りは前年の十二月二十八日で、文字通りこの年の正月映画として用意された作品だったのだが、映画の大ヒットは音楽の世界でも大きな影響力を持っていた。それは映画を見てもらえばすぐわかる。

【歌謡界】の説明の冒頭で①、②と番号をつけて、業界の重大事を掲げた。それは繰り返しになるが、裕

この映画の封切りは昭和33年の正月上映され大ヒット、裕次郎を時代のスターに押し上げた。日活は彼にタフガイという呼称を与えた。下は不良作家・百瀬博教が裕次郎の思い出話をまとめたドキュメント本。いまだからいうのだが、百瀬の原稿を一冊の本にリライトしたのはわたし（塩澤）である。

次郎映画の同名主題歌『嵐を呼ぶ男』（♩おいらはドラマーヤクザなドラマーおいらが……♩）の大ヒットとロカビリーの流行の兆しなのだが、この二つのことが映画『嵐を呼ぶ男』のなかにスッポリとはまり込んでいるのだ。

この映画の冒頭シーンだが、ジャズ喫茶らしいところで上下赤いスーツを着た男の歌手がジャズではない、ロックのような歌をうたっているのだが、この人がうたい終わると客席から「マー坊！」と声がかかる。これが実は誰あろう、この映画の封切られた二カ月後に大ブレイクする、ロカビリー歌手で、のちに歌謡曲の作曲家として大活躍する平尾昌晃である。映画には渡邊晋がバンマス（バンドマスター）をつとめるシックス・ジョーズが全面的に協力していて、映画のなかの音楽の面倒をみている。渡邊晋本人は映画出演はしていなくて、ベースを担当しているのは岡田眞澄である。

作家の百瀬博教が書いた『裕次郎時代』というノンフィクション小説にこんな一節がある。

『嵐を呼ぶ男』を初めて観た私は、映画が始まると同時に、銀座の「テネシー」に似た舞台で、当時ロカビリアンとして人気絶頂だった平尾昌晃が唄っている「銀座の町は夜の町昼の銀座の虚しさは」ではじまる歌が、大橋巨泉が作詞したものとは知らなかった。

暴れん坊の流しの正坊ことドラマーの国分正一（石原裕次郎）が、やりてのマネージャー美弥子（北原三枝）に留置場から助け出されて、銀座のナイトクラブ「キャサリン」でドラムを叩くまでのテンポの良さといったらなかった。久しぶりにドラムの前に坐って国分が一曲叩き終わるとフロア・ショーが始まり、豹柄のビキニの水着を着けた踊り子のメリー（白木マリ）がスローなテンポで踊り出す。くるりと客席へ背を向けて、豊満な臀部を客の目に晒しながら、初めて見るドラマーの国分と目を合わす。

メリーは自分に十分気のある様子の男を誘うような流し目を送る。その瞬間、正一のスティックがひらめいて、フォービートからエイトビートに変わり、メリーの動きはアップテンポでその激しいスティックのさばきを受け入れ、ショーが終わる。楽屋に戻ったメリーはブラジャーを取って汗を拭き取ると、化粧を直し始めた。そんなメリーの鏡の中に国分の姿が映る。

びっくりしてふり返ったメリーに、「いい躰してるじゃねえか」と国分。「躰には自信があるわ」（略）長谷川一夫も上原謙も佐田啓二も、彼らがどんなに天下の二枚目だろうとも女に向かって、「いい躰してるじゃねえか」という台詞はどうにも似合わない。今から五十年も昔に、こんな恰好のいい台詞を自分の肉体に見せびらかしている女に投げつけられる男は、石原裕次郎の他にはいなかったのだ。（6）


映画の説明だが、石原裕次郎がどういうスタンスで大衆に支持され、戦前とはまったく違う性意識を持ちはじめた若い女性たちに愛されたかがよくわかる。石原裕次郎についての詳しいことは映画の項で書くことにする。映画の『嵐を呼ぶ男』は歌謡曲が他ジャンルの音楽を吸収しながら、活性化をくり返し、新しいものとして受け入れられつづけた具体的な例証のひとつなのだが、この映画のあと、二月に日劇でウエスタンカーニバルが開催される。ここに至る背後の事情はこういうことである。

まず、アメリカで、この何年か前にいずれロックと呼ばれることになる音楽が誕生している。それはエルビス・プレスリーの『監獄ロック』だったり、チャック・ベリーの『ジョニー・B・グッド』だったり、そのほかにも白人でいえばポール・アンカやビル・ヘイリー、黒人ではリトル・リチャードなど、……アメリカの若い世代に熱狂的な支持を受けた音楽が日本にもじわじわと侵入してきたのである。それが日劇のウエスタンカーニバルで爆発した。日劇ウエスタンカーニバル開催の経緯はこういうことである。

1954年からウエスタンバンドが集まって、有楽町蚕糸会館6階の東京ヴィデオ・ホール[5]で「ウエスタンカーニバル」というイベントが開催されていた。

1950年代半ばころになると入場できないファンも出るほどの盛況となり、「親衛隊」のような熱烈な女性ファンも付くようになっていた。その一方、ウエスタンバンドのメンバーたちは東京ヴィデオ・ホールの出演時以外は東京都内の小さなジャズ喫茶で細々と演奏を行っていた。

そうしたウエスタンバンドのパフォーマンスに注目したのが、渡辺プロを立ち上げて間もない頃の渡辺美佐であった。美佐はジャズの次の音楽ビジネスの中心になるものを模索していたが、たまたま美佐の実妹の

ロカビリーはシャウトがありジャズなどとはぜんぜん違う熱狂的な音楽だった。上は第一回のウエスタンカーニバルで熱唱する平尾昌晃。初めてファンからのテープ投げがおこなわれた。下の写真は第四回のウエスタンのパンフレットの一部。登場メンバー紹介ページ。Meseta という方のホームペジから引用させていただいた。

曲直瀬信子がロカビリーのファンで、美佐は信子の紹介でジャズ喫茶や東京ヴィデオ・ホールでのウエスタンバンドのイベントに足を運んでおり、一つの試みとして「2月の暇な時期に若い子にウエスタンでもやらせたら」と思い立った。だが、当時無名であったウエスタンのバンドを集めてのイベントに劇場側は「客を呼べるのか？」と懐疑的で、実際に浅草の国際劇場には開催を断られていた。美佐は知人の演出家・山本紫朗のもとを訪ね、2人で日本劇場に企画を持ち込んだ。日劇も最初は渋ったが、観客動員が期待できないとされた2月の開催ということもあって承諾した。

一方、東京ヴィデオ・ホールでの「ウエスタンカーニバル」を実質的に取り仕切っていたスウィング・ウエストのリーダー・堀威夫も東京ヴィデオ・ホールやジャズ喫茶での観客の反応を肌で感じて、「東京ヴィデオ・ホールより大きい劇場で開催しても成功する」と確信し、より収容人員の多い日劇での「ウエスタンカーニバル」開催を思い立った。ただ、堀たちには日劇とのコネクションがなかったため、ジャズプレイヤーとして幾度か日劇の舞台に立っていた渡辺晋の元に相談に行った。ここで晋から自身の妻である美佐に話を持っていくように言われ、思惑の一致を見たことで美佐・山本・堀の3人が中心となって「第1回日劇ウエスタンカーニバル」の企画が進んでいった。「日劇ウエスタンカーニバル」を開催するに当たり、山本は構成・演出を担当。出演者の選考、演奏曲目、出演順の決定、チケットなどの営業活動は全て堀が担当した（後述の「ロカビリー3人男」を「日劇ウエスタンカーニバル」に引っ張ってきたのも堀である）。また、美佐の妹・信子もファンとの横のつながりを生かして、親衛隊にテープ投げを依頼するなど制作サイドと観客の橋渡し役となった。

こうして開催された「第1回日劇ウエスタンカーニバル」は前述のような成功を勝ち取った。

美佐はこのイベントの成功で「ロカビリーマダム」(「マダムロカビリー」とも)という称号を得て、一躍脚光を浴びることになった。夫である晋もこのイベントの成功を見て、1958年9月にジャズプレイヤーを引退し、美佐と立ち上げた渡辺プロの経営に本腰を入れるようになる。渡辺プロにとってはその後「ナベプロ帝国」と呼ばれる地位を築く足掛かりとなるイベントとなった。(7)

文章の書き方で、渡辺プロ、ホリプロの双方に気を遣いながら、書いているのがなんとなく伝わってくる。要はウエスタンカーニバルの成功は渡辺プロひとりの手柄ではない、ということが言いたいのだろう。

これを読んだ限りでは、日劇でウエスタンカーニバルが開催される以前から、別の場所でロカビリーの熱狂的なブームが発生していて、それが日劇のステージという場所を得て、全国にその存在を知られることになった、ということのようだ。この潮流はやがて大きな動きを見せはじめ、新しく出現するメディアであるテレビの音楽番組にのみ込まれて、さらに巨大な動きへと成長していく。

『嵐を呼ぶ男』の冒頭に上下赤いスーツをきて、歌をうたうだけの歌手という役どころで出演していた平尾昌晃は、この二月の日劇で若い世代の話題の人物になった歌手だった。

彼はこのあと、今度は裕次郎抜きの日活映画『星は何でも知っている』に台詞のある俳優として登場し、岡田眞澄らと競演する。この映画の封切りは八月のお盆休みで、石原裕次郎主演映画の『風速40米』との併映作品になっている。これに先駆けて、七月にはレコードの『星は何でも知っている』がキングレコードから発売になって、当然のことながら、大ヒットしている。この『星は何でも知っている』はその出自からいって、初めての国産のポップスと書いていいと思う。それは、うたったのが平尾昌晃という人気のロカビリー

映画『星は何でも知っている』の縦長ポスター。映画会社の宣伝部が書いた惹句をそのまま引用すると、「爆発的人気のロカビリー歌手平尾昌晃（ポスターには平尾昌章とある）が、初めて本格的主役に取り組み映画出演。得意の曲を随所に散りばめ新境地をもとめて歌いまくる娯楽歌謡篇」という映画。共演は岡田眞澄と丘野美子。

歌手で、累計で五十万枚とか百万枚という記録のある大ヒット曲になったこともあるが、作詞の水島哲がまだ早稲田大学の理工学部の学生で、作曲の津々見洋が平尾が当時、所属していたバンドであるオールスターズ・ワゴンのバンドリーダーという、完全自家製で作られた歌だった。

作詞の水島哲は大学卒業後、理工学部出身ながら読売新聞の記者になり、かたわら作詞家としても活動しつづけて、西郷輝彦のヒット曲『君だけを』や『十七歳のこの胸に』、布施明の『霧の摩周湖』、そのほかたくさんのヒット曲を手掛けている。

ロカビリー歌手の出現がどうしてそんなに重要なのか、というと、前の頁で「この大きな潮流は新しく出現するメディアであるテレビの音楽番組にのみ込まれて」と書いたが、渡辺プロはこの状況のなかである程度の資金を持つプロダクションとしての活動を開始するのである。この、新しい音楽の流れをまず説明したが、個別の歌手がどんな活躍をしたかも調べておこう。

【昭和33年度人気歌手】

投票ベスト10［男性］		年齢	前年順位
第一位	三橋美智也	28歳	前年同
第二位	春日八郎	34歳	前年同
第三位	三浦洸一	30歳	前年同
第四位	藤島桓夫	31歳	前年同
第五位	若原一郎	27歳	前年同
第六位	三船　浩	21歳	新登場
第七位	三波春夫	35歳	新登場
第八位	小坂一也	23歳	前年七位
第九位	フランク永井	26歳	新登場
第十位	白根一男	21歳	前年六位

投票ベスト10［女性］			
第一位	美空ひばり	21歳	前年同
第二位	島倉千代子	20歳	前年同
第三位	コロムビア・ローズ	25歳	前年八位
第四位	大津美子	20歳	前年五位
第五位	野村雪子	21歳	前年四位
第六位	江利チエミ	21歳	前年三位
第七位	雪村いづみ	21歳	前年六位
第八位	松山恵子	21歳	前年九位
第九位	浜村美智子	21歳	新登場
第十位	石井千恵	22歳	新登場

まず、雑誌『平凡』の毎年恒例の人気投票の結果は右表のようになっている。

男性歌手では新登場が三人、このうち、三波春夫は浪曲の出身で伝統的な日本の物語世界をうたい、フランク永井の方は吉田正作曲、佐伯孝夫作詞の当時の日本の都会生活の抒情歌ともいえる内容の歌をうたっていて対照的である。女性陣の方は『バナナ・ボート』の浜村美智子、これはもともと外国曲で、アメリカでこの歌をヒットさせたのはハリー・ベラフォンテ、男の歌手だった。ランキング10位の石井千恵さんというのは、詳しい資料がないのだが、キング・レコードの三橋美智也の女性版のような存在で、独特の歌声で一部に熱心なファンがいたようだが、昭和三十九年に結婚して引退している。

前年まで、人気投票のベスト・テンに入っていながら、ここで外れたのは男性歌手では青木光一、曽根史郎、小畑実の三人。女性歌手では鈴木三重子と菅原都々子。戦前からのことをいうと、小畑と菅原は昭和一〇年代のデビューなのだが、この時点でベスト・テンから外れて、若い人々（雑誌『平凡』の読者たち）から支持されている歌手の世界も完全に世代交代を終わらせた、と書いていいと思う。

いっぽう、NHKの『紅白歌合戦』を調べると、ベテランの歌手たち、男性では霧島昇、岡本敦郎、津村謙、林伊佐緒、伊藤久男ら、女性では二葉あき子、渡辺はま子、淡谷のり子らが出演している。[紅白出場]という幅のひろいセレクションではまだまだ中年の歌手たちの支持は衰えなかったのだろう。それでもさすがに東海林太郎や近江俊郎、藤山一郎らは姿を消している。

いま、手元に三千曲あまりの大正・昭和・平成時代（平成は10年まで）の流行歌を集めて編集した『日本の詩情』という歌本があるのだが、このなかで昭和三十三年の項でヒット曲として取り上げられた歌を歌手別に並べると、次のようになる。

○九曲・三橋美智也
○八曲・フランク永井
○六曲・石原裕次郎、美空ひばり
○四曲・三浦洸一、島倉千代子、春日八郎
○三曲・三波春夫、村田英雄、神戸一郎

○二曲・小林　旭、藤本二三代、三船　浩
○一曲・青木光一、曽根史郎、小坂一也、鶴田浩二、和田弘とマヒナスターズ、若原一郎、織井茂子、越路吹雪、松山恵子、大津美子、ペギー葉山

これを見ると、三橋美智也とフランク永井が大活躍しているのが分かる。片や［望郷歌謡曲］、こなた［都会派歌謡曲］なのだが、じつはこのふたつは都会で生活している人の心理の裏表である。そして、ひばり、裕次郎と昭和三十年代以降の芸能界の屋台骨になるスターも、塩酸事件などいろいろあってもしっかりとした仕事ぶりであることがなんとなく分かる。裕次郎については【映画】のところで再述する。

さらに、この表について追加的に説明しておくと、石原裕次郎の最大のヒット曲『俺は待ってるぜ』は前年発表の作品、三波春夫の代表曲『チャンチキおけさ』も昭和三十二年の作品、もうひとつの代表曲である『大利根無情』は翌、昭和三十四年の発売である。村田英雄の代表曲になる『無法松の一生』、小林旭の『十字路』も翌年の発表である。この年のひばりの最大のヒット曲は『花笠道中』である。

このリストのなかには平尾昌晃の名前がないのが気になる。歌本はこの歌を昭和三十二年の作品と書いているのだが、これは間違い。『星は何でも知っている』はまぎれもなく、昭和三十三年の作品である。

調べたところ、この時点では洋楽＝アメリカのポップスの影響を受けた動きはここまで並べたデータの表面には浮き出ていない。たぶん、ロカビリーなどの流行は地域的には都市部、それも東京限定の、そして世代的には若い人限定で支持されたものだったのではないかと思う。

実は、この翌年、昭和三十四年にはフジテレビが開局し、これが後発のテレビ局として新しい音楽に柔軟

に対応する施策をとる。まったく新しい音楽番組の登場である。ここから渡辺プロはフジテレビと結託して、活躍の新天地を見つけて、芸能界を新しい、ひとつの方向に引っ張りはじめる。このことについては後段の【放送界】で詳述しよう。

【映画界】

当時の映画界というより、二十一世紀（二〇〇五年）の日本映画が昭和三十年代の東京の生活をどんなふうに描いたか、その話からはじめよう。

昭和三十三（一九五八）年の東京を舞台にした有名な映画がある。公開年度に日本アカデミー賞の各部門賞を総なめにして、その後、地上波のテレビでも何度も放送されているから、観た人は多いのではないかと思う。それが、山崎貴監督作品『ALWAYS 三丁目の夕日』である。

付随的な説明だが、この作品は原作の漫画があり、それが西岸良平さんが描いた『三丁目の夕日』。小学館の『ビックコミックオリジナル』に一九七四年から掲載されはじめ、現在も連載がつづいている長寿作品である。『ゴルゴ13』といい、この作品といい、作家と作品を大切にする小学館のもの作りには頭が下がる。

映画の出演は吉岡秀隆、堤真一。女優は小雪、薬師丸ひろ子、堀北真希など。ネットのなかの作品紹介によれば、映画の舞台は、東京の下町、夕日町三丁目に暮らす人々の温かな交流を描いたドラマ。当時の港区愛宕町界隈を想定して作っているという。建設中の東京タワーや上野駅、蒸気機関車のC62、都電など当時の東京の町並みをミニチュアとVFX（CD）で再現したのだという。ストーリーを冒頭部分だけ紹介するとこんな話である。

昭和33年春、東京の下町、夕日町三丁目にある鈴木オート。そこに集団就職列車に乗って青森から集団就職で六子（むつこ）がやってくる。六（ろく）ちゃんと親しまれるが、実は大企業に就職できるかと期待していた六子は、小さくて古臭い下町工場の鈴木オートに内心がっかりしていた。その向かいにある駄菓子屋「茶川商店」の主人・茶川竜之介は小説家。茶川は居酒屋「やまふじ」の美人店主・石崎ヒロミから見ず知らずの子供・古行淳之介を酔った勢いで預かってしまう。帰すに帰せず、二人の共同生活が始まる……。（8）

というような人情話。このころのデートとかの様子が知れて、この時代に少年だった身には面白い。

この映画は、東京育ちのロボット（制作会社）の社長の阿部良昭が、団塊の世代はいちばん映画を見にいかない世代、こんな話を映画にするのは止めた方がいいという周囲の反対意見を押し切って、「団塊の世代が映画を見に来ないのは、彼らが面白いと思う作品をわれわれが作らないからだ」と主張し、東宝の支持を得て作った作品、大ヒット作である。

昭和三十年代は、いまふりかえってみれば、日本が戦争の痛手から立ち直ったあと、活発な経済活動を背景に、政治運動、さまざまな文化活動も多様に繰りひろげられた時代だった。樹木がどんどん成長を続け、枝葉をどっちの方向に伸ばしていこうか、そのことを右翼左翼、大衆知識人、入り乱れて発展の可能性を探りつづけていた時代だったのではないか。わたしはそんなふうに思う。

そして、この年に作られた日本映画の話にもどるが、この年、話題になって配給収入の多かった映画と評論家たちが高い点数をつけた映画は左表の通りである。

【昭和 33 年度　邦画興行成績ベスト 10】　配給収入

第一位	『忠臣蔵』（大映）	4 億 1033 万円
第二位	『陽のあたる坂道』（日活）	4 億 0071 万円
第三位	『紅の翼』（日活）	3 億 6495 万円
第四位	『忠臣蔵』（東映）	3 億 6122 万円
第五位	『隠し砦の三悪人』（東宝）	3 億 4264 万円
第六位	『明日は明日の風が吹く』（日活）	3 億 2150 万円
第七位	『風速 40 米』（日活）	3 億 1809 万円
第八位	『日蓮と蒙古大襲来』（大映）	3 億 0512 万円
第九位	『人間の条件』（松竹）	3 億 0404 万円
第十位	『彼岸花』（松竹）	2 億 9422 万円

※期間は昭和 32 年 4 月～33 年 3 月まで。

【映画評論家たちが選んだ昭和 33 年の邦画ベスト 10】

第一位	『楢山節考』	（木下恵介監督・松竹）
第二位	『隠し砦の三悪人』	（黒澤明監督・東宝）
第三位	『彼岸花』	（小津安二郎監督・松竹）
第四位	『炎上』	（市川崑監督・大映）
第五位	『裸の太陽』	（家城巳代治監督・東映）
第六位	『夜の鼓』	（今井正監督・現代プロ）
第七位	『無法松の一生』	（稲垣浩監督・東宝）
第八位	『張込み』	（野村芳太郎・松竹）
第九位	『裸の大将』	（堀川弘通・東宝）
第十位	『巨人と玩具』	（増村保造監督・東宝）

※雑誌『キネマ旬報』掲載、評論家の投票による。

【昭和 33 年は日本映画の黄金時代のピークを示している年だった。観客動員は 11 億 2745 万人とこの年が最多である。評論家たちが選ぶ作品の監督たちもカリスマ的な存在がずらりと並んでいる。

わたしはこれらの並びの映画のなかから、いくつかの傾向を指摘することができる。

それはまず、第一に石原裕次郎主演映画の連続的な大ヒットと、裕次郎映画と入り組むように時代劇がくつわを並べていることだ。時代劇と裕次郎映画が上位八位までを占有している。裕次郎映画の跋扈も凄いが、それとともに特筆するべきなのは『忠臣蔵』で、この年は大映作品と東映作品が肩を並べているが、この前の年には松竹が『大忠臣蔵』を作って、これもかなりの観客を動員している。東映が得意としていた〝水戸黄門もの〟や〝清水次郎長もの〟もそうだが、時代劇の定番作品の持っている力は文化の潮流として無視出来ない。当時の日本の大衆が『忠臣蔵』という、無念の果ての復讐譚に猛烈な共感を持っていたことが分かる。前年の『明治天皇と日露大戦争』に比肩することのできる、このころの大和民族全体が基底のところに澱ませていた心情の表白だったと書いていいかもしれない。

つづいて、俳優たちの動向だが、雑誌『平凡』の部門人気投票の結果はこうなっている。

【昭和33年度人気映画スター】

投票ベスト10［男性］

		年齢
第一位	石原裕次郎	25歳
第二位	中村錦之助	26歳
第三位	大川橋蔵	29歳
第四位	東千代之介	32歳
第五位	長谷川一夫	49歳
第六位	宝田　明	24歳
第七位	市川雷蔵	28歳
第八位	鶴田浩二	35歳
第九位	津川雅彦	19歳
第十位	高田浩吉	47歳

投票ベスト10［女性］

第一位	若尾文子	26歳
第二位	山本富士子	28歳
第三位	丘さとみ	24歳
第四位	北原三枝	25歳
第五位	浅丘ルリ子	18歳
第六位	桑野みゆき	16歳
第七位	有馬稲子	24歳
第八位	千原しのぶ	27歳
第九位	司　葉子	24歳
第十位	長谷川裕見子	32歳

これがこの年の結果だが、男優についていうと、ここでも石原裕次郎が東映の俳優たちを押さえて、首座に君臨している。ベスト・テンの顔ぶれ自体には大きな入れ換えはなく、裕次郎の躍進を特筆すべきで、圏外に去ったのが菅原謙二で、そのかわりに同じ大映所属の市川雷蔵が初登場している。

一方、女優陣は若尾文子・山本富士子の上位ふたりは不動のポジションにあるが、三位以下は大混乱である。東映女優陣の人気交代が熾烈で、丘さとみが順位を上げて、若尾・山本のすぐうしろに付き、かわりに千原しのぶがランクを落とし、田代百合子、高千穂ひづるの二名が圏外に去り、かわりに片岡千恵蔵の『大菩薩峠』や大友柳太朗の『丹下左膳』で熱演した長谷川裕見子がランクインしている。ちなみにだが、この年の十月に彼女は大映の俳優の船越英二と結婚して、その子どもがいま、テレビで大活躍している船越栄一郎である。

ティーンエイジャー女優としては浅丘ルリ子、新参入の桑野みゆきの進出がめざましいが、それより上位に割って入ったのが、前年まではランク外にいた北原三枝（彼女はこの後の１０９ページで紹介している）、これは裕次郎の相手役に抜擢されたからだろう。東宝の美人女優の切り札ともいえた司葉子もここからベストテン入り、有馬稲子がランクダウンし、小山明子が押し出される形になった。

それにしても、この年の日活は正しく、我が世の春の到来で、全盛時代を迎えていて、１０３ページに載せた【興行収入ベスト10】のうち、四作品が石原裕次郎の主演作品で、裕次郎人気のものすごさを思わ

上の写真はまだ18歳の浅丘ルリ子。15歳のときに日活映画『緑はるかに』のオーディションで３千人のなかから第一位に合格し女優デビュー。
下は桑野みゆき、16歳。彼女は同じオーディションで第二位に。松竹に所属している。往年の大女優・桑野通子の遺児。

せる。かなり大ざっぱに算出する指標になるが、この年度の配収のベスト10の数字を合計すると、全部で34億2282万円になる。裕次郎映画の配給収入は四本で14億0866万円になり、全体のなかの41・2％を占めている。また、時代劇について同じことをしてみると、こちらは大映二作品、東宝、東映それぞれ一作ずつ、四本で14億1931万円になる。比率でいうと、41・5％と裕次郎映画とほぼ同じ数字になる。こちらも非常な勢いである。

実はこのふたつの傾向はこの年に突然現れたわけではなく、前年（昭和三十二年）には松竹の『大忠臣蔵』と東映の『任侠清水港』、『水戸黄門』が大ヒットしているし、裕次郎主演の映画も二本、『錆びたナイフ』と『夜の牙』が興行収入のベスト・テン入りしている。変化は前年からの延長線上のことなのである。そして、わたしの考えは、このふたつの数字のかたまりは当時の社会の雰囲気そのものを暗示しているのではないかということである。

人々は新時代の到来を予感させる新しいものを求める気持ちと、戦前の日本を懐かしむ古い（伝統的な）心情を大切に思う気持ちのふたつの相反する心理状態のなかで、漠然とであれ、楽しく明るい生活の未来像を描いていたのではないか。

さらにこの〝配給収入〟34億2282万円という数字をもとに推論を重ねていくのだが、前年、昭和三十二年の〝配収〟の合計は29億9222万円（第一章54頁図表参照）であり、前年と比較すると114・4％、ということになる。約15％の増加である。この昭和三十三年について、『戦後キネマ旬報ベスト・テン全史』という資料のなかに、こんな記述がある。

> この年は映画界にとって忘れられない年になった。映画館への入場者数11億2700万、まさにピークだった。もちろんこれは、あとになってわかったことだが、1958年というより、なぜか昭和33年といったほうがピッタリするこの年を絶頂期として、次の年から映画人口はしだいに減少しはじめるのだ。それにつれて映画界の動静も変わり始める、そして世はテレビ時代に入っていくのである。（略）（神武景気の）反動で57年ころから日本経済の状態は不況に落ち込み、落ち込みながらある段階でナベ底のように低迷していた58年はナベ底景気。1万円札が登場し、街には8ミリ・カメラがあふれ、どこを見てもフラフープを楽しそうにまわしている人ばかりだった。（9）

引用文中に不況とあるが、それでも経済成長率は6パーセントとか8パーセントあり、いわば、発展途上の中だるみのような状態だったのだろう。それでも、わたし自身の現実の記憶に戻って思い出すと、順調だった父の商売（郷里の長野県の飯田でやっていた菓子問屋の商売）が破綻したのは、実に昭和三十一年のことで、脆弱な小資本では太刀打ち出来ないような、不景気風が吹いていて、社会の雰囲気も〝風速40米《メートル》〟とか、〝嵐を呼ぶ男〟という映画のタイトルに相応しいような荒々しいものだったのだろう。

調べると、それまで製作本数に制限のあった時代劇映画の市場での復活は、GHQの占領政策が完全終了して、自由な映画作りが可能になった昭和二十七年以降のことで、嵐寛寿郎の『鞍馬天狗』シリーズ、長谷川一夫の『銭形平次』シリーズなどがあり、当初は面白企画的な側面もあってヒットした作品もあったのではないかと思うが、昭和二十九年には早くも松竹が『大忠臣蔵』を大ヒットさせ、この演目はどの映画会社が作っても、作れば必ず大ヒットという目玉商品になった、また、黒澤明が本格的時代劇『七人の侍』を作り、片岡千恵蔵、市川右太右衛門、月形龍之介を擁した東映が本腰を入れて時代劇にのめり込んでいくのもここからのことである。そして、『明治天皇と日露大戦争』に代表されるが、民族の気風を称揚するような映画はしっかりとこの時代の大衆の自己愛的な自尊心や愛国心を捕らえていたのである。

【出版】の項に属することだが、昭和三十二年の秋、戦前の歴史学の主流であった皇国史観のご本尊ともいうべき平泉澄という歴史学者がいるのだが、この人が戦後初めての自分の著作を上梓した。彼はその本の序文でこんなことを書いている。

国破れて山河あり！　時に感じて花に涙を濺いだ老杜の悲嘆、腰をおろして時の移るを忘れた蕉翁の感慨、それは誰しも少年の日より親しんだ所であるが、しかし我等はそれを、単に文辞詞章の上に味つて来たに過ぎなかった。しかるに不幸にして、昭和乙酉の夏、未曾有の大難に遭遇するに及び、此の一語は霹靂の如く我等の頭上に落ち、雷霆に似て我等の心肝を打つた。ああ屈辱と痛恨の八年、天も暗く風も腥く、憂ひは深く悲しみは切であったが、やがて再起独立の日を迎えるや、私は（略）ひたすら祖国の復興を祈つた。（10）

さらに、この論点に拠って考えるのだが、昭和三十年代の初めから、一九六〇年代末にかけての十五年間余は実に大衆が抱いた伝統と復古、革新と流行、このふたつのこころ模様の流れが弁証法的に相互干渉しながら、保守的、内攻的、戦前回帰的な心情と荒々しい、前衛的、革新的な心情（右翼、左翼を問わずに、外来の、主としてアメリカからやってくる外来の文化も含めて）が葛藤し抗争し、せめぎ合いながら、国家権力や戦後に作られた民主日本的な世間の常識が作っている大衆の生活の枠のなかで、それぞれの心情の潮流がエネルギーを放射しつづけ、人々がそれぞれ、その規範に従って行動した時代だったのではないか。そして、その意味するところは、大衆文化の急加速をつけての発展、進化であったのではないか。それがやがて、さまざまの経験をへて、人によっては極左、連合赤軍的な極端な暴力革命の希求や大東亜戦争肯定論などの太平洋戦争を積極的に支持する右翼思想へと成長、変容していくのである。そして、さらにいえば、三島由紀夫の自決や連合赤軍の一連の事件などは、そういうこの大衆的な文化状況の最終的にたどり着く場所の、答のひとつとして存在していたのではないか、と思うのだ。

ここで、昭和三〇年代を代表する映画俳優である石原裕次郎についても論及しておこう。昭和九年十二月の生まれ。昭和六十二年に五十二歳で亡くなった。生涯の伴侶はただひとり、女優の北原三枝だった。

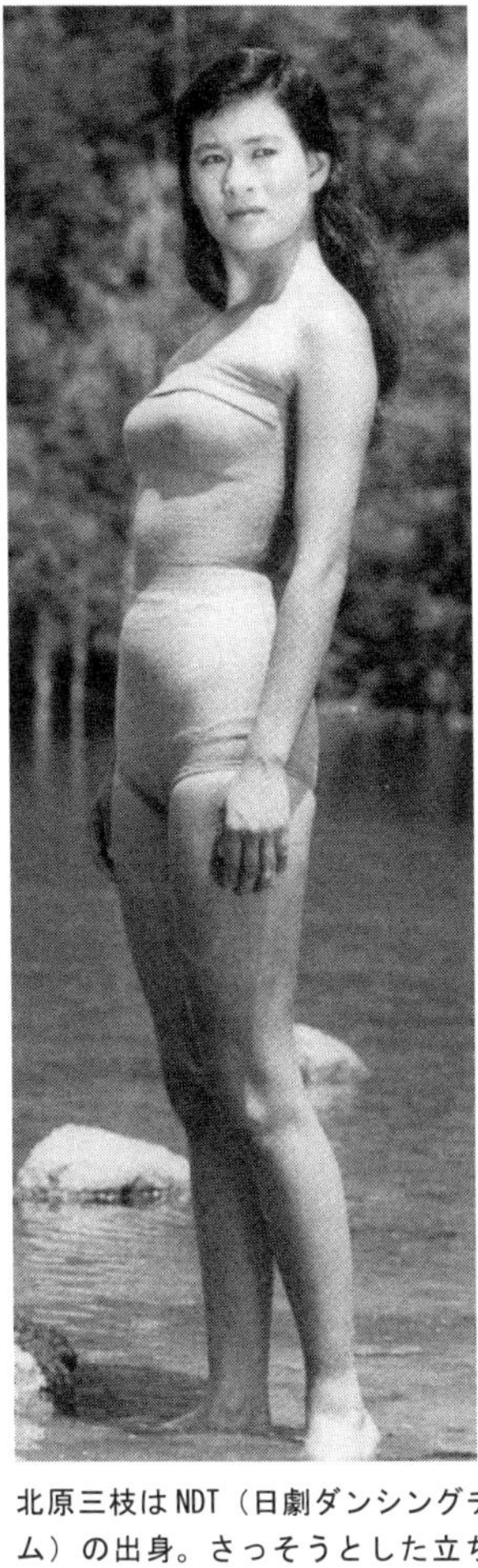

北原三枝　昭和9年生まれの裕次郎より一つ年上。写真は日活映画『逆光線』の上高地ロケのひとこま。

北原三枝はNDT（日劇ダンシングチーム）の出身。さっそうとした立ち姿の女優だった。東宝から松竹に移籍し、日活に引き抜かれて主演女優となる。裕次郎は最初から彼女がお気に入りで、母親を連れて映画館に彼女がどんな女優か見せにいったという。裕次郎がデビューした昭和31年から結婚して引退する35年までに彼女は24本の映画に出演しているが、そのうち23本が裕次郎との共演作品だった。

いま、わたしの手元に田村利明さんという人の書いた『石原裕次郎 昭和太陽伝』という単行本がある。サイズはA5版で480ページ、それで二段組みだから相当の文章量で、ざっと計算すると、四百字詰め原稿用紙千三百枚くらい。裕次郎が映画俳優としてデビューしてから昭和の終焉とともに世を去るまでの三十一年間の芸能活動の事蹟を克明に記述した本である。彼が芸能界にどういう足跡を印したか、だいたいのことはこの本を読めばわかる。そういう貴重な本だ。

著者の田村さんは昭和三十八年の生まれで、中学生時代に一度だけ裕次郎に会ったことがあり、そのとき、サインをしてもらって感激したと正直に告白しているから、裕次郎本人と仕事で接触するということはなかったようだ。そのせいでもあるまいが、基本の筆致は淡々としている、というか、説明口調すぎるというか、悪口を書いているわけではないのだが、データの抑揚が少ないというか、なんとなく文章がペターとしている。その原因は書かれたエピソードが現場からの生のレポートではなく、親しかった関係者たちの著作のエピソードからの抜粋だからだろう。そのやり方だと、思い出にもう一枚フィルターがかかってしまう。

巻末の［参考文献・資料］のリストを見ると、圧倒的にというか、ほとんどが単行本、書籍の類いで、誰かの回想録とか思い出話をまとめた本が採用されている。つまり、この本は、そういう、あのとき、ああだったというような思い出話をまとめた本を基礎資料に書かれたもので、過去の出来事をそのときオンタイムで記録した文章はあまりないようだ。その意味では、昭和三十年代の前半に石原裕次郎がどれだけ輝かしい存在だったかの肉声を書きとどめる、ということからいうと、ちょっと脆弱である。これはオンタイムの資料がないから。オンタイムの資料というのは新聞や雑誌の生々しい紹介記事である。

話が遠回りしてしまったが、デビューした当時の裕次郎に対しての大衆の熱狂や、誰かの回想ではない、

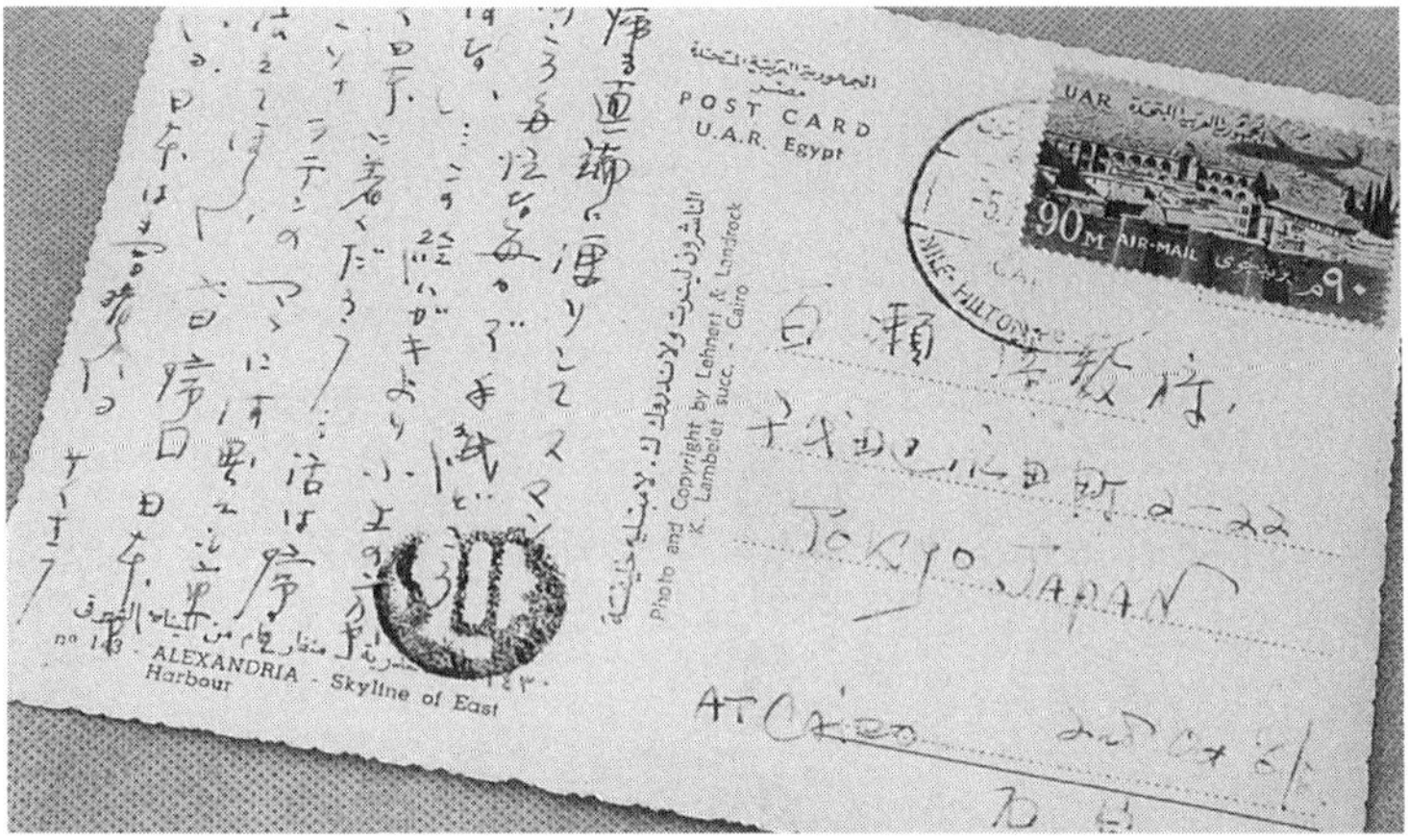

裕次郎が書いたハガキ。いまから60年前に書かれたものなので、ペン書きの字が劣化して読みにくいのだが、達筆である。

そのときの裕次郎の素顔や肉声は、過去を回想した記録のなかからはなかなかに拾いにくい。わたしがいま、手元に持っている資料は朝日新聞社が出版したものなのだが、『週刊朝日の昭和史』という本で、ここに当時の『週刊朝日』の記者が裕次郎人気を取材し、本人にもインタビューした記事が掲載されている。

当時の裕次郎の周辺を生活の細かなところまで書き込んだ資料というと、やはり兄の慎太郎が書いた『弟』が第一級史料なのだろうが、ここでの裕次郎もわたしから見ると、兄のバイアスな視線を通して、多少擬悪的に、自分と比較して不良っぽく書いている、盛った感じがする。これは印象で明確な証拠というのはないのだが、ひとつは慎太郎の悪筆は有名だが、これが裕次郎はというと、驚くほどの、大変な達筆なのである。

上段の証拠のハガキの文面を見てもらいたい。

このハガキは裕次郎本人がナイトクラブの『ラテン・クウォーター』の用心棒をしていた百瀬博教にエジプトから出したものだが、この、本人が書いた字を見ただけで、いわれているような時流に乗っていい気になっている若者ではないことが分かるだろう。これは多分、本人も含めて、俳優としてのキャラクターを多少、不良っぽいところにおいて、行動や発言も含めて、世代の反抗や反逆を演じやすいことを計算に入れて、そういう青年であろうとしたのではないか。

そんな気がしてならない。

第一章の57ページに書いたようにロケ現場でちんぴら相手に殴りあいのケンカをくりひろげたり、昼間から仕事のかたわらビールを飲みつづけたり、ナイトクラブに入り浸って遊んだり、旧弊なことに対して露悪的な発言をしたり、こういうことは、本人も承知で半分は〝ナイスガイ・裕チャン〟を演じていたことの表れではないか。つい先日までただの学生だった人間が、空前絶後の人気を得て、始終ひと目に晒され、映画一本に付き五百万円という出演料（現在の貨幣価値に換算したら、おそらく一億円くらいになるのではないか）で、めまぐるしく次々と違う作品に出ていたら、正気でいられなくなるのは当たり前のことではないか。こういう、わたしなりの前振りの説明をしたあと、やっとわたしは『週刊朝日』のオンタイムの記事を引用することが出来る。

志賀直哉氏も裕次郎がゴヒイキなんだそうだ。「彼の演技は型にはまっていないよさがある。日本映画にはめずらしい、さっそうとした痛快さがたまらない魅力だ」というのである。

映画評論家の双葉十三郎氏は、こういう。「一口でいえば、個性の魅力だ。演技にこだわらずに、生身の人間の面白さを出したことが、思わせぶりな演技にあきたらなかった観客が裕次郎に飛びつく原因となった。スクリーンの裕次郎は無手勝つ流で、ジョン・ウェインばりだ。また、いつでも俳優をやめてやるよ、という傍若無人な態度が、マーロン・ブランドやジェームス・ディーンなどと共通した人気の原因ではないだろうか。（略）」映画での役柄が、魅力の重要な要素になっていることも確かだ。「嵐を呼ぶ男」でも「夜の牙」でも、裕次郎は弟思いの兄貴に仕立てられている。金と名誉には淡泊だが、ひとたび弟のためということになれば、自分を犠牲にして働く義侠心のある男。「俺はやるぜ」……。これがファンのカッサイを浴びる。

セットが終わって両手をポケットにつっこんだ裕次郎が向こうからやってくる。と、撮影所の誰かが声をかける。「よう、裕ちゃん、イカスじゃないか」そんな魅力だというのだ。（略）

「裕次郎はけんかスターだ」という人もいる。まず「狂った果実」でけんかスターとして異彩を放ったが、「俺は待ってるぜ」でもそうだった。「嵐を呼ぶ男」や「夜の牙」で、ますますけんかスターとしてのうまさを見せているが、映画評論家の津村秀夫氏によれば、「裕次郎ほどけんかのうまいスターは日本にいない。時代劇でいうなら、大河内傳次郎のようなスターだ。いまや裕次郎が出れば、ゲンコツのひとつもふりまわさなければお客さんが承知しないのではないか」ということだ。

越路吹雪さんも、「裕次郎の魅力は、タフガイ（不死身な男）であること、つまり健康な少年のようでいて、しかも大人のような感じ。それと都会人のくせに土のにおいがするところが、彼の魅力なんじゃないかしら」

津村秀夫氏は、「裕次郎くらい人相の悪いスターは、日本の映画界では初めてだ。目つきといい、くちびるといい、とにかく整ってはいるのだが、悪くいえば与太者的な人相だ。背広にネクタイという服装ではおかしいようなスターであるのも、彼が悪人相だからだ」という。

裕次郎がスターとして受け入れられるのも、戦後的なホコリっぽいくずれた風俗のあらわれであろうか。（略）悪人相だというが、同じ映画評論家でも女性の山本恭子さんのように、「八重歯をのぞかせる笑顔がか

わいいですわネ」という意見もある。（11）

わたしがこの文章を読んで連想したのは、雑誌の『平凡』が発行部数百万部をこえた時の出版関係者たちの「この現象は理解不能」という狼狽したコメントの羅列だった。前著の『昭和芸能界史～昭和20年代篇～』の325ページである。コメントの一部は本書の61ページにも転載している。

ここでも要するに、なぜ石原裕次郎が大衆にこんなに支持されているのか、彼の持っていた時代の先端との整合が読み取れないまま、あれこれ言っている。端的にいうと、これまでになかった常識破りの映画俳優なのだが、大衆社会の真っ只中で新しい評価の基準が確立されようとしていた、そういうことなのだと思う。とにかく、男扱いに慣れているはずの銀座のバーのママたちにまで、大変な人気だと書いてある。

彼の生活ぶりだが、そのことについても言及がある。こんなことが書かれている。

彼の一日は朝十一時起床に始まるが、朝食の前にまずビール一本をあける。ビールをお茶がわりに飲み、結局、一日に一ダースは飲む。学生時代はショウチュウやウィスキーを飲み歩いたが、近ごろは強い酒は飲まない。慶応時代からの親友の山上吉雄氏は、「昔の裕ちゃんといまの裕ちゃんとは、全然変わりませんが、ただ酒を飲まなくなったという点だけ、彼は話せなくなりましたよ。やはり節制につとめているようですね」と語っている。（略）夜は不規則だが、だいたい二時ころには床につく。眠れないときは、レスタミンを注射して、ぐっすりと眠る。（11）

現代の健康の常識からいうと、毎日一ダースずつビールを飲んでいたら、ダメに決まっている。それを平気で「節制している」と書いているのだから、このころの飲酒についての通念が押してわかろうというものだ。実際に、こののちの裕次郎は多病で、一九八〇年代に入ると、解離性動脈瘤を発病し入院して大騒ぎになり、その後、肝臓ガンを発病する。このことと若いころからの飲酒の習慣を結びつけて論じたレポートがあるかないか知らないが、酒が裕次郎の寿命を縮めたことだけは確かだと思う。

これは一介の学生からいきなり日本映画最大のスターになり、一本の出演映画でいまの貨幣価値でいったら、一億円を、それも毎月のように稼ぐようになってしまったのだから、そういう生活のなかで正気を保つのは苦難の業だったのではないかと思う。

このレポートで記者はいろいろなことを聞き出している。そのなかには露悪的に答えているところや、ちゃらんぽらんな若者を装って不良っぽいことをいっているところもあるが、きれいな字を書くということは書いたけれども、こんなこともいっている。

問　一番尊敬する人は？

裕次郎　兄貴ですね。てめえの兄貴をほめちゃおかしいけれど、あいつ、頭がいいですよ、秀才だな。あいつは小さいときから、自分がやろうと思ったことは必ずやりとげるという性質なんですよ。あの兄貴の後にさえついて行けば、絶対間違いはなかったんですよ。

問　いままでにもっとも感銘を受けた本は？

裕次郎　これも兄貴の影響なんですが、学生時代、ヘミングウェーを愛読しました。『持つものと持たざるもの』に感激しました。日本の作品では、福永武彦の『草の花』、これは結核患者の純粋な愛情を描いたものですが、とてもきれいなんです。感激というよりも感動しましたよ。(12)

福永武彦というのは堀辰雄などにつながる、フランス文学の影響を受けた、心理小説の名手である。これらのやりとりを読むにつけ、裕次郎はおそらく相当に知的な若者だったのではないかと推測できる。そして、彼はここから、ただの人気者の映画俳優という存在からなにものかになるために、必死の戦いを繰りひろげることになるのである。

このほかに映画の世界で、もうひとつ報告しておかなければならないのは、黒澤明の動向だろう。
彼はこの年ぎりぎりの十二月二十八日、『隠し砦の三悪人』を発表している。この映画は資料(『キネマ旬報ベストテン全史』)によれば、映画評論家たちの選びでは木下恵介の『楢山節考』につづいて第二位、興行収入の方は第五位(三億四千万円、第一位は大映の『忠臣蔵』で四億一千万円)と両方の選びでいい成績を上げるという、芸術性、娯楽性をともに満足させる作品だった。そして、戦後の東宝映画の観客動員数を書きかえる、大ヒット作品になっている。ところが実は、東宝社内ではこの映画をめぐって、客の入りがいいということのほかに大問題が勃発していたのである。『映画年鑑1960』にはこんな記事が載っている。

【藤本取締役の進退伺い事件】とタイトルを付けた次のような内容である。

昭和33年の正月映画『隠し砦の三悪人』。金塊を背負っての逃走劇なのだが、無類に面白い作品だった。後進の映画監督たち、スピルバーグやジョージ・ルーカスらに与えた影響は大きい。写真左はヒロインの雪姫役の上原美佐、馬を曳いているのは主演の三船敏郎。

（東宝）製作担当取締役藤本真澄は『隠し砦の三悪人』（黒沢明監督）完成遅延の責を取って、58年12月23日、清水社長に進退伺いを提出した。しかし、清水社長は「過去はいっさい問わず、こんご再びこの種の問題を起こさないよう方法を考究する」ということで進退伺いは却下となったが、この問題の背景が日本映画全体におよぼす影響多大と話題を投げたものである。黒沢監督の『隠し砦の三悪人』は、58年5月撮影開始、8月いっぱいで完成、製作日数100日間、撮影実働日数83日間、制作費9千万円（封切りは11月第1週）という予定であった。ところが、撮影開始から完成まで実に8ヶ月、製作日数201日、実働日数は147日という大遅延となり、しかも製作費は1億9千5百万円という日本映画界では破天荒のものになった。(13)

したがって、販売原価は製作費1億9千5百万円、宣伝費2千万円、プリント費(116本)1千7百万円、配給費3百万円、合計2億3千5百万円となり、これも日本映画では未曾有のものであった。これに対する配給収入は販売原価の回収が精いっぱいだといわれた。

ここで問題点は（略）「あのようなやり方をされては、映画界全体に影響して困る」という声であった。しかし、黒沢監督には一片の悪意もない。むしろ、会社の営業に貢献するよう娯楽大作を作ろうという、きわめて善意から出発したのであるが、ロケを主体とした同作品が天候に恵まれなかったのと、黒沢監督特有の芸術的良心からくる凝り性に原因があった。（略）映画は商品である以上、経済を無視しては成り立たないということから、森専務（森岩雄）を中心に今後のあり方を検討した結果、59年1月20日、プロフィット・シアーリング（利益分配性）による株式会社「黒沢プロダクション」の設立を決定。黒沢作品は、東宝の別枠に置くことにした。（13）

要するに、予算を守って、計算の立つ映画作りをしてくれ、という話なのである。予算はいちおう立てるが、それが途中でグチャグチャになって、オーバーしてしまう。そういうことがあると、映画監督はしばらく映画をつくらせてもらえないのだが、東宝も〝天皇〟という異名まである黒澤明に対してはさすがに「もう仕事させせない」とは言えない。それで、独立採算制にして、もうけを監督と会社とが歩合で分ける、という提案をするのである。もう少し、利益のことも考えてくれという話だ。そして、話の流れとして、翌昭和三十四年一月に東宝と黒澤明個人の出資によって、黒澤プロダクションが創設されるのである。結局、黒澤さんの『隠し砦の三悪人』は正月公開作品になって大騒ぎになる。こんな記述が残っている。

（東宝は）59年正月は五プロ九作品の陣容で臨んだが、第1週に公開した「隠し砦の三悪人」が全国的に大ヒットし、9億5百39万配収（ブッキング一万八二九〇）をあげた。（『隠し砦の〜』の）配収、ブッキン

グともに、前年正月の番線内総収入3億4千２６４万2千円は戦後における、東宝配給作品の最高配集記録でもある。（14）

予算がどうこうとか言っていないで、力のあるクリエーターが思いきりいい仕事をしようと考えれば、金はかかるが、話題になり、それに見合うだけの収益をもたらす作品を作れる。この話はそういうことの実例だが、予算を守って短期間で作りあげたら、もう一本、映画を作れたじゃないかという反論もできる。

話の蛇足だが、当時の資料のなかの［黒沢］の表記は原文のままにした。黒澤さんは映画のクレジットでは旧字の［澤］を使っているが、戦後の『赤ひげ』まではポスターや新聞広告などでは［沢］を使っていて、『どですかでん』からポスターでも［澤］を使いはじめる。使い分けのはっきりした基準はわからないが、資料については原文のままにした。いずれにしても、この映画が、少なくとも黒澤明本人にとっては、映画作りの大きな転換点になった。

そして、これは美空ひばりの話だから、映画と歌の世界両方にまたがっていることなのだが、この年の六月、ひばりプロダクションが設立される。前章の27ページ以下である程度のことは説明しているのだが、このプロダクションの社長はひばり本人、会長が田岡一雄、副社長がひばりの母親の喜美枝、取締役に神戸芸能の山沖一雄という顔ぶれだった。それまでひばりは福島通人の新芸プロに所属していたのだが、母親と福島が対立して、ギャラのことでもめていた、という説明もある。（15）

黒澤プロが作られ、ひばりプロが作られて、それなりに成果を収めたこの流れは、やがて、映画産業全体の動向（とくに観客動員数の急激な減少など）や歌謡界の実演巡業の市場拡大と地方の興行事情の変化に対する、スターたちの危機感もあって、プロダクション結成の動きはますます顕著になり、このあと、三船プロ、中村プロ、石原プロなどの設立の動きになっていく。音楽業界も同様で、渡辺プロやマナセプロ、ホリプロなどがはっきり企業として活動を始めるのもこのころから昭和三十年代後半にかけてのことである。

【出版とマスコミ】

後段で詳しく説明するが、前年からの週刊誌の創刊、それとテレビ受信機の急速な普及によって、月刊の雑誌だった『平凡』もかなりの影響を受けている。この年の雑誌『平凡』の発行部数はこうなっている。

雑誌『平凡』　昭和33年
発行部数変動表

昭和33年	部数	表紙の女優
二月号	131万部	丘さとみ
三月号	120万部	有馬稲子
四月号	120万部	浅丘ルリ子
五月号	121万部	大川恵子
六月号	121万部	桑野みゆき
七月号	120万部	美空ひばり
八月号	120万5千部	丘さとみ
九月号	121万部	桜町弘子
十月号	121万部	浅丘ルリ子
十一月号	121万部	有馬稲子
十二月号	121万部	団　令子
昭和34年		
一月号	124万部	美空ひばり
二月号	134万部	丘さとみ

発売はいずれも月号の数字の前々月24日。2月号（正月号）を前年の12月24日から正月23日まで販売する形になっていた。

東映時代劇のお姫様　丘さとみ

これが、昭和三十三年から翌年にかけての雑誌『平凡』の発行部数の変動表である。戦略的に重要な号というのがあり、正月号や夏休み売りの号なのだが、ここでは、東映の丘さとみが起用されている。庶民的な美人女優で、編集部の誰かがよほど気に入っていたらしい。年末発売（二月号＝正月号）というのはもともと一割くらい余計に売れるのだが、それでもピークだった昭和三十年の八月に記録した百四十万部にはもう届かないでいる。実は平凡出版はこのとき、『平凡』の頭打ち状態に悩みながら、必死になって脱出路を探していた。それが、最終的には、つまり結果論としてだが、週刊誌（『週刊平凡』）の創刊だった。これは翌、三十四年の五月一日のことである。

実は、社内はもうすでに動き出していて、月刊の『平凡』のエース編集者の一人だった木滑良久を新編集部に移動させ、また、社外から新しいメンバー、週刊誌編集の能力を持っている編集経験者を募集している。そのときに入社したのが、のちに木滑と並び称されることになる甘糟章や、いまは作家としての文名の方が有名な後藤明生、また、東大の新聞研究所の出身で、後年、『雑誌の死に方』を書く浜崎廣らである。

話を部数の変動表にもどすが、この状態を見ると、やはり相当の勢いで週刊誌創刊ブームの影響を受けていたのではないか。これは前年、昭和三十二年からの記録なのだが、社史の『読者とともに20年』の十一月の項にこんなことが書かれている。ここに部数というか、返本率の細かな数字の記載はないが、その数字がかなりの勢いで悪化していたらしい。

この年後半期に「平凡」の売れ行きは著しく悪化し、12月号は創刊以来初めての一割返本が予想されるにいたり、非常事態となった。翌12月10日より向こう6カ月間を危機突破期間とし、「平凡」の不人気をとりもどし、返品を3パーセント以内におさえ、さらに再び部数を伸張するため、次の3項目を決める。

①冗費の節約　②新規採用の見合わせ　③定期昇給の調整　(16)

経営を支える雑誌が一誌だけで、しかもそれが、徐々に部数を逓減させていたら、経営者としては、不安で仕方なかったことだろう。右に書かれたことを読むと、自分たちで出来ることをやって、なんとか危機を脱出しようということだったのだろうが、部数低迷の主要因は編集部内の問題ではなく、外的環境の変化で、それに対応するしかなかった。

これはわたしの印象だが、『平凡』が部数のダメージを受けている原因には、そういう外的環境の変化、編集部内部の問題の他に、読者のがわの問題があったのかもしれないという気がする。子どものころから長く雑誌を愛読してきたひとたちがある年齢に達し、大人になったところで『平凡』の編集の基本方針の一つである「スターに憧れる」という考え方に、例えば、美空ひばりに塩酸をかけようとした少女がひばりをテロルで否定したように、そこまで過激ではなくても、そういう考え方から離れて、自分の周りにいる異性を恋人に選んで恋愛したり、社会に出て、自分の仕事に生きがいを見つけ出したりして、憧れの別世界だった【芸能界】に見切りをつける、ということがあったのではないかと思う。

そういうときに、その人を支えて呉れるのは、新聞だったり、週刊誌だったりする、現実を報道しようとするメディアだったのではないか。そういう状況のなかで、それほど絶望的に部数が落ちていかなかったのは、新しく成長してきた若い世代、十代の思春期に入ったティーンエイジャーたちが、雑誌を卒業していった人たちのかわりに定期購読の読者として参加して『平凡』を読み支えていた、ということではないか。

『平凡』は当時の若い読者にとっては希望の証であり夢の羽寄のような存在だったのだろう。当時の雑誌

昭和三十年代の初頭に週刊誌とテレビが出現するまで、月刊の娯楽雑誌と映画は大衆の生活の最大の楽しみだった。ただ、経済活動のスピードか早くなるのに従って、情報提供のスピードも高速化して、月間のサイクルは生活のテンポに合わなくなっていった。
上の図版は当時の、栄光の時代の、女優表紙の雑誌『平凡』の表紙を羅列したものである。

はいまや古書店でどれも何千円という値段がつけられて売買されている。そのほとんどが読み捨てられ廃棄されたのだと思うが、その存在価値（＝商品価値）は何十年経過してもなくならないということだろう。

かたわらで日本映画は観客動員のピークを描き、全盛を迎えて、裕次郎の主演映画は連続的に大ヒットしていたのだから、月刊サイクルのテンポのゆったりした雑誌が、教科書のようにそのまま、大衆文化の全体像を正確に反映しているという状態ではなくなっていたのではないか。そんな読者層の変化があり、『平凡』は若い読者に特化した、芸能界を中心にした動きを取材編集する雑誌に性格変化していったのである。

そういう出版状況の急速な変化のことを考えると、平凡出版は結局、まだまだ経験不足のところもあったが、選択肢は新雑誌の創刊、それも新しい週刊誌をつくり出すことにしか、血路はなかったのである。

この間の事情を『読者とともに20年』はこんなふうに書いている。

『週刊朝日』『サンデー毎日』等、新聞社だけが週刊誌を発刊していた時に、はじめて出版社である新潮社が『週刊新潮』を創刊してようやく三年目、昭和三十三年の春ごろからぼつぼつ他の出版社も「週刊誌」に手を出しはじめました。（『週刊ベースボール』、『週刊大衆』、『週刊漫画サンデー』、『週刊明星』、『週刊実話』等々）そしてこの年の暮れには、光文社の『女性自身』が創刊され、年が明けて三十四年になると『朝日ジャーナル』、『週刊少年マガジン』、『少年サンデー』、『週刊現代』、『週刊文春』、『週刊コウロン』、それに総評までが『新週刊』（三十六年五月）を発刊するという文字どおりの「週刊誌時代」「週刊誌ブーム」になったのであります。（17）

大変な戦国時代が来ようとしていた。社会は好景気の狭間にあり、大衆の生活テンポはスピードアップしていて、だれもがみな情報の入手を熱烈に欲していて、出版社は目の前の膨大な需要をどうやって自分たちの売上げにつなげていくか、それを考えたときに、選択肢は週刊誌の創刊・発行以外になかった。

自動車の普及、鉄道網の精緻化、急速な経済成長に連動して、情報の伝達スピードも可能な限り、スピーディになって、雑誌の情報提供のサイクルも月一回というわけにはいかなくなっていたのである。これだけテンポ速く情報提供する雑誌が出現すれば、基本、芸能ニュースを骨格にし、企画色で独自性を出していた月刊『平凡』のような雑誌にも影響がないわけがなかった。

かたわらで平凡出版は別冊扱いのもうひとつの『平凡』（『別冊平凡・スターグラフ』）を毎月、発行していた。これは、美空ひばりとか石原裕次郎とか、スター一人に雑誌作りを絞ったもので、部数は本誌の方とちがって、二十万いかないくらいの発行部数だったらしいが、取材は本誌ほど複雑ではなく、収益効率は高かったらしい。らしいと書くのはそういう資料がすべて消失してしまっているためである。

この時代の本体の『平凡』はかなり複雑な雑誌で、後年のいわゆる芸能雑誌ではなく、ページ数も三百ページちかくあって連載小説が何本もあり、その小説も川端康成とか、大仏次郎とか錚々たるメンバーが執筆していて、しかも映画や歌の世界の人気者たちが総出演していて、いまのテレビのバラエティ番組のような色合いも持つ、大衆文化総めくり的な雑誌だったのである。だからこそ、週刊誌の創刊・浸透のとばっちりを受けたところがあったのだが、別冊の方はスターの話一辺倒で、取材もみんな協力的で、好きな人たちには買わずにいられない雑誌だった。このことがのちに、『週刊平凡』を創刊したあとの月刊『平凡』がいわゆるスター（＝アイドル）満載マガジンとして生き延びていく道になっていく。

【放送界】

出版界の週刊誌ブームと同じようなことなのだが、放送の世界では、テレビが新しいメディアとして、猛烈な勢いで社会に普及しつづけて、情報提供ツールのキャスティングボードを握ろうとしていた。テレビ受像機の社会への浸透は恐るべきスピードだった。刻々と変化していく放送の状況を時系列で羅列しよう。まず特記事項。

3月17日　NHK、VTRの使用を開始。生番組一辺倒だった制作番組の録画・編集が可能になる。
6月1日　大阪テレビが民放で最初にVTRを利用して、番組作り。

このことによって、現在のような予定を立てた番組制作が出来るようになり、番組作りの可能性を大幅拡大させた。つづいて、テレビとラジオの普及の動向である。

3月20日　テレビ受信契約数　九十万件突破
5月16日　テレビ受信契約数　百万件突破
※『現代風俗史年表』にはこの日、百五十万件突破と書かれている。
8月20日　テレビ受信契約数　百二十八万件突破。ラジオは千四百万件を突破。ラジオはここがピーク。
11月20日　ラジオ受信契約数千四百八十一万件に到達、これが頂点。このあと、横這い状態になる。

テレビの出現は情報提供のスピードアップという見地からいうと、その存在が出版界における週刊誌と同様の役割を果たしているようなところがあった。ラジオが主役であった時代に幕を引いたのである。

テレビの受信契約数が二百万件を超えるのは翌年、昭和三十四年の四月、皇太子ご成婚の前後のことである。さらにつけ加えておくと、細かいことは［昭和三十四年］の項で書くが、翌年になると、二月一日に日本教育テレビジョン（NET＝現在のテレビ朝日）開局、つづいて三月一日にフジテレビジョン開局、このあと、四月には日本全国に民間のテレビ放送局が開局する動きになっていく。

そして、この年（昭和三十三年）に放送が始まって話題になったテレビ番組というと、メイド・イン・USAでは『ローンレンジャー』、『ディズニーランド』、『パパは何でも知っている』、『アニーよ銃をとれ』など。国内制作の番組ではまずは、『私は貝になりたい』、『光子の窓』、『ロッテ歌のアルバム』、『事件記者』、『あんみつ姫』、『バス通り裏』、『月光仮面』などなど。寄り道説明をしておくと、『光子の窓』の光子は松竹

上はKRテレビ（いまのTBS）で放送された『月光仮面』。オートバイでどこからともなく現れて悪を倒す正義の味方だった。下はこちらもKRテレビ提供の『ローンレンジャー』、白馬に乗ったマスクの男が悪を懲らしめるウエスタン。『月光仮面』と趣向がそっくり。

少女歌劇出身で歌って踊れる女優の草笛光子、どういうわけか映画では助演の役どころが多かった。

テレビドラマの出演者は劇団所属の俳優やまったくの新人の場合が多く、『月光仮面』主演の大瀬康一は映画俳優の龍崎一郎の付き人だったのが原作者の川内康範に口説かれて主役を演じ人気者になった。また、『バス通り裏』にはまだ十五歳の岩下志麻が出演していたが、これも父親の俳優野々村清がNHKの別のドラマに出演したとき、付き添っていってスカウトされ、親子競演することになったのだという。このころにはすでにテレビは、映画に負けない、お茶の間の人気者を作りあげる力を持ちはじめていた。

この年から目立ちはじめるのは、国内制作のドラマの出現で、それまで、〝電気紙芝居〟などと陰口をたたかれていたのだが、TBS制作でフランキー堺が主演したC級戦犯（捕虜虐待などの罪科）で絞首刑になる男の悲劇を描いた『私は貝になりたい』が芸術祭の大賞を受賞、テレビドラマに対する大衆の認識をそっくり塗りかえた。また、外国もののテレビドラマに負けない作品を作りたいという要望も高まって、国産のテレビドラマが大量に作られる体制が整っていく。『月光仮面』、『怪人二十面相』、『事件記者』、『まりっぺ先生』、『新吾十番勝負』などの人気番組がくつわを並べる状況がやってくる。まりっぺ先生というのは宮城まり子、映画の『新吾十番勝負』は大川橋蔵が主演したが、テレビの方は細川俊夫が演じた。

さらにここに至っていえることは、テレビが芸能の垣根を次第に破壊しはじめているということだった。番組は勿論、ドラマとか歌番組とかクイズ番組とかバラエティとか大きくジャンルに分類されていたが、クイズ番組の回答者などの顔ぶれは多彩な有名人だったし、映画界で役に恵まれない俳優たちがテレビドラマで脚光を浴びるなんていう現象も起きていた。また、民放では縦横にコマーシャルが張り巡らされて、所属ジャンルに関係なく歌手や俳優がスポットCMなどに登場するようになっていた。これによって、芸能人がみんな、タレントとして扱われるようになっていくのである。こういう役割を果たした功労者の名前をひとりあげると、林家三平である。『現代風俗史年表』にこんな一節がある。

林家三平人気　落語の世界を広げたといえる重要な人物。従来の落語の形式にはまらず、一口咄を連発。また、目の前の客とのやりとりを通して、寄席の雰囲気を変えてしまった。話のなかでたびたび口走る「どうもすいません」「よし子さん」などはあまりにも有名。（18）

林家三平はわたしたちの思い出に強烈に残っている。特に、彼のナレーションのついたジュースの素やゴルフショップのＣＭはまだ子どもだったわたしたちの記憶の底にこびりついていて、忘れがたい。テレビの中に、落語の本質である［笑い］を持ち込んだパイオニアである、と書いていいだろう。

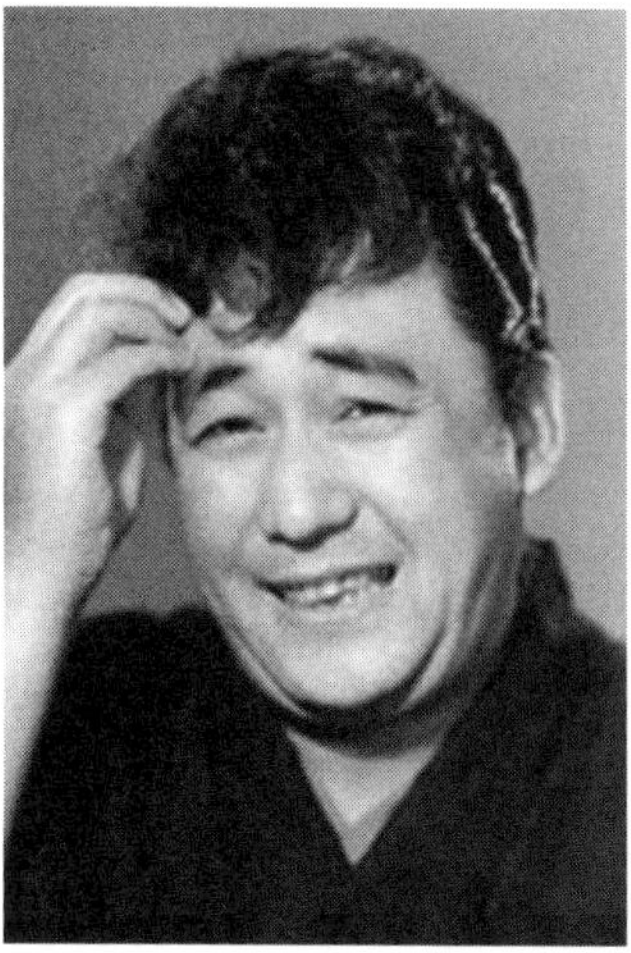

初代・林家三平は1925年生まれ、1980年没、行年55。三島由紀夫と同年齢。亡くなられてからもう40年以上たっているので、細かな挙措の記憶は薄れているが、この人くらいおどけたりバカ言ったりするのが楽しい人はいなかった。昭和の高度経済成長の時代を生きたシンボルの一人だった。

最後になったが、芸能界にはあまり関係ないのだが、谷川岳の山岳警備隊が設立された経緯について書いておきたい。実はこのことの背景には若い勤労者たちのあいだの登山ブームの高揚があった。谷川岳は標高二千メートルに満たない（正確には標高一九七七メートルの）山で三〇〇〇メートルの頂を連ねる南北アルプスに比べればたいしたことない山のように見える。これがなぜ「魔の山」と呼ばれたかというと、標高のわりに山が急峻で変化に富んでいるのである。登山道もいくつかあるのだが、相当に危険な一の倉沢登攀のルートなどもあった。

登山というのは山のなかで昆虫採集とか魚釣りとか余計なことをしないで、ひたすら純粋に山登りを楽しむスポーツなのだが、仲間うちで何処の山のどのルートを征服した、というような難路の踏破が自慢話のネタになるようなところがあった。

トーマス・マンの小説のように山腹にサナトリウムがあるわけではなかったが昭和の時代に『魔の山』と呼ばれた谷川岳。夏と冬の山の姿。凶暴な牙を隠す美しい山稜である。
下の写真は絶壁を登攀中、あやまって遭難し、宙づりになったた遺体を収容する山岳救助隊の作業写真。谷川岳はギネスに記録を持つ最多遭難者の山なのだという。

ベースボール・マガジン社1958年刊

資料によれば、谷川岳はもともと、戦前から遭難者の多い山だったという。それが昭和三十二年ころから急増する。昭和十七年から三十二年までの十六年間で一四三人（年平均約八人）の遭難死者だったのが、昭和三十三年から四十二年にかけての日本社会が高度経済成長の真っ盛りにあった十年間の遭難死者数は二五五人（年平均二五・五人）と三倍増している。(19)

遭難の原因はそもそもの登山者数の増加があったのだと思うが、当時はまだいまのように登山道も整備されていなくて、崖沿いのガレ道で足を踏み外して転落するとか、冬の雪崩に巻きこまれるとか、途中疲れ果てて倒れてそのまま凍死するとかいろいろあったのだろう。

この山は現在までに累計で八百人ちかい遭難死者をだしている。

大量の遭難者が出た原因についてのわたしが推理する最大の理由なのだが、谷川岳は前夜、たとえば金曜日の夜、週日のあいだ忙しく立ち働いた若者たちが上越線の夜行列車にのって、早朝に最寄りの土合駅に到着し、強行軍というか、その足でいきなり山を登り始めるという、相当にハードなスケジュールがあったのではないかと思う。

週末の夜行列車は相当の混雑で、目的地まで徹夜で立ったままということもあったはずである。

わたしは上越線の夜行列車には乗ったことはないが、南アルプスや八ヶ岳に登るために中央本線の新宿発の夜行列車は何度も経験している。長野県方面にいく週末の夜行は大変な混みようだった。

ダークダックスが歌った『山男の歌』（♪娘さんよく聞けよ　山男にゃ惚れるなよ　山で吹かれりゃよ

若後家さんだよ…）がヒットするのは昭和三十七年のことだが、「夜行列車＋谷川岳登山」の登山ブームは高度経済成長を支えた労働者たちのあいだで流行った危険なスポーツだったと書いてもいいのではないか。

【註】

（1）ＧＨＱの財閥解体政策によって、バラバラになっていた旧三井系商社の大合同が完了するのは昭和三十四年二月十五日のことである。政府としては、独占禁止とかいうことよりも外国との貿易で頼りになる巨大商社が欲しかったということだろう。

（2）『昭和平成家庭史年表』一九九七年　河出書房新社刊　下川耿史編　Ｐ・２８５　Ｂ・Ｃ級戦犯18人が東京巣鴨拘置所を仮出所。巣鴨プリズンは閉鎖された、という一文がある。

（3）『昭和平成家庭史年表』　Ｐ・２８３

（4）『現代風俗史年表』Ｐ・１１６

（5）『いつも歌謡曲があった〜百年の日本人の歌〜』一九八三年刊　新潮社　雑喉潤著　35頁

（6）『裕次郎時代』二〇〇七年　ワック刊　百瀬博教著　Ｐ・95

（7）https://ja.wikipedia.org/wiki/ 日劇ウエスタンカーニバル

（8）https://ja.wikipedia.org/wiki/Always 三丁目の夕日

（9）『戦後キネマ旬報ベスト・テン全史』一九九七年刊　キネマ旬報社　Ｐ・78

（10）『山河あり（全）』二〇〇五年刊　錦正社　平泉澄著　Ｐ・1

（11）『週刊朝日の昭和史・第三巻〜昭和30年代』一九八九年刊　朝日新聞社　P・１２０
（12）『週刊朝日の昭和史・第三巻〜昭和30年代』P・１２６
（13）『映画年鑑１９６０年版』一九六〇年　時事通信社刊　P・１７１
（14）『映画年鑑１９６０年版』P・24
（15）『実録神戸芸能』二〇〇九年　双葉社刊　山平茂樹著　P・１０６
（16）『読者とともに20年』P・１４５
（17）『読者とともに20年』P・45
（18）『現代風俗史年表』P・１１６
（19）https://soka-yamanokai.com/2021/06/16/study-31/ 草加山の会

第三章　1959（昭和34）年　高度経済成長と日本映画全盛

【一九五九（昭和三十四）年】

昭和三十四年である。山口百恵ちゃんとかが生まれた年。
まず、この年の主な社会、政治的な動きを取り上げると、こういうことである。

一月十九日　三井鉱山、労組に六千人の人員整理を提示。
三月九日　社会党浅沼稲次郎、北京で「米帝国主義は日中両国人民共通の敵」と演説。
三月二十八日　安保改定阻止国民会議結成。
四月十三日　藤山外相、米駐日大使と安保改定交渉再開。
五月十三日　南ベトナムと賠償協定調印。
七月二十一日　経済企画庁、当年度の『経済白書』を決定。
八月十三日　在日朝鮮人の北朝鮮帰還に関する日朝協定調印。
九月二十六日　伊勢湾台風、死者行方不明五一〇一人。
十一月十一日　政府、対ドル地域輸入制限一八〇品目の自由化決定。貿易の自由化開始。
十一月二十五日　社会党河上派十二議員離党、二十六日、民主社会主義新党を準備。
十一月二十七日　安保阻止第八次統一行動のデモ隊二万人、国会構内に突入。
十二月十四日　北朝鮮帰還船第一便。

伊勢湾台風について。

伊勢湾台風は前代未聞の強烈な台風だった。最大風速45メートルを記録した。伊勢湾に押し寄せたのがちょうど満潮時だったせいもあって、被害が巨大化した。河川の堤防が決壊し、洪水のなか、名古屋港の貯木場の長さ10メートル、重さ7、8トンあるラワン材が何本も流出し浸水した住宅地に襲いかかりかなりの死者を出した。
全国の死者の累計は4759人、行方不明者282人、負傷者の数は3万8838人という甚大な被害を被った。

前年の狩野川台風もすごかったが、この台風の人的被害は死者行方不明者合わせて五一〇一名と大変な損失だった。このあと、日本社会はこういう巨大災害をどう防ぐかという問題に立ち向かわざるをえなくなる。

国土の強靱化という言葉があるが、これは後付けの定義。当時からある言葉でいうと、防災対策である。

この一年の出来事を時系列で並べたリストは、岩波書店版の『日本史年表』からの抜粋引用なのだが、こうやって並べて読み込むと、この時期の日本社会の本質的な問題がぼんやりとだが見えてくる。

ひとつは［石炭］にまつわること、つまり社会の原動力について。そして、もうひとつは［五十五年体制の完成」、それによって戦後処理を終わらせ、日米安保条約が有効化して、「貿易立国」が可能になり、高度な産業国家へと経済成長していく道が開かれたということだ。

国＝社会が基本的な立国の質を変えようとしているのである。

例えば、一月十九日の三井鉱山の項がどういう広がりを持っているかと思って調べてみる。

もうひとつの資料にはこんな書き方がされている。「石炭」の件の年内の動向である。

一月十九日　三井鉱山　三鉱連に6千人の希望退職企業整備案を提示。3月三池中心連続スト

四月八日　スト妥結。以後明治・三菱などにも合理化反対争議続発。

八月二十九日　三井鉱山、三鉱連に4580人希望退職第2次企業整備案を提示。

九月十日　炭鉱離職者救済の黒い羽根募金運動　福岡でスタート

九月十五日　政府　炭鉱離職者対策に応急処置として2億3千万円支出。

十二月二十一日　三井鉱山　指名解雇強行で三池争議はじまる。（1）

このあと、石炭産業の内部事情はどんどん悪化して過激になっていく。

一方、政治の状況だが、まことに、日本社会はあげて〝政治の季節〟の真っ只中にあった。それにしても、こういう労働争議が頻発する背景にいったい、なにがあったのだろうか。

実は石炭産業は追いつめられていた。

【第一次エネルギー　供給量リスト】

	水力	石炭亜炭	石油LPG	原子力	天然ガス	計
1945(昭20)	50.8	135.5	2.4	0	0.4	193.1
1950(昭25)	92.6	234.9	28.7	0	0.7	401.9
1955(昭30)	174.7	302.9	112.7	0	2.4	641.3
1960(昭35)	157.8	415.2	379.3	0	9.4	1008.1
1965(昭40)	179.4	456.5	1006.8	0.1	20.3	1689.1
1966(昭41)	183.4	475.7	1144.0	1.3	21.1	1851.5
1967(昭42)	159.5	533.2	1380.6	1.5	22.3	2123.9
1968(昭43)	171.0	573.9	1631.2	2.4	24.1	2431.9
1969(昭44)	173.9	615.5	1923.4	2.5	28.5	2775.3
1970(昭45)	178.9	635.7	2298.9	10.5	39.7	3197.1
1971(昭46)	192.2	558.6	2405.0	18.0	40.0	3247.9
1989(平成1)	211.2	796.7	2674.3	411.5	461.6	4618.8

※換算単位　兆キロカロリー　　経産省「綜合エネルギー統計」より

数字の移り変わりの背後にはものすごい勢いで変わりつづける日本社会があった。

石炭の〝絶頂期〟はいかにも短かった。（昭和）二十六年、石炭の生産は四千六百五十万トンにまで回復し、さらに渇水による水力発電量の低下から電力用石炭需要は増大していた。ところが石炭労働者のストが年中行事化、こうした背景の中で石炭不足が深刻化し、〝供給不安〟が石炭離れを加速させることになった。こうして大規模な重油転換が進行する。（2）

調査では、昭和二十七年の初め、年間に石炭一千トン以上を使用していた熱管理指定工場の数は千六百あった。それが、三カ月の間に二百三十の工場が重油を使うようになり、一年半後には六百五十五の工場が重油を使用するようになったという。

つまり、三井鉱山の人員整理の話の背後には、エネルギー源の転換があった。産業、工業生産活動はいうに及ばず、大衆が生活のために用いる電気、動力源がそっくり石炭から石油に変わろうとしていたのである。

重油の相対優位は、もはやだれの目にも決定的になった。外資不足もあって政府は重油需要の抑制策を打ち出したが、鉄鋼連盟が「石炭への再転換は技術的にも経済的にも不可能」と強く反発するなど産業界の〝同意〟を得られず、石炭の地盤沈下を押しとどめることはできなかった。（2）

要するに、みんなが石炭のかわりに石油を使い始めて、石炭の会社はまたたく間に需要を失い、炭鉱労働者たちをリストラせざるをえないところに追いこまれていったのである。

社会を動かすためのエネルギー＝電力の供給源はコストが高い国産の石炭から安く輸入できる石油に変更になっていった。これは、思えば必然的なことだった。経済成長はさらに多くの産業のためのエネルギーを必要としていた。つまり日本は膨大な熱量の素を輸入に依存する産業形態に変わらざるを得ない方向にいかざるをえなかったのである。

なにをダラダラと芸能界に関係のないことを書いているんだろうと思う人がほとんどだろう。

しかし、じつは石炭産業の衰亡は芸能人の発生に、間接的にだが、大きく影響している。

たとえば、福岡県は多くの芸能人を輩出しているのだが、かつてここには筑豊炭田という石炭産業の一大拠点があった。それが石炭産業が衰亡していったことで、産業構造が大きく変化し、多くの人が失業・転職した。昔ながらの共同体がほかの場所よりもいっそうラジカルに崩壊した。

また、人々の家庭生活のなかにあった価値観も大きく変わった。そういう環境で育った子供たちは、言葉にすると「スターになりたい」というような素朴なことなのだが、これは石炭産業のことだけではなく、米軍基地のある横浜とか横須賀や、朝鮮半島からの大量の人口流入があった大阪、太平洋戦争終戦時の被爆地である広島なども芸能人の多産地である。

あて推量の原因だが、産業構造の変化、それによる生活環境、人生に対する価値観の急変、こういうことが芸能人になりたいと思い始める［契機］に関係しているのではないかと思う。

［五十五年体制の完成］については、［昭和三十五年］の項で論じることにしよう。

次に大衆の生活の変化に関連することがらを並べていくと、こうなる。

一月一日　メートル法施行。土地建物（坪表記）は六六年まで延期。
一月十五日　東京都、水洗便所への改造促進運動を開始。
三月—日　資生堂、男性化粧品「フォアメン」を発売。
四月十三日　東海道新幹線の建設認可。二十日から着工。
八月一日　日産自動車、ダットサン・ブルーバードを発売。
八月—日　サッポロビールが缶ビール（３５０㎖）を発売。
十月—日　ハーフサイズカメラ、オリンパス・ペン発売
十一月一日　国民年金制度が発足。
十二月三日　個人タクシーが東京でスタート。
十二月—日　トヨタ自動車の月間国内登録台数が一万台を突破。

1959年型ダットサン・ブルーバード。優秀な車だった。

昭和30年代自動車保有台数

年	台数	前年比
31年	150万1740	112.2
32年	177万5120	118.2
33年	206万9143	116.6
34年	240万4118	116.2
35年	289万8479	120.6
36年	340万3768	117.4
37年	413万4776	121.5
38年	492万2046	119.0
39年	593万7273	120.6
40年	698万4864	117.6
41年	812万3096	116.3
42年	963万9391	118.7
43年	1169万0755	121.3
44年	1402万1970	119.9
45年	1652万8521	117.9
46年	1891万9020	114.5

自動車は高速化する流通経済という血管の血液のようなものだった。自動車は経済行為の必需品だった。まだ外国に自慢して輸出できるようなクルマは作れていなかったが、それでも国民車ともいうべき、日産のブルーバードとトヨタのコロナ、クラウン、いすゞのヒルマン、プリンスのスカイラインなどがこのころの日本車の代表的な存在だった。驚異的な増加を見せている。

もちろんこれで全部ではないが、目立つところを書き出してみた。このうちの自動車についてワンポイントで説明しよう。自動車の保有台数はものすごい勢いで増えつづけている。右がその推移表である。

毎年、前年比で15パーセントから20パーセントの伸び。昭和三十一年から四十年までの十年間に四・六倍の増え方で、倍増どころの話ではない。

八月一日のところに日産自動車のブルーバード新発売の話が載っている。

そこまでの自動車業界はトヨタが頭ひとつリードしていて、日産、プリンス自動車、日野（ヒルマン）などが乱立する戦国時代状態だったようだ。ホンダはまだこの時代はオートバイのメーカーである。

ブルーバードは画期的な自動車だった。自動車評論家の徳大寺有恒の著書にこんな一節がある。

一九五九年、２１１型ダットサンはボディ、シャシーを一新して、ブルーバードに生まれ変わった。日産はここでアメリカ的な思想を取り入れ、それまでの4速ミッションを捨てて、3速のコラムシフトとする。サスペンションは前がダブルウィッシュボーンの独立式、後ろが薄くて乗り心地のよい三枚リーフのリジッドとなった。（略）

３１０ブルーバードはそのデザインといい、性能といい、それまでのダットサンとは格段の違いであった。ブルーバードは営業車としてはもちろん、自家用車としてもよく売れた。現在、六十歳前後の年代のドライバーは、だれもがブルーバードに胸を熱くしたことと思う。（略）ブルーバードは登場からほどなく、大ベストセラーカーとなった。日産としては初めての大量生産車の経験である。（３）

このあと、いろいろあるのだが、日産は一九六六年（昭和四十一年）にグロリア、スカイラインを擁したプリンス自動車と合併して、トヨタ・日産の二大メーカー体制を作りあげることになる。

最初に石炭から石油へのエネルギー転換のことを書いたが、昭和三十年代はのちに作りあげられる情報社会化した日本をめぐるネットワークが、鉄道も自動車（高速道路網）も飛行機も電話での連絡網も、すべてが作りかけの時代だった。

そういうなかで、マスコミも芸能界も大きく形を変えていくのである。

まず、映画について説明しよう。

【映画界】

映画界はついに分水嶺にたどり着いていた。

年別映画人口一覧表

（全国映画館入場員数）

昭和33年	1,127,452
昭和34年	1,088,111
昭和35年	1,014,368
昭和36年	863,430
昭和37年	662,279
昭和38年	511,121
昭和39年	431,454
昭和40年	372,676
昭和41年	345,811
昭和42年	335,067
昭和43年	313,398
昭和44年	283,980
昭和45年	254,799
昭和46年	216.754

(単位：千人)

『映画年鑑1973』より

この数字に合わせて、映画会社は映画館の入場料を値上げし従業員をリストラして、なんとか生き延びようとする。松竹と東宝は財産をたくさん持っている会社で、東映も時代に機敏だったことで困難を乗り越えたが、基盤が脆弱だった大映と日活は波浪に呑み込まれて、長い苦闘の末に姿を消していった。

右表を見るとわかるが、この年、はじめて映画人口が前年を下回ったのである。映画凋落の序曲だった。しかし、これは結果論でしかわからないことで、この時点で、そういうことを自信もって映画は衰退するなどという人はいなかった。

昭和三十年代から本論が論及しようとしている一九七〇年初頭までの映画産業の趨勢を図表にすると、こういうことになる。数値を見るとわかるが、映画人口（観客動員数）は戦後、Jカーブで登りつめつづけ、昭和三十三年をピークに減少に転じる。はっきりと急激な減少傾向が見られるのは、昭和三十六年以降のことである。

前年比減少率は省略するが、十年余のあいだに映画人口は歯止めが外れたような勢いで急激に減少していて、どんどんみんな、映画を見なくなっている。昭和四十五年には十一年前の四分の一まで落ち込んでいる。とりあえず、邦画六社が、昭和三十四年の時点でどういう状況にあったかを説明しておこう。いずれも『映画年鑑1960』の記述である。

［松竹］

松竹は、59年上半期（1月〜6月）に長編劇映画四六本、中編劇映画三本を配給し、総計三十億二千六十六万九千円の配収（六社の総配収の十七・九％）をあげた。『風花』（にんじんくらぶ三人娘の顔合せ）と後半の異色特作『人間の條件』第一・二部（ベストセラーの映画化）が大ヒットし、その他の作品も順調に稼いで、十一億六百二十九万四千円の配収をあげ、同社の戦後最高配収記録を樹立した。（4）

［東宝］

東宝は59年上半期（1月〜6月）に（略）総計二十五億二千九十五万九千円の配収（邦画六社総配収の十四・九五％）をあげた。59年正月は五プロ九作品の陣容で臨んだが、第1週に公開した『隠し砦の三悪人』が全国的に大ヒットし、九億五百三十九万五千円の配収（ブッキング一万八千二百九〇）をあげ、配収、ブッキングともに前年正月の記録を更新した。2月以降は封切り映画の興行成績にムラが多く（略）営業成績が安定しなかった。（5）

［大映］

大映は、59年上半期（1月〜6月）に（略）総計二十六億八千八百四万千円（邦画六社総配収の十五・九四％）の配収をあげた。59年正月は五プロ一〇作品の陣容で臨んだが、前半の作品が弱かったため、配収は（略）前年正月より一〇・四％下回った。大映の正月配収が前年度より減ったのははじめてのことで、これが同社に量産競争による作品の質的低下を反省させ、大作一本立還元の決意を促進させる原因のひとつとなった。（略）６月からいよいよ大作一本立てに転換したが、同月は『次郎長富士』『鍵』の二作品が全国的に大ヒットしたため、配収四億千九百八十四万九千円をあげて、２月以降の最高成績を記録し、一本立てにとって幸先のよいスタートになった。（６）

［新東宝］

新東宝は、59年上半期（1月～6月）に（略）総計十一億九百六十八万六千円の配収（邦画六社総配収の六・五八％）をあげた。59年正月は特作『大東亜戦争と国際裁判』がヒットし三億二千四百二十四万九千円（ブッキング一万一四八二）の配収をあげた。他社にくらべると少ないが、新東宝としては前年同月を上回る好成績である。２月以降も毎月の配収にムラがなく、最低目標一億五千万円をわずかながら上回っている。（７）

［東映］

東映は、59年上半期（1月～6月）に（略）長篇劇映画三十三本、中篇劇映画二〇本を配給した。上半期の配収は総計四十五億五千六百七十七万三千円（邦画六社総配収の二十七・〇二％）に達し、第二位の松竹を十五億円以上も引き離して、完全に独走している。59年正月は（略）総動員映画『忠臣蔵』をはじめ封切り映画がいずれもヒットし、配収十四億三千五百十五万円（ブッキング三万二二二〇）の好成績をあげた。配収ブッキングともに同社設立以来の最高額である。（８）

［日活］

同社は、59年上半期（1月～6月）に総計二十九億七千十二六千円（邦画六社総配収の十七・六一％）の配収をあげた。前年同期にくらべて四％の増加であり、月平均配収は四億九千五百二万千円に達している。59年正月は『紅の翼』『若い川の流れ』『嵐を呼ぶ友情』『女を忘れろ』など裕次郎映画と小林旭映画がそろって大ヒットし、配収九億二千六百六十七万九千円（邦画六社総配収の十六・七六％）、ブッキング二万一五一七の好成績をあげ、配収、ブッキングともに配給開始以来の最高記録を樹立した。裕次郎ものとならんで小林旭の主演映画が連続ヒットするようになったので、同社は毎月、興行的に間違いのない作品を二本公開出来ることになり、番組が著しく強化されてきた。（9）

これらの説明で、邦画各社のある程度の事情がわかるのではないかと思う。

『キネマ旬報ベストテン全史』でみると昭和三十四年の映画の動向を配給収入の数字で理解できる。（10）表にすると、次ページのようになっているのだが、この年の興行成績ベスト10をざっと計算すると、東映と日活の独壇場みたいになる。

東映の占有率は映画三本で33・3パーセント、日活の方は五本で44・9パーセント。

東映のベスト10入りした三本は中心に片岡千恵蔵、市川右太衛門、月形龍之介を据えて、まわりにズラリと若手の人気者を配するオールスターキャストの作品。この仕掛けが年齢層に関係なく受けて高配収をあげている。このほかに、錦之助や橋蔵主演の作品が手堅く観客動員する仕掛けで、シェアは邦画六社のトップ、独走態勢にある。日活の方は五本で44・9パーセント、これは配給映画館の数にもよるだろうが、日活は裕次郎の出現によって効率よく稼ぐ体制を作りあげた、といっていいだろう。五本はいずれも裕次郎映画である。ただ、裕次郎映画は絶好調だったが、このあたりから日活と裕次郎とのあいだでさまざまの摩擦が生じ、その関係はぎくしゃくし始める。裕次郎の失踪劇が起こるのだが、そのことについては後段で説明する。

また、日活の新しい動きだが、この年の半ばから小林旭が力をつけてきている。彼は最初、『紅の翼』などに、裕次郎の添え物のような形で顔出しし始めたが、得な役どころで、たちまち頭角を現し、裕次郎に次ぐスターとして位置づけられるようになっていった。小林自身がうたって同名の歌もヒットした『女を忘れろ』、彼が主演した、ペギー葉山の同名歌謡曲でお馴染みの『南国土佐を後にして』が大ヒットし、裕次郎と並ぶことのできる二枚看板になっていく。この『南国土佐～』で演じたさすらいの風来坊がこのあと、「渡り鳥シリーズ」になっていくのである。

評論家たちが選んだ映画のリストにはシリアス、まじめな作品がズラリと並んでいて、当時の評論家たち

【昭和 34 年　邦画興行成績ベスト 10】

		配給収入
第一位	『任侠中仙道』（東映）	3 億 5091 万円
第二位	『日本誕生』（東宝）	3 億 4432 万円
第三位	『怒濤の対決』（東映）	3 億 1019 万円
第四位	『世界を賭ける恋』（日活）	2 億 7789 万円
第五位	『男が命を賭ける時』（日活）	2 億 6937 万円
第六位	『鉄火場の風』（日活）	2 億 4335 万円
第七位	『人間の條件』第三・第四（人間プロ・松竹）	2 億 3479 万円
第八位	『天下の副将軍』（東映）	2 億 2581 万円
第九位	『男なら夢を見ろ』（日活）	2 億 0647 万円
第十位	『天と地を駆ける男』（日活）	1 億 9652 万円

※期間は昭和 34 年 4 月～35 年 3 月まで。

【映画評論家が選んだ昭和 34 年の邦画ベスト 10】

第一位	『キクとイサム』	（今井正監督・松竹）
第二位	『野火』	（市川崑監督・大映）
第三位	『にあんちゃん』	（今村昌平監督・日活）
第四位	『荷車の歌』	（山本薩夫監督・新東宝）
第五位	『人間の條件』（第一・二部）	（小林正樹監督・松竹）
第六位	『人間の壁』	（山本薩夫監督・新東宝）
第七位	『浪花の恋の物語』	（内田叶夢監督・東映）
第八位	『第五福竜丸』	（新藤兼人監督・近代映画協会）
第九位	『鍵』	（市川崑監督・大映）
第十位	『人間の條件』（第三・四部）	（小林正樹監督・松竹）

※『キネマ旬報』の映画評論家の投票による。

見るとわかるが、評論家たち（下段のベスト 10）は社会派監督たちの作品を高評価しているが、観客たちは東映の時代劇と日活の裕次郎映画に熱狂していた。第 3 位の『怒涛の対決』は市川右太衛門主演の笹川の繁蔵と飯岡の助五郎との出入りをめぐるオールスター出演の時代劇。

（映画批評の専門家たち）がどんな映画を理想にしていたかがよくわかる。そこでは大衆の娯楽のために、という考え方は希薄である。しかし、映画を見るほとんどの人たちはそういうシリアスとは別に、痛快だったり、劇的だったり、俗っぽいかもしれないが、見ていてしんみりするような男女の恋愛の機微を描いた映画がたくさんの人たちに支持される。上段の高配収の映画と下段の評論家たちの高得点の映画群のあいだの矛盾はまだまだ、この先、数十年にわたって解消されない。面白さと芸術性というか、映画の思想性との両立は、黒澤明はそれを『七人の侍』や『隠し砦の三悪人』で、木下恵介は『二十四の瞳』や『喜びも悲しみも幾年月』でやって見せたのだが、そういうふうに大衆性と前衛性の両立は日常的な映画作りのなかでも可能なのだろうか。

映画俳優たちもこのはざまにいて、出演作品の意味について、考えつづけている。

この年の映画スターたちの人気の動向はどうであったか、雑誌『平凡』の人気投票で調べると左表のようになっている。

【昭和34年度映画スター】

ベスト10 ［男性］		年齢
第一位	中村錦之助	27歳
第二位	石原裕次郎	25歳
第三位	大川橋蔵	30歳
第四位	里見浩太朗	23歳
第五位	東千代之介	33歳
第六位	小林　旭	24歳
第七位	市川雷蔵	28歳
第八位	津川雅彦	19歳
第九位	鶴田浩二	35歳
第十位	長谷川一夫	50歳
ベスト10 ［女性］		
第一位	山本富士子	28歳
第二位	若尾文子	26歳
第三位	浅丘ルリ子	18歳
第四位	大川恵子	23歳
第五位	桜町弘子	22歳
第六位	有馬稲子	25歳
第七位	丘さとみ	24歳
第八位	桑野みゆき	17歳
第九位	岡田茉莉子	26歳
第十位	佐久間良子	20歳

映画スターの人気も映画会社の勢力図と映画作品の人気をそのまま反映しているような投票結果だった。大映の2大女優は不動の人気だが、それを除けば東映と日活の独壇場である。

九月号（七月末発売）の発表だから、この年の上半期の状況である。

この人気投票で、気が付くことを補足説明しておこう。

男性部門で前年、第一位だった石原裕次郎が中村錦之助に首座を奪い返されているのは、裕次郎自身がそういうふうにしたかったという意向もあるのだろう。このころ、裕次郎は日活と揉めはじめていて、春先には失踪事件を起こしている。この話は後述。

また、これは別の動きなのだが、五月一日付で平凡出版から待望の週刊誌『週刊平凡』が創刊され、月刊『平凡』で長く裕次郎を担当していた編集者の木滑良久が新雑誌のグラビアデスクのキャップに抜擢昇格して、裕次郎もその新雑誌の主力タレントとして、広報の中心メディアを移した、ということもあったらしい。

一方の錦之助は、このころ、織田信長や一心太助、清水次郎長一家の人気者、森の石松を演じ、『大菩薩峠』や『水戸黄門』でも重要な役を任されて、大活躍している。わたしの記憶では『美男城』や『剣は知っていた』などの美剣士ものもこのころの作品で、個人的には、これらの映画を三軒茶屋東映でオンタイムで見ていて、強烈な記憶になっている。

『週刊平凡』は週刊誌だから、当然、大人の読者が中心で、月刊の『平凡』で裕次郎担当の編集記者を務めていた木滑良久が『週刊平凡』の編集部にグラビア・デスクのキャップに昇格して異動になり、裕次郎自身も読者が大人の媒体に出たがった。その経緯があり、月刊の『平凡』はおのずと、錦之助、橋蔵を前面に押し出す編集体制をとった、ということだったらしい。

映画も同様で、そういう本人の意向をうけて、日活は裕次郎のファン層より年齢的に低い人たちに小林旭をアピールして、その棲み分けがうまくいって、裕次郎と小林旭の二枚看板時代を迎え、さらにこのあと、赤木圭一郎、和田浩治を加えて、四大青春スターの〝ダイヤモンド・ライン〟を喧伝することになるのである。

人気投票では映画界の東映絶対優勢の状況を反映して、ベスト・テンの上位に錦之助、橋蔵、千代之介がくつわを並べているのだが、ここからあらたに里見浩太朗（23歳）が加わっている。

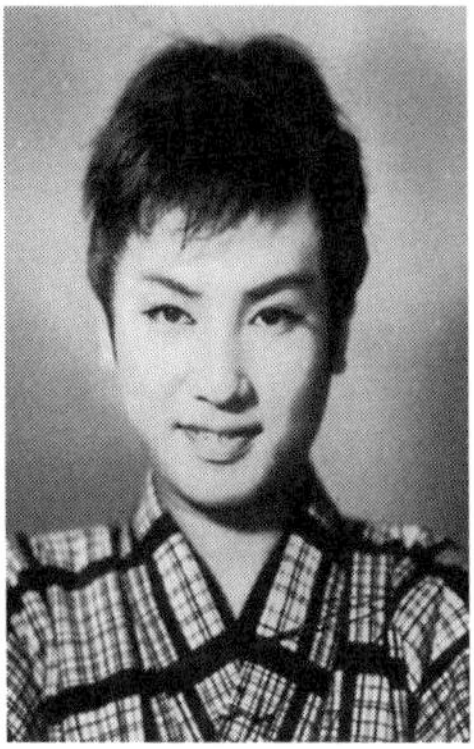

人気上位の東映俳優たち。右の上段の写真は中村錦之助、中段は東千代之介、下段大川橋蔵、下の写真は里見浩太朗。

さらに変動の顕著なのは女優陣で、まず、ここに来て初めて、山本富士子と若尾文子の順位が入れかわっている。これは、若尾が本格的な演技を必要とする文芸作品への出演を希望するようになり、溝口健二や小津安二郎、川島雄三や増村保造らの有力監督と仕事しはじめ、要するに単なる大衆受けの作品を嫌うようになっていった経緯と関係があるだろう。若尾はすでにこの時、九十本の映画に出演していて、年齢はまだ二十六歳と山本富士子より若いのだが、キャリアはベテラン女優といってよかった。芸術に目ざめたのである。

これにつづくかたちで、日活で石原裕次郎、小林旭の相手役として大活躍しはじめた、まだ十八歳の浅丘ルリ子が第三位につけ、そのあとに、東映の新しいお姫様スターたち、新登場の大川恵子や桜町弘子、佐久間良子、それに『浪花の恋の物語』で錦之助の相手役をつとめた有馬稲子（のちに錦之助と結婚した）もこの年だけは、東映のお姫様の一人に加えてもいいかもしれない。そのかわりに、前年まで［ベスト10］のレギュラーだった千原しのぶや長谷川裕見子、高千穂ひづるらが圏外に去っている。

これはひとつには、週刊誌時代の到来によって、当時の『平凡』が百万部を超える発行部数を誇ってはいたが、確実に性格変化し始めていて、国民雑誌的な有り様から、十代、二十代前半の若者たち中心の世代マガジンへと変化し始めた、ということだと思う。

そういうなかで、二十八歳になる山本富士子が人気女優のトップに立っていたということは、彼女が単なる美人女優の枠を超えた、――実際にこの人は匂い立つような色気を持つ女優だったが、相当に魅力的な女性だった、ということだと思う。『白鷺』、『歌行燈』など泉鏡花原作の作品や志賀直哉原作の『暗夜行路』に主演している。

一行だけ自分のことを書き添えるが、少年のわたしも彼女のファンだった。

【歌謡界】

昭和三十四年の［シングルヒット曲ベスト30］は左表のようになっている。

売上げのトップは水原弘の『黒い花びら』、二番手がペギー・葉山の『南国土佐を後にして』、以下、フランク永井＋松尾和子＋和田弘とマヒナスターズ、小林旭、スリー・キャッツ、守屋浩、………ズラリとニューウェーブが並んでいる。第八位、村田英雄がうたった『人生劇場』、第九位の三橋美智也の『古城』、三波春夫の『大利根無情』も歌としては新しく、別の文脈のニューウェーブ（望郷歌謡の変異種）といっていいかもしれない。

　全体にみて、ザ・ピーナッツ、こまどり姉妹などもこの年から芸能界入りしていて、新旧入り乱れた状況を想起させる。また、前年（昭和三十三年）の正月映画『嵐を呼ぶ男』、二月の日劇のウエスタンカーニバルから顕著になった新しい音楽の流れ、アメリカで誕生したロカビリー、ロックンロールの影響を受けて始まった新世代音楽は、次第に大きな奔流となって、歌謡曲の世界を変化させていく。

【昭和34（1959）年　シングルヒット曲　ベスト30】

①黒い花びら	水原　弘	195907
②南国土佐を後にして	ペギー葉山	195905
③東京ナイト・クラブ	グッド・ナイト	195907
［歌唱・フランク永井、松尾和子、マヒナスターズ］		
④ギターを持った渡り鳥	小林　旭	195910
⑤黄色いさくらんぼ	スリー・キャッツ	195908
⑥僕は泣いちっち	守屋　浩	195910
⑦夜霧に消えたチャコ	フランク永井	195903
⑧人生劇場	村田英雄	195904
⑨古城	三橋美智也	195907
⑩大利根無情	三波春夫	195906
⑪銀座旋風児	小林　旭	195909
⑫あれから十年たったかなァ	春日八郎	195903
⑬山の吊橋	春日八郎	195909
⑭足摺岬	春日八郎	195911
⑮忠太郎月夜	三波春夫	195909
⑯沓掛時次郎	三波春夫	195912
⑰哀愁のからまつ林	島倉千代子	195911
⑱おもいで日記	島倉千代子	195907
⑲大川ながし	美空ひばり	195903
⑳可愛い花	ザ・ピーナッツ	195904
㉑情熱の花	ザ・ピーナッツ	195909
㉒浅草姉妹	こまどり姉妹	195910
㉓三味線姉妹	こまどり姉妹	195911
㉔お別れ公衆電話	松山恵子	195911
㉕思い出なんて消えっちゃえ	松山恵子	195910
㉖地下鉄は今日も終電車	井上ひろし	195912
㉗夜霧の空の終着港	マヒナスターズ	195901
㉘蟹工船	村田英雄	195908
㉙黒い落葉／黄昏のビギン	水原　弘	195910
㉚月は地球を回ってる　フラ・フープ・ソング	中島そのみ	195901

【昭和34年度人気歌手】

投票ベスト10［男性］		年齢	前年順位
第一位	三橋美智也	29歳	前年同
第二位	春日八郎	35歳	前年同
第三位	神戸一郎	21歳	初登場
第四位	三浦洸一	31歳	前年三位
第五位	フランク永井	27歳	前年九位
第六位	三波春夫	36歳	前年七位
第七位	藤島桓夫	32歳	前年四位
第八位	小野　透	18歳	初登場
第九位	白根一男	22歳	前年十位
第十位	若原一郎	28歳	前年五位

投票ベスト10［女性］			
第一位	美空ひばり	22歳	前年同
第二位	島倉千代子	21歳	前年同
第三位	コロムビア・ローズ	26歳	前年八位
第四位	藤本二三代	22歳	新登場
第五位	雪村いづみ	22歳	前年七位
第六位	松山恵子	22歳	前年八位
第七位	大津美子	21歳	前年四位
第八位	石井千恵	23歳	前年十位
第九位	江利チエミ	22歳	前年六位
第十位	野村雪子	21歳	前年五位

男性歌手は三橋美智也、春日八郎のふたり、これはキング・レコード所属。女性歌手のほうは美空ひばりと島倉千代子、こちらはコロムビア・レコードの所属だった。三橋と春日はともかく、年齢の近いひばりと島倉千代子は相当のライバル意識があったようだ。

歌手の人気のバロメーターとして、雑誌『平凡』のこの年の三月号（一月二十四日発売）に発表した「人気歌手ベスト10」の顔ぶれを見ると右表のようになっている。投票総数は三十七万八千票あまりなのだが、一月下旬発表ということは前年の年末にかけての編集作業で、三十三年の後半の人気歌手の状況を示しているものである。

それが、その一年後、昭和三十五年の三月号（一月下旬発売、三十四年の秋に投票はがきの募集を開始、年末に集計と編集作業）では、こういう結果になっている。こちらの投票総数は四十九万八千票あまりである。

男性歌手の人気の顔ぶれはあまり変化がなく、水原弘の新登場くらい。女性歌手の方はザ・ピーナッツが新しい。しかし、このふたつは昭和三十年代に入ってから始まった新しい音楽のうねりを受けたものだった。

まず、この時期にヒットした歌謡曲、人気のあった歌手たちはいくつかの特徴あるグループを形成している。どのような時流につながる歌であるか、どういう個性を持つ歌手であるか、そのことを検証しておこう。

男性歌手部門には、まず望郷系の歌謡曲をうたう高音の美しさが売りの三橋美智也、春日八郎、三浦洸一ら、これまでのベスト・テンの常連メンバーが上位にいる。投票では、三橋美智也が連続して三年間、首座を維持している。それにわりこむ形で、新しい動きとして、低音の魅力が売りのフランク永井、神戸一郎、水原弘ら。この人たちには東京の生活というか、都会を歌の場面に取り上げた歌が多い。低音高音でいうと、本業は映画俳優なのだが、石原裕次郎は低音派、小林旭は高音派に分けられるかも知れない。

浪曲界出身の〝歴史歌謡〟をうたう三波春夫や村田英雄、このふたりが代表だが、三橋美智也や春日八郎も歴史歌謡ともいうべき時代設定のある歌をうたっている。『古城』はその代表曲。

歌の内容としては、それぞれが大衆文化の底流をなしている望郷の思いや都市生活への憧れ、新しい恋愛

【昭和35年度人気歌手】

投票ベスト10［男性］		年齢
第一位	三橋美智也	30歳
第二位	春日八郎	36歳
第三位	神戸一郎	22歳
第四位	フランク永井	28歳
第五位	水原　弘	24歳
第六位	三波春夫	37歳
第七位	三浦洸一	32歳
第八位	藤島桓夫	32歳
第九位	小野　透	19歳
第十位	白根一男	23歳

投票ベスト10［女性］		
第一位	美空ひばり	23歳
第二位	島倉千代子	22歳
第三位	大津美子	22歳
第四位	松山恵子	23歳
第五位	コロムビア・ローズ	27歳
第六位	ザ・ピーナッツ	18歳
第七位	野村雪子	21歳
第八位	雪村いづみ	23歳
第九位	ペギー・葉山	26歳
第十位	石井千恵	23歳

このランキングが発表になったのは昭和35年の1月末発売号だったが、実態は34年の秋の投票だった。男性歌手の方は水原弘、女性の方はザ・ピーナッツの登場が新時代の到来の予兆だった。

の夢、過去に対する歴史意識などなどの情念（パトス）の大衆的で卑俗な水脈を受けついだもの、ととらえることができるだろう。

北中正和は『戦後歌謡史』という本のなかで、この時代の歌謡曲の主要なトレンドとして「洋楽カバー」と「リバイバル歌謡」をあげている。つまり、新しい流行歌を探すフィールドとして「外国文化」と「自分たちの歴史」があったのである。リバイバル歌謡について、北中はこんな説明をしている。

リバイバルの先頭を切ったのは、59年、浪曲師から歌手に転身した村田英雄の「人生劇場」でしたが、リバイバルはロカビリー・ブームとも無縁ではありませんでした。ふるさと歌謡の「僕は泣いちっち」や寮歌風の「有難や節」で人気を集めた守屋浩、「無情の夢」をリバイバルさせた佐川ミツオ、「雨に咲く花」や「並木の雨」の井上ひろしらは、いずれもウェスタン・カーニバルの人気者でした。森山加代子の「じんじろげ」、

上段の『君恋し』は昭和3年の二村定一、中段の『人生劇場』は昭和13年に楠木繁夫、下の『雨に咲く花』は昭和10年に映画の主題歌として発表された歌だった。リバイバルは戦前を振り返りたいという、時代の大衆心理を反映したものだったのではないか。

小林旭の「ダンチョネ節」などもリバイバル・ソングでしたし、ジャズ畑出身のフランク永井は61年に戦前の二村定一のヒット曲「君恋し」をロッカバラード風に編曲してレコード大賞を受賞しました。61年にはまた「北上夜曲」「北帰行」（この2曲はリバイバル）、「山のロザリア」（ロシア民謡）などうたごえ喫茶の人気曲も競作されてヒットしています。（11）

時間的な広がりと空間的なことを考えれば当然のことなのだが、なんでも吸収して、それを自分の表現にすることができた、自由で闊達な時代が来たということだったのだろう。時期が前後するのだが、北中はこの傾向をレコード会社の旧弊な歌作りのシステム（作詞家、作曲家のレコード会社との専属契約制度）の崩壊と結びつけて、次のように論じている。

うたごえ喫茶から生まれた競作ヒット、一度は洋楽の洗礼を受けた歌手を中心にして起こったリバイバル・ブーム、洋楽のカヴァー競作……60年代初頭のこの一連の現象は、レコード会社の専属契約による1曲1歌手の制度が崩れて行く前奏曲だったともいえるでしょう。（11）

それで、次ページの表は歌本『日本の詩情』のなかに収録されている昭和三十四年のヒット曲、五十二曲を分析したものだ。五十二曲がどういう性格の曲数かというと、三十三年は六十七曲、三十五年の付記のあるものが四十二曲だから、必ずしも少ない数ではない。この本の編集者の時代感覚を信用するしかないのだが、なんとこの五十二曲のうち、十一曲が三橋美智也の歌唱である。この年の彼の代表的なヒット曲は『古城』で、そのほかの掲載曲を本文には羅列することはしないが、わたしが好きな『北海の終列車』もこのなかに入っている。『古城』は売上げベスト10にランクインするヒットだが、その他の曲はそこそこのスマッシュヒットだったということだろうか。ここでの曲数をチェックすると、つづいて春日八郎と三波春夫が四曲ノミネートされている。前年の『日本の詩情』掲載曲と比較するとすぐにわかるのだが、前年、あれだけの数、印象に残る歌をうたった石原裕次郎（前年六曲）はゼロ、これは調べてみると、昭和三十四年には大きなヒット曲はないが、レコードは前年（二十六曲）ほどではないにしてもある程度（十八曲）発売している。この年の裕次郎については後段でもう一度述べる。

美空ひばりも前年六曲掲載されているのだが、この年は二曲。ひばりについても後段で再論する。

これは正確なところはわからないのだが、歌手によってレコード発売のローテーションがちがっていたようだ。例えば、神戸一郎は『平凡』の昭和三十五年の一月下旬発表の人気投票で第三位に入っているのだが、

歌本『日本の詩情』
昭和34年分　歌手別収録曲

三橋美智也	○○○○○○ ○○○○○
春日八郎	○○○○
三波春夫	○○○○
マヒナスターズ	○○○
ペギー葉山	○○○
松山恵子	○○○
島倉千代子	○○○
小林　旭	○○
フランク永井	○○
美空ひばり	○○
藤島桓夫	○○
こまどり姉妹	○○
村田英雄	○○
スリーキャッツ	○
松尾和子	○
岡田百合子	○
コロムビア・ローズ	○
水原　弘	○
守屋　浩	○
ダークダックス	○

このリストを見ると三橋美智也の大活躍がわかる。『かすりの女と背広の男』、『江刺恋しや』、『笛吹峠』、『麦ふみ坊主』、『北海の終列車』、『てんまり波止場』、『夢で逢えるさ』、『民謡風呂』、『古城』、『たった一人の人でした』、『ちんから馬子唄』の11曲が収録された。歌ならなんでもござれだった。

ディスコグラフィを調べると、その前々年（昭和三十二年）十二月に『十代の恋よさようなら』でデビューし、その後、活動の日時を明確に記録した資料が見つけられないのだが、翌年（昭和三十三年）には『銀座九丁目は水の上』、『別れたっていいじゃないか』ほか、全三曲を発表、三十四年も『青春の丘の上』、『青い落葉の町』、『あきらめた』と三枚のレコードを発売している。昭和三十四年の作品を調べると発売日は不明なのだが、『青春の丘の上』は映画の主題歌でB面も本人歌唱の楽曲、『青い落葉の町』は島倉千代子の『哀愁のからまつ林』、『あきらめた』はコロムビア・ローズの『さよならも云わないで』とのカップリング曲になっている。翌年の発表も三曲。『夜汽車で帰ろう』は榊原貴代子（のちの青山和子）という歌手の『さみしい花』、『君と僕』はふたたび島倉千代子歌唱なのだが『さよならママ』という歌、この年、最後の発売曲になった『海にゃ俺らの夢がある』は東宝の三人娘、中島そのみ、団令子、重山規子がうたった『お姉ちゃんにきかしとキ』、三十六年の『瀬戸の恋唄』は五月みどりの『おひまなら来てね』とのカップリング曲である。

神戸一郎は1938年、神戸生まれ。2014年没。行年75。大学在学中に雑誌『平凡』の歌手募集のコンクール（第八回コロムビア全国歌謡コンクール）で西田佐知子や高城丈二らと決勝を争い優勝。デビュー曲は『十代の恋よさようなら』、二枚目の美声でたちまち人気歌手になる。そのあとも『銀座九丁目は水の上』、『別れたっていいじゃないか』、『ひとみちゃん』などを次々とヒットさせた。一生歌手という発想はなく後年は実業家として活動した。

四ヵ月ごとに一枚、というのが彼のノルマだったのだろうが、どちらがA面でどちらがB面かジャケット写真を見てみないとわからないが、昭和三十四年のヒット曲リストには彼の名前がない。それは発表曲がどれもみなスマッシュ・ヒットだったという可能性もあるが、昭和三十四年の［ベストセールス30］には神戸の『蒼い落葉の町』とカップリングされた島倉千代子の『哀愁のからまつ林』が第十七位にランクされている。この時点で、島倉千代子と神戸一郎とどっちが人気者だったかはわからないが、この年の『平凡』の人気投票では三橋、春日につづくポジション（第三位）につけているのだから、雑誌の読者たち、つまり若い世代限定的になるかもしれないが、人気があったということは事実である。しかし、わたしの印象だが、この人には人気稼業を信用していないようなところがあり、神戸商科大学の卒業ということもあったのだろうが、実業家志向が強く、次第に歌手活動の方は片手間になって、会社の経営者になっていった。

神戸のアイドル的青春スター路線はこのあと踏襲され、翌年（昭和三十五年）、橋幸夫が大型新人としてデビューするのだが、神戸はそういうアイドル的な歌手のはしりだった、ということではないか。

これはまあどうでもいい余談だが、神戸一郎については、わたしの昭和三十四年的な記憶もある。たいした話ではないのだが、そのころ、わたしは小学生だったのだが、小学校への通学途中にある一軒家（太子堂だったと思う）に神戸一郎が引っ越してきて、門前に始終ファンの女の人がたむろしていたのを覚えている。そのころ、住んでいたのが世田谷で、いまでもそうかもしれないが、世田谷は芸能人が多く住んでいるところなのである。吉永小百合ちゃんの話は71ページに書いたが、わたしが子どものころ通っていたのは多聞小学校というところなのだが、隣接した敷地に阪東妻三郎の家があった。子供の田村高廣とか正和はここに住んでいたはずである。また、玉電の松蔭神社駅から豪徳寺の方に行った線路脇には京都から引っ越してきた都はるみの家があったし、通った高校は千歳船橋にあった都立高校だが、道路をはさんだ向かい側の敷地は森繁久彌の広大な屋敷だった。高校時代に住んでいたのは若林の高台だったが、近所に柳家金語楼の屋敷があり、いっときのことだが平尾昌晃や若尾文子が住んでいた貸家があった。

当時の世田谷にたくさんの芸能人が住んでいた（いまもそうかも）という話はここまでにしよう。

この年の最大のヒット曲になった『黒い花びら』をうたった水原弘はレコード発表のスケジュールが神戸に似ている。水原はレコードデビューが七月、だから当然のことだが昭和三十四年の雑誌の人気投票には入っていない。翌三十五年の一月発表の人気投票では五位に入っている。この人の二枚目のレコードは『黒い落葉／黄昏ビギン』と両A面曲なのだが、三ヵ月後の発売である。

歌手が発表した曲数の問題についてもうすこし調べると、三橋美智也の発表曲の場合だが、ウィキペディアの［三橋美智也の一九五九年の代表的なヒット曲］という項目には二十六曲の歌が並んでいる。多作ということでは島倉千代子もすごくて、同じウィキペディアの一節だが、「昭和三十年が二十三曲、昭和三十一年三十七曲、昭和三十三年三十三曲……」という記述がある。三十四年の発表曲数への言及はないのだが、推して知るべしなのではないか。

多作ということでは、この年、二曲しかノミネートされなかった美空ひばりも、調べてみたら実は年間でシングルレコード十四枚、アルバムを三枚発表している。ひばりの場合、それまでの動向、このあと（昭和三十五年）の動きに比較すると、この年の彼女はやはりなかだるんでいる印象だ。この年のひばりについては、大下英治が書いた『美空ひばり―時代を歌う』に次のような記述がある。小野透というのはひばりの実弟である。

昭和三十四年八月三十一日、横浜山下町のナイトクラブ「ブルースカイ」を借り切り、小野透の後援会発足式がおこなわれた。小野透は、後援会の者からもらった花束を両手に抱えながら、声を震わせて挨拶した。

「この三月におこなわれました『平凡』の男性歌手人気ベストテンで、思いがけなく、第八位に選ばれました。デビュー一年も経たないのに、光栄に思っております。今年は、ぜひ、NHKの紅白歌合戦にも出演したいと思っております」

会場いっぱいに、割れんばかりの拍手がおこった。透が席に帰ると、隣のひばりが言った。

「今年の暮れは、大丈夫よ。コロムビアを通して、NHKに申し入れさせるから。小野透といっしょでなければ、わたしが出演しないって」「お姉ちゃん……」「わたしの歌を削っても、透に歌わせるわ」

ひばりと二人の弟、上の写真の右は小野透、1941年生まれ。小野満にジャズを学び歌手に。のちにかとう哲也と改名したが、山口組とかかわり大騒ぎになる。もう一人、左の弟は1943年生まれ、中村錦之助に弟子入りして（付き人になり）、花房錦一として俳優デビュー、香山武彦と改名して『てなもんや三度笠』などに出演した。どういうわけか、ふたりとも同じ年齢、男の厄年の42歳でなくなっている。

ひばりは前年の暮れのＮＨＫ紅白歌合戦に「ぜひ弟の小野透といっしょに出演させてくれ」と申し入れたが「小野透は今年出たばかりの新人だから」と、一蹴された。ひばりは、ＮＨＫがその気なら、とＮＨＫの担当者に言った。「小野透といっしょでなければ、わたしも絶対に出ないからね」困ったＮＨＫは、作曲家の米山正夫に泣きついた。ひばりは、恩人に説得され、ようやく紅白歌合戦に出演したのであった。(12)

前段でちょっとふれた石原裕次郎も、前年、『嵐を呼ぶ男』が大ヒットして、［歌本＝日本の詩情］のなかにあれだけの数（六曲）のヒット曲を送り込んだのだが、昭和三十四年は［ベスト30］のなかにも［歌本］のなかにも一曲のランクインもない。石原プロが作ったホームページのディスコグラフィーにはこの年の発表曲が十八曲並んでいて、そこには『世界を賭ける恋』とか『男の友情背番号・3』とかいまでもお馴染みの曲が含まれているのだが、ヒットの規模は前年の作品に比較すると小型化していたのだろう。

佐藤利明の『昭和太陽伝』には十一月にシャンソンの『枯葉』をリリースしたと書いてあるのだが、その記載は石原プロのホームページにはない。

このあと、裕次郎は昭和三十六年に、いまにいたるまで酒場の男と女の不滅のデュエット曲となっている『銀座の恋の物語』を発表している。彼は昭和三十五年の十二月に北原三枝と結婚するのだが、そこまでの二年あまり、裕次郎と日活のあいだにはさまざまの軋轢があったようだ。その話を書いておこう。

まず、三十四年の三月、裕次郎はいきなり周囲から連絡を断ち一人だけで蒸発するのだが、その間の事情はこういうことだった。このとき、裕次郎は横浜のナイトクラブ「ブルースカイ」に来ていた。半年後の八月末に美空ひばりの弟の小野透が後援会発足パーティを開いた店である。

石原裕次郎。ただのハンサムでもタフガイでもなかった。ヤンチャでもあったが、ちゃんとしたインテリだった。

写真の中段は兄の石原慎太郎と。心強い味方だった。下の写真はビールが大好きだった裕次郎。食事のたびに飲酒。長くこの習慣をつづけ、後年、酒害が彼を短命にした。

裕次郎は、高校時代からの仲間、「かぎ家の謙ちゃん」こと山本謙一を葉山から呼び出した。山本が来て、しばらくして裕次郎はトイレで「黙って俺と一緒に来てくれるかい」と山本を誘っていっしょにタクシーで、横浜駅へ向かい、最終の寝台特急「つばめ」に乗り込んだ。

立て続けに舞い込んでくる映画企画が、あまりにも同工異曲で「こういう映画にしたい」という自分の意見も会社には通らない。そうした日々に嫌気が差して、失踪してしまったのである。心身ともに疲れ果てた裕次郎は二週間、関係者も知らない場所に、姿を消した。「何とか一人になって昔に戻りたい」「短い期間でいいから自由になりたい」という気持ちからだった。(13)

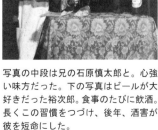

相当の勢いで動揺しているのが伝わってくる文章だが、このことについて、裕次郎は別資料で次のように語っている。

前々から怖ろしかったんですけど、自分がスポイルされた生活とそうはされまいとする意識、虚像と実像の相剋、ま、キザに言うとそんなことですね。ぼくらの（大学の）同級生は卒業してませんが、既に僕の出演料は百五十万くらいになっていたんですから、怖ろしいですよ。このまま行っちゃったら俺はどうなるんだろうというジレンマがあったんでしょうね。学校つまんないから辞めちゃおうって言ったもののエライことしたなみたいなね。そういう壁にぶつかっていた。（「石原裕次郎…そしてその仲間」）（13）

このあとも、日活と揉めにもめたあげく、北原三枝と二人でアメリカに駆け落ちしたりして、慌ただしい

写真は映画『俺は待ってるぜ』の一コマ、下の写真は裕次郎のくわえタバコのマネをしておどける北原三枝。ふたりの仲の良さが伝わってくる。

状態でいる。

裕次郎と日活のその後の軋轢と摩擦については基本的に映画の世界の話なので、翌年（昭和三十五年）以降の【映画界】の記述に譲ろう。

それでだが、歌手による発売レコード数のばらつきは、レコード会社ごとの戦略もあるだろうし、歌手ごとの利益計画のようなものもあって、こういうマネージメントになっていったのだろう。

そのなかで、「ベスト30」の上位には、三橋美智也の大活躍は別途にあるのだろうが、水原弘、守屋浩、スリー・キャッツ、それにもともとはジャズ歌手だったペギー・葉山とか松尾和子、フランク永井らのヒット曲が並んでいる。歌手の系統でいうと、そもそもひばりに憧れた島倉千代子や大津美子、松山恵子らの流れ、岡晴夫や小畑実らにつながる系譜のなかで出てきた春日八郎、三橋美智也らいわゆる〝望郷歌謡歌手たち〟、この人たちとは明確に一線を画す歌手たちが上位で大活躍をはじめている。上位にはないが、井上ひろし、ザ・ピーナッツらも新しい場所を出自としている。

このことを、わたしがわかる範囲で説明すると、『黒い花びら』はジャズピアニストの中村八大の作曲、『黄色いさくらんぼ』、『僕は泣いちっち』を作曲したのはそれまで、軽音楽バンドを結成して、歌手としても紅白歌合戦への出場記録を持っていたミュージシャンの浜口庫之助、『黄色い〜』の作詞は当時、仕事を始めたばかりの星野哲郎だが、守屋がうたった『僕は〜』は作詞作曲とも浜口。音楽の奇才ぶりを発揮している。

ペギー、フランク、松尾和子はもともとがジャズの世界の出身なのだが、ペギーがうたった『南国土佐を後にして』は、わたしも、この曲が始終、ラジオから流れていたことを記憶している。

『南国土佐を後にして』はこのあと大流行することになるご当地ソングの走り、といわれている。

ペギー葉山。1933年生まれ。デビューは早く、青山学院在学中から進駐軍のキャンプで歌い始めた。この年にヒットした『南国土佐を後にして』は200万枚の大ヒットになった。1965年に俳優の根上淳と結婚。ジャズの出身ながら、生涯、日本語の歌を歌いつづけ、2017年に83歳で亡くなられた。

この歌も数奇な巡り合わせの歌で、もともとは作詞作曲者不詳の『歩兵第２３６連隊の歌』という、いわば軍歌であったという。ネットからの転載だが、この歌のもとの歌詞はこういうものである。

♩南国土佐を後にして中支へ来てから幾年ぞ
思い出します故郷の友が門出にうたったよさこい節を
土佐の高知のはりまや橋で坊さんかんざし買うを見た
よさこい　よさこい

歩兵第２３６連隊というのは第40師団所属の高知県出身者で作られた連隊で、中支・華南を転戦した軍である。その連隊歌をこういうふうに作りかえた。

♩南国土佐を後にして都へ来てから幾年ぞ
思い出します故郷の友が門出にうたったよさこい節を
土佐の高知のはりまや橋で坊さんかんざし買うを見た
よさこい　よさこい（14）

歌詞のなかの一文字が「中支」から「都」に変わるだけで、ウソみたいに意味が変わってくる。この歌を作ったのは愛媛県生まれで、高知県に長く住んだ武政英策という作曲家で、歌をもじったのもこの人らしい。この歌が最初に発表されたのは昭和二十九年で、三十年に民謡歌手の鈴木三重子が吹き込んだ。このときはヒットせず、昭和三十四年にペギーがレコードにして大ヒットした。こういうこともあるのである。

これらの新しい音楽トレンドの登場で歌の現場、実演の世界も大変なことになっているようで、斎藤茂さん（当時、『平凡』編集部、のちに編集長、編集局長、退社後は音楽評論家として活躍した）の書いた本にこういう一文がある。水原弘の『黒い花びら』の思い出である。

水原弘は、昭和十年東京・深川で生まれたチャキチャキの江戸っ子。赤坂商業高校三年のとき、ラジオから流れてくる〝素人ジャズのど自慢〟を聴きながら、「ちきしょう！　あんなヘタな奴が合格するんなら、おれにだってできる！」と猛烈なファイトが湧きあがり、すぐさまその番組に挑戦して出場したら、一度で合格してしまった。

水原弘は1935年、東京生まれ。1978年に酒の飲みすぎが原因だと思われるが肝硬変による消化管出血のため死去。43年の生涯だった。ウエスタンカーニバルでロカビリー歌手として活躍しているなかで、作曲・中村八大、作詞・永六輔という恵まれた組み合わせが作ったデビュー曲『黒い花びら』を与えられレコード歌手デビュー。独特のかすれたような低音とふてぶてしい態度、倦怠感を漂わせた歌いぶりで、この歌は大ヒットした。

このとき共に合格したのがのちのフランク永井だったという。

私が初めて水原弘のステージをみたのは銀座のジャズ喫茶だった。パラリとたらした前髪ごしに、ギラリと光る眼に精悍な男の魅力を感じさせた。二回目にみたのが、当時ブームの真っ只中にあった日劇のウエスタンカーニバルだった。中心が平尾昌晃、山下敬二郎、ミッキー・カーチスのトップ三人男だったが、観客のお目あては、水原弘、守屋浩、井上ひろしの三人ひろしといったところ。特に『黒い花びら』のヒットと共に、水原弘の人気は急上昇、彼がステージに出てくると、「オミズ、オミズー」とワーワーキャーキャー、あの大きな日劇が爆発しそうな騒ぎになった。『黒い花びら』は、その年に初めて制定された〝日本レコード大賞〟の候補作品としてノミネートされた。（15）

斎藤さんの話は必然的にこの後、レコード大賞のことになっていく。以下の説明は、斎藤さんの著書二作のうち、後からマガジンハウスから出版された『歌謡曲だよ！ 人生は』の一節である。レコード大賞も、紅白歌合戦、各テレビ局のさまざまな歌番組とともに昭和の芸能界を動かしていた大きな要素だった。

前年（昭和三十三年）に古賀政男、服部良一が中心となり、日本作曲家協会が設立された。その記念事業として新たに制定されたのが日本レコード大賞なのである。だが、この新しい行事は当初スンナリといったわけではなかったようだ。ビクターとコロムビアは賛意を表したが、他のレコード会社の中には「大切な商品をランク付けなどされるのは迷惑」とソッポをむいてしまうところもあった。古賀会長、服部副会長と、設立者の一人、音楽評論家・平井賢の三人で、協力のお願いにメーカーを一軒一軒まわって歩いたという。

この年のヒット曲の主なものは、ペギー葉山の『南国土佐を後にして』、フランク永井の『夜霧に消えたチャコ』、スリーキャッツの『黄色いさくらんぼ』、水原弘の『黒い花びら』、三橋美智也の『古城』、こまどり姉妹の『浅草姉妹』などなど。四十年たった今もなお、カラオケのスタンダードナンバーとして大衆に愛唱される名曲がズラリと並んでいる。（略）候補として最後まで残ったのが、『黒い花びら』『夜霧に消えたチャコ』『黄色いさくらんぼ』の三作だったそうだ。『黄色いさくらんぼ』については、「あの〝若い娘はウッフン〟というのがヨガリ声に聞こえて、エロチックすぎる」という意見が強くて落ちたとか。（略）最後に〝花びら〟と〝チャコ〟が対決した。水原弘とフランク永井はプロ歌手になる前、方々のラジオやテレビののど自慢番組に出場していた。そしてつねに一位、二位を争い、〝のど自慢荒らし〟と呼ばれていた。（略）その二人がレコード大賞のグランプリ争いで、また顔を合わせた。宿命の対決というべきだ。『黒い花びら』は作詞（永六輔）・作曲（中村八大）・歌がすべて新人だった。そんな新鮮さとユニークさが審査員の票数を集めたのか

もしれない。『夜霧に消えたチャコ』はフランク永井の歌唱力を買われて第一回の歌唱賞となった。(15)

レコード大賞は最初のうち、ほとんど知られていなくて、客集めに苦労したらしい。テレビでの放送が始まると、そういうこともなくなった。ＴＢＳがキー局になって大晦日の行事になり、各テレビ局の回り持ちで始まったのだが、そのうちにＴＢＳが他局での放送を渋るようになって、このあとＴＢＳの独占放送となり、ＮＨＫの紅白歌合戦と共に昭和を通じて芸能界の一大イベントになっていく。

補足的に説明すると、斎藤茂さんは一九八二年に平凡出版（現・マガジンハウス）を退社後、音楽評論家として活躍したが、そのバックボーンになったのは、レコード大賞の選考委員という役目だった。平凡出版時代から日本経済新聞社にいた平井賢さんと二人で実質的にレコード大賞の差配をして、芸能界の実力者の一人だった。斎藤さんについては、一九六九年のわたしの平凡出版入社の経緯で、その人となりにふれるつもりでいる。

【出版界】

ここまで出版物については雑誌『平凡』の動向を中心に話を進めてきたが、週刊誌の出現、テレビの猛烈な勢いでの普及などがあって、月刊雑誌が、これは『平凡』だけのことではなく、情報提供のスピードの遅さのせいなのだが、文化動向の報道の第一線から後退する時期を迎えている。ここでは『週刊平凡』の創刊について述べよう。まず元・宮崎公立大学の阪本博志が書いた「『平凡』の時代」にこういう一節がある。

「『平凡』の時代」は、一九五九年に終焉を迎える。

「『平凡』の時代」にピリオドが打たれた一九五九年下半期の表紙を見ると、九月号はこれまで同様の赤バックである。しかし、一〇月号の背景は桃色、一一月号は黄色でともにそのあざやかさが印象的である。（略）これら、それまでとは違う色づかいの背景からも、この時期に何かひとつの転換があったことを感じさせられる。この「転換」の存在をさらにはっきりと知らしめるのは、〝歌と映画の娯楽雑誌〟というサブタイトルが、一一月号より表紙から消えていることである。（16）

このことは昭和四十年に出版された社史『読者とともに20年』のなかにも如実に表れている。というのは、雑誌『平凡』の発行部数だが、数字の記載が昭和三十三年の十二月まではあるのに、三十四年からは省略されているのだ。そのかわりに五月の項に「『週刊平凡』創刊号（98頁、定価40円）発売。（1日）発行部数51万。

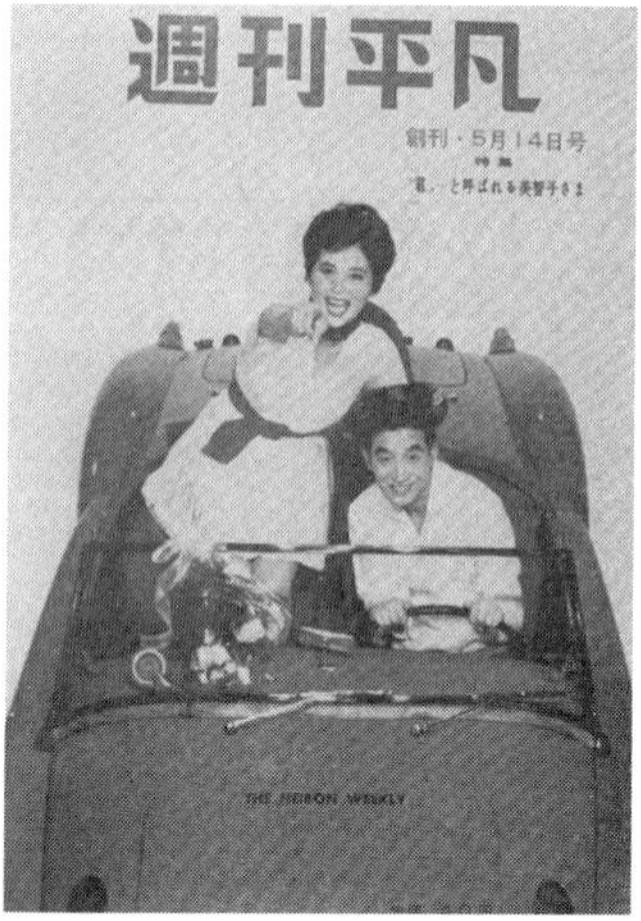

『週刊平凡』の創刊号。画像をモノクロでしか紹介できないのが残念だが、赤いスポーツタイプのオープン・カーに乗った高橋圭三と団令子。団令子は東宝の人気急上昇の新進女優。高橋圭三が親しみやすさ、赤いスポーツカーが憧れを象徴しているとしたら、団令子は新鮮さの象徴だった。赤いスポーツ・カーは知り合いの外人から借りたものだったという。

表紙は高橋圭三、団令子が乗る赤いスポーツカー」という記述がある。

『週刊平凡』の表紙には［テレビがある茶の間の週刊誌］というキャッチコピーが銘打たれていて、はっきりとテレビとの共存関係をうたっていた。創刊編集長である清水達夫はテレビが猛烈な勢いで社会に普及していくことによって、大衆娯楽誌としての月刊『平凡』がそれまでの立ち位置を変えざるをえなくなったという認識をかなり明確にもっていたのだろう。そして、昭和四十年に作られた社史がこういうことを書いている、ということはこの時点での会社の認識も平凡出版の主力商品が月刊『平凡』から『週刊平凡』に移った、と考えていたのだろう。

世はあげて週刊誌時代であったのだ。

『週刊平凡』の発行部数記載は各号ごとに付いているわけではなく、節目で部数を付記する体裁をとっている。創刊号の次に部数の記載のあるのは第三十五号（年末発売号）で、こちらには88万という数字が付いている。創刊から八ヶ月未満で51万部から88万部だから、部数的には大成功といっていいだろう。

阪本はさらに、一九五九年の出版の状況を次のように書いている。

初の出版社系週刊誌『週刊新潮』の一九五六年の創刊を皮切りに、約10年間で五〇誌以上もの週刊誌が続々と誕生するという「週刊誌ブーム」が起こった。このブームのなかで、生まれた週刊誌のほとんどは、出版社から刊行されたものであった。

一九五九年には週刊誌五億二千万部、月刊誌四億六千五百万部と、初めて週刊誌が部数で月刊誌を抜いた。週刊誌部数は、六〇年（註・翌年）に六億二千万部となった。「映画が五八年をピークにテレビの影響で観

客数が激減していったように、週刊誌が月刊誌を駆逐していった。」（略）
一九五九年は、『平凡』の転換点のみならず、活字メディアも含むマス・コミュニケーション全般にとっても転換点であった。さらに一九五九年は、一九五〇年代を終えた日本社会が翌年から本格的な高度成長へと離陸していくという、よりマクロな視野においてもひとつの転換点であった。（略）五月一日に平凡出版は『週刊平凡』を創刊している。同誌は、テレビ普及三〇〇万台を見越し、「テレビのある茶の間の週刊誌」として創刊されたものである。『週刊平凡』が創刊されるとき、木滑は清水に思わず「もう役者（註＝役者の取材）はやんなくていいんですか」と尋ねたという。（16）

このときの清水の回答は「まあ、やんなくていいってことはないけど、スターはもう全部スターなんだよ。高橋圭三っていうアナウンサーもスターだし、長嶋茂雄っていう野球のプレイヤーもスターだし、それから

こちらは『週刊平凡』の創刊した年の12月9日号。女の子は、団令子、中島そのみ、重山規子の［東宝のお姉ちゃんトリオ］、男の子は当時まだ4歳（1955年生れ）、デビューしたばかりの中村勘九郎（のちの勘三郎）、彼はこの後、2004年までこの芸名で舞台に立ち、2005年に勘三郎を襲名。2012年6月に食道ガンが見つかり、57歳で亡くなった。中島そのみ、重山規子は存命だが、団令子は亡くなっている。団は生きていれば88歳になる。

浅沼稲次郎っていう政治家もスターなんだ。そういうかたちであらゆる人がスターなんだよ」というものだったという。

あらゆる有名人がスターだ。これが、『週刊平凡』創刊時の清水達夫の認識だった。ちなみにだが、創刊号に起用されたタレントがアナウンサーの高橋圭三と女優の団令子だったことは既に書いたが、第2号以下の表紙のタレントは次のような組み合わせである。

第二号　王貞治と桑野みゆき
第三号　三島由紀夫と雪村いづみ
第四号　白木秀雄（ドラマー）と水谷良重
第五号　浅沼稲次郎と若尾文子
第六号　石原裕次郎と入江美樹
第七号　若秩父（力士）と清水まゆみ（日活の女優）
第八号　三船敏郎とミレーヌ・ドモンジョ（フランスの女優）
…………以下、同様の組み合わせがつづいている。

芸能の枠を超えた有名人同士の組み合わせである。

これがあの、有名な〝異種交配〟だった。有名といっても昭和のあの時代のマガジンハウスの編集者たちのあいだだけのローカルな話なのかも知れないが、［面白そう］［楽しそう］という価値判断を基準に編集作業をおこなうのである。それは社会で起こるすべてのこと、政治的な話題も、経済問題も、芸能の話題も、些細な社会の片隅で起きた出来事、例えば、隣の家の猫がいっぺんに子どもを五匹生んだというような話でさえも、情報を受け取る側の大衆としてのひとりの人間にとって、同じほどの価値を持っている、という考え方だった。

吉本隆明は、その著書のなかで「マルクスの人生も巷間に無名のままで生きた一人の人間の人生も同じように尊い」と書いたが、清水達夫は出版人としてそういう認識にたどり着いた最初の人間だったと思う。そして、この認識は当然のことながら、それまであった、芸能と政治、スポーツ、放送そのもの、文芸などに存在していたジャンルの垣根を破壊するものであった。メディアとしてのテレビ（そして週刊誌）はそういう力を持っていたのである。

この話は煎じ詰めていくと、ハイデッガーが『世界像の時代』のなかでいっているような世界認識の二重性、地理的概念としての［世界］と心的な［世界（わたしの世界というような言い方の世界）］の二重構造の問題になっていくと思うが、ここではそこまで立ち入っては論じない。しかし、このことについても既成の新聞社系週刊誌の編集者たちからは異論があり、当時、『サンデー毎日』の編集部にいた野村尚吾という人が『週刊誌五十年』という本のなかでこういうことを書いて、出版社系週刊誌に対する批判を繰りひろげている。

〈週刊誌は〉昭和三十四年が最も多く創刊され、週刊誌の氾濫となる。『週刊文春』『週刊公論』『朝日ジャーナル』や『週刊平凡』『週刊女性』『女性自身』などが相前後して創刊された。とくに女性向きの週刊誌が、その後も数多く創刊されるようになる。

しかし、そのため一方では、「週刊誌というイメージに、〝低俗・扇情・無責任〟といった芳しくない連想がつきまとい始めたのも、このころからである。出版社系週刊誌の過当競争が毎・朝二誌（註・『サンデー毎日』と『週刊朝日』）が長年育て上げてきた〝信頼〟イメージにも影響を及ぼしてきた。三十四年中に三十余誌が廃刊に追いこまれたなかで、『サンデー毎日』にも伸び悩み現象が起きた。『週刊朝日』も同様である」（『毎日新聞百年史』から）。

こうした扇情的無責任な取材傾向は、すでに当時指摘され、批判の対象となっていた。阿部真之助は「サンデー時評」で「高まる悪週刊誌批判」（6月28日号）なる一文を書いて糾弾している。（17）

その阿部真之助の文章までは引用しないが、わたしにいわせれば、世の中の、大衆の要求に応じて新しく出て来るものはほとんどが、既成の価値観をもってものを見ようとする人たちにとっては卑俗で低劣である。しかし、それは大衆にとって低劣・卑俗であるか、といえばそれはまた別の問題である。

昭和三十年代は現在の日本にくらべれば、まだまだ貧しい時代だった。『週刊平凡』だけのことではなく、週刊誌もテレビも大衆に豊かな未来を描くための能力を涵養するメディアとして機能する中心的な存在になろうとしていた。『週刊平凡』について、評論家の佐藤忠男さんはこんな説明をしている。

昭和30年代の『週刊平凡』というのはそれこそ、貧しさの上に立脚した雑誌でした。貧しさの上にっていうと語弊があるかも知れないけれど、つまり、これもヒューマニズムですよ。本作りの底辺に、貧しいものたちが、弱いものたちが助け合って生きていきましょうっていう考え方がありましたね。積極的にスローガンとして掲げたかどうかは別として、『貧しいものほど純真である、正直者である』というような考え方があった。それは同時に日本映画でも表現されていることなんだけれども。

『週刊平凡』は、みんな貧しいから趣味もそんなに高尚じゃない、でも正直で率直でそれがいいんだっていう大衆文化の肯定の上に成り立っていた。そして、スターを尊敬していたんですよ。スターは大衆のサクセスストーリーの頂点にいる存在で、みんなの努力目標だった。戦前の大衆雑誌というのは、経済的成功者を讃えていたんですよ。講談社文化っていうんですかね。

これもやっぱりサクセスストーリーが中心だったけれども、出世した人が偉いと、企業家とか政治家とか。ところが『週刊平凡』はスターが偉いんだといった。そして、スターというのは庶民的善良さのシンボルだった。そのスターを押し立てて温かく見守りながら、みんなで向上していこう、これが『週刊平凡』の本質だたと私は思います。(18)

その［大衆の夢］を描きだすための絵の具がスター（＝芸能界）だったのだろう。ここから、芸能の世界はテレビと週刊誌という新らしいメディアを視野に入れて、仕事し始めることで、さらに新しい形へと進化していくことになる。

ちなみにだが、『週刊平凡』の大成功を横目で見て、最初『週刊新潮』を真似して創刊された集英社の『週刊明星』だったが、急いで編集内容を芸能人＋有名人メインの近況情報をメインにした編集内容に変更して、つまり『週刊平凡』そっくりに作りかえてリニュアルしてくるのである。これも実は昭和三十四年に起きたことである。

【放送界】

昭和三十四年の電波の世界も峻烈をきわめている。
まず時系列、年表でこの一年のテレビの動きをちょっと詳しく羅列していくとこういうことになる。

一月十日　ＮＨＫ教育テレビ（３チャンネル）開局
一月十四日　日本映画製作者連盟の映画製作部会、専属俳優のテレビ出演許可制強化
二月一日　日本教育テレビ（ＮＥＴ＝現・テレビ朝日）開局。東映が資本参加
三月一日　フジテレビ開局
三月二日　フジテレビ、クレイジーキャッツの『おとなの漫画』放送開始
四月十日　皇太子殿下ご成婚報道。全国中継によりテレビ・ブームをつくり出す
四月三十日　テレビ受信契約数二百万台突破
五月一週　東映テレビ、第二東映に改称
六月十七日　フジテレビ、渡辺プロ制作の『ザ・ヒットパレード』放送開始
八月三十日　テレビ契約数　二百八十万台
九月一日　日本映画製作者連盟の映画製作部会、テレビ局五社と「邦画6社契約のタレントのテレビ出演協定」を締結
九月二十六日　台風十五号伊勢湾台風の報道でテレビ、ラジオが大活躍。

十月八日　テレビ受信者契約数三百万台を突破
十一月二十日　テレビ受信者数三百二十九万八千五百台。驚くべき増加率
十一月二十七日　NET　初の一時間シリーズドラマ『ローハイド』の放送開始

テレビの状況は猛烈なスピードで進化し続けている。大事件があるたびに、テレビのニュースの（画像が付いた）情報内容の正確さと速報性が見直され、社会への浸透のスピードを加速させていった。日常生活の娯楽にも緊急時の情報提供にも対応出来た。みんながテレビを欲しがるようになっていった。

この年、小津安二郎がつくった『お早よう』という映画があるのだが、この映画も文化住宅で暮らす家族がすったもんだしたあげく、あれこれ言いながら、子どものためにという理由をいいわけにして、最後の場面で電気店からテレビを買う話だった。

アマゾンの商品解説には「世界中の名監督に影響を与えた小津安二郎監督が描く人情コメディ。林一家の住む新興住宅地の子供たちの関心事はまだ出始めたばかりのテレビ。テレビが欲しい兄弟たちは、両親にテレビをせがんで叱られたことからだんまりストを決行する」という説明がある。日常の淡々とした生活を描くことを得意にしていた小津映画でさえもテレビをステキなものとして描いていたのである。

この年の映画とテレビの状況を対比させた『キネマ旬報ベスト・テン全史』は［昭和三十四年］の説明のところでこんなことを書いている。長くなるが必読である。

前年には東京タワーが完成し、同じ年発表された皇太子と正田美智子さんとの婚礼を第一目標に、テレビが大キャンペーンをくりひげており、家庭用テレビもようやく一家一台の線に近く、映画界は老舗の看板をかかえてなすすべもなかった。それを裏書きするものが、初めて前年を下まわった観客数で、このへんから早くも映画の斜陽化がささやかれるようになった。対策として映画製作部は、所属俳優のテレビ出演許可制を強化して、無断で出演した者はクビということに決めたが、テレビ界の着実な前進ぶりを見れば、とてもそんなことで歯止めのきく問題なんかでないことは明らかだった。

日本教育テレビ（2月）、毎日放送テレビ、フジテレビ（3月）が開局、そしてあの4月10日、熱狂的な無皇太子ご成婚の実況中継で、テレビの前は黒山の人だかりとなるのだ。追いかけるように5月には、次回オリンピック開催地が東京と決まり、さらにソ連の第2号宇宙ロケット打ち上げで、ロケットによる月面到着に初めて成功し、一ヶ月もたたないうちに第3号が初めて月の裏側の写真撮影に成功。これらのニュー

平成上皇と美智子上皇后、わたしたちが昭和の時代に皇太子と妃殿下と呼んだふたり。軽井沢のテニスコートで知り合い、昭和34年4月10日にご成婚、華燭の典をあげられた。時代はいろいろあったが、平和な日本の象徴である。

スがテレビの速報性に合致して、人々の眼はますますテレビに吸い寄せられていった。死者、行方不明者5000余名を出した伊勢湾台風の惨たんたる状況も、テレビならではのものだった。(略) そして9月、たまりかねた映画製作部会がテレビ局5社と〝邦画6社契約のタレントのテレビ出演協定〟を結んでいる。(19)

邦画六社は独占禁止法ぎりぎりのカルテルを結成して、ことあるごとに他者の自産業への干渉・参入を阻止してきた。このときの「邦画6社契約のタレントのテレビ出演協定」について『映画年鑑』で調べると、この間の事情をこんなふうに説明している。

まず、三月に在京の民放キー局が四局になるのに及び、「映画界はテレビ出演をなんら拒むものではなく、適正な手続きによる場合は出演させる。しかし、映画界の秩序維持と契約条項違反の点から強い措置をとっている。テレビ各局の協力を求めたい」と申し入れて、半年間の協議の末、次のような約束を交わした。内容はこういうことである。

①邦画六社の専属タレント使用の場合は必ず所属会社の許可をとる。
②テレビのクレジット・タイトルに六社専属タレントがでる場合、所属会社を付記する。
これはNHKだけが態度保留し、民放は了承。この問題は現場処理が煩雑になるので、のちにテレビ側が撤回を申し入れてくる。
③六社は専属タレントをテレビに貸与する場合の手数料を要求。テレビ側は了承。具体的な金額は出演料

一万円以上のものには二千円、以下の者には千円を支払うというものだった。

これらのことを『映画年鑑60』はこういうふうに記録している。

これによって、テレビ五局が邦画六社と契約のある芸術家や技術家を使用するときは、テレビ局編成局長と邦画各社製作担当重役の間で公文書を交換し、悪質ブローカーの暗躍を封じてトラブルを未然に防止することにした。以上の協定にもとづく契約書を作成、テレビ側と審議の結果、9月1日付で正式調印した。(20)

映画界もテレビの台頭をハナから否定するのではなく、ルールに則ってつき合うという話にせざるを得なかった。テレビは現実、すでにメディアとしての大きな力を持っていたのである。

映画とテレビの相剋については、東映がテレビ界に参入するという別件の話があるのだが、このことは「昭和三十五年」の項で、第二東映の話といっしょに論じることにする。

そんなことよりも、という書き方は、ことの重要性を軽視しすぎかもしれないが、この問題とは別にテレビの世界で、のちに大変化をとげることになる、この時点ではとても小さな動きが始まっていた。それが、クレイジー・キャッツとザ・ピーナッツの出現、渡辺プロの本格的活動開始だった。

ここで説明したいのは、前年からのロカビリーのブームで飛躍のきっかけをつかんだ渡辺プロがテレビという新しいメディアと手を組んで、本格的に急成長していくことになる経緯である。

渡辺プロ飛躍のきっかけになる大原因のひとつが前年の十一月に名古屋から上京した伊藤日出代・月子の双子の姉妹だった。ザ・ピーナッツである。

ザ・ピーナッツは昭和三十四年二月に日劇デビュー。デビュー曲の『可愛い花』はそもそもはジャズのインストルメンタルだったが、これに日本語の歌詞をつけて歌い、大ヒットさせた。レコードの発売は四月のことである。そのあと、『情熱の花』、これも外国曲、カテリーナ・バレンテが世界的に大ヒットさせた曲を日本語でうたったカバー曲だった。これの発売が九月のこと、この曲も大ヒットした。この二曲でザ・ピーナッツは完全に人気歌手としての地位を築くことに成功した。

そして、決定的なことがもうひとつ、存在している。それは三月に開局したフジテレビの新番組だった。長い引用になるが、それを厭うまい。このことによって芸能界で新しい文化をになう、一大潮流が生じるのである。野地秩嘉が書いた『渡辺晋物語』の一節である。

ザ・ピーナッツは昭和30年代のアメリカからの輸入文化の最大のメッセンジャーだった。写真中段は『情熱の花』、下段は『可愛い花』のジャケット写真。

昭和34年、すぎやまこういちは開局したばかりのフジテレビの新人ディレクターだった。

「フジに入る前、私はラジオの文化放送にいたのですが、そのときから渡邊晋さん、クレイジー・キャッツの面々と親しくなっていたのです。（略）クレイジーを見た時、これは本物だぞ、これで番組をやろうと決め、制作したのが『おとなの漫画』だったのです」

すぎやまがフジテレビに提案した企画「おとなの漫画」は新聞に載る社会風刺漫画のテレビ版と言えた。彼のプランはすぐに採用され、クレイジー・キャッツがニュースをネタにコントを演じる「おとなの漫画」は5分間の帯番組として放映されるようになったのである。ただし、制作はフジテレビで、渡辺プロはクレイジー・キャッツというタレントを提供し、出演料を受け取るだけの契約である。しかも、すぎやまの記憶では「出演料も安かった」という。「ただ、私には『おとなの漫画』よりもやりたい番組がありました。それが『ザ・ヒットパレード』でした。テレビにおける初めての音楽ベストテン番組をやってみたかった」

「おとなの漫画」で実績を上げたすぎやまは新しい企画書を書き、いさんで上司に持っていったのだが……。「椙山くん、駄目だよ、こんな企画は。ベストテンはラジオでは可能かも知らん。だが、テレビじゃ無理だ」上司はすぎやまの企画をあっさりとボツにした。

だが、彼は粘った。ベストテン番組は音楽におけるニュース番組で、その時代の音楽傾向がわかる。若者にも支持されるし、絶対に長寿番組になると迫ったのだが、上司の答えは歯がゆい。「だって、キミ、ヒットを出した歌手10人を全員、出演させるのは不可能だよ。ラジオならレコードをかければいい。しかし、テレビでは絵がないと駄目なんだ」

それでも、すぎやまはひきさがらない。「他の歌手にうたわせればいいんです。大丈夫です」

すぎやまは曲のアレンジを変え、キーを合わせればプロの歌手なら代わりに歌うことができると主張した。

当時はまだアイドル歌手の時代ではない。プロの歌手ならば楽譜を読むことができた。すぎやまの意見は正しかったのである。しかし、上司は「駄目なものは駄目」という。「そんな番組はＮＨＫも他局もやってない。他局がやってないプランは通らんよ」

『ザ・ヒットパレード』は1959年６月１７日から放送開始。上段写真はバックバンドのスマイリー小原とスカイライナーズ。放送開始とともに瞬く間に人気バンドになった。おしゃれではなやかな番組だった。

　一時は途方にくれたすぎやまだったが晋に相談すれば必ず道が開けると確信していた。

「晋さんは自宅のコタツで話を聞いてくれました。ある歌手の持ち歌をアレンジして他の歌手にうたわせると説明したら、なるほど、その手があったかとすぐ理解してくれました。ミュージシャン出身の渡邊さんだからこそ即決してくれたのです」（すぎやま）（21）

　このとき、渡邊晋はすぎやまがテレビ局でこの企画を実現させることの難しさを見越して、驚くべき提案をするのである。それは「番組の中身は渡辺プロが全部用意する」ということだった。脚本と番組の構成は自分たちふたりで考えて、出演者は渡辺プロが融通出来る歌手たち、ザ・ピーナッツやロカビリーで有名になった山下敬二郎やミッキー・カーチス、それに『おとなの漫画』のおかげですっかり人気者になったクレイジー・キャッツ、そして、当然だが姉妹関係にあったマナセプロのタレントたちも含まれていた。当時、マナセプロにはこのあと『悲しき六十歳』をヒットさせるダニー飯田とパラダイスキングや水原弘、時代は少しずれるが坂本九などが所属していた。そういう人たちの出演を確保すればリッパに考えているような歌番組を作れた。しかも、ギャラは視聴率が取れなかったらくれなくてもいい、というテレビ局にとってはメチャクチャに好条件の話だった。渡邊が番組を始めるに際してつけた注文はひとつだけ、番組の終わりに『企画制作・渡辺プロダクション』とテロップをいれてほしいということだけだった。

テロップとは、番組の最後に流れる出演者やスタッフを紹介する字幕のことだ。通常は企画制作フジテレビ、日本テレビとテレビ局の名前が出る。渡辺プロは芸能プロとして初めてテロップに自社の名前を入れることができたのである。（略）すぎやまが提案した歌番組『ザ・ヒットパレード』は昭和34年6月17日に放送を開始した。ヒット曲のランク付けという時事性、ある歌手の持ち歌を別の歌手がうたうというユニークさが魅力になり、すぎやまと晋の思惑は見事にあたった。3か月後には視聴率が20％を超え、若者向けの人気番組として茶の間に定着したのである。（22）

フジテレビは渡邊晋のこの申し出にしめしめと思ったのかもしれないが、実際にはこれが芸能プロダクションがテレビの放送時間帯のなかに自分の橋頭堡を構築する最初の実例となった。この問題の本質はテレビの中で歌（音楽）をどう位置づけるか、自分たち（芸能プロダクション）の存在をどういう形で認めさせるか、ということでもあった。それの渡邊晋なりの答えが『ザ・ヒットパレード』の最初は無償の下請けだったのである。ここから、大げさに言うと、大衆文化の新しい地平が切り開かれていくことになる。

最後に、この年の新趣向のテレビ番組を俯瞰してみよう。テレビが猛烈な勢いで国民のあいだに普及していった大きな原因のひとつに、正確で迅速な情報提供能力があったことは既に述べた。そして、もうひとつの要因が「娯楽性」だった。ドラマやバラエティ番組、音楽番組の楽しさである。これが、映画を娯楽の首座から駆逐した理由だったろう。

フジテレビの『ザ・ヒットパレード』についてはすでに説明した。ここからはテレビドラマについて書く。

この年に登場した外画（アメリカ製のテレビドラマ）の代表的な新着はともに西部劇で、『ローハイド』（NET）と『拳銃無宿』（フジテレビ）だった。二局とも新発のテレビ局である。

『ローハイド』11月28日放送開始、一時間もの。昭和40年まで5年以上続いた長寿番組だった。カウボーイたちのチャレンジ魂を描いた傑作だった。

『拳銃無宿』は12月6日放送開始。銃身を短く切った特殊なランダル銃で指名手配の犯罪者を追い詰める賞金稼ぎをスティーブ・マックイーンが演じた。

『うちのママは世界一』は3月1日に放送開始。原題は『DONNA REED SHOW』というものだった。ドナ・リードというのは映画『地上より永遠に』のアカデミー賞受賞女優。

このふたつの番組にはまだ無名だったクリント・イーストウッド（『ローハイド』にカウボーイ役で出演）とスティーブ・マックイーン（『拳銃無宿』に賞金稼ぎ役で出演）が登場している。このへんになると、わたしもはっきり番組を見た記憶があるのだが、『拳銃無宿』は三十分番組で、話が短くてあきたらなかった記憶がある。場面のなかにこれまであまりなかったピストルをバンバン撃ち合うシーンがあった。『ローハイド』の方は外画初めての一時間番組で、ウィッシュボーン爺さんとか出てきて、カウボーイが粗末な食事をしていて、勉強になって楽しかった。

このほかに話題になったものでは（というか、わたしの記憶に残っているテレビドラマなのだが）同じ西部劇では『ガンスモーク』がある。また、法廷ものの『弁護士ペリー・メイスン』、ホームドラマの『うちのママは世界一』など、いずれもフジテレビ放映の作品である。始まったばかりのフジテレビの熱のある様が伝わってくる。西部劇について追い書きすると、前年から放送が開始されている『ローン・レンジャー』（KRT＝現・TBS）とか翌年から放送開始されるチャック・コナーズの『ライフルマン』（こちらはフジテレビ）などもあり、西部劇はちょっとしたブームになった。主人公はいずれも家を持たない放浪者で、拳銃を腰にあちこちを彷徨いつづけるのである。

思えばこれが、小林旭が主演した日活映画の「渡り鳥シリーズ」などをなんとなく不自然でないものにしていたのではないかと思う。

話を国産のテレビ番組の方に移そう。雑誌の『宝島』が編集した『1960年代大百科』というビジュアルブックがあるのだが、この本のなか新時代のテレビ番組を紹介する見開きの頁には「笑いのバブルはじけた茶の間の懐かし名番組」というリードのもとに、昭和三十四年に放送開始されたお笑い番組がふたつ、掲載されている。それが、『大宮デン助劇場』（NET）と『番頭はんと丁稚どん』（毎日放送制作・キー局はNET）。こちらでも新発のテレビ局が息まいている。この二番組は比較が面白くて、『大宮デン助劇場』は次のように紹介されている。

路地裏で縁台将棋に興じる、べらんめえ調のオヤジたち。と、そこへ、誰かのオカミさんが、けたたましい声とともに現れて…。さあ、デン助劇団による、涙と笑いの下町コメディのはじまりだ。劇団を率いる座長は、デン助こと大宮敏光。脚本、演出、主演と、ひとり三役をこなしていた。（略）デン助が演じるのは絵に描いたような下町のとっつぁん。巻き舌のべらんめえ調でまくしたて、酒が好きで、頼まれたらイヤとはいえない、まさに、典型的な江戸っ子であった。(23)

いっぽうの『番頭はんと丁稚どん』はこんな書かれ方をしている。

公開放送の形をとっていて、幕が開く前に、大村崑ら三人の丁稚が、「おいでやす」と会場の客にあいさつをするだけで、大きな歓声があがった。舞台は、大阪は船場の海宝堂。（略）人気はなんといっても大村崑で（略）黒ブチメガネと10円ハゲが、笑いを誘っていた。

丁稚役は、大村のほか、茶川一郎、芦屋小雁が扮していたが、いじめられ役となると、ほとんど大村の一人舞台であった。(23)

かたやチャキチャキの江戸っ子、こなたは船場の商売屋の丁稚が主人公の喜劇。

深読みして考えると、このふたつの番組は、江戸の下町と上方の船場という、ある意味ローカリティの極致のような場所での生活模様と文化が面白おかしく描かれて、それがテレビによって全国紹介され、みんなに面白がられた。この番組のことだけではなく、テレビの急速な普及は、それによって日本全体が情報社会化して、国民全部、つまり大衆が瞬間的に同じ情報を共有することが可能になる、最初の一里程であったと書いても差し支えないと思う。

そして、この時期のテレビドラマについて、もうひとつ、書き加えておかなければならないのは、ＴＢＳの東芝日曜劇場のこと。この番組の放送開始は昭和三十一年というから始まってから何年かたっていたのだが、最初のころは出演者の手配に苦労するような不人気番組だったという。

それが、この年、サラリーマン定年退職作家の土岐雄三さんが原作を書いた『カミさんとわたし』が話題になって、いちやく注目の番組になる。

関東には大宮デン助、上方には大村崑がいた。『デン助劇場』は9月12日から放送開始、番組はデン助劇団が浅草松竹演芸場で上演したものを舞台中継した。『番頭はんと丁稚どん』の方は6月8日放送開始。公開番組でこちらも舞台中継の体裁をとった放送だった。

主演は渋い舞台俳優の伊志井寛と、まだ若い京塚昌子。長くつれそった夫婦の淡々とした生活を描いたもの。プロデューサーの石井ふく子は伊志井寛の実娘だった。主演の二人はともに新劇の俳優・女優で映画会社の所属ではなかった。京塚は実年齢は二十八歳なのだが、それが五十一歳という設定の中年のおばさんを演じた。そのことについて、彼女は「カミさんのセリフには必ず、〝冗談じゃありませんよ、バカバカしい〟というのが出てくるんです。石井プロデューサーは、ふっくらとして、イヤミがなく、かわいらしくこのセリフが言える人、ということで私を選んでくださったそうです」といっている。このシリーズはその後、間歇的に何年もつづいたが、伊志井寛の死とともに番組を終わらせている。この作品が出世作になった石井ふく子の心境はさぞ複雑なものがあったろう。(24)

これもまた、日本の大衆の家庭生活を描く作業だったのだが、このほかに、外画の『パパ大好き』や『うちのママは世界一』の影響を受けた、和製のそっくりホームドラマも登場。それが『ママちょっと来て』、

カミさんと私シリーズ
(伊志井寛)とカミさん(京塚昌子)との間に出
た四人の子供も　つぎつぎと結婚。今では七人の
がいる。そして　正月四日には末っ子の謙二(山
本)も結婚。これでまた　カミさんと私水入らず
差向かいに戻ったわけだ。
放送　1月4日(日)ヨル9.30~10.25(TBS系)

「カミさんと私」の物語
土岐雄三
新潮社

『カミさんと私』の主演は伊志井寛と京塚昌子、番組のプロデューサーは伊志井の実の娘の石井ふく子だった。原作は銀行マンで山本周五郎の弟子だった土岐雄三。この本は1982年に出版されたが、なかを読むと無茶苦茶の亭主関白ぶりが書き留められている。上の写真は『週刊平凡』の誌面。

番組の主演は乙羽信子と千秋実、二人とも映画で鍛えた実力派の新劇人だった。

演劇の世界の力のある俳優たちが映画会社の一種の鎖国政策によって、次々とテレビドラマで活躍の場を与えられていったのである。

映画では演劇界の人たちは主役を盛り上げる脇役ばかりを受け持っていたと書いてもいいと思うのだが、テレビは彼らに主役の座を用意して、このあと、さまざまの見応えのある番組を作ることになるのである。


【註】

（1）『1億人の昭和史⑮昭和史写真年表』一九七七年刊　毎日新聞社　P・152
（2）『にっぽん株式会社戦後50年〜産業と経済の半生記』一九九五年刊　日刊工業新聞社　P・115
（3）『ぼくの日本自動車史』一九九三年刊　草思社　徳大寺有恒著　P・103
（4）『映画年鑑1960』P・240
（5）『映画年鑑1960』P・242
（6）『映画年鑑1960』P・244
（7）『映画年鑑1960』P・246
（8）『映画年鑑1960』P・247
（9）『映画年鑑1960』P・250
（10）『戦後キネマ旬報ベスト・テン全史』P・86

(11)『戦後歌謡史』一九九五年刊　新潮文庫　北中正和著　P・１０２、P・１１１
(12)『美空ひばり─時代を歌う』一九八九年刊　新潮社　大下英治著　P・２４６
(13)『石原裕次郎～昭和太陽伝～』P・１２８
(14)https://ja.wikipedia.org/wiki/歩兵第２３６連隊の歌
(15)『この人この歌～昭和の流行歌100選』一九九六年　廣済堂出版　斎藤茂著　P・１０７
(16)『『平凡』の時代』二〇〇八年刊　昭和堂　阪本博志著　P・１４６
(17)『週刊誌五十年』一九七三年刊　毎日新聞社　野村尚吾著　P・３２１
(18)『平凡パンチの時代』二〇〇八年　河出書房新社　塩澤幸登著　P・４１６
(19)『戦後キネマ・旬報ベストテン全史』P・86
(20)『映画年鑑１９６０』P・１９７
(21)『渡辺晋物語』二〇一〇年刊　マガジンハウス　野地秩嘉著　P・70
(22)『渡辺晋物語』P・73
(23)『１９６０年大百科』一九九一年刊　宝島社　宝島編集部特別編集　P・１２６
(24)『テレビドラマ全史』P・62

第四章　1960（昭和35）年　政治の季節　その終焉

【一九六〇（昭和35）年】

この年は経済史的にいうと、高度経済成長が順調につづく〝岩戸景気〟のさなかにあったが、周年にわたって〝政治の嵐〟が吹き荒れた一年間だった。

岩戸景気というのは景気拡大期間が四十二カ月（一九五八年二月〜一九六一年十二月）に及び、神武景気（一九五四年十二月〜一九五七年六月まで）の三十一カ月をしのぐ長期にわたったことで、神武天皇をさかのぼって、天照大神の時代以来の好景気がやってきた、という神話の由来で名づけられた。それで経済の好調は脇に措いて、もんだいは日米安全保障条約の改定だった。こういう経緯である。

一月十六日　岸首相ら日米新安保条約調印全権団渡米。全学連、羽田空港に座り込み。

一月十九日　日米新安保条約、行政協定調印。

一月二十四日　民主社会党結成。委員長は西尾末広。

二月五日　政府、新安保条約を国会に提出。

三月二十三日　社会党臨時大会、委員長に浅沼稲次郎を選出。

五月十九日　政府・自民党、衆院に警官隊を導入し、新安保条約と会期五十日間の延長を単独強硬採決。

以後、国会空白状態、連日周辺デモ。

六月四日　安保改定阻止第一次スト五六〇万人

六月十日　ハガチー事件。大統領秘書官、羽田でデモ隊に包囲される。

六月十六日　岸内閣、アイゼンハワー訪日延期を要請。
六月十七日　東京の7新聞社、暴力排除・議会主義擁護の共同宣言。
六月十八日　安保阻止第十八次統一行動、徹夜で国会包囲。
六月十九日　新安保条約自然承認。
六月二十三日　新安保条約批准書交換、発効。岸首相、退陣表明。
七月十四日　自民党大会混乱、池田勇人を総裁に選出。
十月十二日　浅沼社会党委員長、右翼青年に刺殺される。
十一月ー日　アメリカ大統領選、民主党ケネディ、大統領に選出。
十二月二十七日　閣議、所得倍増計画を決定。

安保改定阻止の闘争は熾烈を極めた。
5月26日に行われた国会へのデモは参加者17万5千人に及び、絶対反対の怒号が議事堂を包みこんだ。写真中段は6月6日の社会党の臨時大会、異常な盛り上がりを見せた。6月15日には全学連主流派が国会突入、警官隊と衝突し、犠牲の死者が出た。
亡くなったのは東大生の樺美智子さん。
下段の写真は6月18日の合同慰霊祭、安保条約は衆議院で野党不在のママ採決され、自然承認された。

この一年のざっとした政治の経緯はこういうこと、ハガチーというのはアイゼンハワー大統領の秘書官。民主社会党というのは、社会党の右派、マルクス主義的な政治革命に異議を唱える穏健派の人たちが、過激派の人たちに同調出来ないとして分党した政党。社会を構造改革によって変化させていくべきだと主張した人たちだ。

この年、十月に社会党委員長だった浅沼稲次郎が十七歳の右翼少年に刺殺される。

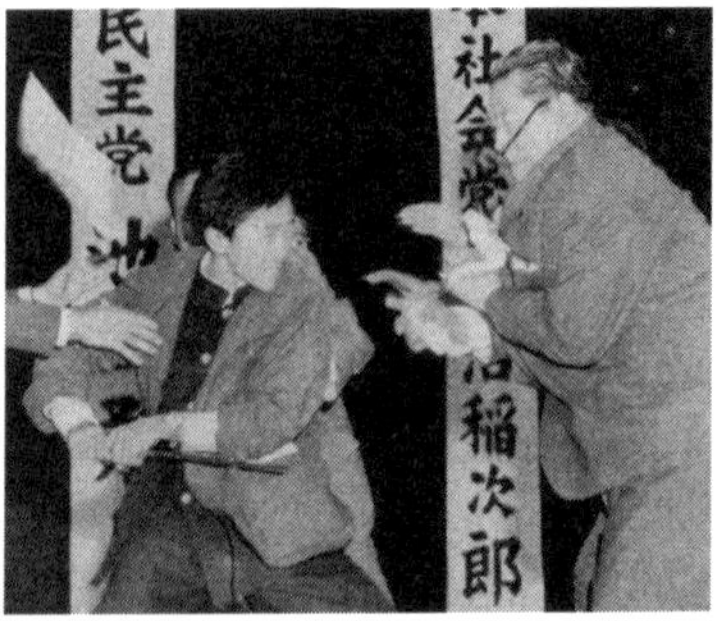

10月6日、日比谷公会堂で開催された三党党首公演会で、演説中の社会党委員長浅沼稲次郎は17歳の右翼の少年・山口二矢に襲われ、刺殺された。山口はその後、留置場内で自殺した。
テロに倒れた浅沼は東京下町のアパートに住み、その庶民性が多くの人々に慕われた人だった。下段の写真は自宅の窓から浴衣姿で子供たちの紙芝居見物に目を細める浅沼。彼の死は安保反対闘争の終焉を象徴するような出来事だった。

そのほかにも六月には河上丈太郎が、七月には岸信介がテロリストに襲われている。まだテロルが社会を動かすことができると信じる人間がいる時代だった。

安保条約改定について、清水書院版の高校教科書『日本史B最新版』はこんなふうに記述している。

1960年1月、岸は訪米して日米相互協力及び安全保障条約（日米新安全保障条約）に調印した。新条約では、日米の経済協力やアメリカの日本防衛義務、軍事行動に関する事前協議制などが規定され、期限も10年とされた（以後は自動延長）。これにより、アメリカとの対等な軍事同盟や反共をスローガンとするアジア諸国との政治的経済的関係がきずかれ、日本はアメリカの極東戦略に深く関わることになった。

いっぽう、社会党・総評・共産党などの革新勢力は、新安保条約がアジアに緊張をもたらすとともに、日本がアメリカの軍事行動に巻き込まれるおそれがあるとして、安保条約改定阻止国民会議を組織して反対運動を展開した。5月、岸内閣が500人の警官を国会に導入して全野党欠席のまま条約の批准案を衆議院で強行採決すると、安保改定阻止にくわえて、民主主義擁護・内閣打倒を掲げる運動が急速に盛りあがった。（略）全国で労働者がストライキをおこし、革新勢力や全日本学生自治会総連合（全学連）の学生や一般人・市民を中心とするデモ隊が、国会議事堂を連日取り囲んだ（60年安保闘争）。この間に予定されていたアイゼンハウアー米大統領の来日は中止されたが、条約批准案は参議院の議決を経ないまま6月に自然成立した。こうして新安保条約は成立したが、岸内閣は退陣を余儀なくされた。（1）

このことを作家の橋本治が『二十世紀』という本のなかでわかりやすく説明している。話は八年前のサンフランシスコ講和条約締結時からの所以である。

憲法の規定によって軍隊を持たない（ことになっている＝シオザワ加筆）日本は、その防衛のため、引き続きアメリカ軍の日本駐留を依頼する……そういう形式を踏んで、日米安全保障条約は結ばれた。しかしおかしなことに、一九五一年のこの条約に、「アメリカには日本を防衛する義務がある」とは書かれていなかった。「アメリカは、日本に軍隊を配備する権利がある」というだけである。アメリカ軍の基地を日本に置いて、日本にどんなメリットがあるかということになったら、分からない。まるで江戸時代の不平等条約だが、一九六〇年に改訂・調印となる日米安保条約の目的は、「アメリカの義務」を明記することだった。（略）

一九六〇年の安保改訂は、「アメリカに日本防衛の義務を負わせる」だから、趣旨からいえば〝改善〟である。〝改善〟してアメリカは日本の更なる協力を求める。それに対して「反対」と言ったら、「日本はアメリカに基地を貸しっぱなしでいいのか」ということになる。しかし、反対の趣旨はそうではない。「アメリカに基地を貸し、その結果、冷戦構造の中でアメリカの片棒をかつぐのはいやだ」である。（2）

だいたいこういうようなことで反対運動が盛りあがり、デモ隊の怒号が渦巻くなかで条約は自動批准されるのだが、批准の数日前、六月十五日にもデモが国会突入する。その最中にデモに参加した女子大生の樺美智子さんが死亡するという犠牲者を出している。

このあと、時の総理大臣であった岸信介が混乱の責任をとって辞職、後任に選ばれたのは、吉田茂学校の優等生であった、元通産官僚の池田勇人だった。反対運動を展開した革新勢力の中心人物だった社会党の浅沼稲次郎が右翼のテロリストの凶刃に倒れる。そして、年末には池田内閣が、国民全員の所得が何年かで倍になる、という夢のような話である「所得倍増計画」を発表する。これによって社会の雰囲気はいっぺんに変化し、政治的な熱狂は急速に納まって、政治の世界でも経済成長が最優先される時代がやってくる。

ここで、芸能界と大衆文化の世界で、起こった主な出来事を年表体裁で羅列して並べておこう。

二月一日　猪木、馬場、力道山にスカウトされ、プロレス界へ。
二月二十三日　浩宮徳仁親王（今上天皇）誕生。
六月三日　大島渚監督作品「青春残酷物語」公開。ヌーベル・バーグ来る。
六月十一日　フランス映画「太陽がいっぱい」公開。フランス映画大活躍。
六月二十三日「ララミー牧場」放送開始。西部劇ブーム、到来。
七月四日　昼のメロドラマ「日々の背信」放送開始。主演は池内淳子。
七月九日　日活、赤木圭一郎主演映画「霧笛が俺を呼んでいる」封切り。
七月十三日　日活、石原裕次郎主演映画「天下を取る」封切り。
八月一日　橋幸夫、「潮来笠」をうたってデビュー。
八月一日　東京山谷で住民三千人暴動。
九月十日　ＮＨＫなど、カラーテレビ本放送開始。
九月二十六日　国産、三十分ものテレビドラマ「少年探偵団」、放送開始。ほかに「快傑ハリマオ」、「白馬童子」、「琴姫七変化」など。
十月二日　プロ野球、三原脩率いる太洋ホエールズがリーグ優勝。
十月二日　ＴＢＳ系アメリカ制作テレビドラマ「サンセット77」、放送開始。アメリカの一九五〇年代風俗が日本社会の大衆生活に流入。

アラン・ドロン主演の映画『太陽がいっぱい』

以上のようなことである。そして、ここで話の（流れの）腰を折ることになるが、芸能界というか、芸能界をスッポリ包みこむ形で成立しようとしている［マスコミの世界］を作りあげている人気者、［人気者］とはそもそもなんであるかを考察しておこう。

市川孝一さんという方の書いた『人気者の社会心理史』は［人気者］を次のように定義している。

> （流行は）大きく「物の流行」「行為の流行」「思想の流行」と分けるのが一般的だが、実はこの分類には入ってこない流行のもうひとつの重要な形態がある。それは「人気」あるいは「人気者」である。人間が流行の対象となる、いわば「人の流行」である。
> 　この流行の場合には、受け手にとって何らかの意味で〈魅力を感じさせる人物〉が、その対象として選ばれる。その対象となる人物が「人気者」であり、その受け手が「ファン」である。人気は、それを支える心理的要因に注目して、基本的に次の三つのパターンに分けることができる。何が人気の原動力になっているかという観点からの分類であるが、それは同時に人気者のタイプ分けともなっている。
>
> ①ファンが人気者に感じる親近感
>
> たとえば、親しみやすい庶民的顔立ちや容姿の持ち主が人気者になる場合、あるいは、十代のアイドルタレントが、同世代の若者たちから圧倒的な支持を得る場合など。これらのケースでは、いずれもファンと

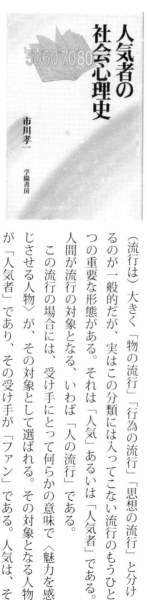

人気者の間の心理的距離が小さいので、同一化や共感を起こしやすい。

②ファンが人気者に感じる優越感

これは、ファンの方が人気者に対して心理的に優位に立ってしまう場合である。ここでは、人気者の方が受け手であるファンよりも何らかの意味で劣位を感じさせる。コメディアンやお笑いタレントの人気がこの典型例だが、彼らは意図的に自己の劣等性をアピールする。馬鹿なことをしたり、アホなフリをして笑いを取るのである。

③ファンの人気者に対する尊敬や憬れ

並外れた才能や美貌の持ち主が人気者となる場合。ファンと人気者の心理的距離が大きいがゆえに人気が生まれる。このタイプの人気者は、賞賛や崇拝の対象となる文字通り、遠く仰ぎ見る「スター」である。（3）

だいたいこんなことである。ここで再確認しておかなければいけないことは、［人気者］は人気の思想や人気の行為もそうだが、社会的には、すべて商品としての価値を持つ［人気物］として存在して、売買されている、ということだろう。人気者は歌や映画、雑誌などに登場して大量に売れ、やがて飽食され、価値を下げて、意味もなくなっていく。実態はけっこう残酷な大衆の欲望がつくり出すトレンドなのだが、それが［人気］の宿命である。

どうしてここで突然、「人気者とはなにか」ということを書いたのかというと、実は月刊の『平凡』が昭和三十六年二月号に、それまで、歌手と俳優、男女で分けてやっていた人気投票を、［オール日本人気スターベストテン］と銘を打って、男女の人気者をひとくくりにしておこなっているからである。編集者たちもスターたちと社会との関係をはっきりと認識し始めた、ということだろう。

昭和三十六年二月号というのは、発売が三十五年十二月の年末、正月販売号で、お正月用のイベントということがあったのかもしれない。当然その編集作業は前年末におこなわれていて、人気の実態は読者による投票がおこなわれた昭和三十五年後半のものである。

また、月刊雑誌の『平凡』の中心読者はいまや、若年層男女、男女比は三対七と女性優位だったから、一般社会的な人気者とは多少のズレがあるかもしれないが、左記のようになっている。これは詳細の各人の獲得票数が二十位までわかるので、全体が見えやすい。

この投票結果で目に付くのは、小林旭の大躍進。やがて、美空ひばりと結婚する人だ。

雑誌『平凡』【昭和35年度　オール日本人気スターベストテン】

第1位	美空ひばり	(24歳)	21,588票
第2位	小林　旭	(25歳)	20,619票
第3位	中村錦之助	(28歳)	19,716票
第4位	大川橋蔵	(31歳)	14,460票
第5位	石原裕次郎	(25歳)	12,945票
第6位	島倉千代子	(23歳)	11,401票
第7位	三橋美智也	(30歳)	10,564票
第8位	山本富士子	(29歳)	8,193票
第9位	赤木圭一郎	(21歳)	7,470票
第10位	浅丘ルリ子	(19歳)	6,865票
第11位	長嶋茂雄	(24歳)	6,262票
第12位	春日八郎	(36歳)	5,402票
第12位	守屋　浩	(22歳)	5,402票
第14位	東千代之介	(34歳)	5,160票
第15位	藤島桓夫	(33歳)	5,008票
第16位	フランク永井	(28歳)	4,801票
第17位	本郷功次郎	(22歳)	4,768票
第18位	大鵬幸喜	(20歳)	4,731票
第19位	市川雷蔵	(29歳)	4,697票
第20位	有馬稲子	(28歳)	4,682票

※昭和36年2月号（35年後半の募集です）

この人気投票はそもそも芸能人が好きな人たちのあいだで行われたもので、スターの人気のバロメーターだったが、そのなかでこれは、と思うのは第11位に入ったプロ野球選手の長嶋茂雄と18位の大相撲の大鵬幸喜。
長嶋は昭和33年に巨人軍に入団し、引退した川上哲治に代わって四番打者をつとめて数々のドラマチックな場面を作ったカリスマだった。大鵬は〝巨人、大鵬、卵焼き〟の流行語通り、強さのあこがれを体現した力士だった。また、畏れ多くてこの人気投票には登場しないが、芸能界の住人ではないが皇太子妃の美智子様は庶民の絶対的なあこがれだった。

日活のなかで裕次郎が大人志向の映画を希求し始めると、わかりやすくて（くだらなくて）面白い（荒唐無稽な）映画に喜んで主演したのが、裕次郎より先に俳優になりながら、長く芽の出なかった小林旭だった。彼は無国籍な活劇に多く出演し、（十代の）子供たちの人気者になり、美空ひばりの結婚相手という大役を射止めた。

前年第六位でこの投票では第二位ながらひばりに肉迫する票数だから大躍進だ。

この時点でも映画観客動員では猛烈な集客力を誇っていた石原裕次郎が第五位と、後塵を拝しているのは、雑誌の読者の年齢が若い人が多く、それが大人のスターへと脱皮しようとしていた本人の意向とそぐわなかったからではないかと思う。このことの説明は後段でおこなう。

平凡出版による人気投票はこのあと、半年後の三十六年七月に『週刊平凡』が男女でテレビスターと銘打った人気投票をおこない、併行して月刊『平凡』でも人気歌手の投票をおこなっている。映画スターの方は昭和三十七年の三月号で［昭和37年度分］として発表している。三十七年三月号というのは発売が三十六年十一月下旬、応募はがきの募集は昭和三十六年の後半におこなわれていて、昭和三十六年後半の人気者の実態を映し出したものだ。これらについては［昭和三十六年］のところで紹介しよう。

【歌謡界】

この〝政治の嵐〟が吹き荒れる状況のなかで、昭和三十五年の大衆文化はどんな様相を呈していたのだろう。

まず、流行歌。この年の［年間シングルヒット・ベスト30曲］は左表のようになっている。

【昭和35（1960）年シングルヒット曲ベスト30】

①達者でナ	三橋美智也	196010
②哀愁波止場	美空ひばり	196007
③アカシアの雨がやむとき	西田佐知子	196004
④潮来笠	橋　幸夫	196007
⑤誰よりも君を愛す	松尾和子、マヒナスターズ	195912
⑥アキラのズンドコ節	小林　旭	196006
⑦月影のナポリ	森山加代子	196006
⑧霧笛が俺を呼んでいる	赤木圭一郎	196009
⑨ミヨちゃん	平尾昌晃	196004
⑩月の法善寺横丁	藤島桓夫	195906
⑪白い小指の歌	島倉千代子	196001
⑫アキラのダンチョネ節	小林　旭	196005
⑬忠治流転笠	三波春夫	196001
⑭あれが岬の灯だ	橋　幸夫	196009
⑮東京カチート	フランク永井	196011
⑯一本刀土俵入り	三波春夫	196002
⑰悲しき16才	ザ・ピーナッツ	196004
⑱幸福を売る男	越路吹雪	196011
⑲木曽ぶし三度笠	橋　幸夫	196012
⑳メロンの気持ち	森山加代子	196008
㉑月影のキューバ	森山加代子	196010
㉒再会	松尾和子	196009
㉓ダイアナ	山下敬二郎	195804
㉔悲しき六十歳	ダニー飯田とパラダイス・キング	196008
㉕ビキニスタイルのお嬢さん	石川進、ダニー飯田とパラダイス・キング	195910
㉖ステキなタイミング	坂本九、ダニー飯田とパラダイス・キング	196010
㉗お吉物語	天津羽衣	196005
㉘潮来花嫁さん	花村菊江	196011
㉙有難や節	守屋　浩	196011
㉚きけわだつみのこえ	若山　彰	196009

さっと見て、とりとめのない印象。表の右端の数字は発売年月である。

一見して、いろいろな色をしたガラス玉が詰まった箱の中身をぶちまけたような感じだが、それでもいくつかの傾向は指摘出来る。

三橋美智也はデビュー当初、スターとはいえないような容貌の人で、ステージでうたっている途中に客席から「イヨ、お猿！」と大声をかけられて、怒ってうたうのをやめてしまったことがあるほどスターらしくなかった。
それが、ヒット曲を重ねて一流の歌手としてキャリアを積むと、第一人者らしい風格をただよわせるようになった。その対比を上下の写真で確認してください。左は『達者でナ』のジャケット写真。春日八郎と両A面でカップリングされたレコードだった。

上位の歌にはそれぞれ、エピソードが付きまとっている。

ランク第一位の三橋美智也が歌った『達者でナ』（横井弘作詞、中野忠晴作曲。）はシングルレコード売上げ二百二十万枚という大ヒット曲。

インターネットに［二木紘三のうた物語］というウェブサイトがあるのだが、そこには三橋美智也については、こんな記述がある。

三橋美智也は、美空ひばりと並ぶ戦後最大の歌謡曲歌手。
昭和58年（1983）に、日本の歌手としては初めてレコード売り上げ総数が1億枚を突破する大記録を樹立しました。平成8年（1996）1月8日に亡くなりましたが、そのときには1億6000万枚に達していました。この記録はいまだに破られていません。（4）

第一位の『達者でナ』（♪わらにまみれてヨー　育てた栗毛　今日は買われてヨー…）は精魂こめて育てた仔馬を馬市に売りに行く田園の農夫の思いが歌の内容なのだが、こんな書き込みがあった。多分、この時代に地方から都会に上京して、残りの人生を都会で生きた人の感慨である。

この歌は馬コを唄った歌ですが、子供に置きかえれば当時の親達がどういう心境で子供達を都会に送り出したのか考えさせられます。人の親（爺や）になって、やっと解る事ですね。田舎を捨てた者として親に感謝すべきでしょうか？　今更農業が出来る訳が無いとみんなに言われ自分もそれを慰めにしています。（4）

前年に守屋浩がうたってヒットした『僕は泣いちっち』（♩僕の恋人東京へ行っちっち……）もそうだが、うたわれる［望郷］の状況も、ただ田舎が恋しいというだけの単純な図式の話ではなくなっている。

第二位になったのは『哀愁波止場』（♩夜の波止場にゃ誰もいない……）。美空ひばりが新境地を開いて久々のメガヒットを放った。この『哀愁波止場』もいい曲だ。作詞は石本美由起、作曲船村徹。手元に『美空ひばり、船村徹をうたう』というＣＤがあるのだが、ここで船村さんがこんなふうに語っている。

ひばりさんとの歌作りでの最大の思い出は彼女の裏声の美しさを聞いてもらう、そういう作品を作ったことなんです。彼女はあの、厚みのある低音とビロードみたいな中音を自由に使いこなしていたんですが、わたしはどうしてももうひとつ、新しい魅力をプラスしたいとずっと考えていた。それが裏声だったんです。『哀愁波止場』。お母さんは「カゼ引いたみたいな声」といって反対したんですけれど、本人は「面白そう、やってみるわ」といってくれた。この歌は発売して大ヒットになって、できたばかりの日本レコード大賞で新設された「歌唱賞」を取ったんです。（5）

ファルセットは調べると「高音に対応して声を出すための声色、また、その発声技術」とある。『哀愁波止場』はひばりの繊細な裏声を見事に生かした歌だった。

ひばりと船村徹は『三味線マドロス』や『ひばりの佐渡情話』などの作品をいっしょに作っている。ひばりの晩年の最大の傑作である『乱れ髪』も船村の作品だ。確かに、『哀愁波止場』のなかのひばりの歌声は、それまでになく高らかだがしっとりとしていて美しい。

船村徹は1932年栃木県の生まれ。2017年84歳で没。東京音楽学校の出身で、１年先輩に黒柳徹子がいたという。1953年に雑誌『平凡』のコンクールで優勝し、作曲家としてデビューした。ひばりの歌曲ではないが、『別れの一本杉』（歌・春日八郎）、『柿の木坂の家』（歌・青木光一）、『王将』（歌・村田英雄）などの大ヒット曲を持っている。生涯に5000曲を作曲し、歌謡曲の作曲家として初めて文化勲章を受章した。作曲家としては山田耕筰についで二人目。ひばりの最晩年のヒット曲である『乱れ髪』もこの人と星野哲郎の作品。ひばりのこの時期のヒット曲にはこのほかにみんながうたいやすい『川の流れのように』があるが、『乱れ髪』はひばりでなければうたえない、芸術的極致のような歌謡曲だった。

ひばりのこのころの状況だが、大下英治さんの書いた『美空ひばり―時代を歌う』のなかでは、大スターになった中村錦之助と大恋愛の真っ最中だったとある。それでいて錦之助がこの年の十月に『浪花の恋の物語』（前年九月公開）で共演した有馬稲子と婚約した、と書いている。同書では同時期の錦之助とひばりの肉体関係もほのめかしているのだが、事実関係の真偽は不明だ。

「ベスト30」のランク第三位になった『アカシヤの雨が止む時』（♪アカシヤの雨にうたれてこのまま死んでしまいたい……）をうたった西田佐知子は大阪出身、もともとは演歌歌手で浪花けい子という芸名だったというのだが、この歌は彼女がレコード会社を移籍して、芸名を変えてムード歌謡で再デビューした一曲目。

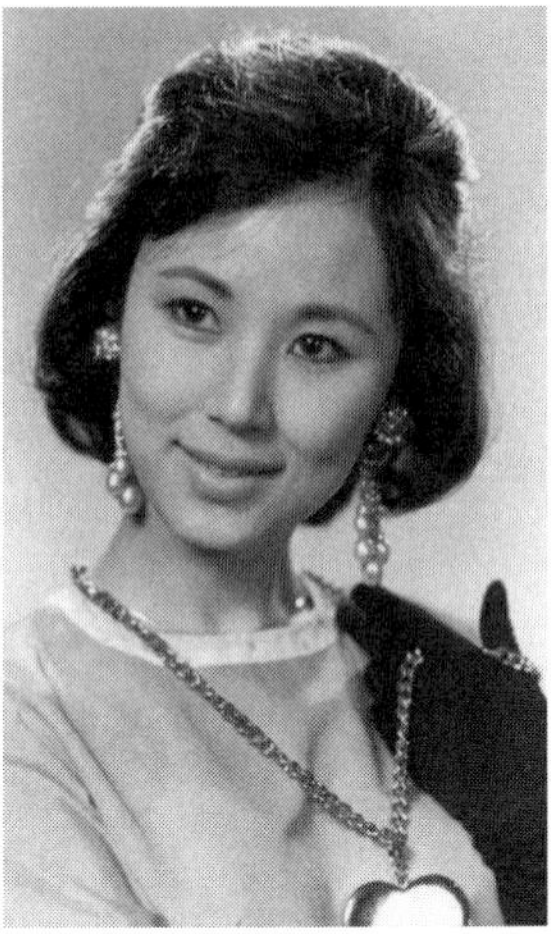

西田佐知子は昭和30年代を代表する美人歌手。某社で浪花けい子の芸名でデビューしたが不発、ポリドールに移籍。西田佐知子を名乗る。当時の担当ディレクターは「当時の彼女は二十歳。歌手というより女優にしたいような美貌が印象的でした。前の会社のレコードを持ってきたけど、これが三味線入りの道中もので、目の前にいるファッションモデルのような美人とこの演歌がちぐはぐでした」。彼は都会の歌をうたわせて、大ヒットさせた。現・関口宏夫人、絶対テレビに出ない人の一人だ。

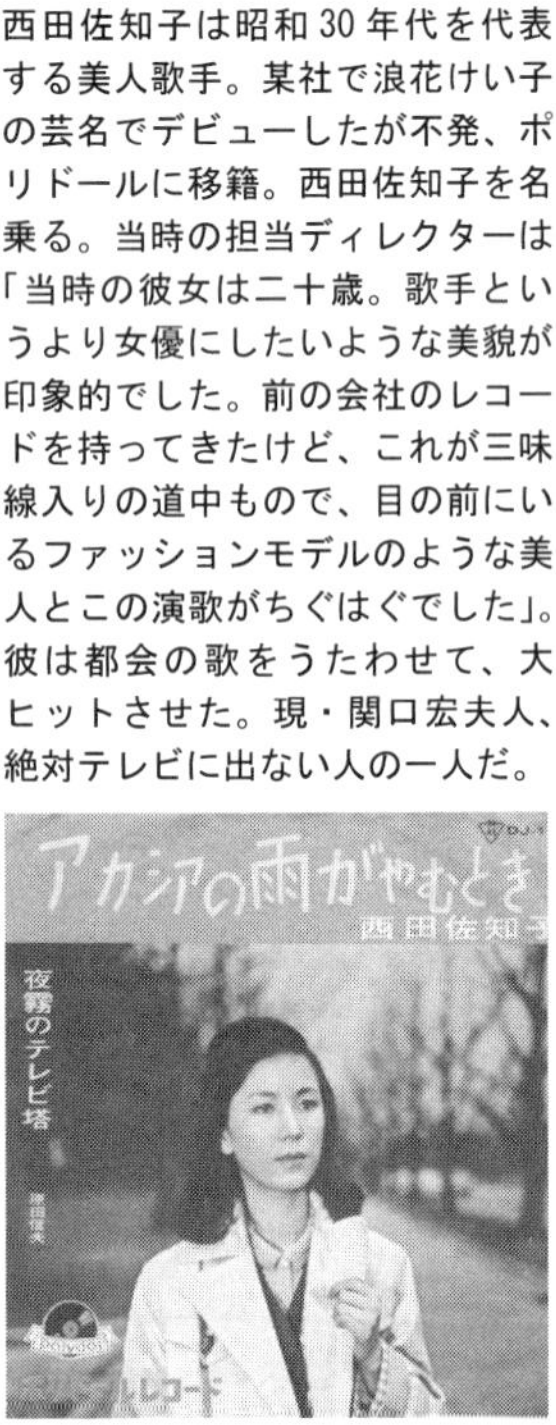

発売は四月なのだが、歌はその前にできあがっているのに会社の発売許可がなかなか下りなかったのだという。この歌についても、当時、ポリドールのディレクターで、のちにトーラス・レコードの社長になる五十嵐泰弘さんの面白い苦労話がある。斎藤茂さんの書いた『この人この歌』にこんな記述がある。

（西田にうたわせてみると彼女の）ビブラートのない乾いた独特の唱法は「アカシヤの雨にうたれて　このまま死んでしまいたい」というブルーなこの作品にぴったりのムードだったが、上司の近藤文芸課長が「こんなネクラな歌は売れないよ」と、どうしても首をたてに振らない。二度も却下され三回目に五十嵐ディレクターの熱意にほだされたのか、やっと「ウン」と言ってくれた。（この歌は＝筆者註）三十五年四月に発売されたが、最初はそれほどの売れ行きではなかった。やがて翌年の『コーヒールンバ』のほうが先にヒットしてくるにつれ、彼女のステージや放送の仕事が多くなってきた。そして『コーヒールンバ』と一緒に『アカシヤ……』を歌う機会も増え、こんどは後発の『アカシヤ……』がじわじわと売れだしたのである。発売当初は月数百枚だったのが、翌年数千枚になり、三十六年には数万枚、三十七年には驚異的な売れ行きとなった。（6）

この歌、最初から大ヒットというわけではなかった。それが何年かかかってミリオンセラーになった。［シングルヒット ベスト30］は発売年ごとにヒット曲をまとめて、レコードセールスの大きなものの順番に並べたものなのだが、発売成績は現在までの累積の数字で、その年単年のものではない。

昭和三十一年に発売になった大津美子さんがうたった『ここに幸あり』なども、発売の該当年はほとんど売れず、二、三年してからまずブラジルの日系人のあいだで売れ始め、そのあと日本国内で火がついて爆発的に大ヒットしている。これは『アカシヤ……』だけの話ではなく、二百二十万枚売れたという三橋美智也がうたった『達者でナ』もひばり歌唱の『哀愁波止場』も同じで、何年かかけての販売実績だと思う。

出典の文献名を忘れてしまっているのだが、『アカシヤ……』はたしか、ラジオ番組で放送されたのがキッカケで、ヒットの芽が生まれたのだった。この歌は不思議な流行の仕方をしており、発売当初もある程度のヒットになったのだが、二年後の昭和三十七年ごろには再びぶり返してヒットしてきて、当時の音楽雑誌のヒットランクによればこの年の秋には、ベスト10の上位に上りつめていくのである。

また、斎藤さんの本のなかで、この歌の制作を担当した五十嵐ディレクターは「亡くなった藤田まさと先生に、〝死をテーマにすることは今までの作詞の世界ではタブーだった。そのタブーをあえて破ったことが成功につながったのだ〟とほめられましたが、私自身まだ若僧で、そんなタブーがあるということすら知らなかったんです。無知だからできたんですね」と語っている。そういわれてみると、ここまでの歌謡曲のヒットに［死］をテーマにした作品はない。（6）

この歌のなかの一節、それは歌の代表的なイメージでもあるのだが、「降りつのる雨にうたれてこのまま死んでしまいたい」という心象の風景はじつは、安保闘争で敗北したインテリゲンチャ、政治的な人たちの心模様として共感されたものだったという。そして、彼らの傍らには［死］ではなく、帰るべき大衆としての〝生活〟があったのだった。インテリたちには政治的敗北が付きまとっていたが、それも政府の発表した「所得倍増計画」という過激な構想・提案のなかでだんだんと希薄になっていったのである。このことをわたしは『平凡パンチの時代』でこんなふうに書いた。

この（安保闘争の）挫折によって人々は政治の季節を終わらせ、ゆっくりと大きく生きる方向を転回させて、みんなそれぞれが、ひとりひとりの自分の生活のなかへと戻っていったのである。男たちにとっては、お前が外界で傷ついたのであれば家に戻れ、家に戻って女房に癒してもらえということだったのだろうか。そして、その体験が醸す敗北感はその後、しばらくの間は社会にたちこめていて、心も癒えることがなかったという意味だろうか。（7）

大衆的な心情は一年の経過のなかで、［政治］から［生活］へと動いていったのである。

『アカシヤの……』につづいて第四位に登場したのは橋幸夫のデビュー曲『潮来笠』である。この曲は歌の系譜からいうと、高田浩吉、鶴田浩二、三波春夫らがうたってきた［股旅歌謡曲］、古風な時代背景を持つ流れ者の歌だが、それをまだ18才の都会育ちの少年が着流しの歌衣装でうたったのが新しい趣向だった。

中野の呉服屋さんの息子。当時の都会の若者は普通、音楽というとロカビリーやアメリカのポピュラーに憧れるものだが、ついた先生が遠藤実だったこともあり、抵抗なく歌も和風の股旅ものでデビューした。家業が和の生活とかかわりがあったことで、そういうものの持つ根強い力をある程度理解していたのではないか。
デビュー前、テレビに出演した翌日、学校から帰ってきたら、家の前に人だかりしているので、なにがあったのかといっしょにのぞき込んだら、自分が帰ってくるのを待っていたのだったという、笑えるエピソードがある。

橋幸夫は、最近はあまりテレビに出ることもなく、話題にも上らないが、実は、現在の芸能界で現役の芸能人としては最古のキャリアを持つタレントだ。また、昭和三十年代から四十年代にかけて、もっとも活躍した人のひとりである。どんな活躍ぶりだったかは追々書くが、この人、デビューまでの経緯もかなり数奇なものである。こんな文章を見つけた。

生家は呉服商、六男三女の六男（末弟）。中学2年のとき歌に興味を持ち、移転した中野の自宅から西荻窪に住む作曲家の遠藤実のもとへオートバイで週2回のレッスンに3年間欠かさず通う。59年、コロムビアのオーディションを受けるが不合格となり、ビクターのオーディションに合格する。

遠藤はコロムビア専属だったので、60年1月、ビクター専属の吉田正の門下となる。同年8月、吉田正・曲、佐伯孝夫・詞の『潮来笠』でデビュー。ムード歌謡やロカビリー全盛のなかで演歌を歌うハイティーン歌手として人気を集め、レコード大賞新人賞を受賞。以後、吉田、佐伯、橋のトリオで約１００曲がレコーディングされる。（8）

これはキネマ旬報社が作った『日本映画人名事典』のなかの一節、同書にはこのあと、この人の映画俳優としての活躍が記されているのだが、それは後段に譲る。

話をくり返すことになるが、タレントの系譜としては、小坂一也とか神戸一郎とかいう、その時代のアイドルだったと書いても差し支えない〝イケメン歌手〟と同類で、歌もうまかったが、歌唱力というより、本人が持っている新鮮なキャラクターが若い世代の女の子たちに受けた、ということだと思う。彼はこの後につづく、いわゆる〝青春歌謡〟をうたった松島アキラとか久保浩、北原謙二というような人たちの水先案内人の役割も果たした。そして、のちに後発の舟木一夫や西郷輝彦と［御三家］を結成して、芸能界の更なる発展の功労者の一人になるのである。

つづいて、第五位にランクインしたのは松尾和子、和田弘とマヒナスターズの『誰よりも君を愛す』この曲はいま聴いてもしっとりと胸を打つ。この歌の作曲は橋幸夫のうたった『潮来笠』とおなじ吉田正、作詞はテレビドラマ『月光仮面』の原作者、脚本も手掛けた川内康範。

第六位は人気の伸長著しく、２０４ページにある雑誌『平凡』の人気投票でも、錦之助、橋蔵、裕次郎をおさえて美空ひばりにつづく第二位にランクされた小林旭の歌唱。『アキラのズンドコ節』の元歌は古い軍歌で『海軍小唄』といわれている、リバイバル曲のひとつだ。

そして、第七位が森山加代子の『月影のナポリ』。〝♩チンタレラディルーナ 青いお月さまあの人にいってキスして欲しいって……〟という歌い出し。調子のいい歌だから、いまも記憶している人が多いだろう。この歌の依拠する心情は新しいものだった。

『月影の～』はそもそもイタリアのカンツォーネなのだが、この歌も奇妙といえば奇妙な歌で、原題のイタリア語の「Tintarella di Luna」は「月の光で白く輝く」というような意味らしい。原詞のどこにもナポリという街の名前は出てこない、不思議な歌なのだ。日本語への訳詞者が無理矢理にイタリアのご当地ソングにしてしまったのである。力技だがみごとにツボにはまって、イタリア的な恋愛感情を表現してしまった。

この歌の作詞者はあの、岩谷時子さん。歌詞のなかでおおらかに女のコが〝キスして欲しい〟とうたってヒットしたのはこの歌が初めてではないか。

終戦後のGHQが宣伝した大衆文化のなかでのキス奨励策（本書の姉妹編『昭和芸能界史・昭和20年代篇』の42頁などを参照して欲しい）が功を奏して十五年経過、キスが普通の若い人たちの生活感覚のなかにちょっと刺激的なこととして定着した、ということである。

作詞家の岩谷時子さんは戦後の新しい歌謡曲のメインストリームを作った巨人のひとりである。もともとは宝塚歌劇団の出版部にいた人で、戦後は越路吹雪とともに東宝映画へ。越路のヒット曲『愛の讃歌』、『ラストダンスは私に』『サン・トワ・マミー』などはこの人の作品。このほかに『月影のナポリ』もそうだが、ザ・ピーナッツ、加山雄三、坂本九ら一時代を築いた歌手たちの代表曲を多く作った。郷ひろみの『男の子女の子』まで作っている。ピンキーとキラーズの『恋の季節』もこの人の作品。

歌謡曲の全盛期に活躍した作詞家というとすぐに阿久悠さんやなかにし礼さんを思い出すが、岩谷さんはそのふたりよりもはるかに息の長い仕事のキャリアを持っていた。若い人たちの切ない恋愛感情を肯定的に上手に歌にするのに長けた人だった。

岩谷時子は1916（大正3）年の生まれ。神戸女学院大学卒業後、宝塚歌劇団の出版部に就職。ここでまだ15歳だった越路吹雪と出会う。越路との盟友関係は彼女が亡くなる1980（昭和55）年までつづき、作詞家として大活躍しながら、「お仕事は？」と質問されると「越路吹雪のマネージャーです」と答えていたという。本文に、彼女の恩恵を受けた歌手の名前を並べたが、このほかに岸洋子の『夜明けのうた』、佐良直美の『いいじゃないの幸せならば』、沢たまきの『ベッドで煙草を吸わないで』、弘田三枝子、中尾ミエがうたった『夢見るシャンソン人形』、園まりの『逢いたくて 逢いたくて』などもこの人の作品である。

それで、歌手本人の森山加代子だが、この人は一九四〇年、北海道函館の生まれ。五八年に札幌のジャズ喫茶でうたっているところをスカウトされて上京。マナセプロダクションに所属し、『月影のナポリ』がデビュー曲。前年からフジテレビで放送開始されている歌番組『ザ・ヒットパレード』などに出演してデビュー曲をうたい、五十万枚のレコードを売り上げた。

［ベスト30］のリストを見てもらうと分かるが、森山加代子は『月影のナポリ』だけでなく、この年、『メロンの気持ち』、『月影のキューバ』なども［ベスト30］のなかにランクインさせている。

このほかに、おそらく、前記の渡辺プロが関わっている、テレビというメディアのなかの歌番組を舞台に、ザ・ピーナッツ、ダニー飯田とパラダイス・キング、石川進、坂本九、山下敬二郎が歌をヒットさせている。

歌手たちがテレビに出演して持ち歌をうたうとそのレコードが売れるという、このあと一般的になっていく、マスコミと芸能界の直接的な構図ができあがろうとしていた。

森山加代子は1940年生まれ、2019年大腸ガンにより死去。没年78歳。スカウトされて上京したあと、「水原弘とブルーソックス」というバンドで専属歌手をしていた。翌35年、デビューして『月影のナポリ』など大ヒットさせたが、その後、所属していたマナセプロから独立。その後はライブハウスなどで活動をつづけていたが、1970年に水原弘にもう一度やらないかと声をかけられ、阿久悠が作詞した『白い蝶のサンバ』を大ヒットさせた。

〔映画界〕

映画界はもちろん、あとから見てわかったことなのだが、完全な曲がり角にある。視聴覚娯楽の主導権は、映画界に住んでいる本人たちの自覚はまた別のことなのだが、完全にテレビに握られてしまっている。

ひとまず、この年の映画の営業成績と評論家たちの作品評価を記載しよう。

この表を見ると、幾つかのことを感じる。そもそもまず、大衆の好む映画と評論家たちが推奨する映画と

【昭和 35 年　邦画興行成績ベスト 10】

		配給収入
第一位	『天下を取る』（日活）	3 億 2392 万円
第二位	『波濤を越える渡り鳥』（日活）	3 億 0012 万円
第三位	『闘牛に賭ける男』（日活）	2 億 9133 万円
第四位	『喧嘩太郎』（日活）	2 億 7669 万円
第五位	『娘・妻・母』（東宝）	2 億 7561 万円
第六位	『あじさいの歌』（日活）	2 億 7037 万円
第七位	『水戸黄門』（東映）	2 億 6694 万円
第八位	『名もなく貧しく美しく』（東宝）	2 億 5154 万円
第九位	『太平洋の嵐』（東宝）	2 億 5100 万円
第十位	『新吾二十番勝負』（東映）	1 億 7789 万円

※期間は昭和 35 年 4 月～36 年 3 月まで。

【映画評論家たちが選んだ昭和 35 年の邦画ベスト 10】

第一位	『おとうと』	（市川崑監督・大映）
第二位	『黒い画集』	（堀川弘通監督・東宝）
第三位	『悪い奴ほどよく眠る』	（黒澤明監督・東宝）
第四位	『笛吹川』	（木下惠介監督・松竹）
第五位	『秋日和』	（小津安二郎監督・松竹）
第六位	『裸の島』	（新藤兼人監督・近代映画協会）
第七位	『豚と軍艦』	（今村昌平監督・日活）
第八位	『武器なき斗い』	（山本薩夫監督・大東映画）
第九位	記録映画『秘境ヒマラヤ』	（読売映画・大映）
第十位	『日本の夜と霧』	（大島渚監督・松竹）

※雑誌『キネマ旬報』掲載の映画評論家の投票による。

この表をみると、配給収入は上位に日活映画が五本（裕次郎作品四本、小林旭主演映画一本）ずらりと並んで、そのあとに東映、東宝がつづいている。日活、東映の作品に対する評論家たちの評価は低い。しかし、一番調子がいいのは東映で、220 ページの表をみるとわかるが、他社のほぼ倍に当たる封切りの映画館を配下にもち、年間に百本以上の作品を作って、日活を除いて、東宝ほかの映画会社の倍の売上げを上げていた。このことが第二東映の構想につながっていった。しかし、現実はそう甘くなかった。

の乖離がひどいと思う。娯楽性を重視して、面白いとかかっこいいというような要素を重視して考える人はいなかったのだろうか。この『キネマ旬報ベストテン全史～』の〝優れた映画〟の選考には当時の主たる映画ジャーナリスト三十人の人たちが第1位の映画に10点。以下第十位の映画に1点という採点のしかたで累積点を集めて順位を決めているのだが、この中に、興行収入のベストテンのうちの四作品を占有して、単純に足し算しても11億6千万円あまりを稼ぎだした石原裕次郎主演の映画について評価したのは脚本家の荒田正男さんという人が『あじさいの歌』に4点の評価を与えているだけで、あとは皆無。

評論家たちの『ベストテン』には、巨匠監督たち、黒澤明、木下恵介、今井正、市川崑、小津安二郎から新鋭の今村昌平、新藤兼人、大島渚らの名前が見える。

逆に配収の多かった映画で見ると、日活映画の活躍が目立つ。［配収ベストテン］の内容は日活映画五本、東宝三本、東映二本である。日活の五本の内訳は四本が石原裕次郎の主演、『～渡り鳥』だけは小林旭の映画である。

前年の『人間の條件』第一部・第二部のように、評論家たちにも好評で観客動員もいけていて営業的にもヒット作になった作品はない。このころはまだ、映画界もフトコロが暖かかったのか、巨匠の作品や前衛的な映画表現を追求しようとした若手の映画監督たちの映画作りにまだまだ寛容だった。

それでも、ベストテン第十位の大島渚監督の『日本の夜と霧』は松竹社内で物議を醸し、客の不入りが原因で途中上映が打ち切られている。政治的には安保闘争を総括しようとした、それなりの意味をもった映画だったが、人が観てくれなくては話にならないというのが会社の判断だった。この事件によって、大島渚は松竹を退社している。

【邦画六社の映画館数と1959年7月～1960年6月の配給収入】

		松竹	東宝	大映	新東宝	東映	日活
映画館数		2048	2092	2085	1508	3940	2197
配給本数	長篇	90	67	66	51	72	53
	中篇	2	3	0	5	32	46
配給収入(万円)		480,188	480,113	462,522	191,612	907,396	594,021
配給占有率		15.41%	15.40%	14.85%	6.15%	29.29%	19.07%

これは廃業する映画館などが現れ、市場が収縮し始めたことで、映画産業のなかの大衆性と前衛性が作品を真ん中に置いて均衡が崩れ、両立しなくなっていったということだったのだろう。新人監督の登用とか、実験的な映画作りとか、そういう新しい挑戦がだんだん困難になっていく状況を象徴していた。

彼我を比較すると、配収の方で第五位になった成瀬巳喜男監督の東宝映画『娘・妻・母』(出演／三益愛子・原節子・高峰秀子・森雅之ほか) が辛うじて評論家ランク十九位に入っている。この年、邦画は五百本あまり (正確には四百九十三本) 作られたという記録があるのだが、大衆がお金を払って観る、つまり、映画産業を経済的に支えているはずの映画たちはほとんどというか、まったく無視されている。当時の映画評論家たちはこのことをどう考えていたのだろうか。

ところで、上段の表は当時の映画会社の概要をまとめ書きしたものだ。

この表を見ると、この時点での邦画六社の立ち位置がだいたいわかる。

配収の上位を独占するような形になっている日活が裕次郎映画を中心に要領よく商売しているのがわかるが、それよりも実は、東映の鼻息の荒さが伝わってくる。実は、『映画年鑑1961』のなかに東映が出稿した、「東映 全日本を圧す」というタイトルのついた2色グラビアの広告が8頁もあり、ここに、当時、東映の社長だった大川博の高らかなメッセージが書かれている。こんな内容のものだ。

東映は創立いらい十年間に、飛躍的な発展をとげ、名実ともに日本映画界の王座を占め、全従業員が明るい笑顔で創立十周年をむかえることが出来ました。昭和二十六年四月に会社が発足した当時は、いまにもつぶれそうな、悲惨きわまる状態でしたが、全従業員の決起と、全国契約館各位のご支援によって、十年間にめざましく躍進し、業界随一の成績をあげる素晴らしい会社になりました。三十五年九月には、東映の本拠たる「東映会館」が竣工し、懸案の丸の内進出も実現いたしました。

私は映画会社を引き受けていらい、「家族そろって観られる映画」をモットーとして、映画の製作方針を立てて参りました。これが世間の信用を博し、全国七千館のうち二千八百館あまりが東映映画を上映しています。映画界では最近、テレビの脅威が叫ばれていますが大衆に密接した東映映画には何の影響もありません。東映はこんごも、映画を通じて国民生活をより高め、より楽しくするように努力して参ります。（9）

まさにわが世の春を歌いあげるような挨拶文だが、実際に邦画六社のなかでの東映の配収の占有率をみると、この強気の発言もむべなるかなである。東映はじつはテレビについていうと、かなり早くから興味を示していて、テレビというメディアに対する姿勢は邦画六社のなかでもっとも肯定的で、積極的だった。『テレビドラマ全史』のなかにこんな文章がある。

ドラマ（テレビの）を〝電気紙芝居〟とバカにしてきた映画界であったが、映画館の閉鎖などを目のあたりにするにつれ、今度はテレビを脅威として感じるようになっていった。そのとき、いち早く動いたのが、当時の大川博東映社長である。S34年に開局したNETの、資本金12億円のうちの3割を出資。テレビと〝手を握った〟のである。そんな中、制作されたのが「風小僧」（S34年）と、「白馬童子」（S35年）だった。（略）さっそうと登場する正義の味方・白馬童子に子供たちは熱狂した。特に話題を呼んだのは「風小僧」に続いて主演した山城新伍。当時は細面の二枚目で、そちらの方は子供ではなく、大人の女性たちをしびれさせたようだ。（10）

東映は組織のなかにテレビ番組制作のセクションを作ったのだが、この組織を改称して、この年の二月に［第二東映］として発足させている。このころ、東映の大川社長は第二東映を作った意図について説明し、邦画六社があげる配給収入の50パーセントを東映がいただくと豪語していたという。（11）

『映画年鑑1961』によれば、第二東映設立の目的はいろいろとあったが、主たる眼目は時代劇中心の東映製作の映画を現代劇でも同じように客を呼べるようにしたい、ということだったらしい。東映は時代劇にくらべると現代劇の営業成績があまりよくないのだった。現代劇の出来を時代劇なみにすれば、他社を圧倒するような巨大な映画会社が出現するだろうという目論見だった。ここで一応、それぞれ東映の［第一］と［第二］に所属することになった俳優たちの名前を列記しておこう。

［第一系統専門（一軍）］男優＝片岡千恵蔵、市川右太衛門、中村錦之助、東千代之介、大川橋蔵、大友柳太朗、月形龍之介、大河内傳次郎、進藤英太郎、中村賀津雄、沢村訥升、高倉健、江原真二郎、三國連太郎、鶴田浩二、木村功▽女優＝美空ひばり、大川恵子、佐久間良子、丘さとみ、淡島千景、長谷川裕見子、中原ひとみ、桜町弘子。

［第一、第二混合出演］男優＝若山富三郎、里見浩太朗、伏見扇太郎、尾上鯉之助、片岡栄三郎、北大路欣也、加賀邦男、原健策、中山昭二、山形勲、波島進、山田真二、今井俊二、小野透、大村文武、南広、堀雄二、神田隆▽女優＝小林裕子、春丘典子、星美智子、久保菜穂子、花園ひろみ、小宮光江、山東昭子、円山栄子、故郷やよい、浦里はるみ、峰博子、藤里まゆみ、喜多川千鶴、花柳小菊、木暮実千代、三條美紀、千原しのぶ、八代万智子。

［第二系統専門（二軍）作品によって第一にもまれに出演］男優＝高田浩吉、黒川弥太郎、近衛十四郎、高島新太郎、若杉恵之介、南郷京之助、沢村精四郎、山城新伍、坂東好太郎、品川隆二、松方弘樹、水木襄、梅宮辰夫、山手弘、千葉真一、石井一雄、岩井半四郎、曽根晴美、宇佐美淳也、長谷部健、小柴幹治▽女優＝藤田佳子、中里阿津子、北原しげみ、梶すみ子、三原有美子、光美智子、一條由美、堀みどり、千秋みつる、月村圭子。（12）

ほとんどの方が亡くなられているか、消息のわからない方たちばかりだが、それでも里見浩太朗さんとか北大路欣也さんは大御所俳優として現在でも第一線で俳優をつづけられている。

第二東映の顚末については、［1961年＝昭和三十六年］の項でその帰趨について書こう。

邦画六社の二番手につけている日活は石原裕次郎一人でもっているような状態だったが、これに小林旭が台頭、積極的な新人育成策が奏功して、ある種の戦略的なスター・ラインを作りつつあった。その歴史的な経緯を『映画年鑑1961』はこう説明している。

タフガイ裕次郎が振りむけば
マイトガイ旭も
抜き射ちのトニーも
そして、ヒデ坊も振りむいた

日活の誇るダイヤモンド・ライン。右から石原裕次郎、小林旭、赤木圭一郎、和田浩治。それぞれがシリーズをもっていたが、この翌年の冬、赤木圭一郎が事故死、路線の大幅変更を余儀なくされ、それまで脇役だった宍戸錠や二谷英明を主演にすえた映画作りを始めなければならなくなる。

57年秋から、いわゆる〝裕次郎ブーム〟が起り、石原裕次郎の（略）主演映画が全国的にヒットするようになった。また58年秋から売出した小林旭が青少年層の人気を集め。一年後には裕次郎におとらぬ人気スターになったので、59年下半期からは赤木圭一郎、和田浩治の両スターを売り出した。女優では北原三枝、芦川いづみ、浅丘ルリ子の三大スターにつづいて、清水まゆみ、吉永小百合、笹森礼子らが一人前になり、スターのローテーションが非常に楽になった。

日活は、石原裕次郎、小林旭、赤木圭一郎、和田浩治の四スターを〝ダイヤモンド・ライン〟と名づけ、60年度からは、これら四スターの主演映画を交互に連発して番組を編成し、これを〝ピストン作戦〟と称した。また企画は活劇に重点を置いているが、①裕次郎の主演映画は活劇五十%、明るい文芸作品五十%、②小林旭の主演映画は「渡り鳥シリーズ」「流れ者シリーズ」「旋風児シリーズ」などを主体にする地方色豊かな活劇、③赤木圭一郎は「拳銃無頼帖シリーズ」のような都会的活劇メロドラマ、④和田浩治の主演映画は「小僧シリーズ」のようなハイティーン向き活劇、など、それぞれのスターに特色を持たせている。（13）

東映、日活の二社は邦画六社のなかで調子がいい方だが、調子の悪い映画会社の話をすると、まず新東宝が潰れかかっている。

映画の観客動員数の推移を見ればすぐわかるが、映画産業衰退の兆候は邦画六社のなかでもっとも経営基盤が脆弱だった新東宝に最初に現れた。

新東宝はもともと、本体だった東宝が昭和二十年代に起きた労働争議のときに、闘争を嫌ったノンポリの人たちが作った、わりあい場当たり的な映画会社で、これといったはっきりした映画製作のポリシーをもった企業ではなかったようだ。この会社のこのころのエピソードで有名なのは、高倉みゆきという女優の話で、この人はもともとは東宝のニューフェースだったのだが、新東宝社長の大蔵貢に見染められて新東宝に移籍し、主演女優として活躍した。大蔵とは愛人関係にあったというのだが、これがマスコミにバレて記者会見して「女優を妾にしたのではない。妾を女優にしたのだ」と発言して、大いに物議を醸した。こういう言動が大衆に支持されるわけがなかった。

新東宝はこの大蔵貢のワンマンカンパニーで、220ページの表にあったように上映館の数も他社より少なく、日本映画の全盛期だった昭和二十年代後半から三十年代前半にかけても他社の大繁栄に取り残されて苦しんでいた状況だった。

それが昭和三十二年に社運を賭けて作った『明治天皇と日露戦争』が戦後の日本映画最大といわれる大ヒット作品になった。明治天皇を演じたのは〝鞍馬天狗役者〟の嵐寛寿郎だった。それまで、天皇を誰か俳優が演じるのは日本映画のタブーのひとつだった。新東宝はそれを商品にしたのである。この話はすでに第一章で書いたが、大蔵は「右翼が文句言ってきたらどうするつもりなのか」と聞かれて、「オレたちも右翼だ」と答えたという。

この映画は当時の配給収入で、五億四千万円あまりを稼ぎだしている。この金額は、朝日文庫の『戦後値段表』をネタ本にして計算すると、昭和三十二年の国家公務員の初任給が九千二百円、現在はそれ（総合職の初任給）が二十三万円だから二十五倍、つまり約百三十五億円のヒット作品ということになる。これは『鬼滅の刃』や『千と千尋の神隠し』ほどではないが、かなりのビックヒットだったことはまちがいない。

新東宝の経営はこれで立ち直れるかと思われたが、そのあとはまたじり貧におちいり、東映があらたに第二東映を立ち上げて、一番の影響を受けたのは新東宝だった。『映画年鑑１９６２』に記述がある
（新東宝は）同年8月ころまで、月平均一億円以上を水揚げしてきた配収が、9月には一億円代を割り、さらに10月はわずか六千万円強にしか達せず、11月はさらに10月配収を下回った。(14)

この状況のなかで、大蔵は新東宝と他社（松竹、東宝）との合併を画策したが、上記二社に断られ、話を「第二東映との合併」という形で東映に持ち込んだ。東映は最初、興味を示したが、社長を誰がやるか（大蔵が社長をやることにこだわった）でもめ、東映と交渉している最中にこっそり日活にも話を持っていっていることがバレて、話が完全に暗礁に乗り上げた。そのあと、事態はこういうことになっていく。

東映との合体交渉が決裂していらい、新東宝の危機は一段と深刻化した。そこで60年11月5〜6の両日、

本社で団交を開き、再建問題を協議した結果、再建委員会の結成などで合意して（略）組合は予定していた四十八時間ストを中止した。（14）

労使話し合いの結果、協調して再建に努力することになったのだが、この再建委員会を面白くなく思った大蔵が財務の責任を放棄し、給料の遅配が始まる。大蔵の〝妄発言〟は五月ころのことだったと思うが、そのことも新東宝の社運を傾け、社員たちのやる気に水を差したのかもしれない。社長と役員たちの対立、社長と労働組合との対立、重役たちは板挟みになり社長に辞任を要求される。それを知った組合員三百数十名が大蔵を社内にカンヅメにして団交を迫る。組合員はピケを張って、廊下に座り込んだ。

この問題は当然のことだが、越年して、社員、役員の必死の努力も虚しく、やがて新東宝は解体されるのである。この話のつづきは［昭和三十六年］の項で説明しよう。

［出版界］

つづいて出版の世界の話。出版の世界でも風雲は急を告げている。

この章の冒頭で、わたしは一九六〇年を政治の嵐が吹き荒れた一年、と書いたが、実は正確にいうと、みんながきっかり半年の区切りで、政治から生活へと人生の主軸を切り換えた一年であった。

まず、最初に特筆するべきなのは、三月十五日に新潮社から『世界文学全集』が発売され、それにつづくかたちで河出書房、集英社からも同様の、世界文学を網羅しようとした全集が刊行されたことだろう。

これは書店のマーケット（つまり大衆）が出版社の提供物に対して本格的に、商品に［国際性］、［世界性］

を求め始めたことの兆候だろう。それまでさんざんに流布された、テレビ番組や映画の外国作品の影響があって、外国、とくにアメリカとヨーロッパの文化・文明への憬れが強まっていった。これは、日本の国際化の進歩だったと思う。

さらにこの年の文学の動きを『戦後日本文学史・年表』で調べると、こういうことである。

作品をいちいち解説することはしないが、力作、傑作がくつわを並べている。

まず一月からズラリと倉橋由美子の『パルタイ』、川端康成『眠れる美女』、三島由紀夫『宴のあと』、石原慎太郎『日本零年』、『狼生きろ豚は死ね』、江藤淳の『小林秀雄論』、埴谷雄高の『幻視のなかの政治』、唐木順三『無用者の系譜』、松本清張『日本の黒い霧』、『谷川雁詩集』、橋川文三の『日本浪漫派批判序説』、北杜夫『どくとるマンボウ航海記』、庄野潤三『静物』、大江健三郎『孤独な青年の休暇』、『遅れてきた青年』、島尾敏雄『死の刺』、三浦哲郎の『忍ぶ川』、大西巨人『神聖喜劇』、花田清輝『鳥獣戯画・第一章』、深澤七郎『風流夢譚』、野間宏『わが塔はそこに立つ』、堀田善衛『海鳴りの底から』、外村繁『澪標』、芝木好子『湯

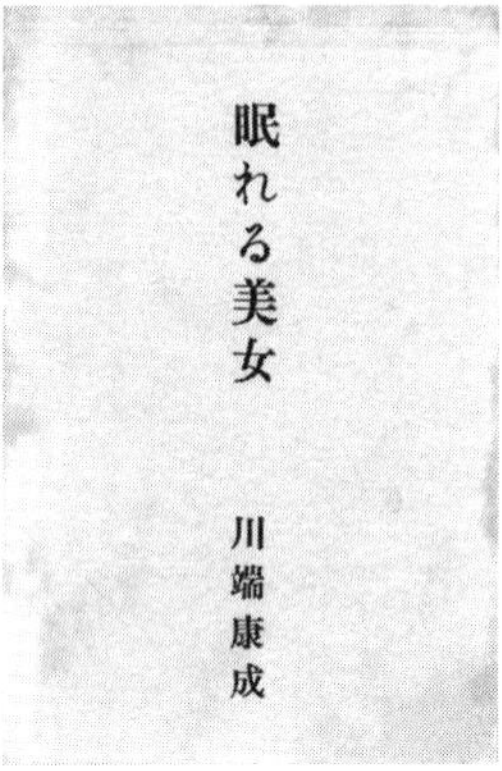

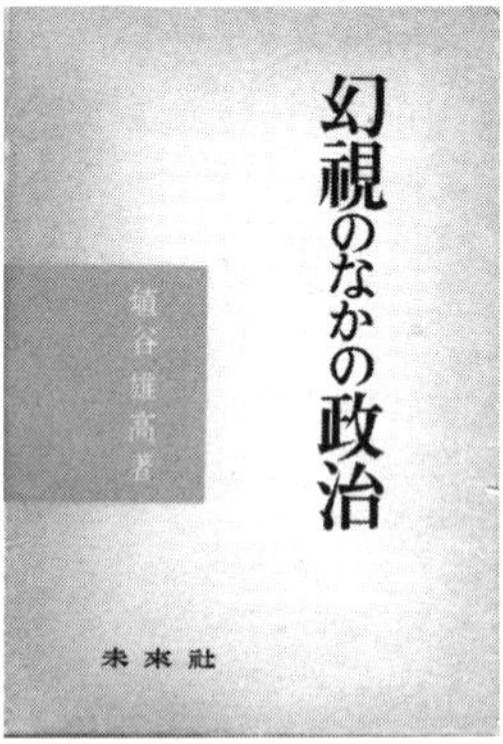

『眠れる美女』新潮社刊、『幻視のなかの政治』未来社刊。『パルタイ』文藝春秋刊。
どの本も文学者、思想家が現実を乗り越えようとする努力の結晶だった。いま、そういう文学作品は殆どない。

葉』、開高健『ロビンソンの末裔』などなど、省略するのが申し訳ないような作品、昭和の文学者たちの力作、いまも読み継がれる錚々たる作品が並んでいる。

これはたぶん社会情勢、まず政治的な激動が文学に強い刺激を与えたのではないかと思う。文学はこの時代なりに大衆社会に存在するべき形で成熟しようとしていた。そのことを『～文学史・年表』はこんなふうに説明している。

（昭和三十年の「もはや戦後ではない」という『経済白書』は）まず、経済の場面で、われわれがついに、戦中、戦後の谷間の時期を抜け出し、新しい〝高度成長期〟へ向かって進行を開始したことを意味する。この高度成長は昭和四十八年の破綻に至るまで続く。しかし、このような規定が、われわれの生活の内部にゆっくり浸透し、人間的に一つの意識化をされ、その意識が日常生活の細部を染めてゆく、というためには数年の周期を必要とする。

だからおそらく、戦後は終わったという意識が成熟するのが、この昭和三十五、六年であり、それは一つの分水嶺をなす。（略）戦後十五年のこの時点で、おそらくわれわれは初めて、急なスピードで走り続けてきたわれわれの「戦後」を、われわれ自身を、振り返り見るのである。(15)

作家たちのなかの生活意識が小説作品に昇華されるのにそれだけの時間がかかった、という意味だろう。文学の状況は花盛りといってよかった。しかし、これは文学作品だけのことではなく、出版文化そのものの動向でもあった、と書けると思う。井上ひさしは『ベストセラーの戦後史』のなかで、昭和三十五年にもっとも売れた（つまり、大衆に支持された）本を台湾出身の性科学者謝国権が書いた『性生活の知恵』といっている。これは露骨なくらいの実用書なのだが、このほかに林髞の『頭のよくなる本』（カッパブックス）、松田道雄の『私は赤ちゃん』（岩波新書）、宮城音也『性格』（岩波新書）なども評判になっている。これらもある種のマニュアル本といっていいと思う。文学のテーマは自分のことだったり、社会のことだったりしているが、実は大衆的には実用書籍が大きな支持を受けていたのだ。

この年、六月に性科学医の謝国権が池田書店という出版社から『性生活の知恵』という単行本を出版している。安保闘争の真っ最中である。こういう本はそもそも政治の動向に関係なく売れるものだが、この本も例によってベストセラーになった。井上ひさしが書いた『ベストセラーの戦後史1』のなかではこんな紹介のされ方をしている。

六月二十四日、日比谷公会堂と野外音楽堂で樺美智子を悼む国民葬が行われ、翌二十五日、池田書店から謝国権の『性生活の知恵』（二二〇円）が出た。大状況の葬式の翌日に小状況へのまたとない指南書が現れたわけで、これはなかなか皮肉な話である。（16）

同書の版元になった池田書店の担当編集者はこの本の売れ行きについて、次のように回想している。

六月に出た五千部はあっという間に消えてしまいました。その年の月平均生産が九万五千部。これは三日に一万部を作ることで、もう生産の限界であったといえます。読者からの反響は凄まじいものでした。（17）

井上のいう［大状況］というのは安保闘争でゆれる社会全体、［小状況］というのは市井の夫婦関係である。この本は、日本だけでなく、世界中でよく売れたらしい。アメリカ、フランス、スウェーデン、デンマーク、オランダ、中国、……。井上は総計四百万部に届くのではないかと書いている。

この類いの本がそれまでなかったわけではなかった。ヴァン・デ・ヴェルデの『完全なる結婚』も終戦直後からかなりの勢いのベストセラーになったが、謝国権の本がこれまでの性の解説書に比較して優れていたのは、写真を使って木で作った男女の人形を組み合わせた性交の体位の図解説明が付いていることだった。これはわかりやすかった。当時まだ都の衛生局で技師として勤務していて、のちに米国に留学、帰国後、性評論家として名をなす奈良林祥は、このときのことを次のように語っている。

謝国権さんの『性生活の知恵』がベストセラーになるんですが、この本には人間の性行為を、もちろんそれは人形を使ってなんだけれども図解で見せた頁がついていたのです。そういう試みは初めてのことだったたんです。ところが、こともあろうに、その体位の説明のところに人形を組み合わせたさまざまの性交の部分だけを、あの社会派の筆頭の女性誌だった『婦人公論』がそっくり巻末に組み込んだ特集を掲載した。これは日本中の人が息を呑んだ出来事でした。だって、その頃の『婦人公論』というのは石垣綾子だとか、清水

幾太郎だとか、安保闘争とか内灘問題とかも解決していなくて、毎号、非常に歯切れのいい社会評論を載せ続けていた。社会派をもって任ずるようなおばさまたちにとっては心のよりどころのような雑誌だったんです。それがこともあろうに、性交の体位のようなものをパッと載せた。それまでマスコミがセックスをそういうふうに扱うということはなかったんです。（7）

この号の『婦人公論』も話題になって良く売れた。そして世の中の政治問題は蚊帳の埒外に放り出され、折からの政府の所得倍増計画の発表もあいまって、男も女も自分の生活の充実の追求に夢中になっていくのである。『アカシヤの雨が止む時』の背後には、政治活動に訣別して、男と女の愛の現場に戻ったたくさんの人々の、折からの好景気に煽られてフトコロ豊かなこともあって「これからは生活を楽しもう」という強い思いがあったのではないか。

また、それまではあまり目立たなかった文学が法や社会的な掟に抵触するということ、つまり、作家にまつわる事件がいくつか起きている。それは、こんなことである。

まず四月七日、前年十二月に発売された澁澤龍彦訳、マルキ・ド・サド著の『悪徳の栄え・続』が東京警視庁によって猥褻文書の疑いで押収されている。また、三島由紀夫が書いた小説『宴のあと』がモデルになったといわれる政治家有田八郎によって、プライバシーの侵害で版元の新潮社と共に告訴される、ということが起こる。このことはこの時点では小さな出来事のように見えるが、あとあとの三島がたどる思想的な軌跡に大きく関係していく。子細については後段で論じよう。また、これは右の二件とは性質の違う事件なのだが、十二月に作家の深沢七郎が雑誌『中央公論』に発表した小説「風流夢譚」が右翼の逆鱗に触れ、右翼の少年によって中央公論社社長の嶋中鵬二さんの自宅が襲撃される、という事件が起きている。小説は、ある日、クーデターが起きて、天皇陛下がギロチンにかけられるというショッキングな内容のものだった。これを怒ったのである。

つづいて、雑誌の世界の出来事を書こう。

昭和三十四年の五月に創刊された『週刊平凡』が発行部数百万部を突破するのはこの年の十二月発売の新春特別増大号、表紙は三船敏郎と山本富士子という組み合わせだった。発行部数は一〇三万部である。創刊時の部数が五十万部というから、週刊誌としては大成功である。これ以降、この雑誌は昭和四十年代にかけて百万部前後の部数で推移することになる。

この時代の週刊誌はどれもそうだが、いま、現物を見ると古色蒼然としたところもあり、レイアウトも古くさいが、『週刊平凡』に関していうと、当時の精いっぱいのオシャレを詰めこんだ雑誌だった。雑誌全体が人気者、特に芸能人、なかでも特にテレビのタレントたちが多く登場しているのだが、雑誌のセンターの部分にカラーグラビア8頁とモノクログラビア8頁が挟み込まれていた。この頁群は企画として［ウィークリー・ファッション］という名前が付けられていた。

雑誌は残りの全部を編集部が作っていたが、この部分だけは外注だった。作っていたのはアド・センター。新鋭の広告会社だった。『週刊平凡』の担当編集者はまだ二十代の、月刊『平凡』から抜擢される形で、グラビアのキャップとして辣腕を振るった木滑良久だった。のちに『週刊平凡』、『平凡パンチ』、『アンアン』の編集長をつとめ、一九七〇年代にはいってから『ポパイ』、『ブルータス』などを創刊する編集者である。

アド・センターでこの企画を担当したデザイナーはこれものちにマガジンハウスのほとんどの主力雑誌のアート・ディレクターを勤める堀内誠一、カメラマンは大学を卒業したばかりの立木義浩というトリオ、若くて才能を漲らせていた三人だった。この企画特集は当時の日本の週刊誌、雑誌のなかでもっともオシャレで実験的なページだった。例えば、いまだったらとても許されないだろうが、当時ナンバーワンの売れっ子

上の写真は当時の『週刊平凡』の「ファッション・ウィークリー」のひとこま。早くもスポンサーがらみのタイアップページを作っている。撮影は立木義浩。東京写真短期大学を卒業したまだ二十歳だった立木は、当時、花形職業だった報道カメラマンになりたいと志を立てていた。それがデザイナーの堀内誠一と出会い、アメリカのファッション雑誌を見せられて「これからはファッション写真の時代だ。ファッション写真は無限の将来性がある」と説得され、いっしょに仕事することになった。当時、立木のアシスタントを務めたカメラマンの長濱治は「とにかく、あのころの立木サンはハンサムでカッコよかった。男のモデルが写真を撮られるのをいやがるほどだった。オーラがでまくっていた」と回想している。

のファッションモデルだった芳村真理を朝の通勤ラッシュの東京駅の人混みに連れていって人波のなかに立たせて、ドキュメンタリータッチのファッション写真を撮っている。

じつはこのファッション感覚が、のちに日本の大衆社会にファッション革命を巻き起こす。まだ、帝人もレナウンも既製服の衣（つまり洋服のファッション）というジャンルに美を追究する生活感覚が存在し始めることに気が付いていない。この問題も、後段につなげよう。

さらに雑誌的な状況について述べる。雑誌の興廃について調べると、これにもひとつの傾向がある。

前章などで昭和三十四年までのあいだにかなりの数のそれなりの歴史を持つ雑誌群が廃刊の憂き目に遭ったことはすでに書いたが、実は昭和三十五年からは逆に、創刊雑誌の数が増えている。浜崎廣さんの書いた『雑誌の死に方』によれば、昭和三十年代の創刊雑誌の数は、昭和三十一年が70誌、つづいて69、71、115と推移して、昭和三十五年には125誌が創刊されている。三十六年は95誌である。逆に廃刊・休刊誌の数を見ると、昭和三十一年が95誌、つづいて74誌、31誌、昭和三十四年91誌、三十五年91誌という具合になっている。創刊雑誌の数は昭和三十五年をさかいに増加に転じているのである。（18）

昭和三十五年に創刊された雑誌名を調べてみた。

『青春の手帖』（青春出版）、『野艸趣味』（野草趣味の会）、『週刊テレビ時代』（旺文社）、『週刊事件実話』（日本文芸社）、『週末旅行』（朋文社）、『ハイファッション』（文化出版局）、『週刊生きる女性』（実話出版）、『週刊特ダネ実話』（双葉社）、『奇術特選』（日本奇術連盟）、『漫画天国』（芸文社）、『ディズニーの国』（日本リーダースダイジェスト社）などなど、アットランダムに並べた。

このうちの何誌かはわたしも読んだことがあるが、未読の雑誌が多いから、適当なことしかいえないのだが、いくつか実話系の雑誌があるのは、人間の本性はいつになっても他人の不幸に興味がある、という証拠なのだろう。また、総体をながめるとやはり読者の生活の実用のために編集された雑誌が多い、ということが実感である。雑誌も大衆の生活の変容に合わせて、少しずつ立ち位置を変えつづけている。

【放送界】

テレビがメディア＝マスコミの主役になろうとしていた。年表には昭和三十五年の記録として、

二月二十九日　テレビ受信契約数四百万突破
三月三十日　テレビ受信契約数四百十四万八千六百八十三台
四月三十日　ソニーが世界初のトランジスターテレビを発売。9インチで7万円だった
七月一日　カラーテレビ市販開始
八月十一日　テレビ受信契約数五百万突破
九月十日　カラー放送開始
十一月二十九日　ラジオ東京、社名を東京放送（TBS）に変更。これよりテレビ時代へ移行する（ラジオ）各社の社名変更続出

などの項目がある。テレビの受信契約数はこの年のうちに六百万件を超えていたのではないか。『放送文化小史・年表』の昭和三十六年の三月三十一日の項に《受信契約六百八十六万四百七十二、所帯全体の

三十三・二％》という記載がある。

映画界は相変わらずテレビに対して、基本的に対抗的である。年末には映団連（映画産業団体連合会）がテレビ対策として製作配給に一貫した積極的防衛策を決定した、と記録にある。

いまは映画はテレビを広報メディアとして利用し、テレビは映画を時事的なニュースの話題として取り上げているところがあり、相互の依存関係が成立している。ふだんはあまりテレビに出ない、映画中心に活動している俳優や女優が自分の出演作品を宣伝するために、つまりパブリシティとしてバラエティ番組や自信があればクイズ番組にでも登場する時代だが、このころはテレビの広報機能が未開発だったことも事情としてあるだろうが、テレビの側にも映画の方にもたがいに相手をうまく利用する、というような発想はなかったようだ。

『サンセット77』はハリウッドのサンセットに事務所を置く私立探偵たちのドラマ。

テレビはそういう事情で、相変わらず放送可能な番組の数に悩まされていて、どうしても外画（主としてアメリカ製作のテレビドラマ）に頼らざるを得なかったのだが、それもここに来て、ちょっと風向きが変わってきている。

これまでは外画も三十分の放送時間のものが多かったのだが、この時期に一時間枠のドラマが登場し、人気を博すのである。これはわたしも記憶にあるが、見応えのある番組が多かった。例えば『ララミー牧場』、『ローハイド』（NET系・いまのテレビ朝日）、『ペリー・メイスン』（フジテレビ系）、『サンセット77』（TBS系）、『ペリーコモショー』（NTV系）などである。

また、国産のテレビ番組製作も活況を呈している。前年までにすでに『月光仮面』（主演・大瀬康一）や『番

『快傑ハリマオ』はこの年の4月5日から1年2カ月間放送された。『月光仮面』も作った宣弘社の作品。最初の五本はカラーフィルムで撮影された日本初のカラーテレビ映画だった。ハリマオは戦前、マレー半島で実在した日本人のニック・ネーム。実在の人物がどのくらいアクションの主人公だったかは不明だが、この番組のインドネシア、マレー半島、タイ、香港などで活躍するストーリーは当時の子供たちをとりこにした。三橋美智也がうたった主題歌もヒットした。

頭はんと丁稚どん』（主演・大村崑）などが人気番組になっていたが、この年はさらにたくさんの番組が視聴者に支持された。例えば、『快傑ハリマオ』、『白馬童子』、『少年探偵団』など。いずれも子ども向けの番組だが、このほかに主演女優の松山容子がチャンバラを繰りひろげた『琴姫七変化』もみんなに面白がられた。また、特筆しなければいけないのは主婦層に圧倒的に支持された、いわゆるヨロメキドラマの『日々の背信』（フジテレビ系）、これはいまの言葉でいえば主婦の浮気を描いた不倫ドラマだったこと。

ちょうど昼間の午後一時からという放送時間で、台所仕事一本ヤリで鬱屈して不満のたまっている専業主婦の欲求不満のはけ口になった。

番組の高評判を稼ぎだしたディレクターは、のちに女優の吉永小百合と結婚する岡田太郎、主演女優は新東宝でいまいち役に恵まれずにいた池内淳子、彼女はこの作品でいちやく、茶の間の人気者として〝よろめき女優〟の名誉ある（？）勲章を手に入れるのである。

この時期からは、ドラマだけでなくテレビの放送番組が、在京のキー局が一度に倍増したこともあって、膨大な量、作られることになる。テレビの制作者たちは自分の番組の出演者の確保に困り、誰をどう使うかを腐心するようになる。例えば、クイズ番組一つとっても、ある程度、視聴者に知られている有名人が必要で、映画の世界の俳優・女優派もちろん、新劇の劇団の役者たち、演芸の世界の芸人たち、作家や評論家、映画監督や大学の先生にまで、テレビ出演を声がけ、依頼するのである。そして、そのことが《テレビ・タレント》という言葉を作りだしていく。タレントの出現である。

タレントの発生の起源について、もう少し詳しく書いておきたい。

実はここまで、あまり意識せずに芸能人とタレントという言葉を併用して使ってきた。

本章でいうと、２１４ページなどに［タレント］という言葉が登場している。これは本来は《テレビタレ

池内淳子は新東宝の看板女優だったが出演作品は『花嫁吸血鬼』みたいな趣向の低予算映画ばかりだった。新東宝倒産騒動に前後して、テレビ出演が始まる。それまでを思えばたとえヨロメキドラマでも、彼女にとってはやりがいのある仕事だったのではないか。このあと、『女と味噌汁』のような主婦向けのドラマに主演し、茶の間のスターの座を手に入れるのである。

ント》という呼称が原型で、そもそもはテレビとタレントというふたつの語彙を連結させた言葉だったのだが、いつのまにか［タレント］という言葉がひとり歩きするようになったらしい。

この言葉の起源を調べるために『現代用語の基礎知識』という、文字通りの現代のトレンドで使われている用語の事典形態の年刊の語彙集があるので、これの創刊が昭和二十年代のことで、この事典のなかで［タレント］という語彙の有無を調べれば、この言葉が何年ごろ使われるようになったかわかると思い、版元の自由国民社に連絡してみたのだが、何十年もの古いものは保管していないというつれない返事。

普通出版社は自社の刊行物をたとえ一部でも永久保存的に管理しておくものだが（マガジンハウス＝旧・平凡出版はそうしていた。いまはどうか分からないが）自由国民社はそうではなく残念だった。自社ビルでもなければ、古くなった出版物も重要なもの以外は廃棄してしまうのだろう。さらにいろいろと調べつづけたら国会図書館の蔵書に同書の昭和三十六年度版が保管されているのがわかり、それをチェックした。この本のなかには、テレビ用語を集めたセクションが特集されていて、そこにプロデューサーやディレクターなどという言葉といっしょに［タレント］という言葉があるのを見つけた。こんなふうに説明されている。

才能と、才能ある人という意味であるが、多くは放送出演者のことをいう。常時出演者のことをレギュラー・タレントという。放送局から放送局へかけ持ちでかせぐ多忙なタレントを神風タレントなどという。

簡単な説明だがそんなふうに書かれていた。昭和三十六年版ということは、発行は前年、編集は昭和三十四年くらいに行われたのだろう。もう少し正確な言葉の起源を知りたいと思っていた最中に、ＢＳのＮＨＫの放送だが、『たけしのこれがホントのニッポン芸能史』という番組で［タレント篇］がオンエアされた。令和三年四月十日のことである。

番組はビートたけしと所ジョージの掛け合いで進行していくのだが、制作はNHKエンタープライズとあったから、基本NHKの制作スタッフがその由来の調査の資料を探したのだろう。この番組では冒頭のナレーションで「芸能界のなかの一大勢力―それがタレント。さまざまのジャンルから集まる特異な才能の持ち主たちだ」という説明でタレントという言葉を定義している。

この番組もまず［タレント］という言葉の起源を探している。それによれば、昭和三十四年三月にNHKが放送した『日本の素顔』という番組が、タレントという言葉を使っているという。この番組の副題は《テレビ・現代のマンモス》というものだ。これは、説明の語のなかに〝初めて〟とか〝最初の〟という形容詞がついていないから、そのことについては確認できなかったのだろう。ナレーターがこんな説明をしている。

数少ないテレビ・タレントのなかでもスターとなれば文字通りひっぱりだこ。タレントの払底はテレビ局の増設と娯楽番組の上昇カーブがこの傾向に拍車をかけています。制作費と時間に追われながら、しかも視聴者の興味におもねる態度がこのようなスターに頼る企画を作り出しているのかもしれません。ともあれタレントの不足はいよいよ深刻化する傾向にあり、テレビ局に出入りするスターたちの往来はますます激しくなるでしょう。

番組は、この時代のテレビ制作者たちがタレントをどう定義していたか、そのことも紹介している。昭和三十四年に出版された、ＮＨＫの編成局長だった南江治郎氏が書いた『テレビタレント読本』という本からの引用である。

芸術家や俳優の持つ技術技能者としての天分や才能に加えて、更に、より人間的なヒューマンリレーションの豊かな人柄を持つ者とか、いつも人々に明るく清潔な気持ちのいい共感性（シンパシー）を与える人物などを求めて止まないのである。そういう希望や要求の適った人こそがいわゆるタレントである。

これはいまから六十年前に書かれた文章だが、いまでも通用する概念規定だと思う。ただ、なぜそうなのかの説明は浅い。要するに、明るく、楽しいテレビ番組を作るために、そういう人材が必要、ということだろう。もうひとつ、これはまったく違う角度から。タレントになるために要求されるものとはなにか、という問題提起。元はジャズマンで、ブームが終わった後、日本テレビに就職して音楽番組を手がけた井原忠高氏が書いた原稿である。

すべてのテレビタレントに共通していえることだが、何よりもまず、体力が強靭であることが望ましい。殊に、深夜にもおよぶ録音、本読み、立ちげいこに加えてショウの番組では振付練習のように、リハーサル時において既に実際に体を使う場合が非常に多いのだから一層健康であることが望まれるのである。(19)

井原さんの文章は芸能人がタレントとして活動していくための条件だしだった。

番組のなかでゲストに呼ばれた長嶋一茂が「タレントに絶対必要なことはディレクターのいうことを素直に聞くことだよね」と発言して笑いを取っていた。彼が言っていることの要旨は、一番大切なのは人格の円満さということなのだろうが、それもタレントとして仕事するための重要な要素だろう。

大衆のなかで「タレント」という言葉が、ある種のコンセンサスとして使われるようになったころから、芸能界もマスコミもテレビというメディアを中心に世界が回り始めた、と書いていいと思う。

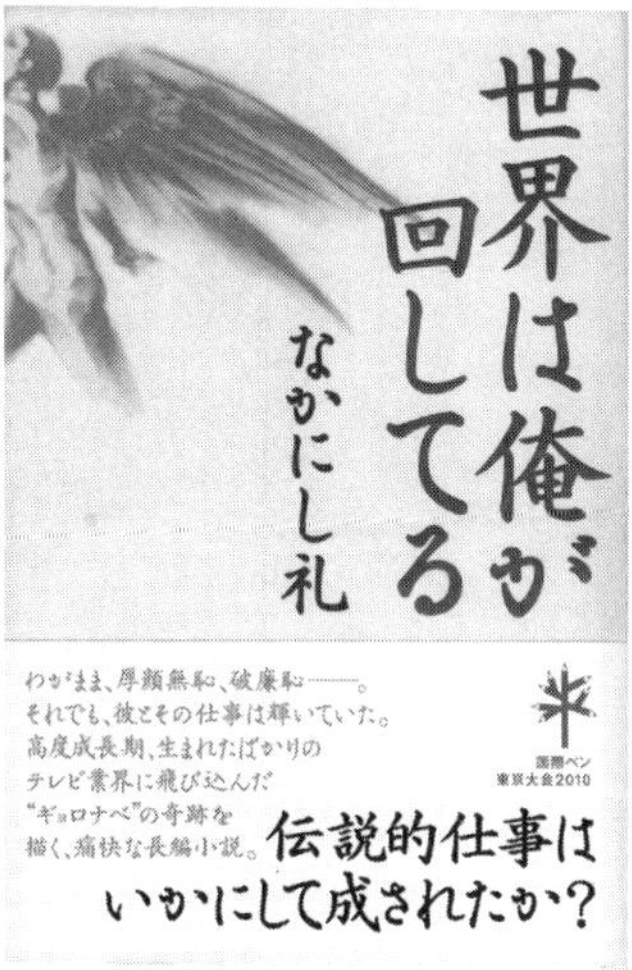
世界は俺が回してる
なかにし礼
わがまま、厚顔無恥、破廉恥――。
それでも、彼とその仕事は輝いていた。
高度成長期、生まれたばかりの
テレビ業界に飛び込んだ
“ギョロナベ”の奇跡を
描く、痛快な長編小説。
伝説的仕事は
いかにして成されたか？
国際ペン
東京大会2010

じつは手元に先日亡くなられた優れた作詞家で作家であったなかにし礼さんが書かれた『世界は俺が回してる』という、おそらく相当部分がノンフィクションのテレビの裏側を描いた小説があるのだが、これがなかなか衝撃的である。

俺 というのは伝説的人物で、TBSの音楽番組のプロデューサーだった〝ギョロナベ〟こと、渡辺正文氏なのだが、この人は昭和三十年に同社に入社、五年後には音楽番組のディレクターを勤めていて、のちに世界中から有名なアーチストたちを集めて「東京音楽祭」を立ち上げる人である。

彼は敏腕でならしていたプロデューサーの鈴木道明（西田佐知子のヒット曲『赤坂の夜は更けて』の作詞者である。この人も才人だった）といっしょに、来日した世界的な歌手のハリー・ベラフォンテのリサイタルを録画中継することになるのだが、さんざん苦労してつくったこの録画のビデオがベラフォンテ本人からも絶賛され、高い視聴率もとり、マスコミでも評判を呼んで、テレビの業界というか芸能界でその名を知られるようになる。

このとき、彼とコンビを組んでプロデュースを担当した鈴木道明は局長賞をもらっている。副賞は三カ月のヨーロッパ・アメリカ旅行だったという。ディレクターだった彼の方はなにかを受賞するというようなことはなかったのだが、このことでいっぺんに芸能界の重要人物と目されるようになっていくのである。

この作品は、なかにし礼が本人からある程度詳しいことを取材したうえで、話に面白おかしい枝葉をつけて小説に仕上げたものだと思われる。ある程度、実話に基づいているのだと思う。いったん業界で名前を知られるようになった番組制作者というのは、勢いをつけて肩で風を切って仕事するようになる。その有様を、なかにしはこんな文章にしている。この本の中の昭和三十五年の部分の記述である。


正文の生活は音をたてて変わった。局内では新進気鋭の演出家として誰にも一目おかれ、テレビ界にあってはラジオ東京に渡辺正文ありとまで言われるようになった。人間の才能を見抜くことにかけてはプロ中のプロであるプロダクションの主なところからお呼びがかかり、正文は突如として、一流のレストラン、料亭、銀座のクラブ、ナイトクラブなどに招待された。家に帰ってみると、ポケットから現金の入った封筒がいくつも出てきた。それらをじっと見ながら、正文は考える。

芸能が祭りなら、テレビも祭りだ。祭りには祝儀と寄付金がつきものだ。この種の金は祝儀みたいなもんなんだ。これで私腹を肥やしたのではいけなかろう。そうではなく、素敵な番組を作るために有意義に、きれいさっぱり使ってしまえばいいのだ。その結果、みんなに祭りの興奮と幸せという名の御利益を与えたら、それですべては帳消しってことさ。(20)

やり取りされていた現金の入った封筒はまあ、言ってみれば賄賂なのだが、当時の芸能界ならではの、賄賂が正当化される、不思議な論理が展開されている。こういうことがいまの芸能界でどういうふうになっているか、わたしにはわからないが、いずれにしても芸能の世界で仕事している人たちにとっては、メディアの帰趨はその生死を制するようなことなのである。

秘かな金銭のやり取りがいまもこのころと同様なことになっているか、わたしはいまの芸能界の実情に詳しくないからなんともいえないが、こんなことをしていたら、いずれ大衆の心情からは乖離してしまうはずである。いまは昔と違って、こういうことについてもみんな遵法意識が高まり、こういう小犯罪にもうるさくなっているから、昔のようなことではないのではないかと思う。

なんともいえないが、金銭の授受はともかく、マネジャーたちとメディアの制作現場の、互いに便宜を図り合って、貸しとか借りとかいうやり取りはいまもおこなわれているだろうと思う。しかし、それが芸能界なのである。

【註】

（1）『日本史B最新版』二〇一三年刊　清水書院　荒木泰典ほか著　P・259

（2）『二十世紀』二〇〇一年刊　毎日新聞社　橋本治著　P・286

（3）『人気者の社会心理史』二〇〇二年刊　学陽書房　市川孝一著　P・7

（4）https://duarbo.air-nifty.com/songs/
（5）CD『美空ひばり 船村徹を歌う』一九九〇年 日本コロムビア発売
（6）『この人この歌』一九九七年刊　廣済堂高出版　斎藤茂著　P・113
（7）『平凡パンチの時代』二〇〇九年刊　河出書房新社　塩澤幸登著　P・120
（8）『日本映画人名事典・男優編 下』一九九六年刊　キネマ旬報社　P・415
（9）『映画年鑑1961』東映広告ページ
（10）『テレビドラマ全史』P・74
（11）『波瀾万丈の映画人生』二〇〇四年刊　角川書店　岡田茂著　P・131
（12）『映画年鑑1961』P・205
（13）『映画年鑑1961』P・206
（14）『映画年鑑1962』一九六二年刊　時事通信社　P・147〜
（15）『戦後日本文学史・年表』一九七八年刊　講談社／現代の文学・別巻　松原新一ほか著　P・321
（16）『ベストセラーの戦後史1』一九九五年刊　新潮社　井上ひさし著　P・192
（17）『ベストセラーの戦後史1』P・198
（18）『雑誌の死に方』P・139
（19）『現代テレビ講座』一九六〇年刊　ダヴィッド社　井原忠高「ヴァラエティ・ミュージカル」
（20）『世界は俺が回してる』二〇〇九年刊　角川書店　なかにし礼著　P・87

第五章　1961（昭和36）年　国民所得倍増の夢

【一九六一（昭和三十六）年】

昭和三十六年からの昭和の十年間、というか一九六〇年代の十年は、実に前年の十二月二十七日に閣議決定された「所得倍増計画」から始まった、作用と反作用の歴史と書いていいと思う。この計画発表の経緯を、雑誌『エコノミスト』の編集部はこんなふうに説明している。詳細な説明は省くが概略はこういうことである。

所得倍増計画が成立した一九六〇年は、三井三池炭鉱の無期限ストに始まり、安保闘争が大衆動員としては空前のたかまりをみせた激動の年であった。しかし、安保成立とともに岸内閣が倒れ、第一次池田内閣が七月に成立すると、高度経済成長をめざす「国民所得倍増計画」を正面におしたてた経済路線と寛容と忍耐の政治路線がうまくミックスし、自民党の長期安定政権の基礎を確立した。

その半面、安保闘争高揚でピークに達した社会党が、高度成長期には、労働者の企業帰属意識が高まり、大衆社会状況が拡大していく現実の社会的変化に対応できず、長期低落に追いこまれていく過程でもあった。池田首相が病に倒れ、六四年十一月に佐藤内閣に交代するまでの四年半は、日本資本主義発達史上一つの大きな画期であった。

日本経済が、先進国的な高度資本主義へと急激な構造転換を加速した時期であったからである。

戦後十指をこえる経済計画がたてられたが、「国民所得倍増計画」ほど影響力をもったものはない。「月給いえよう。現実の成長率は一般の予想を遥かに越えて六一年―七〇年の計画期間に平均一〇・六％を記録し、日本はおろか世界史的にも空前の高度成長を達成してしまった。（1）

この文章を引用したのは、昭和三〇年代の後半は、日本という国が、東京オリンピックを挟んでだが、まったく新しい国へと変身していく、高揚した重大なプロセスにあったことを知ってもらいたかったからだ。

しかし、新しい国というのは、古い、戦後、否定されていた部分の復活と、同じく戦後、アメリカの占領政策によって日本に持ち込まれた、アメリカというか、基本的にはヨーロッパ的なものなのだが、欧米文化が奇妙にと書いていいかどうか分からないが、ミックスした形での、重層的な文化を定着させた大衆社会である。ここで、前出の「所得倍増計画」について、もう少し言及しておきたい。

それは発案した張本人である下村治（大蔵官僚、経済学者）の回想である。こういっている。

下村治。1910年生まれ。1934年に大蔵省に入省。1959年退官。病弱でいわゆる〝傍流〟の官僚であった。池田内閣の国民所得倍増計画立案の中心的役割を果たした。下村は民間企業の技術開発による生産力の向上に注目し、自由な競争があれば、産業は順調に成長するとした。あとから考えればこれは自明のことだが、ことがなる前に所得の倍増を主張するのはよほどの確信がなければできない。高度経済成長社会の象徴的人間の一人になった。1989年、昭和終焉の年に78歳で没した。下の写真は代表的著書『日本経済成長論』。

われわれが考えていたときの成長というのは、設備投資がどうであるかということが中心なんです。設備投資で生産力の増強、生産性の向上があって、それに見合った成長になるんだ。初めから需要論じゃないんですよ。需要と供給のバランス論なのです。（略）

私だけが成長の中心に民間設備投資をもってきたんです。民間設備投資をもってくるというのは、あの昭和三五年の段階では世界じゅうでぼくだけだった。アメリカではつまらんことをいうといわれたらしい。

成長論で通常中心にもってくるのは総固定投資で、民間設備投資ではないんです。彼らの議論は総固定投資で成長を論ずるから高度成長は出てこない。

なぜ総固定投資をもってくるのと民間設備投資をもってくるのとで違いが出てくるかというと、民間設備投資というのは思想的にイノベーションを中心にもっているということです。（2）

この計画が発表されたときの国民的な驚きを、わたしもなんとなく覚えている。子供心にそんなことあるのかと思った。しかし、年率十数％で経済成長すれば、国民ひとりひとりの所得もそれに連られて、連動して増えていく。考えれば当たり前のことなのだが、それに骨組みを与え、政府がある程度経済活動をコントロールすれば、物価の上昇がどうなるか、という問題は残るのだが、国民の所得は確かに倍増するのである。

一九六一年の政治経済の動きを日付に従って羅列するとこういうことである。

一月二十日　アメリカ、第三十五代大統領J・F・ケネディ誕生。

四月一日　新年度予算成立（一兆九五二七億円、前年比24・47％増）。積極予算。貿易自由化を発表。

四月十九日　ライシャワー駐日米大使、着任。

五月十六日　韓国、軍事クーデター。

六月二十二日　池田・ケネディ共同声明。日米共同経済合同、教育文化、科学の三委員会設置を合意。

七月三日　朴正熙、韓国国家再建最高会議議長に就任。

八月一日　釜ケ崎で住民二千人が暴動。

八月十三日　東ドイツ、東西ベルリン間に壁を構築。

八月十四日　ソ連ミコヤン副首相来日。
日米安保体制批判のフルシチョフ親書を池田首相に手渡す。

八月二十八日　駐ソ大使、池田首相の反論をグロムイコ首相に手渡す。

8月13日、東ドイツ政府は前夜からこの日の未明にかけて、突然、東西ベルリンの境界線に45kmにわたって鉄条網の壁を設けた。東ドイツから西ベルリンを通じて、年間20万人の労働者が西側諸国に連れ去られている、というのが彼らの主張だった。全体主義国家と自由主義国の対立だった。上から二枚目の写真は急いで荷物をまとめて、西ベルリンに逃げ込む人たち。三枚目の写真、壁は27年後、市民の手で破壊された。現在、壁はベルリンの観光地のひとつになっている。

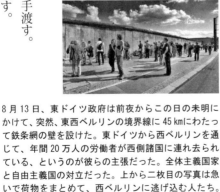

九月二日　政府、ソ連の核実験再開決定に抗議。六日にはアメリカにも。
十二月十二日　三無事件、旧軍人・右翼のクーデター計画発覚。

これらをざっと並べてみた感想を書くと、前年、力押しで形にした日米安保条約に従ってできあがった地政学的な状況の、端的にいうと、本格的に貿易立国を目ざす国の地固めが始まった、ということだろう。韓国の状況、東西ドイツの対立、ソ連対アメリカの冷戦、これらの問題は世界情勢として、このあと、何十年かにわたって問題が解決されないまま、歴史が積み重ねられることになる。

この時期の大衆文化の状況をジャンル別に順番に見ていこう。


【歌謡界】

この年に発表された流行歌のレコードの累積売上げは左ページの表のようになっている。

まずベスト30である。この表をみての最初の印象は、ずいぶん幅の広い、いろんな歌が流行ったのだな、ということだ。歌の傾向が多様である。

リバイバル曲（フランク永井・歌唱『君恋し』、この曲はこの年の日本レコード大賞を受賞した）もあれば、伝説的な土着の主題をテーマにした作品（村田英雄・歌唱『王将』、三橋美智也・歌唱『武田節』など）もある。坂本九（歌唱『上を向いて歩こう』）のようにアメリカのジャズやポップスの流れを汲んで、テレビ番組（NHK『夢で逢いましょう』）でさかんにうたわれて、大ヒットした作品もある。

青春歌謡をうたうアイドル歌手では橋幸夫につづいて松島アキラが現れる。

【昭和36（1961）年　シングルヒット曲　ベスト30】

①上を向いて歩こう	坂本　九	196110
②王将	村田英雄	196111
③スーダラ節	植木　等	196108
④銀座の恋の物語	石原裕次郎・牧村旬子	196101
⑤君恋し	フランク永井	196108
⑥恋しているんだもん	島倉千代子	196112
⑦おひまなら来てね	五月みどり	196105
⑧コーヒー・ルンバ	西田佐知子	196108
⑨ラストダンスは私に	越路吹雪	196111
⑩東京ドドンパ娘	渡辺マリ	196102
⑪磯ぶし源太	橋　幸夫	196103
⑫襟裳岬	島倉千代子	196106
⑬北帰行	小林　旭	196110
⑭スク・スク	ザ・ピーナッツ	196106
⑮ひばりのドドンパ/車屋さん	美空ひばり	196104
⑯川は流れる	仲宗根美樹	196109
⑰湖愁	松島アキラ	196109
⑱ソーラン渡り鳥	こまどり姉妹	196104
⑲武田節	三橋美智也	196105
⑳長良川旅情	春日八郎	196106
㉑硝子のジョニー	アイ・ジョージ	196102
㉒山のロザリア	スリー・グレイセス	196109
㉓パイナップル・プリンセス	田代みどり	196101
㉔じんじろげ	森山加代子	196101
㉕ズビズビズー	森山加代子	196104
㉖石狩川悲曲	三橋美智也	196101
㉗子どもじゃないの	弘田三枝子	196112
㉘青年の樹	三浦洸一	196109
㉙南海の美少年	橋　幸夫	196105
㉚北上夜曲	多摩幸子、マヒナスターズ	196106

日活の石原裕次郎、小林旭もがんばっている。

美空ひばり、島倉千代子、春日八郎、三浦洸一らもそれぞれヒットを飛ばしている。植木等はクレイジーキャッツ人気、これはテレビから東宝映画にシフトしたものだ。

ザ・ピーナッツ、森山加代子、田代みどり、『東京ドドンパ娘』の渡辺マリなどもテレビの歌番組での活躍が背景にある。

このころの芸能プロダクションというと、この時点ではおそらく、渡辺プロダクション以外はきちんとした法人組織体裁をとっているところはなかったのではないかと思う。渡辺プロダクションの会社設立が昭和三十四年四月のことである。うろ覚えな記憶だが、その後すぐ、渡邊美佐の実家であるマナセプロも法人登録していたと思う。マナセプロは坂本九らが所属していたプロダクションである。

このころの歌手たちは個人マネジャーがついている人もいただろうが、基本、レコード会社の宣伝部にマネージメントのキャスティングボードを握られていた。渡辺プロ、マナセプロ以外では、例えばミュージシャンだった堀威夫が比較的早い時期に『僕は泣いちっち』を大ヒットさせた守屋浩のマネージメントを開始している。

ホリプロの創業を調べると、創業は昭和三十五年とあるが、それでも法人としての会社設立は昭和三十八年になっている。氷川きよしや水森かおりらの所属する長良音楽事務所の会社設立も昭和三十八年のことである。このあたりから、マネジャーたちの考え方のなかに会社組織で芸能活動をやっていく、税金もそれで

坂本九は高校生の時、エルビス・プレスリーの物まねで人気者になり歌手デビューした。『上を向いて歩こう』の日本での発売は1961年10月。発売元のキャピトルは1963年にこのレコードのプロモーション盤を『SUKIYAKA』という意味不明のタイトルで2000枚作って、アメリカ各地の放送局に送った。すぐに反応があり、これを正しく『SUKIYAKI』というタイトルに直して、一般発売し大ヒットさせた。
音楽チャート誌のビルボードで10月15日から3週間第一位をつづけ、その後、世界中で大ヒットした。あとにも先にも日本語でうたわれた歌がそのままアメリカで大ヒットしたのはいまだにこの歌だけ。日本が誇る永遠の名曲である。下段の写真は佐藤剛さんのブログから引用させていただいた。

納める、という発想が主流になっていったのだとわかる。

また、付随的なことだが、右の資料はおそらく経年の累計を順番に並べていて、その年のその時点でどれほどの規模のヒットだったかまではわからない。『上を向いて歩こう』や『王将』はその後もずっとみんなに好まれて、愛唱される歌になっている。

みんな知っていると思うが、右ページの下の写真でわかるが、『上を向いて歩こう』は二年後にアメリカに輸出されて全米チャートで第一位になり、大ヒット曲になっている。そういう話題も国内でのヒットの持続性に関係したはずである。だから、残余のヒット曲もレコード売上げのランキングそれ自体はあまり鵜呑みにはできないのではないか。

それでなのだが、歌手の人気度だが、実はこれまで資料にしてきた月刊『平凡』の部門別、男女別の人気投票がこの年はおこなわれていない。その代わりに前章の２０４ページにのせた、男女を一緒にして［オール日本人気スター　ベスト・テン］と銘打った人気投票をおこなっている。話がダブルが、このときの首位と二番手は美空ひばりと小林旭で、この二人は翌年、結婚するのだが、これは蛇足。

そして、このあと、昭和三十六年の夏には月刊の『平凡』と『週刊平凡』でそれぞれ、別々の人気投票をおこなっている。月刊の『平凡』は従来の路線をそのまま踏襲した歌手部門の人気投票だが、『週刊平凡』の方は、はっきりと［テレビスター］と銘打って、差別化している。

なお、月刊『平凡』の映画スターの人気投票はこの年は発表がなく、昭和三十七年三月号で報告されている。三月号というのは一月末の発売で、この号の編集作業は前年十二月におこなわれていて、投票の結果は昭和三十六年の下半期の人気動向を反映している。こちらは【映画界】のところで紹介する。

月刊『平凡』の歌手の人気投票は以下の通り。

【昭和36年度　人気歌手
読者投票ベストテン】

［男性歌手部門］

第1位　橋　幸夫　（18歳）
第2位　三橋美智也（30歳）
第3位　守屋　浩　（23歳）
第4位　坂本　九　（20歳）
第5位　三波春夫　（38歳）
第6位　フランク永井（29歳）
第7位　春日八郎　（37歳）
第8位　小野　透　（20歳）
第9位　神戸一郎　（23歳）
第10位　井上ひろし（20歳）

［女性歌手部門］

第1位　美空ひばり（24歳）
第2位　島倉千代子（23歳）
第3位　森山加代子（21歳）
第4位　田代みどり（13歳）
第5位　ザ・ピーナッツ（20歳）
第6位　渡辺マリ　（19歳）
第7位　松尾和子　（26歳）
第8位　こまどり姉妹（23歳）
第9位　松山恵子　（24歳）
第10位　江利チエミ（24歳）

※昭和36年9月号掲載
（36年5月〜6月の募集です）

『週刊平凡』のテレビスターの人気投票はこういうことになっている。

【昭和36年度　テレビスター
読者投票人気ベストテン】

［男性部門］

第1位　ロバート・フラー（28歳）
第2位　坂本　九　（20歳）
第3位　橋　幸夫　（18歳）
第4位　高橋圭三　（43歳）
第5位　園井啓介　（29歳）
第6位　エリック・フレミング（36歳）
第7位　守屋　浩　（23歳）
第8位　ジェリー藤尾（21歳）
第9位　佐川ミツオ（22歳）
第10位　小山田宗徳（34歳）

［女性部門］

第1位　森山加代子（21歳）
第2位　田代みどり（13歳）
第3位　池内淳子　（28歳）
第4位　江利チエミ（24歳）
第5位　美空ひばり（24歳）
第6位　島倉千代子（23歳）
第7位　十朱幸代　（19歳）
第8位　渡辺トモ子（17歳）
第9位　松山容子　（24歳）
第10位　ザ・ピーナッツ（20歳）

※昭和36年7月12日号掲載
（36年5月〜6月の募集です）

253ページのレコード売上げ、次の見開きの『ミュージックライフ』の人気投票も含めてだが、どこにいっても坂本九が人気者だったことがわかる。

ふたつの人気投票を並べて比較してすぐに気が付くのは、男性の第1位のロバート・フラーと第6位のエリック・フレミング。この二人はアメリカのテレビ映画『ララミー牧場』と『ローハイド』の出演者。人気投票にアメリカの俳優が登場するのはきわめて珍しいこと。このことは後段の【テレビ】のところで再論しよう。

芸能人の人気投票はその時代に大衆にどれほど支持されていたかを測るバロメーターできわめて重要な文献なのだが、そのための資料が『平凡』以外にない。『平凡』で示されているのは発行部数百万雑誌の、つまり地方（田舎）も網羅した日本社会の人気者の全体像なのだが、大衆文化の創出はいまやテレビと緊密に結びついて、都市生活者の意向に沿っておこなわれていたと、わたしは考えている。わたしはこのころはまだただの小学生で、ラジオで聴いた流行歌とボンヤリとした人気者についての記憶はあるが、それを頼りにして誰がどう、ということとも書けない。

思案して、ネットでいろいろと調べてみて、『芝チャンのブログ〜青少年時代の歌番組等の思い出〜』というブログを見つけた。説明に「昭和時代のスター人気投票ですが、『ミュージックライフ』誌のスター人気投票として某雑誌に掲載されていたものがあります」とある。そこに昭和三十六年におこなわれた『ミュージックライフ』の人気投票の結果が転載されていた。

『ミュージックライフ』の昭和三十六年の歌手の人気投票の結果は次ページの表の通りである。

『ミュージックライフ』は戦前、一九三七年創刊の音楽雑誌で、戦争中は『国民の音楽』という改題雑誌名で生き延び、戦後に息を吹き返して旧題に復し、一九五八年からは歌手たちのレコード売上げを人気のバロメーターと考えた編集をやっていた雑誌だった。余談だが、一九九八年に休刊した。

月刊雑誌だったが、昭和三〇年代の音楽状況のなかで、この後、小池聡行が創刊する『オリジナル・コンフィデンス』、略して［オリコン］が果たすことになるような役目を担っていた。

これまで見てきた月刊『平凡』の人気投票とかなり違っている。美空ひばりや三橋美智也、島倉千代子などは出てこない。これは『ミュージックライフ』がそもそも洋楽系の音楽を中心にして編集しされていた都会中心の雑誌だからだろう。ただ『ミュージックライフ』の雑誌としての規模、つまり発行部数がどの程度のものかわからないが、『平凡』の方は痩せても枯れても、この時点でさえも百万部を超える部数の読者を

【ミュージックライフ　1961年度　歌手人気投票】

［男性部門］

1	(6)	守屋　浩
2	(1)	水原　弘
3	(4)	小坂一也
4	(10)	坂本　九
5	(3)	平尾昌晃
6	(39)	アイ・ジョージ
7	(14)	井上ひろし
8	(2)	ミッキー・カーチス
9	(*)	佐川ミツオ
10	(9)	寺本圭一
11	(27)	ジェリー藤尾
14	(*)	佐々木功

［女性部門］

1	(1)	江利チエミ
2	(18)	森山加代子
3	(5)	ザ・ピーナッツ
4	(2)	ペギー葉山
5	(3)	朝丘雪路
6	(4)	雪村いづみ
7	(26)	田代みどり
8	(*)	坂本スミ子
9	(6)	水谷良江
10	(9)	沢たまき
23	(*)	牧村旬子
30	(*)	渡辺トモ子

［コーラス・グループ］

1	(3)	ザ・ピーナッツ
2	(1)	ダーク・ダックス
3	(10)	パラダイス・キング
4	(4)	リリオ・リズム・エアーズ
5	(7)	デューク・エイセス
6	(12)	スリー・グレイセス
7	(2)	マヒナ・スターズ
8	(11)	フォー・コインズ
9	(5)	トリオ・ロス・チカロス
10	(9)	ボニー・ジャックス
14	(*)	ベニ・シスターズ

この人気投票は全国的な規模でだれが人気者かというより、都会で生活して、ジャズ喫茶に遊びに行ったり、日劇ウエスタンや浅草国際などに通ったりする若者たちに、新しい流行の歌手として人気があるのは誰かのバロメーターだったと思う。レコード売上げという視点からはなかなか全国規模で人気のある歌手たちに追いつけないでいる。ここでも坂本九だけは例外である。() 内の数字は前年度の順位、＊は新登場のもの。

抱えていたのである。だから、ひばりたちの人気はある程度、全国的なものであり、『ミュージッククライフ』の方は、たぶん都市部中心の人気状況だったのではないかと思われる。

このランキング・リストを見て感じることだが、テレビが普及し、週刊誌が一般的な紙メディアになってから、おそらく、従来あった芸能のマーケットが大幅に規模をひろげた。それも主として都市部を中心にである。そこに新しい歌手たち＝〝歌をうたうことの出来るテレビタレントたち〟が大人数登場した、だから洋楽のファンが多い、たぶん、こういうことではないかと思う。『週刊平凡』でもテレビのスターたちの人気投票をやっているが、こちらは月刊『平凡』の歌手投票で1位、『週刊平凡』でも第3位にランクインしている橋幸夫の名前はなく、守屋浩がランク1位になっている。都市部を中心にした投票でも、『ミュージックライフ』の人気投票はもっと最先端の洋楽の流行状況を反映した人気者の洗い出しである。

ちなみに、わかる限りでのこのランキングのこの時点での顔ぶれを紹介して、その特性を探ると、年齢と出身地はそれぞれ、こういうことになっている。紹介の内容が、『平凡』の人気投票と重なるところがあるのだが、気にするまい、

【男性歌手】

①守屋　浩

一九三八年生まれ、千葉県出身、二十三歳。東京都墨田区の安田学園出身。日劇ウェスタンカーニバルでデビュー。堀威夫率いるスイングウェストのバンドボーイだった。ホリプロの第一号タレント。同プロの土台を作った歌手。

写真、上から守屋浩、小坂一也、アイ・ジョージ。

②水原　弘

一九三六年生まれ、東京都出身、二十五歳。都立赤坂高校出身。ジャズ喫茶でうたっていたところを渡辺美佐にスカウトされる。水原弘とブルーソックスを結成。同バンドには森山加代子やジェリー藤尾が所属していた。二年前、『黒い花びら』が大ヒット。低音の魅力で、絶大な人気者だった。

③小坂一也

一九三五年愛知県名古屋市生まれ、東京育ち。二十六歳、成城学園高校中退。元々はウェスタンバンド、ワゴンマスターズのメインボーカル。デビューは古く、一九五六年にはプレスリーの『監獄ロック』をカバー。『青春サイクリング』などの大ヒットももっているアイドル第一号的な存在だった。じつは堀威夫もそもそもはこのワゴンマスターズの出身である。

④坂本　九

一九四一年生まれ、神奈川県川崎市出身、二十歳、日大横浜高校卒業。ロカビリーバンドの井上ひろしとザ・ドリフターズに加入し、ボーカルを担当。第三回ウェスタンカーニバル新人賞受賞。前年（一九六〇年）『悲しき六十歳』がスマッシュヒット、不滅の名曲『上を向いて歩こう』はこの年の発売だった。

⑤平尾昌晃

一九三七年東京生まれ、神奈川県茅ヶ崎出身、二十四歳。慶應義塾高校中退。少年時代からジャズ教室に通い、朝丘雪路、水谷良江、ペギー葉山らと知り合いだった。この人も渡辺美佐のスカウトで。裕次郎映画『嵐を呼ぶ男』に登場（第二章96ページ参照）。『星は何でも知っている』や『ミヨチャン』を大ヒットさせている。みんな知っていると思うが後年は作曲家として大活躍。

⑥アイ・ジョージ

一九三三年生まれ、二十八歳。中国香港出身。本名は石松譲治。父親は日本人、母親スペイン系フィリピン人、正確な学歴の記載がない。一九五三年に黒田春夫の芸名でデビュー。この年、アイ・ジョージと改名。

⑦井上ひろし

一九四一年神奈川県横浜市生まれ、二十歳。学歴の記載が見当たらず不明。元ドリフターズに所属してロカビリー歌手として活躍。ソロ歌手として前年、戦前のヒット曲『雨に咲く花』を百万枚を超える売上げで、リバイバルヒットさせた。守屋浩、水原弘とともに〝三人ヒロシ〟と謳われた。

⑧ミッキー・カーチス

一九三八年東京赤坂の生まれ。二十三歳。成城大学文芸学部中退。両親ともに日英混血の男女のあいだの長男として生まれる。戦争中は上海で育った。進駐軍まわりをしていてロカビリー歌手としてみとめられ、平尾昌晃、山下敬二郎とともに〝ロカビリー三人男〟として高い人気を誇った。

大阪での根城だったジャズ喫茶「銀馬車」の前で。写真の向かって右が内田裕也、左が佐川ミツオ。

写真、上から井上ひろし、ミッキー・カーチス、ジェリー藤尾。

⑨佐川ミツオ

一九三九年兵庫県神戸市出身、二十二歳。市立須磨高校中退。大阪のジャズ喫茶『銀馬車』のオーディションに合格し、翌日から「クレイジー・バブルス」というバンドで内田裕也とともにツインボーカルを担当。銀馬車でうたっているところを堀威夫にスカウトされ上京、デビューした。

⑩寺本圭一

一九三三年生まれ。東京出身二十八歳。高校までは慶應義塾、青山学院大学出身。この人もカントリー&ウェスタンの歌手。明治大学を卒業したばかりの堀威夫とスウィングウェストを結成、その後、「寺本圭一とカントリージェントルメン」に舞台を移し、独特の鼻にかけた歌唱法で人気を博して活躍した。

⑪ジェリー藤尾

左は江利チエミ。ジャズ歌手の出身だが、女優としても大活躍した。

一九四一年中国上海生まれ。二十一歳。専修大学附属京王高校中退。父はNHK国際部のアナウンサー、母親はイギリス人。ジャズ喫茶でうたっていたところを、マナセプロにスカウトされた。

⑭佐々木功

一九四二年生まれ、十九歳。東京都目黒区の出身、暁星小・武蔵中学・高校卒業。和製プレスリーのキャッチフレーズでエルビス・プレスリーのカバー曲をうたってデビュー。のちに『宇宙戦艦ヤマト』などを大ヒットさせ、〝アニメソングの大王〟と呼ばれることになる。

【女性歌手】

①江利チエミ

一九四二年生まれ、二十四歳。東京入谷生まれ。終戦後、父親も兄も失業したなかで父をマネジャーに兄を付き人に進駐軍まわり、生活のためにジャズ歌手となり、ジャズのブームのさなかに進駐軍の兵士から『テネシーワルツ』のレコードをプレゼントされ、この歌をうたってデビューし、大ヒットさせた。

②森山加代子

上の写真はこの年（昭和三十六年）の六月号の雑誌『平凡』の付録（歌本）の表紙の佐川ミツオと森山加代子。札幌のジャズ喫茶でうたっているところをマナセプロの社長、曲直瀬正雄にスカウトされ歌手デビュー。前述したが、前年に『月影のナポリ』、『メロンの気持ち』、『月影のキューバ』を連続ヒットさせ人気歌手に仲間入りした。

③ザ・ピーナッツ

一九四一年生まれ、二十歳。双子姉妹。愛知県名古屋市出身。渡辺プロの渡邉晋にスカウトされた。一九五九年にデビュー曲『可愛い花』、つづいて『情熱の花』を大ヒットさせた。六十一年から日本テレビ系で放送開始された『シャボン玉ホリディー』のメイン司会者を務める。

④ペギー葉山

この人も紹介が前章とダブルが、一九三三年東京四谷生まれ、二十八歳。青山学院高等部卒業。在学中からジャズ歌手を志望し始め、ディーブ釜萢の口利きで、ジャズバンド「渡辺弘とスター・ダスターズ」の専属歌手となり、高校卒業後レコードデビューした。一九五九年に『南国土佐を後にして』を大ヒットさせている。ほかに『学生時代』、『ラ・ノビア』、『ドレミの歌』などの大ヒット曲をもっている。

⑤朝丘雪路

写真上から、朝丘雪路、雪村いづみ、坂本スミ子。

１９３５年東京京橋生まれ。26歳。山脇学園卒業後、宝塚音楽学校へ。父は日本画家伊東深水。元宝塚歌劇団月組の娘役。紅白歌合戦に連続出場していて、１９６１年には『チャチャで飲みましょう』をうたっている。そのほか『シング・シング・シング』や『島育ち』などが持ち歌だった。この時代にはまだ大きなオリジナルのヒット曲はないが、人気者だった。１９７３年に津川雅彦と結婚し、添いとげている。

⑥雪村いづみ

１９３７年生まれ。東京都目黒区出身、24歳。この人もジャズブームからの生き残り。早くに父を失い、母子家庭で生活のためにジャズ歌手になった人である。第1位の江利チエミとこの人は歌謡界の女王的存在だった美空ひばりと三人で〝三人娘〟と称されたが、ひばりはこのランキングには入っていない。『ミュージッククライフ』にとって、ひばりの歌は歌謡曲すぎるということか。ひばりを入れると島倉千代子とかも入れなければならず〝ミュージック〟の歌手の人気投票ではなくなる、ということなのかも。

⑦田代みどり

彼女は１９４８年生まれ。鳥取県生まれ、大阪育ち。まだ13歳である。7歳のとき（１９５５年）からジャズ喫茶でうたっていたという。平尾昌晃にスカウトされ、前年（60年）レコードデビュー。61年にアメリカンポップス『パイナップルプリンセス』が大ヒットした。

⑧坂本スミ子

１９３６年大阪出身。25歳。ＮＨＫの大阪合唱団をへてレコードデビュー。バラエティ番組の元祖『夢で逢いましょう』の主題歌をうたって人気者となる。ラテン歌手として活躍し〝ラテンの女王〟と呼ばれた。

⑨水谷良江

いまは母親の名を継いで、水谷八重子と名乗っている。１９３９年生まれ。東京青山生まれ、麹町育ち。父は歌舞伎の守田勘弥。早くから女優のかたわら、１９５５年にジャズ歌手としてデビュー。テレビの創世紀からタレントとして活躍し、黒柳徹子、横山道代とともに〝三人娘〟を称された。新派の女優で、映画の五社協定の枠外にあり、それが自在に活躍できた大きな原因だった。

⑩沢たまき

１９３７年神奈川県川崎市生まれ、24歳。山脇学園出身。短大在学中にラジオの素人の勝ち抜き番組に出演し、優勝。ジャズ歌手として デビュー。短大卒業後、本格的な活動を開始した。彼女の最大のヒット曲である『ベッドで煙草を吸わないで』は１９６６年の作品、

㉓牧村旬子

１９４４年生まれ、17歳。７歳の頃からジャズ・シャンソンを米軍キャンプでうたい歩き、レコード会社にスカウトされた。この年、石原裕次郎とのデュエット曲『銀座の恋の物語』が大ヒットした。この歌はい

写真上から水谷良江の『デビー・クロケットの歌』、田代みどりの『パイナップルプリンセス』、渡辺トモ子の『トモコのクレメンタイン』のレコードジャケット。

まも男女でいっしょにうたうカラオケの代表的なナンバー。

㉚渡辺トモ子

1944年生まれ、17歳。東京都豊島区出身。元々は童謡歌手だったのが、ジャズに転向し、1960年にレコードデビュー。『トモコのクレメンタイン』（『いとしのクレメンタイン』のカバーソング）などのヒット曲がある。この人も確か渡辺プロの所属だったと思う。

いちおう簡単にだが、該当ベスト10の男女メンバーのプロフィールを紹介した。

こうして人名をズラリと並べてみると、いくつか気が付くことがある。

まず、男女を比較すると、はっきり違うところがひとつある。男の方はほとんど、東京周辺、横浜、大阪、神戸、それから中国の港町、香港、上海などの出身で、外国の文化の洗礼を受けやすい場所の出身である。それとカントリー&ウェスタン、ロカビリーを出発点にする人がほとんどで、ホリプロの創業者である堀威夫氏と出会いがキッカケというのが目立つ。この人はこの時代を作ったキーパーソンのひとりといえそうだ。

女性の方はその広がりから二つの系譜が見てとれる。一つはチエミ、いづみ、ペギー葉山などに見られるようなジャズの流れで昭和二十年代から活躍している人たち、さらに後続の形になるが、朝丘雪路、沢たまき、水谷良江などジャズの素養を身につけ、洋楽を歌う女性歌手、ラテン歌手の坂本スミ子もこの流れに属しているだろう。そして、もうひとつはザ・ピーナッツを先頭に、森山加代子、田代みどり、渡辺トモ子らの、テレビのバラエティ・ショーで人気者になった人たち、彼女たちは案外、地方からスカウトされて上京するケースが多く、渡辺トモ子のように子役上がりという人もいるが、東京出身でない場合が多いようだ。

これらの動きの背景には、いずれにしてもテレビの隆盛がある。つまり、テレビは基本的に都市生活者の娯楽道具なのである。この後、テレビは大衆の娯楽文化と消費生活のための中心的メディアになっていくのだ。詳しいことは後段の【テレビ界】の項で再論しよう。

上の写真は小学館文庫の堀威夫の本『いつだって青春』、下は和田アキ子と堀威夫。和田は1952年生まれ。たしか1968年のデビュー。わたしはデビューしたころの彼女を知っている。最初、ビートはあったが、がさつな感じの大丈夫かなというような女の子だった、山口百恵もそうだったが、彼女を見るたびに、ホリプロが持っている人間を作りかえる力を痛感させられる。

さてそれで、手元に小学館の文庫本になっているホリプロの創業者の堀威夫氏の回顧録がある。

ご本人は元々ウェスタンバンド、ワゴンマスターズの出身で、別れてスイングウェストのリード・ギター担当のミュージシャンだった人なのだが、日劇ウェスタンカーニバル後のロカビリーのブームのなか、歌手のマネージメントをめぐって当時、既成の勢力であったナベプロ（渡辺プロ）と対立、同様に歌手の扱いをめぐってトラブルになって、人気歌手を回してもらえなくなっていた銀座のジャズ喫茶の経営者と組んで新しいプロダクションを作り、そこでマネジャーとして守屋浩、佐川ミツオ、佐々木功らの若い歌手を人気者に押し上げる。

この人たち、新しいこの分野の若い男性歌手に全体的にいえることだと思うが、レコードの売上げ枚数を競うというよりは、ジャズ喫茶や劇場での公演のようにファンと直接結びつくような、後年のアイドル歌手のような強さのある、もうこの時代、タレントという言葉を使っていいと思うのだが、歌の良さというより、時代のつくり出す人気に支えられたタレントだったと思う。

この本の中で描かれている昭和三十年代の歌手とマネジャーの離合集散は凄まじい。

堀さんは、この新しい事務所にほとんど一人で資金を出しながら、会社設立の法的手続きをいい加減にして、代表権を別の人にしたために、プロダクションの内紛に遭い、周囲の人たちに裏切られて、会社を辞めざるを得なくなる。

彼は、自分を信頼して黙ってついてきてくれた守屋浩やこのときの会社乗っ取りを快《こころよ》しとしなかったスイングウェストのドラマーだった田邊昭知ら、わずかな人たちを連れて独立、ここからホリプロ（当時は堀プロダクション）の歴史が始まっている。

本のなかで、堀さんはいちいち実名をあげて、なにが起こったかを克明に書いているのだが、本書ではそこまではやらない。

ただ、この時代の芸能活動の単位拠点であったプロダクションが契約の概念が希薄な口約束と調子あわせの世界で、背景には猛烈な勢いで流動する大衆の作りあげる［人気］があり、それに気持ちを左右される人間たちがいた。それは戦国時代の下克上のような世界で、マネジャーたちは現実の芸能界のつじつまを合わせたルールと自分の夢や理想とのあいだで軋轢に苦しみながら、一国一城の主になりたい、芸能界で一番の売れっ子のマネジャーになりたいという野望に駆られながら仕事していたのだと思う。

昭和三十年代につくられたプロダクションの多くは解散したり倒産したりして姿を消したり、規模を縮小して細々とやっているところがほとんどなのだが、ホリプロはいまも業界の大手プロダクションとしてがんばっている。

これは、そもそもの創業者たる堀さんのタレントマネージメントのスタンスの成果なのだろう。

わたしはホリプロとは和田アキ子さんからの付き合いで、それ以前の荒波にもみくちゃにされそうになりそうだった時代のことはほとんど知らなかったのだが、社の創業期にそんな苦労をされたのかと敬意とともに、このプロダクションに対する認識をあらためざるを得なかった。

【映画界】

映画界は、徐々に地盤沈下しつづけていた。しかし、業界でこの傾向が永続的なものであることに気付いている人はほとんどいなかった。

この年、新東宝が精算会社となる。経営が行き詰まって、希望退職者を募って人員を整理し、小規模な製作会社と配給会社に移行するのだが、これは「倒産した」と書いていいのではないかと思う。配給会社は大宝というのだが、これはすぐに潰れている。

映画産業を数字的なデータで見ると、観客動員数ははっきりとした長期的な下落傾向を示していた。前年が10億1436万人で、この年は8億6343万人と14・9パーセントも減少している。ピークだった昭和三十三年からだと23・4パーセント減である。この数字はこの後も猛烈な経過を見せていて、凄まじい減少をつづけ、十年後の昭和四十六年には、映画の観客動員はピーク時比較で81・7パーセント減、

2億1675万人まで落ち込んでいる。

要するに産業的にはものすごい勢いで収縮していて、このことは映画界に大変な変化を強いることになる。昭和三十六年の、そのことの兆候を探っていこう。

五社協定はあいかわらず強気だったが、綻びは出始めていた。

五社協定というのはじつは邦画六社（松竹、東宝、大映、東映、日活、新東宝）が作っていたカルテル（産業独占同盟みたいなもの）だったのだが、新東宝はここから前年の六月に離脱している。経営不振に陥って、業界の約束なんか守っていられるか、というような話だった。

新東宝のここに至るまでの経緯は前年（昭和三十五年）の章でも書いたが、昭和三十二年に『明治天皇と日露戦争』という作品を大ヒットさせ、邦画のランキングで第1位の、戦後最大の配給収入を得ている。その金額は当時の物価で5億4千万円あまり、これは銀行員の初任給、当時は5600円で、いまは20万円が相場だから、計算すると193億円の配収があったことになる。

新東宝はこれを撮影所の施設拡充などの設備投資に回したのだが、そのあとは大きなヒットには恵まれなかった。資金繰りに困って、給料の遅配などが始まったことで経営者と組合が対立して、ゴタゴタがつづいた経緯は前章の225ページ以下で紹介した通りである。

新東宝の経営者（社長）というのは大蔵貢という人物で、この人は戦後すぐに人気歌手として活躍した近江俊郎のお兄さんなのだが、やることが大胆というか、いい加減というか、合併話を東宝や東映、松竹に持ちかけたのだが、その裏でこっそり日活と交渉したりして、また、合併後も自分が社長に留まろうと画策したりして、相手はみんな嫌気がさして、結局、誰にも相手にされなくなってしまう。社内的には、給料の遅配はなんとか許すにしても、公の記者会見の席で、例の「女優を妾にしたんじゃない、妾を女優にしたんだ」などという発言をしたりして、こういう状況で従業員のあいだに愛社精神が育つわけがなかった。

一九六一年の新東宝の〝失速〟について、『映画年鑑1962』はこんなふうに説明している。

新東宝は、製作施設やスタッフが他社にくらべて弱体なので、年間製作本数を四〇本前後におさえ、大蔵新東宝社長の経営している富士映画の作品や独立各プロの作品を加えて番組を編成してきた。同社は低廉な制作費で怪談映画、愛欲もの、怪奇スリラー、冒険活劇など早撮りの娯楽映画をつくり、また手持ち旧作品を改題して併映し、新旧二本立て配給をつづけてきた。しかし製作費の安い早撮り映画は次第に観客の信用を失い、怪談映画二本立てやセックス官能映画二本立てがまれにヒットすることもあったが、総体に営業成績が低下し、配収がジリ貧になってきた、大蔵社長は「収入の範囲で支出をまかなう」ことを経営の基本方針としており、配収の低下につれて製作費を切り下げてきたが、それでなくても安過ぎる製作費をさらに切り下げたため、作品がなおさら低下し、成績がますます下がってきた。（略）

60年3月から第二東映がスタートし、既成映画市場に食い込んできたが、邦画各社のうち最も作品の弱い新東宝は東映第二系統に全国契約館を侵食されて、非常な打撃をうけ、同年下半期には一配給系統を維持していくことがむずかしくなってきた。そこで新東宝は他社への経営権譲渡を決意して、松竹、東宝、東映などの各社と交渉したが、いずれもまとまらなかった。（3）

業界の人たちは新東宝の破綻について「あんなことをやっていたらダメになるに決まっている」と新東宝

という会社の経営内容や政策方針が悪くてなるようになったと考えた。たしかにそういう部分もあったが、これは映画産業の規模収縮が、まず一番弱いところに［社業不振］という形をとって、表れたと考えるべきだった。新東宝の解散によって、技術スタッフは独立プロに、専属の俳優たちの多くがテレビの世界に流れていった。具体的に役者たちの名前をあげると、高島忠夫、宇津井健、天知茂、池内淳子、三ツ矢歌子、久保菜穂子といった人たちである。

まず、この年の映画界の一番大きな出来事を説明したが、この年の映画作品の評価は次ページに載せた表のようになっている。映画評論家たちの選んだベスト10作品にはズラリと巨匠監督の作品が並んでいる。

そのなかでの特筆は第一位の羽仁進。それまで岩波映画で短編のドキュメンタリーを撮りつづけてきた人だが、実際に久里浜少年院に収監されている少年たちを使って、長篇のノンフィクション映画をつくり、巨匠たちをさしおいて首位を獲得した。

気が付くことがいくつかあるのだが、俳優では仲代達矢が第二位の黒澤映画にも第三位の木下恵介の作品にも第四位の小林正樹の『人間の條件』にも登場している。

以前、ご本人から直接お話をお聞きしたことがあるのだが、このころは劇団の『俳優座』に所属していて、劇団のなかでは若手の末席に座るべき年齢の新米劇団員だったのだが、それが映画界では大スターあつかいで、劇団に映画会社がハイヤーで迎えに来て、先輩たちにジロリと睨まれて、肩身の狭い思いをした、という。若いころの仲代は美男子で、演技力もしっかりしていて、特に黒澤明は、主役を演じる三船敏郎の格好のライバルを見つけた形になって、当時の黒澤映画にとって不可欠のお気に入り俳優になった。

【映画評論家たちが選んだ昭和36年の邦画ベスト10】

第1位『不良少年』（岩波映画）監督・羽仁進　出演・山田幸男
第2位『用心棒』（黒澤プロ・東宝）監督・黒澤明　出演・三船敏郎、仲代達矢
第3位『永遠の人』（松竹）監督・木下恵介　出演・高峰秀子、仲代達矢
第4位『人間の條件 完結編』（にんじんくらぶ・松竹）監督・小林正樹
出演・仲代達矢、新珠三千代
第5位『名もなく貧しく美しく』（東京映画・東宝）監督・松山善三
出演・高峰秀子、小林桂樹
第6位『反逆児』（東映）監督・伊藤大輔　出演・中村錦之助、東千代之介
第7位『あれが港の灯だ』（東映）監督・今井正　出演・江原真二郎、高津住男
第8位『はだかっ子』（東映）監督・田坂具隆　出演・有馬稲子、木暮実千代
第9位『飼育』（パレスフィルム・大宝）監督・大島渚
出演・三國連太郎、小山明子
第10位『黒い十人の女』（大映）監督・市川崑　出演・山本富士子、岸惠子

【昭和36年　邦画興行成績ベスト10】

第1位『椿三十郎』（東宝）	監督・黒澤明	配収4億5010万円
第2位『赤穂浪士』（東映）	監督・松田定次	配収4億3500万円
第3位『あいつと私』（日活）	監督・中平康	配収4億0008万円
第4位『用心棒』（東宝）	監督・黒澤明	配収3億5100万円
第5位『宮本武蔵』（東映）	監督・内田吐夢	配収3億0500万円
第6位『幽霊島の掟』（東映）	監督・佐々木康	配収3億0200万円
第7位『銀座の恋の物語』（日活）	監督・蔵原惟繕	配収3億0000万円
第8位『堂々たる人生』（日活）	監督・牛原陽一	配収2億8977万円
第9位『アラブの嵐』（日活）	監督・中平康	配収2億8800万円
第10位『世界大戦争』（東宝）	監督・松林宗恵	配収2億8499万円

この年、評論家たちが選んだベスト・ワン作品は新鋭の監督、羽仁進が作った『不良少年』だった。この映画はほかの劇映画と違って、実在の久里浜少年院を撮影の舞台に、本当に非行経験を持つ不良少年たちを使って、つまり極限までドキュメンタリーに近づけた映画作りが行われた。それが評論家たちに支持されたのだった。

『キネマ旬報』のベスト10は映画評論家たちが点数を持ち寄せあって決めたランキングだったのだが、興行成績、つまり配給収入のベスト・テンは右ページ下段のようになっている。

これも、見ていて気が付くことがいくつかある。それを説明しよう。

こちらのベスト・テンでは映画評論家の方のランキングにない黒澤映画の『椿三十郎』、いや、もう少しで四十郎かな、が首位に立っている。これは『映画年鑑』に記録のある配給収入のベスト・テンの年期が当年四月から翌年の三月締めの仕切りで計算しているため。『椿三十郎』の劇場公開は昭和三十七年の一月一日からで、興行収入のランキングでは該当年期に入るのだが、評論家たちによる投票の対象作品からは漏れてしまっているため。『用心棒』の公開は昭和三十六年の四月二十五日からで、『椿三十郎』は、昭和三十七年の映画評論家たちの投票では第五位の評価を受けている。

それにしても、黒澤明は豪腕である。一年間のあいだに、二本の映画を作り、配収8億円余を稼ぎだしている。それでいて、映画評論家たちからも最大級の評価を受けている。映画の大衆性と芸術性を見事に両立させた映画作りだった。彼はこれまで日本映画になかったような監督に成りあがろうとしていた。これにはエピソードがあり、こういうところで映画を作ってやろうと考えるにいたる、彼なりの事情があった。

黒澤が『隠し砦の三悪人』を作ったときの予算オーバーと製作日数の遅延を咎められて、利益折半を前提にしての東宝からの独立と黒澤プロの設立を余儀なくされるのだが、その第一作が政治という難しいテーマの映画『悪い奴ほどよく眠る』（直接製作費8254万円）だった。この映画は昭和三十五年のちょうど安保闘争の嵐が吹き荒れていた時期に製作され、公開されたのは九月、国民的には政治闘争熱がすっかり冷めてしまったころの封切りになってしまい、評論家たちの評価はそこそこ（ベストテン第三位）だったのだが、

映画『用心棒』。砧の撮影所の隣地に宿場町のセットを作って撮影した。三船敏郎は豪快に見えるが緻密な計算をする俳優だった。敵役の仲代達矢も超迫力の演技を見せた。

観客動員的（つまり配給収入的）には前後の娯楽を意識して作った時代劇作品に比べるとイマイチであったらしい。このことについて、黒澤さん本人は「プロダクションができたら、さっそく金儲けのための写真を作ったといわれるのがシャクでね。一番難しいものに取り組んでやろうと思った」といっている。この反省があったのだと思うが、これ以降、『用心棒』からの作品は観客動員のことも念頭におきながら映画としての質の高さも追求する、黒澤明ならではの大衆性と芸術性を両立させた映画製作を展開するのである。

彼の映画作りは予算をふんだんに使う、他社から見れば規格外のものだった。東映や大映が一本の映画を作るための製作費を3千万円から4千万円で作るところ、『用心棒』は9087万円の直接製作費を使っている。『椿三十郎』は『用心棒』の続編のような作品だったから、そこまでのお金はかかっていないと思うが、そのあとの作品である『天国と地獄』では1億2560万円をかけて、4億6千万円の配給収入をたたき出している。

これらの黒澤映画はいま見ても、十分鑑賞に耐えられる映画としての質の高さを保持しているのだが、これには黒澤ならではの映画作りの技術が多用されていた。それは、徹底して時代や現場を復元した美

三船敏郎は精密機械のような俳優だった。『椿三十郎』は『用心棒』のついでに作ったような、黒澤監督にしては低予算の映画だったが、配給収入はこの映画の方が多かったという皮肉。

術、衣裳から始まるのだが、周到な本読みとリハーサル、撮影現場でのマルチカメラシステム（複数カメラによる同時撮影。これはカメラを同時に三台くらい回したらしい。だからフィルム代も三倍かかったことになる）、パンフォーカス撮影（絞りを思い切り絞って、焦点深度をたかめ、画像のボケを徹底的に排除する手法）、パンフォーカス撮影のための照明器具の多用（絞りを思い切り絞ったあと、明るさを補うために大量のライトを使った。黒澤映画の撮影中、撮影所で同時に作られていたのほかの映画の撮影が延期になったという話まである）などによって、スクリーンの大画面で見ても重厚さに圧倒されるような迫力を生み出したのである。黒澤映画は、三船や仲代、山田五十鈴や加東大介、志村喬などの実力派の俳優たちの迫真の演技もあったが、それを完全に復元して見せようとした黒澤本人の映画執念の賜物だったと書いていいと思う。

　東宝はこの大作主義と部門ごとに独立採算制を導入し、最終的に別会社に分社することで、この映画的危機状況を乗り越えようとするのである。そして、このへんから、彼は撮影所で〝天皇〟扱いされはじめるのである。

　この大衆性と芸術性の両立の問題についていうと、この年、ほかにも兆候が現れている。それは東映作品の中での中村錦之助（のちの萬屋錦之介）の立ち位置である。彼は伊藤大輔が作った、悲劇の武将徳川信康を描いた『反逆児』では評論家たちの好評価を得ていて、内田吐夢が作った『宮本武蔵』では、高い配給収入をもたらしている。

配収に関していうと、東映はこの作品のほかにオールスターキャストで作った『赤穂浪士』（市川右太右衛門が大石内蔵助を演じた忠臣蔵である）と『幽霊島の掟』という映画がランキングのなかに入っている。『幽霊島～』は難しい映画を嫌った大川橋蔵と美空ひばりが共演して作った映画。娯楽に徹して、ファンたちを喜ばせた。それにしても、東映は前年、路線拡張を目指して、第二東映を発足させたが、そっちのほうはあまりうまくいかなかったようで、早くも軌道修正を迫られている。のちに、東映で長く社長を務める岡田茂の自伝『波瀾万丈の映画人生』には、「昭和三十五年、第一東映は百四本、第二東映は五十二本もの映画を製作し」た、とあり、つづく昭和三十六年について言及した、こんな文章がある。

中村錦之助も東映時代劇という、芸術性の薄弱な勧善懲悪、観客優先のジャンルで、それなりの成熟を遂げていた。この時期の錦之助は、上下２作品のほかにも、『一心太助』や『源氏九郎颯爽記・秘剣揚羽の蝶』など、記憶に残る作品に出演している。

時代劇映画の成功で躍進を続けた東映ではあったが、まもなく大増産による苛酷な労働が現場を襲うことになる。現場軽視のリストラ戦略による不満は、極限まで達した。片岡千恵蔵御大を旗頭に、反対の声が大きくなった。営業担当の伊藤義常務（のちに東急レクリエーション社長）が、「大量生産にも限度があります。こんな写真（映画）じゃ営業成績を上げろと言われても無理です。第二東映は早く撤退すべきです」と正論を吐いた。「それなら辞めろ」と大川社長は激怒し、伊藤さんは五島昇さんの仲介で東急レクリエーションに去った。大川さんは昭和三十四年（一九五九）に雑誌『財界』の経営者賞、『文藝春秋』の財界十傑にも選ばれて、得意の絶頂にあったが第二東映がつまずきの石になってしまった。同三十六年二月、第二東映は『ニュー東映』と改称して現代劇専門に縮小する。同年四月、東映は設立十周年を迎えたが、大川社長は十一月、ついに配給系統を一本化し、大作主義へ路線転換せざるを得なかった。

　第二東映の発足に合わせた二十五億円の増資は系列館の増強、人件費の大幅アップ、製作費の上昇などで消えた。そして時代劇、いや映画そのものも退潮しはじめた。（4）

　いま思えば、大作主義は映画がテレビに対抗して生き残るための唯一の手段だった。大作主義というのは、簡単にいうと、製作本数を減らして大きな予算を一作に投じる考え方である。新東宝が「収入の範囲で支出をまかなう」といって低予算の早撮り映画を作りつづけて破綻したこと、東宝が黒澤映画に大きな予算を割いて、それに何倍する配給収入を得たことなどからわかるように、力のある監督と俳優たちが一本ずつ、丁寧に、傑作をつくり出す、それしか、映画が落ち込もうとしている状況から脱出する方法はなかった。これは当然のことだが、一種のリストラで、撮影所も当然のことだが人員整理の波にもみこまれ、映画産業はこのあと、大量の失業者を生み出すのである。

映画界が斜陽化しはじめたこの状況のなかで、大映や松竹はだんだんヒット作が小ぶりになってきて、なかなか大きな利益をもたらす作品に恵まれなかった。大映と松竹に関してはここではふれない。そしてなのだが、残る一社、日活はかなり特殊な環境にあった。『映画年鑑』にこんなレポートが載っている。

(日活は)いわゆる〝裕次郎ブーム〟が起こってから興行的に一段と躍進した。日活は裕次郎につづいて小林旭、赤木圭一郎、和田浩治ら新人アクションスターをぞくぞく売り出し、これら四スターにダイヤモンド・ラインという名前を付け、かれらの主演映画を交互に公開する〝ピストン作戦〟をとった。(中略)

フィチュア(フィーチャー=特集の意味か?)はアクション・ドラマに重点を置いたが、(一)裕次郎の主演映画は明朗活劇 (二)小林旭の主演映画は「渡り鳥シリーズ」「流れ者シリーズ」などを主体とする地方色豊かな活劇 (三)赤木圭一郎の主演映画は「拳銃無頼帖シリーズ」のような都会調活劇 (四)和田浩治の主演映画はハイティーン活劇、という具合に、主演スターによってアクションものの素材を変え、作品にバラエティを持たせた。また裕次郎には北原三枝、芦川いづみ、中原早苗、二谷英明ら、小林旭には浅丘ルリ子、宍戸錠、白木マリら、赤木圭一郎には笹森礼子、沢本忠雄、吉永小百合ら、和田浩治には清水まゆみを主として組み合わせ、それぞれの作品に特色をもたせた。

ところが61年2月、石原裕次郎がスキーの事故で脚部骨折の重傷を負って治療に半年もかかり、また赤木圭一郎がゴーカート事故で死亡した。このため日活は売りもののダイヤモンド・ラインに大きな穴があき、

赤木圭一郎は小林旭と違って、雰囲気に不良っぽさがなく、真面目な正義感をただよわせる俳優だった。都会的なハードボイルドな役がよく似合った。彼の突然の死は日活にとっては大変な損失だった。

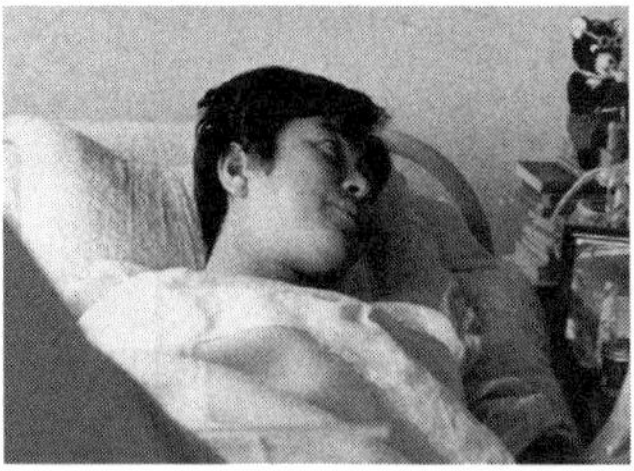

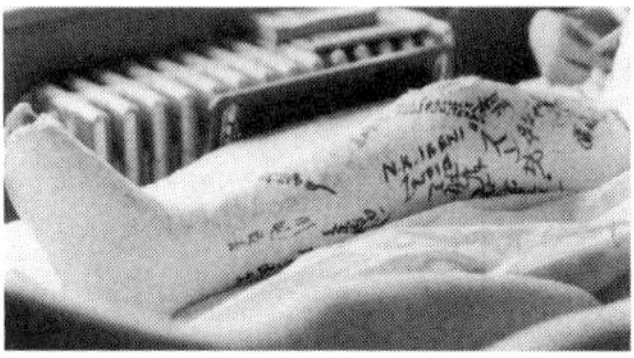

裕次郎は初の闘病生活、ベッドで将来のことをいろいろ考えたらしい。上から2番目の写真は骨折してギブスをはめた右脚。見舞いに来た人たちが包帯の上からサインしていった。大けがは遊びぐせのあった裕次郎を家庭の人にして夫婦の仲を深める効果もあった。

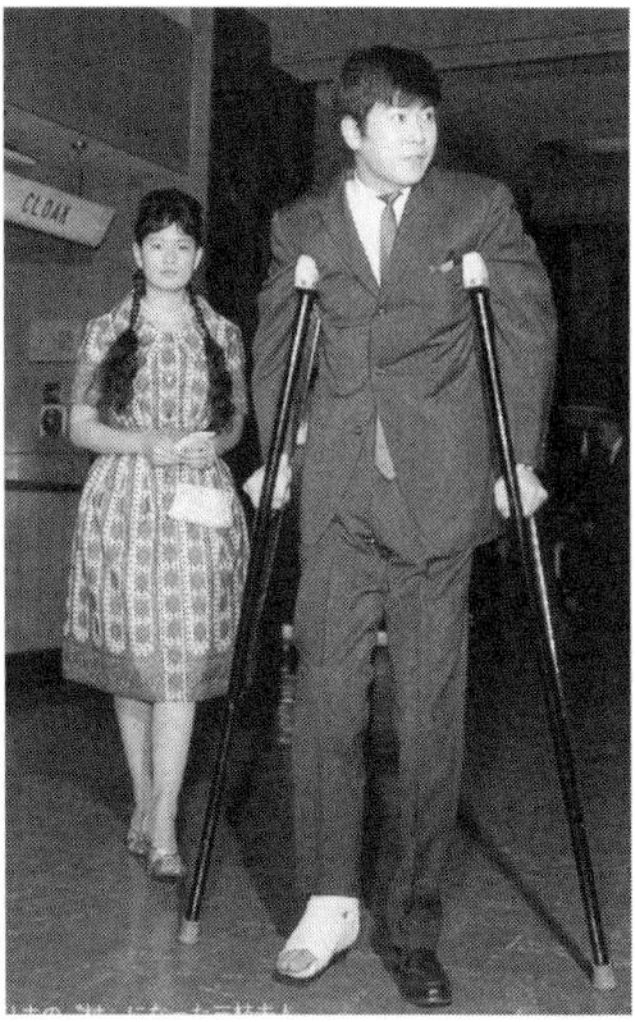

営業面で非常なピンチにおちいった。しかし日活はバイプレイヤーとして人気のある宍戸錠と二谷英明を主演スターに昇格させ、小林旭、和田浩治、宍戸錠、二谷英明の四スターによって新ダイヤモンド・ラインを結成して危機を切り抜けた。（5）

他方、配収のベスト・テンを見ると、日活の命綱ともいうべき［裕次郎映画］はこの年も健在で、興行成績ベスト・テンのうち、四席を石原裕次郎の主演映画が占めている。興行成績ベスト・テンの収入合計は34億594万円なのだが、日活は四本（すべて裕次郎映画だった）で12億7785万円、実に37・5％を稼ぎだしている。これを見ても、裕次郎がいなくなると、日活は大変なことになることが分かる。

この年の裕次郎の動向を書くと、彼は昭和三十五年の十一月に女優の北原三枝と結婚し、新婚生活に入るのだが、正月に加山雄三（この前年にデビューした。『若大将シリーズ』はこの年から始まっている。）らと遊びに行ったスキー場で女性スキーヤーと衝突して右脚を骨折し、その後半年以上の療養生活を送って、九月に『あいつと私』で元気な姿をスクリーンに見せたのだった。この映画は、裕次郎作品のなかで三十三年上映の『陽のあたる坂道』と同じ4億円の配給収入を上げている。病気療養中、映画界の将来についていろいろと、また自分の将来についても考えることが多々あったのだろう。裕次郎はこの翌年、石原プロダクションを設立し、自分の作りたい、大衆性と芸術性を合わせもった、自分なりの映画作りを模索し始めるのである。

【出版界】

本の世界ではまず、文学のジャンルで、これまでなかったような大きなというか、作家や出版社にとっての影響が大きいという意味なのだが、特異な事件が起きている。それが、いわゆる「嶋中事件」と三島由紀夫の書いた『宴のあと』にまつわる、小説のモデルになったと目されていた政治家が新潮社と三島本人を告訴した騒動だった。

『宴のあと』は新潮社刊、『風流夢譚』は雑誌『中央公論』に掲載された。
このふたつは片方は民事訴訟、片方はテロによる殺人事件だったが、両方ともこの時代の政治と文学の密接な関係性を暗示している。三島由紀夫は政治と文学を同じ枝葉のもの、と述懐している。この思想は後年の彼の行動の骨子となった。
『風流夢譚』は長く書籍化されず、海賊版が出回っていたが、十年ほど前に深沢七郎の後継の著作権者の許可を受けた版元が電子書籍化した。

嶋中事件というのは、深沢七郎の『風流夢譚』（昭和三十五年十二月、『中央公論』に掲載）に憤慨した右翼少年が中央公論社社長宅を襲い、お手伝いさんを殺害した事件だった。

文芸評論家の秋山駿は昭和三十五年の安保闘争を「時代の変化を前に、われわれが共通性をもって集団的に対処した最後の事例」「その挫折以降、個人的なものが集団から切り離され、しかも、その個人的なものが集団より優越するとはいわぬまでも、……いわば社会的な意識に対して、独自の価値を主張するに至る」と分析している。

秋山はその具体的な事例について、こう書いている。

昭和三十六年に、深沢七郎の『風流夢譚』の醸す気分にあおられて（この気分に反抗するために）、右翼の一少年がテロルを行うが、この事件の象徴するものは、右翼的な牙の存在ということよりは、むしろ——急速に変化する時代の流れから置き去りにされようとする人間の、社会の流れに対する、個人的なものの優越化、つまり、個人的な情念の独自の価値化、ということであったと思われる。

犯罪的行為というものは、時に時代の現実を素早く先取りする。この少年の眼に映じた時代の流れとは、いわば滔々たる日本のアメリカ化である、ということは疑えない。と同時に、この少年の表現したものは、社会への集団的抗議はもはや無意味であるという感覚であり、むしろ、個人的なものを独立して強行しよう、というような意識の選択である。時代のこのような状況と意識とを、鋭敏に反映したのが、大江健三郎の『セヴンティーン』（昭和36・1『文学界』）である。（6）

そして、もう一つは三島の『宴のあと』についての裁判なのだが、これは、作品は前年一月から十月まで

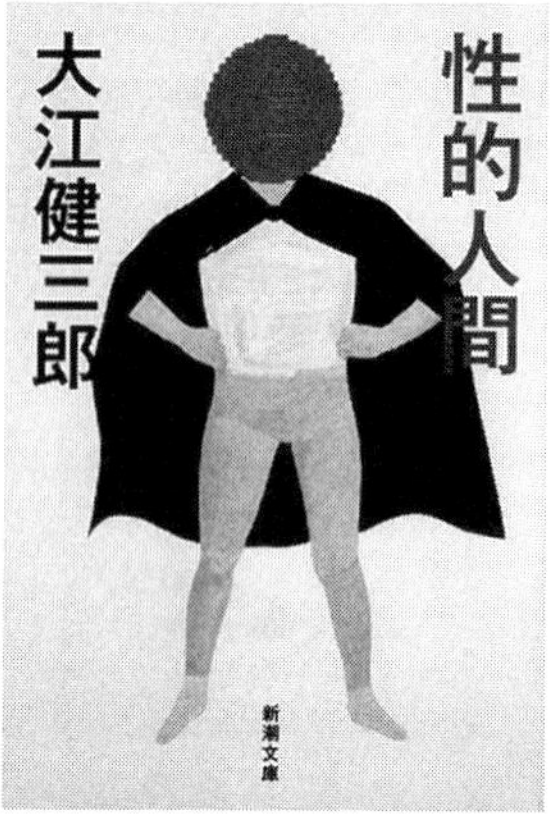

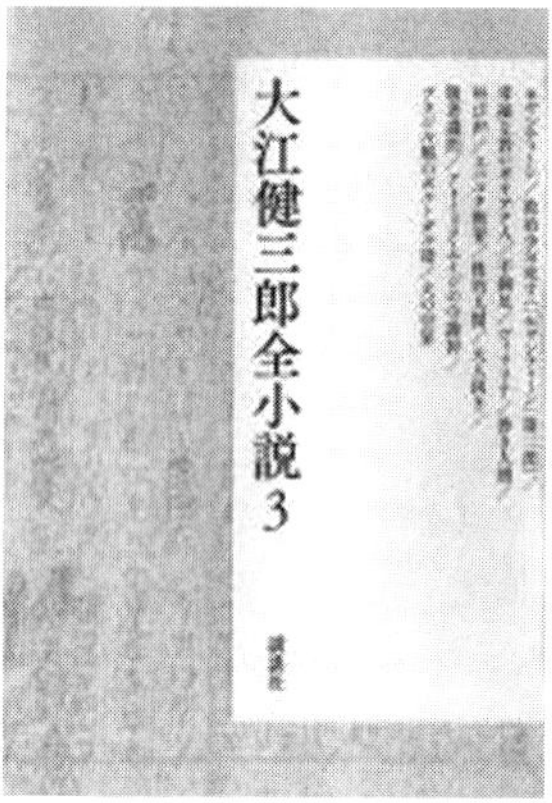

大江健三郎の『セヴンティーン』は浅沼稲次郎刺殺事件の犯人の少年をモデルにした小説で、新潮文庫の『性的人間』という本のなかに収録された。続編にあたる『政治少年死す』は、テロルを仕掛けた少年が留置場で自殺するまでの心理を描いた作品だったが、版元に脅迫状が送られてきて、書籍としての出版をあきらめた経緯があった。いまは写真下の作品集の第三巻で読むことができる。

連載され、十一月に新潮社から単行本が刊行された。そしてこの年の三月に告訴されるのである。この裁判は日本初の有名人のプライバシーをめぐる裁判だったのだが、三島はこの年の一月には、別作品だが『憂国』を『小説中央公論』に発表している。この周辺の三島の細かな経緯までは調べないが、このへんから三島は右傾化して（というか、戦後の日本文化の有り様を否定する作業にとりかかって）いったのだと思う。

このことについても、秋山の説明がある。

戦前的なものの復活というなら、三島由紀夫の『憂国』を挙げることができる。これはいわば、「天皇」というような純粋に戦前的な価値の公然たる主張である。しかし、この作品が純然たるアナクロニズムではなく、時代の急所に放った矢であるということは、大江の作品の場合と同様である。大江のそれは、戦前的な価値の復活という時代の流れへの鋭い異議の提出であり、三島のそれは、他方の流れ、アメリカ化していく日本への鋭い違和感の表明である。（6）

ここまで、大衆文化の基底をなす、社会的な風情、心情の大きな流れを説明した。
この年の出版物のヒットの傾向をおおざっぱだが書き出す。
まず、カッパブックスだが、『英語に強くなる本』、これは英語に関わる本でありながら、縦書きで編集した、それなりに外国文化を日本的状況のなかに取りこもうと努力した発想の本だった。この本について、作家の井上ひさしは『ベストセラーの戦後史』で新聞記事（読売新聞、昭和三十五年三月五日）を取り上げこんな社会の風潮を紹介している。

英会話への関心が高まっている。海外渡航が自由になり始めたことやテレビの会話教室の影響などあるが、ネライは四年先の東京オリンピック。数万人の各国のお客さんに広く通用するのは〝国際語〟の英語だからだ。都内の英語スクールでは、学生にまじった中年のサラリーマンが〝いつの日にか〟の海外渡航に備えており、〝教養のため〟女給さんを上智大の講習会に通わせている銀座のバーもある。（7

この本は八月に発売し、年内で百三十万部を売り上げている。社会が熱心にアメリカ文化を吸収しようとする、最も具体的な例証である。小田実が書いた世界放浪の旅行記録『なんでも見てやろう』（河出書房新社）もこの年の話題の本。これも日本人の興味が大きく外国に向かっていたことの例証のひとつだろう。

ブームだったのは推理小説で、この年、松本清張の代表作である『砂の器』が発表になっている。推理小

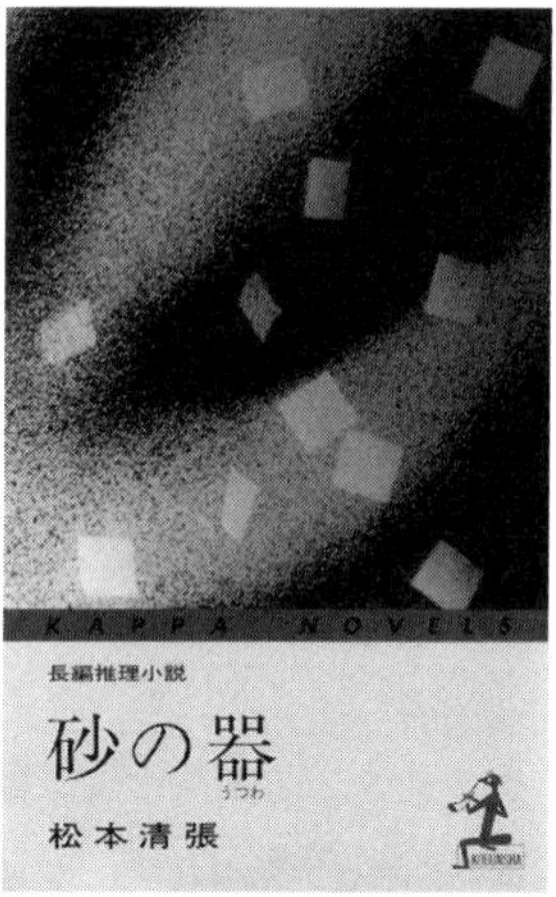

松本清張の推理小説は傑作がかなりたくさんあるが、どれも緻密な取材に基づいている。『砂の器』も作品のなかに戦後社会が孕んでいたさまざまの問題を織り込んだ作品だった。1974年に野村芳太郎によって映画化された。丹波哲郎の迫力演技が光っている。

説のブームは松本清張のほかに戸川昌子とか高木彬光とか、何人もの作家が作品を書いているが、この人たちの書いたものは残念ながらあとに残っていない。

『砂の器』を読み返してみると、松本清張が書いた作品はどれもそうなのだが、相当緻密に取材して書いている。背景の社会の枠組みがしっかり描かれている。

『砂の器』は新進俊英のピアニストが暗い過去を背負い、殺人を犯すという人間の宿命を描いた物語だが、物語の進行にふたりの刑事を登場させ、これもある意味、日本社会の有り様に対するアンチ・テーゼなのだが、素材にハンセン氏病（ライ病）患者の差別問題も絡んでいて、推理小説という枠を利用したドキュメンタリーのような小説を書きあげている。

雑誌の創刊では、『鉄道ファン』、『現代の眼』、『現代思想』などが創刊している。

創刊に成功した代表的な雑誌は『ミセス』、版元は文化出版局（文化服装学園の出版部門）。この雑誌のミソ、というか新機軸は、女性読者を対象にした雑誌は、皇室の記事、有名人のゴシップ、セックス記事、生活の提案などを取り上げない、既婚女性を読者対象にした、ファッションなどを中心にとりあげた洗練された雑誌を作って上昇願望向の強い主婦たちに支持された。

私事だが、母親が毎月、楽しみに読んでいて、本箱にバックナンバーを揃えていたのを覚えている。雑誌を盗み読んで、モデルにいい女がズラリと並んでいるのをみつけて、子どもなりに男心をときめかせた記憶がある。

『ミセス』は大衆のなかに生じ始めた、高級志向をすくい取って成功した雑誌だった。

【放送界】

アメリカ製の西部劇のドラマが茶の間を席巻しようとしていた。前年からつづく人気番組『ライフルマン』や『ララミー牧場』『ローハイド』が継続して放送中だった。そして、この年の外画（外国製テレビドラマ）の新番組としては『ちびっこギャング』、『パパ大好き』（男やもめと三人の子供たちの家庭を描いて人気爆発した）、『ローンレンジャー』、『怪傑ゾロ』、『ケーシー・ジョーンズ』、『保安官ワイアット・アープ』、『ブロンコ』などがある。

『ララミー牧場』のジェス役、ロバート・フラーは日本で特別に人気のある俳優になってしまった。

『ララミー牧場』は1960年6月から1963年7月までの四年間放送された。ワイオミングの駅馬車中継所のある牧場が舞台。番組のなかで流れ者の一匹狼ジェス・ハーパーの人気が沸騰し、ジェス役に扮したロバート・フラーがこの年4月に来日して、大騒ぎになった。フラーは2004年に引退し、テキサスで牧場を経営しているという。

また、特筆しなければならない作品は『ローハイド』。この番組は2年前、一九五九年からの放送だが、人気が爆発し、六十一年の八月五日放送分では視聴率43・4パーセントを記録している。出演していたのはエリック・フレミングとクリント・イーストウッドで、主題歌をうたったのはフランキー・レイン。

フレミングはこの番組を下りて、別番組を撮影中、河で溺死するという悲劇的な事故死を遂げるが、イーストウッドの方はこの番組終了後、イタリアに招かれてマカロニ・ウェスタンに主演し、大スターになっていく。

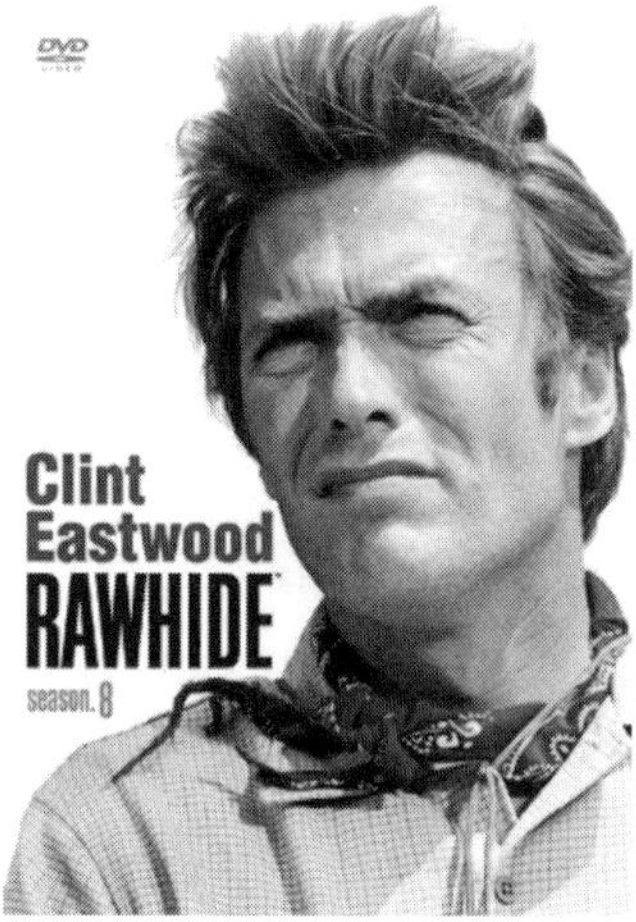

1959年のテレビ番組の紹介のところでもちょっとふれたが、『ローハイド』は59年から65年（昭和41年）まで6年間の長寿番組となった。この番組のもう一つのエポック・メーキングはここからクリント・イーストウッドという偉大な映画人を生み出したことだった。彼はこの番組の終了後、イタリアに招かれていわゆる〝マカロニウエスタン〟の邦題『荒野の用心棒』に主演し、大スターになっていった。

これらの作品は、自分の記憶をたどると、確かに作品名には覚えがあり、ウィッシュボン爺さんとか確かにいたなと思い出すが、内容、筋書きはほとんど忘れてしまっているものが多いのだが、懐かしい気分である。

それにしても、実にこの年、ゴールデンの時間帯に五十四本の外画が放送されたという。イヤでもアメリカ文化の影響を、ブラウン管から放射能を浴びるように受けていたことになる。その結果なのだろうが、やがて、昭和四十年代になると「アメリカはあこがれの国だが、日米安保は反対だ」という、よく分からない自己矛盾そのものの若者像ができあがっていく。

テレビは、岩崎放送出版の『放送文化小史・年表』によれば、この年の八月にはＮＨＫの受信契約数が八百万台を超え、普及率39・4パーセントと、約四割の家庭が茶の間にテレビを置き始めていて、大盛況である。

受信台数の猛烈な増加はテレビにメディアとしての確固たる地位をもたらした。そして、CMでも話題の作品が続出した。テレビコマーシャルというのも面白いもので、あれだけ繰り返して放送されると、何十年経っても脳にすり込まれて、記憶に残っている。

サントリーウィスキーのトリスオジサンはのちに作家となっていく開高健の原案、伊豆のハトヤホテルの「伊東に行くならハトヤ、電話はヨイフロ（4126）」はのちに作家・作曲家として名をはせる野坂昭如といずみたくの傑作である。

テレビが情報伝達と娯楽発信のツールとして一人前に成長した証拠なのだろうか。もっぱら外画とスポーツ中継と30分の子ども向けの活劇に依存していた番組構成のなかに、新しいタイプの娯楽番組が登場する。まず、テレビドラマの世界である。ドラマの世界では、このあとにつくられるさまざまのテーマ、というかジャンルといった方がいいかもしれないが、先駆的な番組が数多く登場する。

まず〝よろめき〟をテーマにしたメロドラマである。これは前年のところでもふれていて、繰りかえしになるが、所属の新東宝社長の大蔵貢ともめながらフジテレビで主演した池内淳子の『日々の背信』が、昼間の午後一時からの放送だったにもかかわらず、視聴率26パーセントを取るという記録破りの大奮闘ぶりで、十一月に池内の新東宝との契約が切れたのに前後して、同社は映画製作を停止し、社長の大蔵は辞任、彼女は晴れて自由の身になってテレビの世界で大活躍をはじめる。

〝よろめき〟というのはいまでいえば不倫なのだが、夫と愛人のあいだで愛の矛盾に悩む主婦役をいちいち番組名までは書かないが、TBS、日本テレビ、フジテレビ、NET（現・テレビ朝日）で順番に熱演する。これらの番組は、主婦たちをテレビの前に引き寄せて、テレビを彼女たちの生活必需品にする役割を果たした。このへんから主婦がテレビというメディアの重要な支持層になっていく。

外画の影響を受けて始まった国産のホームドラマも主婦層の熱い支持があったのだと思うが、本格的な番組が作られ、話題にのぼるようになる。

江利チエミ主演の『咲子さんちょっと』、この番組は父親が伊志井寛、母親が葦原邦子、息子役が小泉博、お嫁さんに江利チエミという配役だった。坂本九と有島一郎が共演した『教授と次男坊』もホームドラマ。NHKの朝ドラもこの年から始まっていて、第一作は『娘と私』、この番組には北沢彪、加藤道子などが出演している。いずれも家族の生活の楽しさ、喜びと悲しみをテーマにしたものだった。

ホームドラマ『咲子さんちょっと』（KRテレビ＝いまのTBS放送）はまだ子供がいない家庭の二世代ドラマ。伏線があるのだが、実は、小泉博と江利チエミはそれまで映画『サザエさん』でマスオとサザエの役で何度も共演した間柄で、夫婦の息はぴったり合っていた。下の写真は番組の四人をそっくり登場させて作った『週刊平凡』の表紙。
番組の人気のほどもわかるが、話題を素早くくみ取る雑誌のがわの柔軟性もなかなかのものである。

サラリーマンというか、会社勤めのあれこれを描いた、いまでいえば企業ドラマも本格的な、楽しいものが登場しはじめている。まず、NHKの『若い季節』、これは50人を超える人気スター、全員の名前はあげられないが、化粧品会社を舞台に女社長役の淡路恵子を筆頭に、沢村貞子、松村達雄、三木のり平から、菅原謙二、渥美清、坂本九、クレイジーキャッツ、黒柳徹子、森光子まで登場する、この時代のNHKでなければ作れないような番組だった。それから、関西で作られた『スチャラカ社員』、こちらは中田ダイマル・ラケット、ミヤコ蝶々、横山エンタツ、藤田まことら。この番組の成功で、上方喜劇もすすむべき方向を見つける。これを作ったのは香川登志緒。ここからのちに『てなもんや三度笠』が生まれる。

もうひとつ、前年、石原裕次郎主演で映画化された『青年の樹』、これは兄の慎太郎が書いた小説が原作なのだが、主演・勝呂誉、共演・香山美子でテレビドラマ化された。若者たちの考え方や主張を描きだして、人気を集めた。若年層にテレビというメディアを見直させた番組だった。

それから、一番大きな変化は刑事もの、法廷もののドラマが登場したことだろう。それまで、私立探偵のドラマや新聞記者を主人公にして人気を集めた『事件記者』のようなドラマはあったが、刑事や検事を主役に作られた連続ものは初めての登場だった。

それが『七人の刑事』と『特別機動捜査隊』、そして『検事』である。

『七人の刑事』はTBSの制作。主演は芦田伸介、堀雄二、城所英夫ら、新劇の俳優たち。

地味なメンバーである。この番組は最初『警視庁』というタイトルにしようとして、警視庁からそれだけは止めてくれと釘を刺された、事件のリアルをできるだけ追求しようとした番組だった。ピストルを撃つ場面は殆どなかった。それで『特別機動捜査隊』の方の主演は波島進、こちらの番組はカーチェイスとかピストルを撃ち合うシーンもあり、このあとのアクション系の警察ものの先駆けになった番組である。一方、『検事』を主演したのは、これも新東宝の倒産によって自由の身分になった宇津井健、それまで新東宝でリアリズム一切なしの映画ばかりに主演していたのだが、大映に移籍してなんでもこなしてしまうキャラクターが重宝されて、このあと映画にも数多く出演するのだが、明るくて軽いキャラクターがテレビにピッタリと評価されての主演だった。

これだけいろいろな面白い番組がズラリと並ぶと、映画が観客数を減らすのも無理はない気がする。

そして、特筆すべきは音楽を素材にした新しいバラエティ番組の登場である。

それがNHKが制作した『夢で逢いましょう』と、日本テレビ制作の『シャボン玉ホリデー』だった。このふたつの番組は新しい大衆的な音楽を作り出そうとしたということと、アメリカ文化の影響を受けた戦後育ちの人たちが作りだしたということでは共通していたが、番組のスタンスや方向性は微妙に、というか大

上の写真はTBS放送の『七人の刑事』、二段目は『特別機動捜査隊』。『七人の刑事』は芦田伸介が中心になり、このあと、間歇的に何度も番組が作られた。NET（現・テレビ朝日）放送の『特別機動捜査隊』の方も15年間のロングランになった。波島進を中心に中山昭二、青木義朗、里見浩太朗という、比較的地味な俳優が班長になって捜査員をひきいるという筋書きだった。

大阪発のコメディ『スチャラカ社員』。この番組も六年間つづいた。出演は花菱アチャコ、横山エンタツ、中田ダイマル・ラケットの人気コンビ。藤田まことも出演。関西ローカルのコメディが初めて全国区で笑いを取った。この番組の成功が『てなもんや三度笠』製作のスプリング・ボードになった。

いに異なっていた。

まず、『シャボン玉ホリデー』だが、メインのキャストはザ・ピーナッツとハナ肇とクレイジーキャッツ。シナリオを書いていたのは昭和軽薄派の才人、青島幸男と前田武彦である。音楽を担当したのは宮川泰。この人は大阪教育大学出身の音楽的素養をきちんと持ったピアニストだったのだが、テレビに出るのが大好きで、なんでもこなしてしまうので、ハナ肇から「クレイジーキャッツに入らないか」と誘われ、本人もその気になったが、渡辺晋たちに「辞めた方がいい、才能がもったいない」と忠告されて作曲家をつづけることにしたというエピソードの持ち主。ザ・ピーナッツのヒット曲の多くを手掛けている。

ピーナッツもクレイジーも渡辺プロの所属である。この年の暮れには、青島幸男が作詞し、植木等が歌った『スーダラ節』が大ヒットし、植木はこのあと、「日本一の無責任男」として、高度経済成長期の、バカバカしくて楽しいサラリーマン映画の主演を務めることになる。

クレイジーキャッツは昭和20年代篇の『昭和芸能界史』でも紹介したが、渡辺プロの誕生と共に成立したグループだった。これはメンバーのひとりだった某氏の証言だが、リーダーのハナ肇はけっこう上昇志向で、俺が俺がという人だったという。一番の人気者だった植木等は人格者で、自分を優先するような人ではなかった。そのことがこのバンドの長寿につながったといっていいと思う。何でもそうだが、同じメンバーで一つのことを長くやりつづけるのは大変なのである。
クレイジーの最初のヒット曲の『スーダラ節』は冗談で作ったようなレコードだったのだが、時代の雰囲気をうまく掴んでいて、コミカルソングなのに大ヒットした。

番組は日曜日の夕方六時半から七時までの放送だった。十年以上つづいた番組なので、新旧の記憶がごっちゃになってしまっているが、渡辺プロがついていたせいだろうか、この番組は洋楽志向が強く、アメリカでヒットしたポップスの歌詞を日本語に作りかえたカバーソングが多かったとおもう。

出演はザ・ピーナッツ、クレイジーのほかに中尾ミエ、伊東ゆかり、園まりの3人娘、六十年以上前のことだから明瞭な記憶があるわけではないが、パラダイスキングや坂本九も出ていたような気がする。そのほかには、玉川良一とか、藤村有弘、ダークダックスやスリーファンキーズ、ジャニーズなどもひんぱんに出演していた。スポンサーは牛乳石鹸の一社提供、番組冒頭で♪シャボン玉ルルルルル♪とうたうテーマソングの作詞者は前田武彦だった。

もう一つの番組『夢で逢いましょう』は土曜日の夜十時から放送の三十分番組。番組の冒頭、司会役のファッション・デザイナー中嶋弘子のおしゃれな挨拶で始まる番組だった。

この番組も時代の才能をかき集めて作ったようなところがあった。まだ二十代の黒柳徹子が今と同じような調子であれこれとしゃべり倒しているのだが、それに加えて、作曲家の中村八大、それに作家（脚本家でもあり作詞家でもあった）永六輔が番組作りの二本柱だった。

出演は浅草から来た喜劇俳優の渥美清、〝変な外人〟E・H・エリック、ラテン歌手で歌唱力抜群の坂本スミ子、ジャニーズ事務所系アイドルのご先祖様のジャニーズもこの番組がテレビではメインの活躍の場だった。このほかに、坂本九、越路吹雪とか三木のり平、などが始終画面を賑わしていた。

番組の中心になったのは昭和七、八年ごろの生まれ、戦争が終わったころに思春期を迎えた若者たちで、みんな、占領軍が持ち込んだアメリカ文化を全身に浴びた経験の持ち主たちだった。

先年（二〇二一年六月）、NHKの『知恵泉』という番組で、『夢で逢いましょう』に取り組んだ中村八大と永六輔を特集していて、そこで描かれていたのは新しいテレビの娯楽番組を作ろうと情熱を傾けるふたりの素顔だった。まずこのふたり、八大さんと永さんの出会いが面白い。息子さんなのだが、八大さんの楽曲の出版権を管理している八大コーポレーションの社長、中村力丸さんという人がいる。この人の思い出話。

1959年の初夏のある日、まだ作曲家としての実績は無かった父が、渡邊晋さんからチャンスをいただきました。映画用の新曲を8曲、翌日までに書きあげるようにと（いわれ）日比谷の渡辺プロダクションで打ち合わせを終えた父は、作詞のパートナーのあてもなく通りに出て交差点を渡ります。そこは有楽町の日劇の前、通りの向こうから歩いて来た永六輔さんとの出会いが待っていました。（8）

すべてのことはこの偶然からはじまったのだった。八大さんも永さんも大学は早稲田、先輩と後輩である。「お前に話がある。ちょっと相談に乗ってくれないか」というわけだ。

作詞の経験の無かった永さんをその場で口説いて、『黒い花びら』や『黄昏のビギン』を含む楽曲を一晩で書きあげたことから、ソングライター・チームとしての「六八コンビ」はスタートしています。（51）

こうして作った『黒い花びら』を当時、ロカビリーの歌手として人気があった水原弘がうたって、第1回目の日本レコード大賞をもらったことはすでに書いている。

中村八大はジャズの全盛期から、希代の名手といわれたピアニストだった。ジャズブームが去って、ハワイアンやウエスタンがはやり始めると、彼は日本の独自の音楽はなにか、ということを考え始める。その音楽は必ずしもジャズではない、と思い始めるのだ。

一方の永六輔の考えのなかにも、八大と同じようなところがあり、人まねではない、オリジナリティのあるものを作りたいというところで、ふたりの考え方が一致するのである。

このの ちに『八・六コンビ』と呼ばれるようになるふたりは『夢で逢いましょう』でも、新しい歌を次々に発表しつづけた。坂本九のために『上を向いて歩こう』、ジェリー藤尾のために『遠くへ行きたい』を作り、梓みちよのために『こんにちは赤ちゃん』を書いている。いずれも、何十年という歳月を超えて、いまもうたい継がれる歌になっている。番組が単なる流行を追いかけるだけでなく、日本の文化とはなにかを考

写真上はビッグ・フォー時代、ジャズをやっていたころの中村八大と後列左から松本英彦、ジョージ川口、小野満。中村は天才的なビアにストだった。永六輔はそれまで放送作家だったのだが、八大との出会いが人生を変えた。

え、作った歌がこの時代の生活の根底にまで浸透していった結果だろう。

これらのふたつの番組の成功は、テレビの娯楽の用具としてのあり方を大きく変えて、やがて〝歌番組〟と呼ばれることになる形の作品や、ドリフターズの『八時だよ全員集合！』や萩本欽一（欽ちゃん）の番組などのバラエティ番組を生み出す下地になっていく。そして、テレビは茶の間のものだが、その持っている機能で家族がそろっている茶の間に発せられるメッセージ、特にコマーシャルを通して、社会に多大な影響を与える存在になっていく、

【註】

（1）『証言・高度成長期の日本（上）』一九八四年刊　毎日新聞社　エコノミスト編集部編　P・9
（2）『証言・高度成長期の日本（上）』　P・22
（3）『映画年鑑1962』P・224
（4）『波瀾万丈の映画人生～岡田茂自伝～』二〇〇四年刊　角川書店　P・134
（5）『映画年鑑1962』P・221
（6）『戦後日本文学史年表』P・323
（7）『ベストセラーの戦後史1』P・203
（8）https://www.billboard-japan.com/special/detail/796

第六章　１９６２（昭和37）年　新しいスターたちの登場

【一九六二（昭和三十七）年】

この年、世界ではなにが起こっていたか。

一月にはイギリスのロンドンでリバプールからやってきたザ・ビートルズが受けるレコード会社のオーディションに片っ端から落ちて、途方に暮れている。このころのビートルズはまだ地方都市リバプールのヒーローに過ぎなかった。

いまいちパッとせず、グループにいるのがイヤになってしまったドラマーのピート・ベストが脱退するのがこの年の夏、代わりにリンゴ・スターが加入。ここからビートルズの運が開けていく。まだ、先の話である。

世界中で戦争そのもののような火花が散っている。

まずベトナムでは南ベトナム人民革命軍が結成され、アルジェリアでは反仏秘密組織ＯＡＳがフランスに対する抵抗運動を開始、イリアン沖ではスカルノ大統領の指令を受けたインドネシア海軍がニューギニア独立のためにオランダ海軍と交戦している。また、ビルマ（いまのミャンマー）では軍が無血クーデターしてネ・ウィン政権を樹立、前年、韓国でクーデターがあり、李承晩政権が倒れた。そのあと、実権を握るのは軍の朴正熙、朴が大統領に就任するのは、翌三十八年のことだが、独裁政権が誕生し、ここから韓国の近代化が始まる。

ドイツのベルリンでは、東側から西ベルリンへ脱出しようとした青年が〝ベルリンの壁〟のまえで、東ドイツの兵隊に射殺されている。

八月五日には、アメリカでマリリン・モンローが謎の急死。自殺とも他殺とも噂された。枕元には睡眠薬の空瓶がころがっていた。

アメリカの最大のトラブルはキューバ問題。

アメリカのケネディ大統領は10月12日、テレビ、ラジオを通じてソ連がキューバにアメリカを攻撃目標にしたミサイルの発射基地を作ろうとしている、と発表。これを阻止するため、海上封鎖し、核攻撃も辞さない、と声明した。一触即発の危機に陥ったが、ソ連のフルシチョフ首相が計画を断念し、中止を発表し、ことなきをえた。

十一月のキューバ危機。キューバのカストロがソ連のフルシチョフにそそのかされて、キューバ本島にソ連製のミサイルを持ち込もうとした事件、のど元にナイフを突きつけられた格好になったアメリカの大統領は、ケネディ。核攻撃も辞さないと強気に対抗。結局、ソ連が折れて、核戦争は未然に防がれた。

そういう嵐が吹きすさぶような世界情勢のなかで、日本では何が起きていたか。

国内の芸能以外の出来事を、外国との関係事項も含めて、羅列書きしよう。

アメリカのセックス・シンボルだった女優のマリリン・モンローが8月5日朝、ベッドで電話の受話機を握りしめたまま、死んでいたという。調べると、前夜、誰かが電話をかけていた痕跡があった。自殺説もあり、謎の多い死だった。

一月九日　ガリオア・エロア債務返済に関する日米協定調印。九月発効。
一月十三日　社会党訪中使節団団、中国人民外交学会と共同声明。米帝国主義は日中共同の敵を確認。
一月十七日　創価学会政治連盟、公明政治連盟と改称。公明党の起源。
二月一日　東京の常住人口、一千万人を突破。世界初。
二月二十日　富士ゼロックスが複写機の販売を開始。
三月二十九日　阪神高速道路公団法発布。五月一日、公団発足。
五月三日　常磐線三河島駅で列車の二重衝突、死者百六十人負傷者三二五人。
七月一日　参議院選挙。自民69社会37公政連7民社4共産3各議席など。
八月三日　警視庁『犯罪白書』発表。少年犯罪の激増を指摘。
八月六日　原水爆禁止大会で「いかなる国の核実験にも反対」をめぐり、社会党と共産党が対立。
八月十二日　堀江謙一、ヨットで太平洋横断。
八月三十日　日本航空機製造、ＹＳ11の初飛行に成功。
九月十二日　国産第一号研究用原子炉点火。
十一月四日　池田首相、欧州七カ国訪問。十四日、日英通商航海条約調印。
十一月九日　日中総合貿易に関する覚書調印。ＬＴ貿易始まる。

個別の項目の細かな説明はしないが、ひとつだけ、ガリオア・エロアというのは、終戦後のアメリカの日本に対する医薬品や食料品などの物資援助、アメリカがいうには総額二十億ドルあるから、これを返せというのである。日本側にはあれこれ異論があったが、とりあえず、ここで「戦後の経済援助の処理に関する日米協定」というのを結び、四億九千万ドルを十五年割賦で払う、という話にまとめた。驚異的な経済成長で、すっかりフトコロ具合の良くなった日本に、あのとき、面倒見た金を返せ！　という話である。

ここで、芸能の話をする前にスポーツのことを書いておきたい。この年の後半の話だ。

実は、日本のスポーツが大変なことになっているのである。まず、七月にチェコのプラハで行われた「世界体操選手権」の男子団体で日本が優勝、女子も第3位に入賞した。そのあと、八月には堀江謙一青年がひとりでヨットに乗り、太平洋横断に成功。九月にはプロ野球、国鉄スワローズの金田正一投手が奪三振3509を記録、これは大リーグの記録を破る世界新記録だった。

十月には蔵前国技館でボクシングの世界フライ級タイトルマッチがおこなわれ、十九歳のファイティング原田がチャンピオンのポーン・キングピッチ（タイ）を11ラウンドにKOして勝ちを収め、世界ベルトを奪取。

写真上は19歳のボクサー、ファイティング原田が白井義男以来、8年ぶりの世界チャンピオンに。原田は得意のラッシュ戦法で11回、遂にキングピッチをノックアウトした。写真下は、初めて一人で小型ヨットで太平洋横断して、飛行機で凱旋帰国した堀江謙一。この人もまだ、23歳の若者だった。

同じ十月、モスクワで開かれた世界バレーボール大会で、日紡貝塚、〝東洋の魔女〟チームが優勝した。日本のスポーツが世界に負けないレベルにたどり着こうとしている、その証拠だった。

面白いのはプロ野球で、七月にそれまで不安定な成績で苦しんでいた王貞治が突然、一本足打法で打ち始める。この年、ホームラン38本、王は初めてホームラン王となり、ここから長嶋茂雄とコンビの巨人のON砲が誕生する。しかし、この年のセ・リーグの優勝は藤本定義ひきいる阪神タイガースだった。

上の写真は熱投する小山正明投手。このとき、小山は28歳、村山は26歳。二人とも働き盛りだった。小山は〝精密機械〟と呼ばれ、村山はそのエネルギッシュから〝投げる人間機関車〟と呼ばれた。下の写真はわたしが書いた、この年の阪神優勝までの足取りを追ったノンフィクション小説『死闘』。面白いから一度、読んでみてください。

死闘
昭和三十七年
阪神タイガース
塩澤幸登
名将藤本定義監督のもとに復活、じゃじゃ馬ヘッドコーチ青田昇の指揮下
小山、村山が投げ、吉田、三宅、鎌田が守り、並木、遠井、藤本が打った
タイガースが優勝した
最強の黄金時代を再現！
河出書房新社　定価　本体2400円（税別）

このチームの投手の二本柱が、村山実と小山正明。このふたりの成績がすごい、

	勝敗	登板数	イニング	防御率	脱三振
村山　実	25勝14敗	57	366	1・20	265
小山正明	27勝11敗	47	352	1・66	270

このふたりの記録を令和三年（二〇二一年）のオリックスのエース山本由伸と比較してみる。

山本由伸　18勝5敗　26　193　1・39、206

山本は昭和三十七年の村山、小山に比べると登板数は少ないがなかなかの成績だ。

要するに、この年の阪神にはいまの山本みたいなピッチャーがふたりいて、大車輪で投げまくって、優勝にたどり着いたのである。村山と小山ふたりで１００試合以上、７１０イニング以上投げているのがすごい。

このころの投手の成績というのはとにかくものすごい。

前年のところで書き落としたが、中日の権藤が一年間に35勝、西鉄の稲尾は42勝している。

写真上は西鉄ライオンズで活躍した〝鉄腕〟稲尾和久。「神様 仏様 稲尾様」といわれた。西鉄の三年連続日本一に貢献した。生涯成績276勝137敗。下の写真は中日ドラゴンズの権藤博。入団１粗年目にチームの試合数130のところ、69試合に登板し、35勝19敗。防御率は1.70、奪三振310を記録したが、投手生活は５年で終わり、あとは内野手、打者として活躍した。

この年のセ・リーグは村山、小山のほかに、国鉄の金田、太洋の秋山、稲川など、防御率1点台のピッチャーが何人もいて、おかげで、3割バッターは広島カープの森永ひとり、一方のパ・リーグには防御率1点台のピッチャーはひとりもいなくて、代わりに3割バッターが11人もいた。とにかく、投手たちがすごい働きぶりで、もしかしたら、このころが日本が一番エネルギッシュだった時代かも知れない。

そして、これは芸能界の動きに含まれることなのだが、目立つことがひとつある。

それは外国の大物タレントの来日。この年は、フランク・シナトラ、イヴ・モンタン、ジョージ・チャキリス、ユル・ブリンナー、テレビドラマ『ローハイド』のエリック・フレミング、クリント・イーストウッドらが来日している。このあと、翌年以降、あらしのような外タレの来日ラッシュとなる。日本の芸能ビジネスのマーケットが外タレたちにとって相当美味しくなったのである。タレントではないが、ソ連の宇宙飛行士ガガーリンも日ソ協会の招きで来日、もみくちゃの歓迎を受けた。

来日ラッシュ。写真上からソ連のガガーリン。中段はジョージ・チャキリス。下は『ローハイド』の出演メンバー。左端がクリント・イーストウッド。

さてそれで芸能界、である。まず【歌謡界】

表を四つ作ってみた。この年の歌謡界＝音楽業界の人気者の様子がだいたい分かると思います。

まず、ざっと見ると、全国的には橋幸夫の人気がすごい。橋のことは後段の各論でふれる。

これも繰りかえして書いていることだが、表の性格を分析すると、雑誌『平凡』の人気投票は発行部数百万部余が背景にある読者を対象にしたもの。311ページに掲載した『ミュージックライフ』の人気投票は都市部の、ポピュラーソング、洋楽志向の若者たちの嗜好の状態を反映したものだと思う。そして『日本の詩情〜』のなかで選ばれた歌は特定の人（同書の編集者たち）の当時のヒット曲の記憶をなぞったものだ。

この年だけのリストだが、一曲だけしか採用されていない歌手には倍賞千恵子やザ・ピーナッツのように大活躍する人もいるが、短期間で名前を忘れられてしまう人もいる。これは曲が良くヒットしたが、歌手と

雑誌『平凡』
【昭和37年度　人気歌手
読者投票ベストテン】

［男性歌手部門］

第1位	橋　幸夫	（19歳）
第2位	松島アキラ	（18歳）
第3位	三橋美智也	（31歳）
第4位	坂本　九	（21歳）
第5位	飯田久彦	（21歳）
第6位	神戸一郎	（24歳）
第7位	スリーファンキーズ	（平均21歳）
第8位	守屋　浩	（24歳）
第9位	北原謙二	（23歳）
第10位	三波春夫	（39歳）

［女性歌手部門］

第1位	美空ひばり	（25歳）
第2位	島倉千代子	（24歳）
第3位	弘田三枝子	（15歳）
第4位	こまどり姉妹	（24歳）
第5位	五月みどり	（24歳）
第6位	田代みどり	（14歳）
第7位	中尾　ミエ	（16歳）
第8位	仲宗根美樹	（18歳）
第9位	ザ・ピーナッツ	（21歳）
第10位	森山加代子	（22歳）

※昭和37年9月号掲載
（37年5月〜6月の募集です）

『日本の詩情　流行歌2949曲』

昭和37年分　採用曲　歌手名

橋　幸夫	○○○○○
ハナ肇とクレイジーキャッツ	
植木　等	○○○○
三橋美智也	○○○
村田英雄	○○○
北島三郎	○○
フランク永井	○○
守屋　浩	○○
五月みどり	○○
美空ひばり	○○
こまどり姉妹	○○
吉永小百合	○○
春日八郎	○
石原裕次郎	○
松島アキラ	○
コロムビア・ローズ	○
真山一郎	○
平野こうじ	○
ザ・ピーナッツ	○
松山恵子	○
小宮恵子	○
新川二郎	○
畠山みどり	○
マヒナスターズ	○
倍賞千恵子	○
田端義夫	○
ジェリー藤尾	○
北原謙二	○

以上　28人（組）44曲

してのタレント性がなく、活動が長続きしなかったケースがかなり多い。新人歌手のデビューの数も増え、チャンスはもらえて歌はヒットしたが流行歌手としてはそれで終わりの、つまり言葉にすると〝一発屋〟というケースがかなり増えていく。

この年の活躍を特筆しなければならない人間が何人かいる。ここではまず、のちに演歌の大御所といわれることになる北島三郎が渋谷の流しから歌手デビュー。歌は『なみだ船』で、これはいい歌だった。

『日本の詩情』は明治以来の日本の流行歌2949曲が収録された巨大な歌本。

『なみだ船』はこのあと、作詞家として大活躍する星野哲郎の作品である。作曲はやがて、星野にとっては盟友ともいうべき存在になる船村徹。この歌のほかにも星野はこの年、船村と組んで北島のために『ブンガチャ節』を作っている。
星野哲郎は昭和二十七年の雑誌『平凡』の作詞家募集に入選、作詞家の道を志して精進。これまでコロムビア・レコードの専属作詞家として、スリーキャッツがうたった『黄色いさくらんぼ』、村田英雄や島倉千代子の楽曲などを作ってきているが、船村と組んだこの歌が大ヒットになり、大衆的な心情を歌い上げる、独特の叙情的な作風の世界を作りあげた。畠山みどりの『恋は神代の昔から』も星野の作品である。

【昭和37（1962）年　シングルヒット曲　ベスト30】

①いつでも夢を	橋 幸夫・吉永小百合	196209
②なみだ船	北島三郎	196206
③遠くへ行きたい	ジェリー藤尾	196209
④無責任一代男／ハイそれまでョ	植木 等、ハナ肇とクレイジーキャッツ	196207
⑤可愛いベイビー	中尾ミエ	196204
⑥ルイジアナ・ママ	飯田久彦	196201
⑦星屑の町	三橋美智也	196205
⑧ふりむかないで	ザ・ピーナッツ	196202
⑨下町の太陽	倍賞千恵子	196211
⑩赤いハンカチ	石原裕次郎	196210
⑪恋の曼珠沙華	美空ひばり	196209
⑫コーヒー・ルンバ	ザ・ピーナッツ	196201
⑬未練ごころ	こまどり姉妹	196206
⑭これが男の生きる道	植木 等、ハナ肇とクレイジーキャッツ	196212
⑮ラ・ノビア	ペギー葉山	196209
⑯霧子のタンゴ	フランク永井	196211
⑰一週間に十日来い	五月みどり	196212
⑱ひばりの佐渡情話	美空ひばり	196210
⑲ロコモーション	伊東ゆかり	196211
⑳山男の歌	ダーク・ダックス	196203
㉑島育ち	田端義夫	196211
㉒若いふたり	北原謙二	196205
㉓江梨子	橋幸夫	196202
㉔寒い朝	吉永小百合、和田弘とマヒナスターズ	196204
㉕五万節	ハナ肇とクレイジーキャッツ	196201
㉖五匹のこぶたとチャールストン	森山加代子	196207
㉗恋は神代の昔から	畠山みどり	196208
㉘大学かぞえうた	守屋 浩	196210
㉙琵琶湖周航の歌	ペギー葉山	196203
㉚ナカナカ見つからない	スリーファンキーズ	196106

さらに橋幸夫の大活躍も書きとめておかなければいけないだろう。

橋はこの時代の寵児だった。ヒットした曲のラインを並べてみると、『いつでも夢を』、『江梨子』、『花の

『いつでも夢を』を作った人たち（作曲・吉田正、作詞・佐伯孝夫）が同じ橋幸夫の『潮来笠』や三浦洸一がうたった『弁天小僧』を作った人と同じとはとても思えない。プロの仕事である。

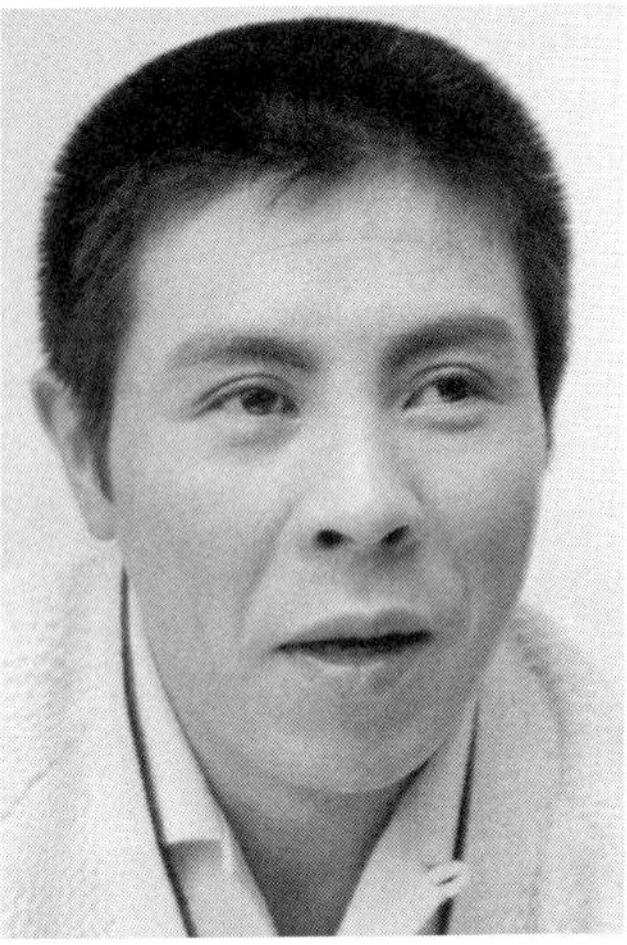

北島三郎は高校時代にＮＨＫのど自慢に出場し、鐘ふたつだったが、司会の宮田輝から「いい声ですね」とおだてられ、高校を中退し上京、歌手を目指す。渋谷でギター弾きの流しをしていた。当時､流しの相場は3曲100円だったが1000円くれた客がいた。翌日、その人に喫茶店に呼び出された。その人はコロムビアの芸能部長で、同席していた作曲家の船村徹を紹介された。これが彼の人生のすべてを変える出会いになった。船村が彼のために作ったデビュー曲が『なみだ船』である。

【ミュージックライフ　1962年度　歌手人気投票】

［男性部門］			［女性部門］			［コーラス・グループ］		
1	(4)	坂本　九	1	(1)	江利チエミ	1	(1)	ザ・ピーナッツ
2	(1)	守屋　浩	2	(2)	森山加代子	2	(3)	パラダイス・キング
3	(9)	佐川ミツオ	3	(3)	ザ・ピーナッツ	3	(2)	スリー・ファンキーズ
4	(–)	飯田久彦	4	(–)	弘田三枝子	4	(5)	デューク・エイセス
5	(2)	水原　弘	5	(7)	田代みどり	5	(2)	ダーク・ダックス
6	(6)	アイ・ジョージ	6	(30)	渡辺トモコ	6	(4)	リリオ・R・エアーズ
7	(7)	井上ひろし	7	(6)	雪村いづみ	7	(6)	スリー・グレイセス
8	(–)	藤木　孝	8	(8)	坂本スミ子	8	(7)	マヒナ・スターズ
9	(5)	平尾昌晃	9	(4)	ペギー葉山	9	(11)	スリー・バブルス
10	(3)	小坂一也	10	(18)	斉藤チヤ子	10	(–)	スリー・ビート
12	(–)	松島アキラ	11	(–)	西田佐知子	12	(–)	トリオ・コイサンズ

14 (–) 北原謙二　16 (–) 渡辺マリ　21 (–) 中尾ミエ
16 (–) フランツ・フリーデル　22 (–) 鈴木ヤスシ　25 (–) 鹿内タカシ

いまもテレビで見かけるのは中尾ミエだけ。努力の賜《たまもの》だろう。() 内の数字は前年順位。−は新登場。

兄弟』、『中山七里』と歌の世界の設定がバラバラ。股旅もののヤクザ時代劇の主題歌から、吉永小百合といっしょにうたいあげる青春歌謡、江梨子という若くて死んだ女のコの悲劇をうたったもの、要するになんでもござれ。なんでもござれだから、『ミュージックライフ』の人気投票からは除外されてしまったのだろう。

　このほかに『ミュージックライフ』の誌面に美空ひばりや三橋美智也や三波春夫らの名前が出て来ないのは、都市部で人気がなかったということではないだろう。大衆酒場やパチンコ屋では『ミュージックライフ』のランキングから除外された歌手たちの歌が始終流れていたはずである。

　こまどり姉妹や五月みどりなどもこの年に人気者になった人たちである。この人たちの名前が雑誌にないのはその雑誌の編集方針というか、編集者の趣味ではなかったということだろう。それで除外したということではないか。

歌手は歌が1曲でもヒットすれば、それなりにしばらくはタレント活動ができるが、間もなく忘れられる。芸能界が残酷な側面を見せ始める。もともとそうだったのだが、芸能界は生き残りゲームの世界なのである。それと、大活躍しているもうひとりというか、もうひと組が植木等、ハナ肇とクレイジーキャッツ。

この人たち、前年、植木がうたった『スーダラ節』が大ヒットしているのだが、この年は『ハイそれまでヨ』、『無責任一代男』、『五万節』、『ドント節』、『これが男の生きる道』と5曲ものヒットを飛ばしている。これはどの曲も出自は『シャボン玉ホリデー』から出たもので、作詞者はどんな作品でも軽妙にこなしてしまう青島幸男。この人は都知事をやって評判を落としてしまったが、以前は才能あふれる軽薄の教養人だった。この人を見ていて感じさせられたのは、政治というものの恐ろしさだった。

それにしても、のちに黒澤明の作った『乱』などに俳優として出演して重厚な演技も見せた植木等は人間的にも成熟した、特筆すべき存在だった。

ハナ肇は自分の著書『あっと驚くリーダー論』（1985年刊、主婦と生活社）のなかで、植木等についてこんなことを書いている。「植木等―通称、植木屋。何事に対しても慎重きわまりない男である。さらには、あまりにも常識的人間すぎるので、しばしば説得に苦労させられる。ところがこの男、いったん納得したら最後、今度は逆に猪突猛進するところがすごい。無責任シリーズの成功は、彼があまりにも常識人であり、同時にあまりにもパワーがありすぎたのが原因だったと思う」。わかったような、わからないような説明だ。

渡辺プロの事蹟を辿って書いた松下治夫の『芸能王国渡辺プロの真実。』という本のなかにこんな一節がある。

植木等という人は、巷間言われているように、おとなしく生真面目な人だった。初めて会ったときから大人であり、タレントにありがちなわがままや突っ張ったところの全くない人である。よく社員のコンペにも顔を出してくれ、プレイ後のパーティーはおろか往復のバスの中でも爆笑をとって皆を慰労してくれるほど心根の優しい人だったと聞く。（略）

植木さんは、感情を隠せない人情家のハナちゃんとは、ある意味正反対の人物であったため、クレイジーキャッツのバランスがとれたのだと思う。でなければ、リーダー以外の人物がスターになったのだから、グループは解散か分裂か、いずれ問題が起きたことだろう。それだけでも、植木さんの人柄の大きさがわかる。

（1）

これはよく知られていることだが、植木さんはもともとが浄土真宗のお寺の出身で、父親は住職だった。たぶん、本人が育てられた素養のなかに、人と諍わず、仲間と仲良く生きるという考え方がしっかりとあったのだと思う。ハナ肇サンは何でもありの度量の大きいところもある人だったが、自分だけ渡辺プロの重役になるようなところもあった。たぶん、それだけの功績がある、と会社が認めてのことだったのだろう。わたしはクレイジーキャッツのメンバーの一人だったある人と仲良くしていた時期があるのだが、具体的なことは書かないが、その人はハナさんのそういう出世志向を良くは言わなかった。クレイジーキャッツがあんなふうに最後までグループの形を維持しつづけたのには、植木等さんという人徳の塊のような人が重要な役割を果たしていたのではないかと思う。

たぶん、植木さんは［人気］というものの儚さもよく知っていた。

植木さんもクレイジーキャッツもレコードの売上げには顔出ししているのだが、人気投票には名前がない。これはいろんな意味があるのだろう。

まず、みんなで面白がっていて、映画も見にいってしまうが、どこかで彼らを笑いの対象にしている。面白がりながら、内心ではちょっと軽んじて「バカなことやってら」と思っている。本人もそれを見きって、軽薄を演じていたのだろう。

植木さんが演じた無責任サラリーマンは、高度成長経済社会のスーパーマンみたいなもので、大衆的な娯楽性を保ちながら、現実を笑い飛ばす鋭い批評性も兼ね合わせてもっていた。あの存在を「くだらない」と烙印を押すのはたやすいが、真正面から日本の資本主義の発達を告発するのではなく、こういう形で、変化球をストライクゾーンに投げこむような、それでもオレたちは一生懸命に生きていこうと思わせるような番組作りは、ナンパに見えるかもしれないが、テレビというメディアを使いこなした、非常に優れたやり方だったと思う。

それから、もうひとつ、女優の吉永小百合の話がある。

彼女がうたう歌がいい線いっている。この人は子どものときから芸能活動をやっていて、ラジオの『赤胴鈴之助』に声の出演、テレビの『赤胴鈴之助』でも主演したのだが、正式に日活に所属して映画女優として仕事を始めたのは昭和三十五年からのこと。

映画では二年後の『キューポラのある街』で高い評価をうけ、青春スターとしての地位を確立するのだが、歌の方もビクターに所属し、吉田正のレッスンを受け、橋幸夫とデュエットした『いつでも夢を』、和田弘とマヒナスターズをバックに従えて『寒い朝』をヒットさせている。ウィキペディアの情報だが、『寒い朝』は二十万枚のヒット、『いつでも〜』の方は三十万枚の売上げとある。

雑誌の『平凡』に彼女のプロフィールが紹介されているのだが、この文章が面白い。

吉永小百合さん（日活）　本名も同じ『電光石火の男』でデビュー以来『不敵に笑う男』『ガラスの中の少女』『美しき抵抗』など日活の清純スターとして活躍　昭和二十年三月十三日生まれで都立駒場高校一年生　ピアノ　日舞　手芸がお得意「映画は大好きだけど、学校へいけないときは泣きたくなっちゃう」という学生スターです　身長一五六センチ　体重四十二キロ　住所は東京都渋谷区代々木西原＊＊＊（2）

サユリストという言葉まで生んだ美少女、子供のころから長い芸歴を持ち、高校に入ると同時に日活に入った。
赤木圭一郎の『拳銃無頼帖シリーズ・電光石火の男』が日活映画の初出演、またたく間に人気女優になってしまった。月刊『平凡』の表紙にも度々登場。

いまならあり得ない話だが、身長体重から、通学している学校名、住所まで書いている。
彼女はこの時代の最大のスターのひとりになっていくのだが、ここから先は【映画界】のところで書くことにしよう。

この年の歌の世界の動向を俯瞰すると、気が付くことがもうひとつある。それは芸能界がこのへんから大きく二つの流れを形成していく、ということだ。つまり、外国文化の影響を受けて、アメリカのポップスとかイギリスのロックを吸収して、日本独特のものを作ろうとする人たちと、過去の歴史のなかの伝統的な（あるいは民俗的な）心情に寄り添って、そこから作品を作っていこうとする人たちに別れていく。

これまでもその大きな二つの流れはあったのだが、その傾向がこのころからいっそう顕著になっていく。

この年の歌謡界については、歌単体での、ミリオンセラーの大ヒットというのがなくなっている。

1962年のヒット曲。ジェリー藤尾の『遠く行きたい』、飯田久彦の『ルイジアナ・ママ』、伊東ゆかりの『ロコモーション』、どの曲も調子のいい歌だ。

橋幸夫・吉永小百合のデュエット曲『いつでも夢を』などが典型的だが、ヒット曲が生まれると、それをもとにして映画を作る手法で話題にするのだが、それでも資料に残っているレコードの売上げは三十万枚である。

音楽ソフトの年次生産金額を調べると、昭和三十五年から六年にかけては２４０億円から３２８億円に（36・7パーセント増）、三十六年から七年にかけて３２８億円から４３７億円に（33・2パーセント増）で、スゴイ勢いで増えている。この背景には、まず、音響機器の発達があり、各電機メーカーがステレオやテープレコーダーを一生懸命に作りはじめたのにあわせて、音源たる音楽ソフトが飛躍的に増加していったということだろう。

この年は国民全員が熱唱するような大ヒットはなかったが、歌謡曲、ポピュラー音楽、双方で、ジャズやクラシックも含めて、いろいろなものが物色されて買われた、という解釈でいいのではないかと思う。そして、このあとのことだが、産業規模の収縮がつづく映画界では、ヒット曲をうたう歌手の人気具合いにあわせてだろうが、その歌に合わせた、歌手本人も映画に出演する映画作りがおこなわれ始める。これが、いわゆる［歌謡映画］である。内容はいずれも【青春】を謳歌するものだった。このことについては、後段で再論しよう。

あとさきになってしまったが、ここで年表資料にある芸能界で起こった事件、出来事をわたしなりの印象で選んで、これは重要と思われるものを時系列、羅列書きすることにしよう。

二月二十七日　高橋圭三、ＮＨＫから独立宣言。

三月七日　勝新太郎と中村玉緒が結婚。スターの結婚が続く。（風俗史）
四月一日　『少年サンデー』で赤塚不二夫の「おそ松くん」連載開始。
四月一日　大映、勝新太郎主演映画「座頭市物語」公開。
四月八日　日活映画、吉永小百合主演映画「キューポラのある街」公開。
四月二十日　日本アート・シアター・ギルド（ATG）発足。
五月四日　TBS系アメリカの医療ドラマ「ベン・ケーシー」放送開始。
五月六日　TBS系ドラマ「てなもんや三度笠」放送開始。視聴率50パーセント。
七月一日　東宝、植木等主演映画「ニッポン無責任時代」公開。
九月二十日　イタリア映画「世界残酷物語」公開。大ビット。
十月七日　TBS系テレビドラマ「隠密剣士」放送開始。
十一月一日　唐十郎らの状況劇場結成。

歌がヒットしたという話はなくて、テレビと映画の話題が多い。

ここで特筆しておかなければいけないのは、三月七日の勝新太郎と中村玉緒の結婚のこと。

実は、この近辺でスターたちの結婚ブームが起こっている。発端は三十五年十二月の石原裕次郎・北原三枝の結婚。このあと、一年後のことだが、三十六年十一月の中村錦之助と有馬稲子の結婚。実は、こういうスケジュールになっていた。

三月七日　勝新太郎・中村玉緒　挙式

中村玉緒の父は関西歌舞伎の大立て者、二世・中村鴈治郎、ふたり兄妹で兄は二世・中村扇雀。大物役者の家の子である。中学２年のときから映画に出始め、大映に入社したのは1954年、翌年、勝新太郎に出会う。
資料を読むと勝が彼女を本格的に妻にしたいと考え始めるのは1960年ころのことらしい。桂春団治も顔負けとでも書けばいいだろうか、彼女のおかげで、才能溢れる勝新太郎は天衣無縫の映画俳優として生涯を終えることができたといえるだろう。

三月二十七日　市川雷蔵、日本女子大三年生の遠田恭子さんと挙式
四月二十五日　山本富士子・古屋丈晴と挙式

全部、大映の俳優たち、さらに、翌年には若尾文子がデザイナーの西館宏幸と結婚している。これはもちろん、裕次郎（日活）、錦之助（東映）のことがあって、大映の恋愛中のスターたちがみんなで免罪符をもらったようなことだと思う。そして、最後の大物カップルといっていいかもしれない美空ひばりと小林旭が挙式するのはこの年の十一月十五日のことである。

それと、これはこの年のヒット曲には関係のない話なのだが、斎藤茂さん（雑誌『平凡』編集長、のちに音楽評論家）の書いた本にこんな一節がある。舟木一夫のデビューにまつわるエピソードである。

昭和三十七年頃のある日、『週刊明星』の恒村記者が名古屋のジャズ喫茶に出演中の松島アキラを取材にでかけた。名古屋のジャズ喫茶は超満員だった。恒村記者の隣りに一人の高校生が座っていた。「君、今日は学校は？」と話しかけると「サボっちゃいました。松島さんの『湖愁』が大好きなんです」〈清潔感のある、いい少年だな……〉恒村は、ふっとこの若者に歌わせてみたくなった。「君、『湖愁』が歌えますか」「ええ、下手だけど」「じゃあ聴かせてくれないか、バンマスに話をするから」

恒村は顔見知りのバンマスに、飛び入りをさせてくれないかと頼んだ。開演までまだ時間があったので「いいでしょう」とバック演奏をOKしてくれ、少年は、はにかみながらステージに上がった。澄んだ声で、歌になんともいえない哀調がただよっている。〈いいな、これは〉恒村はうなった。上田成幸という名前と住所を確認して帰京。さっそくホリプロダクションの堀威夫社長に「掘り出し物ですよ」と告げた。堀社長が愛知県一宮市に飛び、観光映画の製作をやっていた上田栄吉に「ぜひ、ご子息を歌手に」と頼みこんだ。(3)

これが思えば金の卵であった、のちの舟木一夫、上田成幸少年が芸能界に入ることになる経緯である。なし崩しみたいな流れだが、ここからは話を映画の世界の出来事に移していこう。

【映画界】

まず、この年の映画作品の状況を見ておこう。評論家たちの評価と配給収入のベスト・テンである。

左ページの表がそれだが、配給収入の方は日活、東映、東宝の作品が目立つ。一方、評論家たちの採点

【映画評論家たちが選んだ昭和37年の邦画ベスト10】

第1位『私は二歳』（大映）	監督・市川崑	出演・山本富士子、船越英二ほか	
第2位『キューポラのある街』（日活）	監督・浦山桐郎	出演・吉永小百合ほか	
第3位『切腹』（松竹）	監督・小林正樹	出演・仲代達矢、岩下志麻ほか	
第4位『破戒』（大映）	監督・市川崑	出演・市川雷蔵、藤村志保ほか	
第5位『椿三十郎』（黒澤プロ・東宝）	監督・黒澤明	出演・三船敏郎ほか	
第6位『人間』（近代映画協会）	監督・新藤兼人	出演・殿山泰司、乙羽信子ほか	
第7位『おとし穴』（勅使河原プロ）	監督・勅使河原宏	出演・井川比佐志ほか	
第8位『秋刀魚の味』（松竹）	監督・小津安二郎	出演・笠智衆ほか	
第9位『にっぽんのお婆ちゃん』（松竹）	監督・今井正	出演・ミヤコ蝶々ほか	
第10位『秋津温泉』（松竹）	監督・吉田喜重	出演・岡田茉莉子、長門裕之ほか	

【昭和37年　邦画興行成績ベスト10】

第1位『天国と地獄』（東宝）	監督・黒澤明	配収4億6020万円
第2位『花と竜』（日活）	監督・舛田利雄	配収3億6040万円
第3位『勢揃い東海道』（東映）	監督・松田定次	配収3億5212万円
第4位『キングコング対ゴジラ』	監督・本多猪四郎	配収3億5010万円
第5位『宮本武蔵・般若坂の決闘』（東映）	監督・内田吐夢	配収3億0241万円
第6位『人生劇場・飛車角』（東映）	監督・沢島忠	配収2億8800万円
第7位『どぶろくの辰』（東宝）	監督・稲垣浩	配収2億8480万円
第8位『忠臣蔵 花の巻・雪の巻』（東宝）	監督・稲垣浩	配収2億8010万円
第9位『裏切り者は地獄だぜ』（東映）	監督・小沢茂弘	配収2億7912万円
第10位『青い山脈』（日活）	監督・西河克巳	配収2億7080万円

評論家のベスト10は各年、配収のベスト10は年度別で区切りの時期が異なる。

の方は大映と松竹の評判がいいのだが、大映と松竹は配収のベスト・テンには名前がない。これは悪い予感がする。これまで、両者が得意にしていた大船調のメロドラマや大映お得意の女優たちが演じる名作映画に客が集まりにくくなっている、ということなのだろう。

この年の映画の観客動員は六億六二二九万人、前年と比較して二億百十五万人、25パーセント近い減少である。苦肉の策だと思うが、八十五円だった映画館の入場料金が百十五円と三十円も値上がりして、前年と同じような七百五十九億円の興行収入（前年は七百三十億円）を得ている。値上げして収入の下落を防ぐ形になっていて、タコが自分の足を食っているような、不健康な産業の印象である。

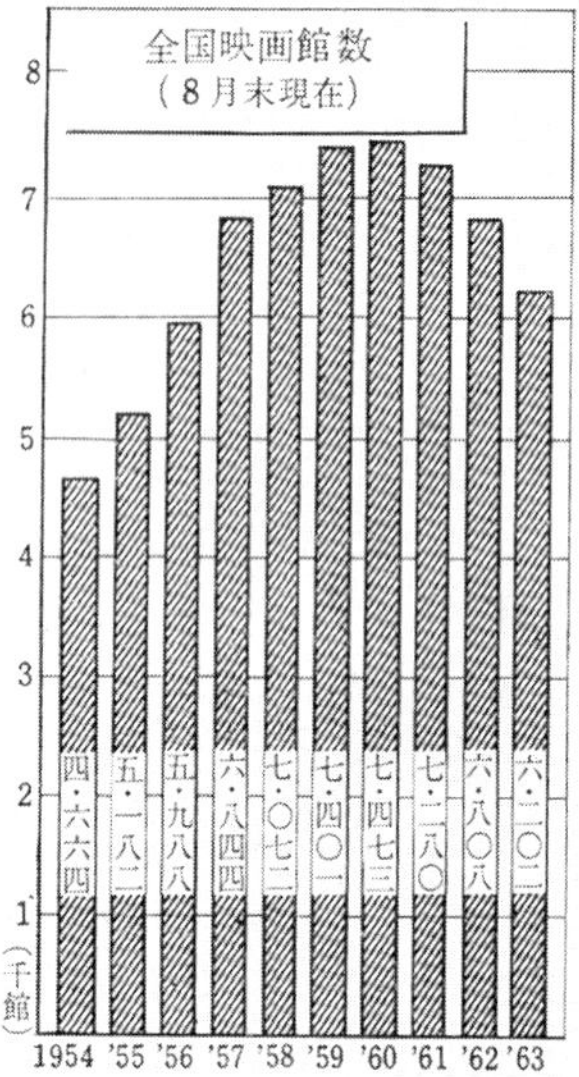

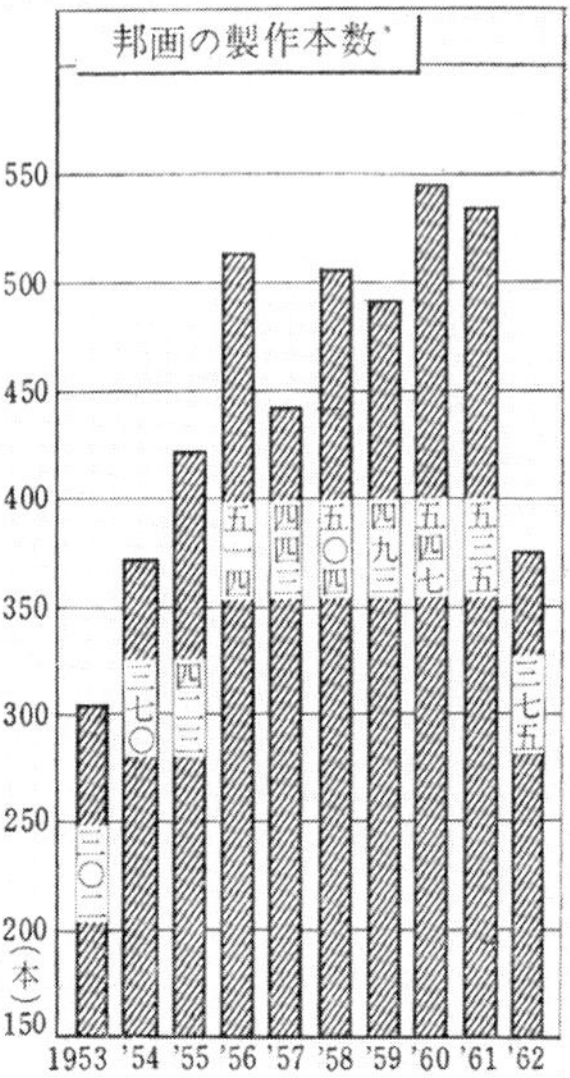

この年の邦画の製作本数は右の図表を見てもらうと分かるが、三七五本、前年が五三五本だから、前年比一六〇本減、実に29パーセント、三割近い減少である。激減と書いていいと思う。

これは、わたしはふたつの側面が考えられると思う。

ひとつは大作主義といっていいのかもしれないが、ムダに客の入りの悪い映画を量産しなくなったこと、そして、それによって、映画会社の、とくに撮影所のなかでリストラがおこなわれ始めて、それまで、安定した仕事の世界だったのが、技師や演出の人たち（助監督たち）はどんどん辞めさせられ、俳優たちは仕事がなくなっていく、という現象が起こったのである。

映画評論家の佐藤忠男は、一九六〇年以降の日本の映画の状況を次のように分析している。

一九六〇年代以降、映画にはテレビでは簡単に求められない要素が強く要求されるようになった。そのひとつはセックスであり、もうひとつは暴力である。六〇年代にはそれらの要求は大幅に増幅された。しかし、特別にそれらを愛好する観客も限られていた。（4）

月刊『平凡』が毎年行っている映画スターの人気投票は左の表のような結果になっている。

【昭和37年度人気映画スター】

投票ベスト10［男性］		年齢
第一位	小林　旭	25歳
第二位	石原裕次郎	28歳
第三位	大川橋蔵	33歳
第四位	中村錦之助	30歳
第五位	加山雄三	25歳
第六位	赤木圭一郎	24歳
第七位	宍戸　錠	30歳
第八位	浜田光夫	19歳
第九位	三船敏郎	42歳
第十位	里見浩太朗	26歳

投票ベスト10［女性］		
第一位	浅丘ルリ子	22歳
第二位	吉永小百合	17歳
第三位	山本富士子	32歳
第四位	丘さとみ	27歳
第五位	岩下志麻	22歳
第六位	芦川いづみ	28歳
第七位	星　由里子	19歳
第八位	笹森礼子	22歳
第九位	岡田茉莉子	29歳
第十位	佐久間良子	24歳

この年のベスト10の最大の特徴は小林旭が石原裕次郎より上位に、大川橋蔵が中村錦之助より上位に立ったことだろう。大衆の素朴な願望に応えるか、自分の芸術性への希求を追い求めるか、これは表現者の永久の問題である。

この投票結果を発表したのは三月号（一月下旬発売）とあるから、前年の年末の編集作業、投票は十月とか十一月くらいにおこなわれたのではないかと思われる。

男優は日活が五名、東映が三名、東宝二名という区分けになっている。また、女優の方も日活所属の人が上位二名いて、芦川、笹森も日活所属の女優。東宝二名（岩下、星）東映二名（丘、佐久間）、松竹が岡田茉莉子、大映が山本富士子と各一名、三十代の女優は山本富士子ひとり。孤軍奮闘で頑張っているが、映画女優としての活躍はここまで。読者の年齢が十代の人たちだったこともあり、シリアスな内容の、芸術性の高い良い映画を作りたいと考えはじめた石原裕次郎や中村錦之助よりも、嘘を承知で、気楽な面白い娯楽映画に出演しようと考えていた小林旭や大川橋蔵に人気がシフトしているようである。

映画産業は、全体的な趨勢から云うと、難しいところに立たされていた。

322ページの図表を見るとわかるが、映画館の数は漸減し、映画の製作本数は激減している。これは、次章でもふれるが、邦画五社の出来不出来がハッキリと赤字か黒字かという形で判明してきた、ということもある。

映画産業の従事者たちは自分たちの商売が次第に衰退していることをはっきり自覚していた。

たとえば、独立プロ、新藤兼人の近代映画協会のように芸術性の高いものを低予算で作って、見てくれる人（観客動員）が少ない人数でもコスト割れしない作り方を模索する人たちも現れる。プロデューサーたちは企画立案の段階で、それまでタブーにしてきた異常なもの、単に面白いだけでなく、観客に刺激の強いものを描くことを監督に要求しはじめる。それはたとえば、セックスのシーンやヌード、リアルな暴力のシーンなどである。生き延びるための必死の模索だった。

この方向性のなかで、やくざ映画やエロ映画が姿を現すのである。

セックスに関係したことは後段において、時代劇のなかに鮮烈な暴力描写を持ち込んだのは、実は〝東宝撮影所の天皇〟と呼ばれることになる黒澤明だった。

『日本映画史』のなかで佐藤忠男は次のように書いている。

東宝で黒澤明は、三船敏郎を三十郎と名のるヒーローとして『用心棒』（一九六一）と『椿三十郎』（一九六二）の二本のチャンバラ映画を作った。主人公の浪人は居合抜きの達人であり、西部劇の早射ちのガンマンと同じように刀に手をかけたと思うともう敵を倒している。それまで深刻な主題とメッセージのある映画を主に作ってきた黒澤明としては、珍しくデビュー作の『姿三四郎』以来といっていいアクションとユーモアの痛快なエンタティンメントであり興行的に大成功をおさめた。そしてこの二本の成功は一般の時代劇にも大きな影響を与えた。三船敏郎の立回りは伝統的な時代劇スターたちの外見的な優美さを重んじた立回りに較べると、ずっと荒っぽいうえにスピーディだった。

黒澤明はそれに、人間の肉が刀で斬られるときの音を想像で作り出して入れたり、『用心棒』では斬られた人間の腕を野良犬がくわえて走るとか、『椿三十郎』のラストでは三船敏郎が居合抜きで刀を抜いた瞬間、相手の仲代達矢の首から血が一メートルも吹きあげるといったショッキングな演出を加えたりして、残酷味を倍加させた。これらは多分にブラック・ユーモア的な演出だったが、これらが評判になると、たちまち残酷趣味の競争が流行した。

『用心棒』はイタリアのセルジオ・レオーネ監督によって模倣されて『荒野の用心棒』（一九六四）とイタリア製西部劇となった。そしてこれのヒットはイタリア製西部劇の流行をうながした。イタリア製西部劇は『用心棒』よりいっそう残酷だった。（5）

佐藤さんはイタリア製西部劇と書いているが、いわゆるマカロニ・ウェスタンである。

これも前章でもふれたが、『荒野の用心棒』の主演は、一九五九年に放送開始されたアメリカのテレビ西部劇『ローハイド』の人気者クリント・イーストウッドだった。彼はこのあと、『夕日のガンマン』にも出演し、これらの映画をきっかけに世界的スターになっていくのである。

時代劇の新しい形といえば、どうしても勝新太郎の『座頭市物語』の話をせざるを得ない。

上の2枚の写真は『椿三十郎』のラストの決闘シーン、三十郎の逆抜き不意打ち斬りの瞬間、血しぶきが舞った。左の写真は1970年に公開された『座頭市と用心棒』、監督は岡本喜八。対決の結果は相討ちでみんなをガッカリさせたが、それでもシリーズ最大のヒットになったという。

勝新太郎の主演シリーズは『座頭市』と『悪名』。座頭市は孤独な放浪の一匹狼だが、『悪名』の相棒はモートルの貞こと、田宮二郎。田宮はこの作品が出世作。勝新太郎にはこのほかに、『兵隊やくざ』のシリーズもあった。どの作品も根本の思想は勧善懲悪だった。

物語」シリーズ、この作品も主人公を居合い抜きの名人にしていることにおいて、『用心棒』あるいは『椿三十郎』の影響下のチャンバラと言えるだろう。ただしこれは、股旅ものの物語形式にのっとっているうえに主人公の居合いの名人が盲目の按摩であるという意表をつく設定で面白いチャンバラになった。（略）日本のチャンバラ映画には、おそらく中国の武侠物語の影響で、盲目の剣士机龍之介、片目片腕の浪人丹下左膳、片目の剣士柳生十兵衛、おなじく片目のやくざの森の石松と武将の伊達政宗など、身体障害者の豪傑がしばしば登場するが、座頭市はその決定版であろう。（6）

同じ大映で、勝新太郎と並んで、時代劇の新しい形を作りだしたのは市川雷蔵。

作品は忍者映画『忍びの者』と『眠狂四郎』のシリーズである。

市川雷蔵は物静かなたたずまいの青年で、余計に眠狂四郎のような陰のある剣士や闇の世界に生きる忍者のような役が似合った。
『若親分』のシリーズは海軍少尉でありながら、やくざの親分の家の二代目という設定。これも雷蔵の折り目正しい雰囲気が生かされた作品だった。

『忍びの者』については、佐藤忠男の解説がある。

大映時代劇の人気シリーズのひとつは市川雷蔵主演で一九六二年から六六年までに六本（『日本映画人名事典』には八本という記述がある）つくられた『忍びの者』である。忍者は時代劇の初期からの重要なキャラクターのひとつであり、これまでは神秘的な魔法使いとして登場していたのだが、こんどは合理的な解釈の下で、特別な訓練をほどこされたゲリラ戦とスパイ戦の戦士となり、戦国時代の諸国間の権謀術数の手段に使われて悲痛な運命をたどることになる。（7）

時代劇の伝統的な殺陣の様式の美しさを脱して、現実のリアル（実態）を描くということなのだろうか。

それでも、これらのシリーズ作品は、なかなか爆発的大ヒットというわけにはいかなかったが、安定した集客力があり、製作費の倍の売上げというような、確実な利益を大映にもたらしていた。

大映は昭和三十年代の前半は、京マチ子を筆頭に若尾文子、山本富士子といった美人女優が妍を競う女優王国だったのだが、若尾文子は単純な娯楽作品に出るのを嫌がるようになり、山本富士子に至っては、結婚後、契約更改の時に他社出演の条項で、永田雅一（大映の社長）ともめて、大映を退社してしまう。永田は五社協定にもとずいて、よその会社での映画出演が出来なくする。山本富士子はこれによりテレビドラマと演劇の世界に活動の場を移す。以後、いまにいたるまで彼女は一度も映画に出演していない。

これも前述したが、若尾文子も翌年結婚し、文芸色の強い作品を選んで出演するようになる。しかし、これらは評論家たちの女優としての評価は高かったが、配給収入的には本人がくだらないと思って出るのをやめた昔の映画のようにはいかなかった。

スター同士の結婚ブームは、もちろん裕次郎（日活）、錦之助（東映）のことがあって、大映の恋愛中のスターたちがみんなで免罪符をもらったようなことだと思う。さぞかし永田雅一は頭が痛かったに相違ない。

大映はこの状況を勝新太郎には、『座頭市』、『悪名』、『兵隊やくざ』の三シリーズ、市川雷蔵には『眠狂四郎』、『忍びの者』、『若親分』、『陸軍中野学校』などのシリーズの主演に託して、産業構造が急速に変化していく映画界で、大映の屋台骨を支えつづけさせようとするのである。

一方、時代劇映画を多産していた東映だが、これも曲がり角を迎えて、方向転換を図る。話の中心になった俳優は、大映の女優映画の相手役をつとめていた鶴田浩二である。鶴田が東映に移籍したのは昭和三十五年のこと、東映への引き抜きのお膳立てをしたのは、鶴田の古い馴染みのプロデューサーの俊藤浩滋だった。

のちに〝緋牡丹博徒〟で一時代を作りあげる女優・藤純子（現・富司純子）のお父さんである。東映が時代劇にかわって、新しい形のやくざ映画を作り始めるのもこの年からのことだ。岡田茂のこんな文章がある。

昭和三十七年（一九六二）、僕は野心的な作品を企画した。翌年、封切った「人生劇場　飛車角」である。時代劇はマンネリ化して飽きられつつある。だが、義理人情の世界や立ち回りの美学を日本人が好まなくなったわけではない。それなら、舞台を近現代に移し、もっとリアルでいい話にしたらどうか。頭に浮かんだのは「人生劇場」だった。（中略）主演には東京撮影所のトップスター鶴田浩二さん、相手役の女郎にお嬢様役だった佐久間良子さんを起用した。この二人に気鋭の高倉健さん、ベテランの月形龍之介さんを絡ませ、京都から澤島忠監督を呼んで撮った作品は、低迷していた鶴田さんの起死回生のヒット作となった。（8）

鶴田浩二は1924年（大正13年）12月生まれで、翌年1月生まれの三島由紀夫とはひと月違いの誕生日。この時代に活躍した主演俳優としては38歳と年齢がいっているが、昭和20年代から大活躍してきた人だ。東映のやくざ映画も表現的にはこの人の経験が重要な役割を果たしたといえるだろう。

この作品が東映任侠路線の嚆矢だった。この映画のヒットがのちに、三島由紀夫が絶賛した鶴田の『総長賭博』や高倉健の『網走番外地』、『日本侠客伝』、藤純子の『緋牡丹博徒』などのやくざ映画に発展して行き、最後は深作欣二の実録ものにたどり着く。この過程のなかで、東映は東映なりの一時代を築くのである。やくざ映画が集客を成功するには、それなりの大衆の側の、社会背景があるのだが、その分析はこのあとの年代記に譲ろう。

一方、佐藤が指摘した二大要素の暴力とセックスの、セックスの話はこういうふうに説明されている。

新東宝の末期に極端な低予算の製作を経験した人々の一部は、会社が潰れたあと、独立プロでもっと極端に低い予算によるエロチックな映画を作るようになった。無名の女優をヌードにして、セットを使わず、アパートの一室などにカメラを持ち込んで短い日数で撮影するのである。予算はたいてい三〇〇万円だったので、三〇〇万円映画とも言われ、性的な内容ばかりなのでピンク映画とも言われた。また、既成の社会派的・芸術派的な独立プロダクションと区別されて、そのプロダクションはエロダクションと呼ばれて蔑視された。その作品は一流の映画館では上映されなかったが、観客が減ると大手の映画会社の上映料が高くて営業困難におちいった小さな映画館などには結構需要があって、この種の映画は増え、一九六五年頃からは日本映画の製作本数の四〇パーセント近くを占めるようになる。（9）

この問題の背景には、性の公然化、タブーを超えた、あらゆる生活要素の商品化——日本社会での資本主義の高度化というか、成熟の問題があると思う。

文学作品だが、吉行淳之介が書いた『砂の上の植物群』が発表されるのは翌年（一九六三年）のことである。これも衝撃的な［セックス］をテーマにした小説だったのだが、前年の川端康成が書いた『眠れる美女』もそうだが、たぶん、昭和三十四年（一九五九年）の売春防止法の施行で、セックスがお金を出せば自由になる、という類いのものではなくなったことが関係しているのではないか。大衆のなかにあった日本古来の伝統的な性のタブーがグラグラになっていくプロセスの途上にあったのだと思う。

作品のなかでは男女のこんな錯綜した心理が描かれている。場所はホテルの一室である。

一週間、彼は京子を抱いていなかった。名前も知らぬ誰かと京子を共有していることは承知のことだった（略）「久し振りだね」戸惑ったような眼を、京子は宙に泳がせた。「誰かと寝た」「誰とも」「幾回、寝たんだ」「一回も」乳房の痣は、色が褪せていた。

京子の言葉に？は無いのかもしれぬ、とおもいながら、彼はその痣の上に指先を当てがった。しかし、最初の日に感じた全身の細胞の一つ一つが燃え上がるような攻撃的な気持ちは、湧き上がってこない。

彼は、萎えた細胞に鞭を当てる心持で、京子の乳房の痣に指先を当て、力を籠めて掴み上げたのだ。一方、京子の側には歪んだ表情があった。それは二カ月半以前に見られた彼の充実感に照応した表情ではない。しかし、京子はその歪んだ快感をまさぐり、歪んだ形のまま確実にそのなかに溺れ込んでゆく。彼は自分の虚しさに焦りを感じ一層力を込めて乳房を搾り上げていった。そのとき、乳房から白い液体が迸った。（10）

吉行は、性の荒廃とはいったい何であろうか、と書いている。このことは文学も映画も同じだった。

性の解放（＝実は性の公然化）は大衆社会の必然であり、誰かが止めようとしても止められるものではなかった。映画の衰退とそこからの失業者の多出も必然的なことであり、その人たちがピンク映画の製作に手を染めたことも生きるために選んだ道だった。

これらの作品もいまやひっくるめて「ポルノ」と呼ぶべきなのだろうが、この状況も、のちに八方ふさがりになった日活が「ロマン・ポルノ」と呼ばれる映画を量産するところへと道がつながっているのである。日活の末路を書いてしまったが、それにしても、忘れるわけにいかないのはここのところの日活のことである。裕次郎映画で一時代を築いてきた日活だが、この年の配収ベストテンのなかの日活の位置を見ると、ハッキリとした変化が見られる。

この年の配収の日活の最上位は裕次郎映画の『花と竜』だった。この映画については、次章で再論することにしよう。

そしてもう一つ、ベストテンにひっかかるようにリメイクされた『青い山脈』が入っている。この映画の主演は吉永小百合、浜田光夫の新コンビである。このふたりの日活製作の最初の共演映画は若杉光夫監督の『ガラスの中の少女』で『キューポラのある街』は七本目、監督は浦山桐郎。評論家たちの評価の高い映画だったが、配収がいくらだったか、残念ながら資料がなく分からない。ただ、六十二年度後半の映画会社別の配収ランク、ベスト5を見ると、次のようになっている。

①『花と竜』（主演・石原裕次郎）　3億6040万円
②『青い山脈』（主演・吉永小百合）　2億7080万円

③『零戦黒雲一家』（主演・石原裕次郎）　2億6010万円
④『いつでも夢を』（主演・吉永小百合）　2億4520万円
⑤『憎いあんちくしょう』（主演・石原裕次郎）　2億3080万円

これを見るとわかるが、収益の構造が裕次郎映画から小百合主演の青春映画に移行し始めているのである。この背景には、実は石原裕次郎がプロダクション設立の準備に入って、日活の操り人形でなくなり、独自の映画製作に踏みこみ始めたという事情がある。

石原プロの設立は翌年の一月、第一作の『太平洋ひとりぼっち』の封切りは同年の十月のことなのだが、独立の動き自体が一九六二年に始まっていることはまちがいない。

この石原プロ設立の動きは映画産業が全体的に衰退していくなかで、主演スターたちが相対的に価値を高めていく過程と連動しており、三船敏郎が三船プロを発足させるのも、この年のことである。三船プロはいきなりではないが、東宝の映画製作の本数の減数によって仕事を失った所属俳優たちの受け皿、避難所のような形になり、鷹揚にこれを受け入れて一時は百二十人の俳優を抱える大所帯になっている。

三船プロの場合は東宝の重役たちがズラリと役員として名前を並べる、独立といっても東宝の子会社のような形で出発したプロダクションだったのだが、石原プロと同じように翌年から映画製作に取りかかっている。三船はこのプロダクションの経営を支えるために、このあとアメリカ映画に進出したりして、八面六臂の大活躍で、このことも黒澤明監督の映画に主演する機会を次第に失っていく原因になっている。要するに、売れすぎたのである。

三船敏郎がテレビの時代劇ドラマに進出するのは一九七〇年代になってからで、『荒野の素浪人』シリーズは、その代表的な作品である。

【出版界】

この年の出版物で顕著なことは、カッパブックス（光文社）の大活躍である。

光文社は講談社の子会社。カッパブックスは新書サイズ、持ち歩きに不自由しないサイズの、ソフトカバーの単行本、ハウツーものに重点を置いた内容の本が多かった。

なんと、この年のベストセラーのベストテンのランキングで五冊を占有している。『易入門』、『手相術』、『スタミナのつく本』、『景気』、『マイ・カー』の五冊である。（11）

ハウツーものの本質は、読者にどう生きていけばいいかを教えることで、端的な書き方をすると、この時代の人々はこの先、どう生きていこうか、生きるスタイルを探しあぐねていたということなのだろう。

わたしはこの年の春、まだ十四歳で中学三年生になったところ。自分の記憶をたどるのは恥ずかしいのだが、このころ、思春期に突入したばかりで、大人向けの本を読み始めた時期なのだが、版元は青春出版社だと思うが、『青春の手帳』という雑誌が出ていて、部数はたぶん雑誌『平凡』のように百万部というわけにはいかないが、十万部台の発行を保っていたらしい。わたしはこの雑誌の熱心な読者で、内容は人生とは何か、若者はどう生きるべきかを真正面から論じたものだった。『平凡』の方は、クラスの同級生の女の子たちが読んでいた雑誌だった。

わたしだけのことではなく、このころは、先の目標に国を挙げてのお祭りである［東京オリンピック］が控えていて、要するに、社会全体が経済成長によって背中を押されながら、この目標に向かって、この先どうしていけばいいのか、必死になって進路を探していたということだったと思う。

この年の目立った雑誌の創刊というと、自動車雑誌の『カーグラフィック』とテレビ番組を週単位で紹介する『週刊TVガイド』がある。雑誌は社会に必要だと思う人たちがいなければ成立しない。雑誌は大衆の生活の志向を直接的に反映して、消費活動があるところに［生活提案］と［情報提供］を兼ねあわせたメディアとして成立するものだが、『カーグラフィック』は自家用の自動車が国民のあいだで普及し始めたことを、『週刊TVガイド』も同様にテレビを見る人たちが、この雑誌によってテレビの視聴を楽しみ始めたことを示唆している。

文学作品では、わたしには石坂洋次郎の『光る海』、安部公房の『砂の女』、島尾敏雄の『出発は遂に訪れず』が印象的である。内容に立ち入って紹介はしないが、それぞれ、時代の根底と結びついた小説作品だと思う。

文学ではない少年向け雑誌の世界の話だが、この年、五十年間つづいた講談社の『少年クラブ』が廃刊になっている。この背景には、当然のことだが、少年たちの生活のサイクルも大人同様に週間化したことがある。講談社『少年マガジン』と『少年サンデー』の創刊は昭和三十四年のことである。二誌が打ち合わせたように同時発売になったらしい。

最初のころは『少年マガジン』は同時期に廃刊になった『少年クラブ』のシッポを引きずっていて、絵物語や読みものもあり、完全なマンガ週刊誌ではなく、マンガに割りきって編集した『少年サンデー』に水をあけられていたらしい。『少年サンデー』の方は、横山光輝の『伊賀の影丸』、赤塚不二夫の『おそ松くん』、藤子不二雄『オバケのQ太郎』などのヒット作が連出して、マンガは若い人たちの生活のなかで、芸能とは違う独自の地位を作りあげていく。

マンガはこのあと、芸能とはまったく違う、日本の大衆文化の一ジャンルとして存在し始める。『おそ松くん』の連載が始まるのはこの年の四月のことだった。このマンガは三島由紀夫も大好物で、三島邸を尋ねると、玄関先に『少年サンデー』のバックナンバーがズラッと揃えられていて、家族が好きなときに読めるようになっていた、という話である。

最後になるが、この年の出版界でわたしが気になるのは、高橋和巳と林房雄のこと。このふたりは芸能にはあまり関係ないが、一九六〇年代以降の歴史の流れと大きく関わっている。

わたしが持っている『大東亜戦争肯定論』は2001年に夏目書房が刊行したもの。高橋和巳は『悲の器』がデビュー作。この本は河出文庫でも読むことができる。彼は三島由紀夫の自決後、半年ほどして病死しているが、5、6年のあいだに全共闘運動の思想的賛同者として京都大学の教員を辞職し、作家活動をつづけて多くの傑作小説をのこした。

京都大学の文学部助教授だった高橋和巳は十一月に河出書房から『悲の器』（第一回文芸賞・長篇部門賞受賞）を出版して、文壇にさっそうとデビュー、以後、新左翼運動の精神的支柱のひとりとして六〇年代後半の学生運動に命を捧げる形になる。また、林房雄はこの年の九月に雑誌『中央公論』で論文「大東亜戦争肯定論」を発表し、日本の戦前の歴史を再評価、肯定して、戦後のアメリカ直輸入の文化を否定、日本社会の底流に流れていたナショナリズムを掘り起こして、保守と右翼を結びつける役割を果たす。三島由紀夫などはこのことをきっかけに、さらに戦後昭和のいわゆる〝民主主義文化〟を否定し、独自の政治活動をおこなう方向へと進んでいく。

たしかに、東京裁判などの資料を読むと、アメリカのやっていることにもかなりの矛盾があり、こまかく調べていけばいくほど、戦後のアメリカと歩行をいつにした社会への歩みに対する疑問符が付きまとい始める。高橋和巳はこのあと、『憂鬱なる党派』や『邪宗門』などの問題作を連発する。林房雄の方はもともと戦前、左翼運動から転向した人で、戦後は軽妙なユーモア小説などを書いて、大衆文学の作家として売れっ子になっていたのだが、この作品は戦後社会に対しての自身の依って立つ場所を鮮明にしたものだった。この本はこれ以後の右翼的な思想の水路を作った本になった。

【放送界】

テレビは基準を確立しようとしていた。それはこれから説明するような意味である。

この年の三月にテレビの契約台数は一千万所帯を超えた。日本の所帯全体の48・0パーセントに相当する数字である。

わたしの家にテレビがやってきたのが何年のことなのか、よく覚えていないのだが、親父の仕事が安定して、けっこう安定収入がある状態になったのはこの前後だと思う。子供みんなが勉強机を買ってもらって、洗濯機とテレビとステレオを買った。

それ以前のテレビの記憶はすべて、大家さんのところか、近所のそば屋さんで見たものである。親父はプロレスが大好きで、プロレス番組の放送に合わせて、そば屋に夕ご飯を食べにいった記憶がある。プロレス中継についていうと、この年の四月に〝銀髪鬼〟の異名をとったアメリカのレスラー、フレッド・ブラッシーとグレート東郷の試合で、ブラッシーが東郷に噛みついて東郷が血まみれになり、もちろんこれはフェイクなのだが、この流血の場面にショックを受けた老人がふたり、ショック死するという騒ぎが起こった。

プロレスは基本は演芸で段取りがあって進行して最後にどっちが勝つか、事前に決めて試合をやっているのだが、このころはみんな、本当の格闘技だと思い込んでいた。テレビでプロレスを観戦した黒澤明が試合の進行を見て、「あんなものは八百長だ」と喝破したのは有名な話。それでもみんな、力道山が憎っくきアメリカからやってきたレスラーたちをコテンパンにやっつけるのを見て、溜飲を下げていた。

話を本筋にもどすが、このころまでは、テレビの番組が面白いといっても客観的な、それを証明する明証があるわけではなかった。視聴者の主観的な印象が「面白さ」の評判を作っていた。

視聴率という言葉は既にこのころ、存在していたようである。資料によれば、最初に視聴率の調査を始めたのは電通で、一九五五年（昭和三十年）のことだったらしい。このころの調査方法は非常に初歩的なもので、テレビのある家庭にノートをあずけて、いつごろ、どんな番組を見たかを書き込んでもらうものだった。年に何回か、この方法で調べて、自分たちの作った広告がどの程度見られているかを一カ月くらいかけて調べる、そこから生じたかなりいい加減な数字を視聴率と呼んでいたらしい。

その調査方法が変更になるのは。前年（一九六一年）の四月にアメリカのニールセンが日本に上陸、この年の十二月からはビデオリサーチも日本のテレビ界に進出。十月にテレビの契約所帯数が一二〇〇万を超えて、アメリカに次ぐ世界第2位のテレビ大国になっている。それらの状況が、テレビのメディアとしての位置を明確にすべきだという心理として働いたのだと思う。

新しい調査方法は、テレビに測定器を取り付けて、視聴の情報を紙テープに記録し、それを一定期間ごとに回収して調べるというアナログなやりかただった。それでも、家の人がノートに書き込んだものから数字をひねり出すよりははるかに客観的である。

一九六二年の時点についていうと、視聴率に関する客観的なデータというのはまだ不完全にしかない。手元に『検証視聴率』という本があるのだが、この本のなかには、翌年、一九六三年からの視聴率ベストテンが載っている。これは一九六三年のところで紹介しよう。

ここまでやってきた形を踏襲して、テレビの話題を書くと、まず最初に、『てなもんや三度笠』のことを書かねばなるまい。関西で作られた喜劇で、観客を入れた舞台中継の形の芝居をテレピ番組化したものだ。

これが、とにかく理屈抜きに面白かった。主演は藤田まこと。

出演する役者が全員で笑いをとる不思議な番組だった。主演の藤田まことはもうかなりの売れっ子で7、8本のラジオやテレビ番組に出ていた。演出の澤田隆治から『この番組に賭けろ』といわれ、それらの番組を全部やめて、この1本に集中し熱演したという。

後に『必殺仕事人』シリーズなどで、テレビの時代劇に一時代を築きあげた俳優である。『テレビドラマ全史』の『てなもんや三度笠』のページでは藤田まことについて、こんなことを書いている。

「わしにかかったらイチコロ、てなもんや」と言いながらも、最後は「逃げるが勝ちや」となってしまうあんかけの時次郎。藤田まことが演じた。カラいばり負け惜しみが得意なこのキャラクターは、「てなもんや三度笠」には欠かせないものであり、番組そのものを大ヒットさせたパワーの源でもあった。

当時、藤田は「びっくり捕物帳」「スチャラカ社員」（KRテレビ）などに出演していたが、ランクとしてはまだまだ。芸能界でも特に序列のきびしい演芸の世界では、主役をはるには難しいものがあった。しかし、当時ディレクターの澤田隆治は、テーマを藤田の〝挑戦〟と位置づけ、彼を起用した。下積みのタレントを主役に挑戦させようとしたのだった。この試みにはかなりの困難が、彼らの前に立ちはだかった。

例えば、当時の有名な芸能人、コメディアンは、無名の藤田が主演ということで出演を拒否した。さらに大阪の芸能界は、テレビコメディーの全盛時だったこともあり、有名コメディアンたちはそれぞれの番組で人気を競っている。（中略）さらに東京の芸能人となると、もっといけない。藤田まことという名前さえ知らないのだから。（12）

これは逆にいうと、既成の秩序からはみ出していたからこそ、自由な、人の意表をつくようなギャグを詰めこんだ番組を作ることができたということだろう。翌年調査の数字だが、全国平均の視聴率40・3パーセントという数字が載っている。これ以後も何年かにわたって、視聴率40パーセント以上を記録しつづけている。主役の藤田まことのほかに相棒の珍念に白木みのる、共演は財津一郎、南利明、香山武彦（ひばりの弟）、橋幸夫など、高視聴率番組だとわかると出演希望の人気者が続出した。場面の状況が「当たり前田のクラッカー」などというコマーシャルコピーがらみのはやり言葉とともに鮮明に記憶に残っている。

番組が似たような立ち位置なのだが、東京のコメディアンも大ヒット作品を生み出している。それは渥美清主演の『大番』、四国の田舎育ちが東京の株の世界に飛び込んで、さんざん苦労しながら一流の相場師に育っていく話。渥美清は浅草出身のコメディアンでバラエティショーなどに出て、笑いを取っていたが、この作品で初めて本格的に俳優に挑戦し、最後には〝寅さん〟へとたどり着く道を歩き始めるのである。

このほか、この年は傑作の国産ドラマが何本も作られている。小畠絹子主演のよろめきドラマ『献身』、園井啓介主演、島倉千代子共演の『あの橋の畔で』、加藤剛主演の『人間の条件』（映画では主役を仲代達矢が演じた）、佐分利信主演の法廷ドラマ『判決』など、内容を詳説するところまでは避けるが、テーマとして取り上げられるジャンルが広がりを見せ始めている。活劇としては、大瀬康一が主演した時代劇『隠密剣士』、新東宝を辞めてフリーになった御木本伸介が主役を演じたスポーツドラマ『柔道一代』などが人気を呼んだ。

外画も依然として、テレビ番組のなかの重要アイテムで、前年からつづいていた『ローハイド』や『ララミー牧場』、『ライフルマン』などのほかに、医者ものの『ベン・ケーシー』、『ドクター・キルディア』、エド・マクベイン原作の『87分署』などが新参している。

外画の全体の傾向としては、この後も話題になる作品がいくつかあるが、次第に茶の間の楽しみは国産ドラマに移っていったと書いてもいいのではないかと思う。子ども時代の記憶をたどると、なんといっても鮮明に記憶に残っているのは大瀬康一が主演した『隠密剣士』だった、大瀬康一はこれ以前に『月光仮面』で少年たちの人気者になった人である。『隠密剣士』にはこんなエピソードがある。

視聴率は、忍者が出てこない第一部の北海道編が一〇パーセント台。第二部「忍者甲賀衆」が始まると初回から二〇パーセントを超え、忍者同士の集団戦となった第三部「忍法伊賀十忍」では、三〇パーセント台を確保した。人気が頂点に達したのは、風魔一族が登場する第五、六部。風魔小太郎に扮した故天津敏が悪役に徹し、すごみをきかせた。（略）それに刺激され、子供たちは忍者ごっこに熱中した。高いところから飛び降りてけがをする事故が続出したため、番組の冒頭で、霞の遁兵衛役の牧冬吉が注意を呼び掛けたこともあった。さらに、人気は海外にまで広がり、米国や豪州、東南アジアにもフィルムが輸出された。（13）

これはたぶん、時代劇テレビドラマをベースにした、一種の忍者ブームみたいなところがあったのだと思

『隠密剣士』は将軍の異母兄弟で剣の達人という主人公が密命を帯びて活躍するドラマ。忍者の跳梁もあり、『月光仮面』の主役・大瀬康一が主演。
マンガの『伊賀の影丸』を描いたのは横山光輝。『鉄人28号』や『魔法使いサリー』、『三国志』もこの人の作品。

う。子どものわたしも五寸釘をトンカチで五寸釘をたたいてぺしゃんこにしたのを四本集めて砥石でピカピカに磨いて、それを針金でしばって十字手裏剣を作り、忍者の練習をしたことがある。

この〝忍者ブーム〟は子供たちが読むマンガの世界と同期していた。『隠密剣士』の放映と同時期に、『少年サンデー』では横山光輝が描いた『伊賀の影丸』が人気を呼んでいる。さらに、それに先行する形になるのだが、貸本の世界では白土三平の『忍者武芸帳〜影丸伝』が大ヒットしている。

余談になるが、前に古本屋たちが古書を競り合う市に参加したことがあるのだが、この時代の白土三平の貸本が一冊二十万円で競られていた。映画のパートでも市川雷蔵の『忍びの者』(司馬遼太郎の原作)が客を集めていることを書いたが、メディアのジャンルを超えて、忍者は昭和三十年代の男の子と男たちのあこがれの職業というか、身分だったのである。

【註】

(1)『芸能王国渡辺プロの真実。』二〇〇七年刊　青志社　松下治夫著　P・23

(2)雑誌『平凡』一九六一年二月号　目次ページ掲載

(3)『歌謡曲だよ!人生は』二〇〇〇年刊　マガジンハウス　斎藤茂著　P・144

(4)『日本映画史3』一九九五年刊　岩波書店　佐藤忠男著　P・126

(5)『日本映画史3』P・61

(6)『日本映画史3』P・62

（7）『日本映画史3』P・63
（8）『波瀾万丈の映画人生』P・155
（9）日本映画史3』P・74
（10）『砂の上の植物群』一九六七年刊　新潮文庫　吉行淳之介著　P・98
（11）『現代風俗史年表1945↓2000』2001年刊　河出書房新社　P・147
（12）『テレビドラマ全史』P・99
（13）『テレビ番組の40年』一九九四年刊　NHK出版　読売新聞芸能部編　P・33

第七章　1963（昭和38）年　芸能界激動の予兆

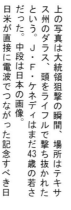

【一九六三（昭和三十八）年】

この年のできごとでわたしが一番鮮明に記憶しているのは十一月二十二日にアメリカでケネディ大統領が暗殺されたことだった。それもドラマチックなどと書いたらいけないのかもしれないが、劇的な状況で、アメリカとの衛星中継がつながった途端に流れてきたのがこの、大統領暗殺のニュースだったのである。

上の写真は大統領狙撃の瞬間、場所はテキサス州のダラス、頭をライフルで撃ち抜かれたという。Ｊ・Ｆ・ケネディはまだ43歳の若さだった。中段は日本の画像。日米が直接に電波でつながった記念すべき日のことだった。

個人的な印象だが、このあと、年末には映画監督の小津安二郎とプロレスラーの力道山も亡くなっていて、なんとなく「死」のイメージが強い。調べて見ると、毎年同じようなことなのかもしれないが、この年は、

この年亡くなった三人。写真上から映画監督・小津安二郎、電通社長・吉田秀雄、プロレスラー力道山。

外人ではエディット・ピアフやジャン・コクトーが亡くなっていて（十月十一日、同じ日の朝と午後にパリで死んだ）、日本では映画監督だったら大曽根辰保や川島雄三、作家だったら野村胡堂や長谷川伸、電通の社長だった吉田秀雄らが鬼籍に入っている。なんとなくだが、戦後の日本文化を創った人たちが、東京オリンピックという一大国家行事を前に、夜明けを待たずに死んでいったような気がしてならない。

この一年は、日本的にはそういう翌年（一九六四年）のためにあった、そんな一年だった。

まず、外国ではこんなことが起こっている。

一月二十二日　フランスと西ドイツ、仏独協力条約締結。
四月＊＊日　キング牧師指導の黒人公民権闘争が米アラバマで始まる。
六月十五日　坂本九「スキヤキ」（「上を向いて歩こう」）全米ヒットパレード第一位。

九月十六日　マレーシア連邦発足。
十月九日　アメリカ、ソ連に小麦を輸出、食糧不足の救済。
十月十一日　西ドイツ、アデナウワー首相辞任。
十月十三日　ロンドン、ビートルズ人気、ついに爆発。
十一月一日　南ベトナム、ゴ・ディン・ジェム政権倒れる。
十一月二十二日　アメリカ、ケネディ大統領暗殺。
十二月十七日　韓国、朴正熙が大統領に就任。

もちろん、ここに書き並べたできごとだけでは世界がどこに向かっているか。分かるわけがないのだが、海外で起きていた事件、主要なできごとというのはこんなところ。やっぱりこうやって歴史を並べてみてもケネディ暗殺は大事件だった。

また、音楽の話だが、アメリカで坂本九の歌が大ヒット。

イギリスではついにビートルズブームに火がついた。

この一年の日本の政治・経済・外交・法の成立は以下のようなところである。

一月二十六日　米国務省、原子力潜水艦の日本寄港希望を通告。
二月五日　日ソ貿易支払い協定調印。
二月六日　ＩＭＦ理事会、日本に対して8条国（国際収支を理由とする為替制限の禁）への移行を勧告。

二月十日　門司、小倉、八幡、戸畑、若松の五市が合併し、北九州市誕生。
五月十二日　核搭載可能なF105Dジェット戦闘機、板付基地に配属。
五月十四日　日仏通商協定調印。

7月18日、内閣改造。第3次池田内閣成立。
オリンピック遂行内閣、建設相は河野一郎、
オリンピック担当相に佐藤栄作。

六月二十日　観光基本法公布。
七月八日　職業安定法・緊急失業対策法改正各公布。
社会党は失業者の首切りと反対。
七月十日　近畿圏整備法公布。
七月十一日　老人福祉法公布。
七月十二日　政府、生存者叙勲復活を決定。
閣議、新産業都市十三カ所、
工業整備特別地域六カ所を決定。
七月二十日　中小企業基本法公布。
八月五日　原水禁大会、社会党のボイコットで分裂。
八月十四日　政府、部分的核実験停止条約に調印。
八月十五日　政府主催第一回戦没者追悼式。
九月一日　安保反対国民会議、米原潜日本寄港反対集会開催。
九月四日　憲法調査会十八委員、自主憲法制定の意見書提出。
十一月二日　大蔵省、貿易外取引管理令公布。貿易・為替の自由化進む。

十一月二十一日　総選挙。自民283社会144民社23共産5無所属12など。
十二月二十一日　教科書無償措置法公布。

これらのできごとのかたわらに猛烈な勢いで成長をつづける経済社会がある。
新幹線や高速道路、わたしが子どものころ住んでいた世田谷区下馬を通る環状七号線もアンダーコンストラクション（工事中）だった。井上ひさしは昭和三十八年のことを、こんなふうに書いている。

筆者の記憶では、高度成長期の前半の東京はどこへ行っても穴だらけであった。とくにこの年の穴の数はすごかった。穴を掘る音に絶えられずに東京から逃げ出し辻堂へ引っ越したぐらいである。コラムニストの馬渕公介氏の調べでは、《一九六三年の年頭における東京の掘り返し箇所は、ほぼ一万ケ所。（略）この穴ボコの原因は第一に東京オリンピック。六四年十月に開催をひかえ、とにかく外国に恥かしくない道路にしようと、一千万都民は翼賛態勢に入っていた。》（略）
《……六〇年代に入って、東京オリンピック間でのあいだに、東京の道路はいかに変貌したか、そのデータを挙げるなら、たとえば六一年度の工事総延長は、二三区の国道と都道で実にその五七パーセントを掘り返したのだ。これが六一年度だけだから、六二年度、六三年度を加えると、都心の大通りは、ほぼ全域にわたって掘り返されたことになる》（別冊宝島「東京できごと史」）

ところでこの穴ボコ掘りの主戦力が出稼ぎ農民だった。三十五年に十八万人だった出稼ぎ農民は四年後のこの年には三倍強の六十万人に達する。もう一つ、この年の春に上京した中卒の若年労働者、いわゆる「金

の卵」の数は七万八千人、これは戦後最高の記録である。（1）

集団就職の話が添えられているが、中学卒で上京し、東京に就職した若者のこころ模様をうたった歌が井沢八郎の『あゝ上野駅』、こちらは昭和三十九年の作品である。

『あゝ上野駅』は東北から集団就職した若者たちの望郷の思いをうたった、時代の鏡のようなヒット曲だった。うたったのは井沢八郎。女優・工藤夕貴のお父さんである。この人の昭和40年のヒット曲『北海の満月』という歌もすごい。三波春夫や村田英雄とまたちょっとひと味違う土俗的な心情をうまく歌にする歌手だった。
集団就職の時代は田舎に若者が働く場所が全くなく、都会では若い労働者が絶対的に不足していた、都市と農村の産業のバランスが不均衡で、働くためには都市に行かなければならない時代だった。東京は若者の憧れの街だった。

『集団就職の時代』　青木書店　１９９７年刊　加瀬和俊著

ちなみに、昭和三十六年の経済成長率11・7パーセント、三十七年は7・5パーセント、この年が10・4パーセント、翌年（昭和三十九年）が9・5パーセントである。これを昭和三十五年を１００として計算すると、なんと四年間で経済規模が45・2パーセントふえたことになる。これは自国民の消費の加熱と輸出入の規模の拡大がこの数字をつくりだしたのだ。

日本はもともと資源には乏しく、海外から必要な燃料資源・原料を輸入し、それを高い技術力で、何らかの製品に作りかえて、商品として輸出するというやり方で、貿易を主要手段として立国してきた。

年表に書き出した政策、施策の眼目はおそらくふたつある。

ひとつは貿易立国のための対外的な、つまり外交交渉、政治と経済は別物という考え方（政経分離）で、自由主義国とも共産主義国とも東南アジアの国々などの発展途上国、鳥なのか獣なのかハッキリさせず、どことでも仲良くしようというコウモリみたいな生き方、これにはアメリカ軍の問題、ＩＭＦの８条国移行の勧告なども含まれる。それと国内の産業構造をさらに高度能率化するために成立し、施行された法律の数々である。

このふたつの大きな枠の中に、日本の大衆文化は存在していたことになる。

そして、もう一つ、気になる事件の羅列がある。それは事故・災害による死者の数である。

この年は次々と大量の死者を伴う事故が多発した。上の写真は東海道線鶴見駅の近くで起きた列車の二重衝突、下は筑豊の三池炭鉱の爆発事故。この二つは同じ 11 月 9 日に起きた。
左ページ、上段は 8 月 22 日に起こった池袋の西武デパートの火災、同じ日、八丈島の飛行機墜落事故が起きた。
下段は 8 月 17 日の沖縄の連絡船沈没事故。海から救助される小学生たち。

一月二十三日　北陸地方に豪雪、死者１７８人。
　六月六日　貨物船洞南丸、和歌山県沖で遭難。乗組員33名全員死亡・行方不明。
八月十七日　沖縄離島航路のみどり丸転覆。夏休み旅行中の児童ら１１２人死亡。
八月二十二日　東京池袋、西武デパートで火事、死者６人、重軽傷者23人。
　　同日　藤田航空東京―八丈島便が八丈富士に激突。乗組員19名死亡。
十一月九日　三池三川鉱で炭塵爆発４５８人死亡。
　　同日　東海道線横浜市鶴見で列車二重衝突１６１人死亡。
十二月八日　貨物船加明丸、北海道松前沖で積み荷の煮崩れが原因で沈没、死者20名。

大量の死者を出す事故がひんぱんに起こっている。命を粗末にしすぎではないか。交通手段中心にだが、あらゆる形で災難が襲いかかって、人命を奪い取っている印象がある。やはり社会のインフラが経済発展についていけていない、そのことがこういう具体的な形をとって歴史に現れたのだと思う。

もうひとつ、書き添えておかなければならないのが暴力団の問題。これは社会総体が豊かになって、経済活動が活発になってきたことと関係があるだろう。暴力団は基本、社会の寄生虫的な存在なのである。この年前後の暴力団の状況はこういうことになっている。

一〇〇人以上の構成員をもつ団体は一九六〇年には五八団体しかなかったが、六一年には八三団体、六二年には一〇八団体に増えている。二都道府県以上にまたがって勢力を有する団体も六〇年に六七〇団体だったものが、六一年には八七三団体、六二年には一〇二〇団体に増えている。

この大型化傾向は、弱小組織が大組織に吸収されていく過程を裏付けている（数字は警視庁の調査によるものである）。（2）

このことを猪野健治の『やくざ戦後史』はこんなふうに記述している。

極道の主流・博徒は公営ギャンブルのなかった戦前は、無職渡世でも生活は可能であったが、戦後は、賭博だけでは組経営がなりたたず、こぞって合法企業に進出した。警視庁の調査では、一九六一年（昭和三十六年）一月には、調査対象者六万八〇〇〇人中八八〇〇人が何らかの企業を経営していた。

それが六七年四月になると、八万五〇〇〇人中一万九四〇〇人が合法企業を経営し、一万五〇〇〇人がそこに従業員としてつとめ、ほかに一般企業に介入している者が、二万三九〇〇人という高い比率になっている。一般企業に介入している二万三九〇〇人の内訳は、八〇〇人が役員として入り、一万三一〇〇人は従業員、一一〇〇人はカスリやショバ代をかすめとる寄生生活者である。（3）

背景には国の富強化があり、それによって警察力が大幅に増強され、機動隊などの組織があらためて拡充したことがあった。機動隊のこの間の事情はこういうことである。

装備面では一九五五年から装備五カ年計画を実施して警備機材を充実し、ついで六〇年度から車両整備五カ年計画がスタートした。このあと、緊急整備三カ年計画（一九六一～六三年度）が決定され、警備車・指揮官車・大型輸送車が調達されるなど、六四年度からは、第二次整備二カ年計画が開始された。（4）

昭和三十年代の後半は、日本全体が所得倍増計画の設計図の上に乗っかって、高度経済成長のレールの上を突進していた時期だったのだが、同時にヤクザの組組織が急激に膨張をつづけた時期でもあった。

この背景には、昭和三十五年の日米安保条約改定への左翼、全学連などの反対運動に対抗して、反共・右翼的な、国家の意向を受けた「国のため」という政治行動をヤクザの親分たちが受けもった経緯があった。その政治問題が終息したあと、いったん黙認された形で開始された組の動きが経済活動などに及ぶ形で次第に激しくなっていった。

児玉誉士夫は昭和の時代に政界や闇の権力の世界で大きな力を持った人だった。戦争中に海軍航空本部のための物資調達を行い、終戦までに蓄えた物資を占領下に売りさばいて、莫大な利益を得たのだという。これが彼の軍資金になり、政界と右翼、暴力団の三者をつなげる役目を果たした。上の写真は日本プロレスリング協会がつくった挨拶状。山口組の組長田岡一雄と二人並んで会長と副会長を務めている。

この年（昭和三十八年）、児玉誉士夫は自分が中心になって、全国の任侠団体を糾合して連絡機関を設置するための発起人大会を開催しようとする。左翼革命勢力に対抗して日本をまもり、組同士の揉めごと、暴力沙汰を防ぐためという名目の親睦組織だった。

しかし、これは無理な相談だった。組にはそれぞれ組が抱える問題があり、社会のなかで勝ち抜かなければならない組織としての論理があった。これはいわゆる、堅気の人々の経済活動とは相容れないものだった。

このことの実例としては、具体的には山口組の全国制覇の野望がある。

戦後の山口組は神戸港の荷揚げ人足の手配から始まって、大きな勢力に成長し、やがて、神戸というローカルな枠を超えて、芸能界でも美空ひばりや力道山の地方興行を仕切って、これに併行して社会状況の変化にあわせて、勢力を拡大していったものだった。なぜこのことをここで挟み込むように書くかというと、芸能界は映画の世界など、特定ジャンルを除いて、、警察権力が強化されることに併行するかたちで、暴力団を徐々に排斥する方向に向かっていったからである。

映画については、【映画界】の項で紹介する。

ここではあまり具体的なことは書かないが、芸能を商う商売がまともな仕事だと一番に認知されることは関係者というか、マネジャーたちの悲願だった。この暴力団の状況と警察権力の強化と、芸能の世界が昔ながらのヤクザたちとの関係を排除・生産して現代的なビジネスとして銀行などに認められるようになっていく経緯とは密接に関係していると思う。

その意味で、この年の年末にそれまで山口組などとの密接な関係性を裏付けにしてプロレスの興行を打ってきた力道山が赤坂のナイトクラブで暴力団員に腹部を刺され、それが元の腹膜炎で死んだことはこういう趨勢を象徴したできごとと考えていいのではないか。

ここから芸能界の各ジャンルの検証に移ろう。


【歌謡界】

映画界のことは措いて、ステレオやテープレコーダーの急速な普及もあって、音楽業界は第二章の87ページの図でもわかるように、猛烈な勢いで急成長をつづけている。

娯楽は音楽鑑賞や読書だけではなく、〝レジャー〟という言葉が流行語になり、休暇や休息、仕事を休んで遊ぶためにお金を使うようになる。これまでのようにただ働くだけでなく、生活を楽しむ、そういう時代がやってきた。そしてみんなが就労意欲に燃え、明日はきっと今日よりも良くなると考えて、上昇意識や出世願望を強烈に持って働いていた時代でもあったのである。

【昭和38（1963）年　シングルヒット曲　ベスト30】

①高校三年生	舟木一夫	196306
②東京五輪音頭	三波春夫	196306
③こんにちは赤ちゃん	梓みちよ	196311
④恋のバカンス	ザ・ピーナッツ	196304
⑤見上げてごらん夜の星を	坂本　九	196305
⑥いろいろ節／ホンダラ行進曲	ハナ肇とクレイジーキャッツ	196304
⑦美しい十代	三田　明	196310
⑧シェリー	ダニー飯田とパラダイスキング	196302
⑨姿三四郎	村田英雄	196312
⑩島のブルース	三沢あけみ、和田弘とマヒナスターズ	196304
⑪学園広場	舟木一夫	196309
⑫若い歌声	橋幸夫、吉永小百合	196311
⑬夕陽の丘	石原裕次郎、浅丘ルリ子	196311
⑭長崎の女	春日八郎	196306
⑮星空に両手を	島倉千代子、守屋　浩	196209
⑯修学旅行	舟木一夫	196309
⑰仲間たち	舟木一夫	196302
⑱みんな名もなく貧しいけれど	三田　明	196312
⑲若い東京の屋根の下	橋幸夫、吉永小百合	196304
⑳伊豆の踊子	吉永小百合	196305
㉑ヘイ・ポーラ	田辺靖雄・梓みちよ	196306
㉒ヴァケーション	弘田三枝子	196602
㉓出世街道	畠山みどり	196301
㉔男船	井沢八郎	196311
㉕ギター仁義	北島三郎	196308
㉖浪曲子守歌	一節太郎	196312
㉗エリカの花散るとき	西田佐知子	196302
㉘夢みる想い	伊東ゆかり	196304
㉙若い季節	ザ・ピーナッツ	196301
㉚ウェディングドレス	九重佑三子	196311

＊左の数字は発売年月です。

この年、どんな歌が流行したかというと、右の表のようなことである。

久々に大ヒットが飛び出している。

この表をみてすぐに気がつくのは舟木一夫の登場と大活躍である。

《ベスト30》のなかに、舟木の歌が四曲も登場している。

舟木一夫、絶頂期には毎日、一日にファンレターが2000通来るほどの人気者だった。デビュー曲は『高校三年生』。

舟木一夫は本名上田成幸、昭和十九年の生まれ、橋幸夫の一歳下、このとき十九歳である。前章（昭和三十七年の項）で、週刊明星の記者が名古屋の喫茶店で彼を見つけた経緯を書いた。

そこから話はつながっていく。堀威夫のこんな証言がある。舟木一夫は最初、ホリプロからデビューした。

彼のスカウトを決めた決定的な理由は、面会したあとに、歌を吹き込んだテープを送ってもらったことにある。なんとテープレコーダーから流れてきたのは、見事なオーケストラによる当時のヒット曲「湖愁」の前奏ではないか。やがて一番の歌に入るとその音はプツンと切れて上田青年の声のみ、いわゆる音楽用語でアカペラ(a cappella)、無伴奏の声だけになる。歌い終わると、また間奏は見事にオーケストラになって、二番の歌はまたアカペラ。続いて三番からついにエンディングまでこの方法で吹き込まれている。しかも、テンポが少しもずれることなく仕上がっている。上田君が自分のテープレコーダーで、レコードと自分の歌

を見事に編集して作り上げたものに違いない。この几帳面さにまずほれ込んだ。(5)

何を歌わせて、どんな形でデビューさせるかは、マネジャーたちの時代感覚、先見の明にかかっていた。堀は上田君(舟木一夫)、上田君の父親と話をまとめ、本人を上京させると、歌手デビューの話を日本コロムビアに持ち込んだ。コロムビアは、この上田少年に「舟木一夫」という名前を用意して、作曲家の遠藤実たちが温めていた学生を模したスターを作り上げようとするのである。

実は、舟木一夫という芸名、本当は、橋幸夫が名乗るべき名前だった。というのは、わたしが聞いている話ではこういうことである。橋幸夫は中学生時代、青梅街道沿いの中野あたりに住んでいて、母親が熱心で、そのころ荻窪に住んでいた作曲家の遠藤実の所に毎週歌のレッスンに通っていた。遠藤はこのころ、コロムビアの専属作曲家で、愛弟子に自分が温めてきた舟木一夫という名前をつけてあげてコロムビアからデビューさせるつもりでいたのだが、橋を見たコロムビアはいい顔をしない。それで、自分の手でデビューさせることをあきらめて、ビクターに行かせるのである。

ビクターはコロムビアとは別の判断をして、これはいける、と考えた。そして、橋を吉田正にプロデュースさせて、本名橋幸男を橋幸夫という芸名にして、意表を突く股旅もの(『潮来笠』)でデビューさせて、大当たりをとるのである。

判断を間違えたコロムビアは苦杯をなめたわけだが、起死回生の一手を打つ。堀威夫が連れてきた件の上田少年に舟木一夫の芸名を与え、学生服をコスチュームにして『高校三年生』という歌でデビューさせた。この間の事情も堀さんが文章にしている。

昭和三十七年の暮れに吹き込みを完了し、翌春には度胸試しに守屋浩ショーの前座歌手として巡業に参加させ、地方を回り始めた。六月にレコードが発売されると同時に、あっというまに売り上げを伸ばして、慌てて巡業から呼び戻して、マスコミ取材に対応するといった幸運なデビューとなった。デビューにあたりアイキャッチに学生服を着用したのも新鮮なイメージを与え、おかげで学校の校内放送にまで使用されるといった大ブームになった。いわゆる流行歌が学園に入った最初のレコードがこの「高校三年生」で、皮肉にも本人はその春、高校を巣立ったばかりの社会人一年生のデビューだった。（6）

歌謡界はそこまでしばらく、発売年のうちにミリオンセラーになる大きなヒットがなかったのだが、『高校三年生』はそのミリオンの壁をやすやすと超えるセールスを達成するのである。そして、舟木一夫はあっという間に一日に二〇〇〇通ものファンレターが来る人気者になってしまった、そして、当然のことだが、この動きは【映画】の世界にも広がっていく。さっそく、映画『高校三年生』が作られた。

個人的な記憶になるが、この歌がヒットしたとき、わたしは高校一年生だった。

世田谷区にある男女共学の都立高校である。『高校三年生』のレコードが発売になったのが六月で、何ヶ月か経過した、夏休みを終えて秋になってからのことだったが、遠足でバスに乗って陣馬山にでかけたのだが、その往復の移動の時間、バスのなかでずっと、みんなでこの歌を繰りかえして、何度もうたった思い出がある。

わたしたちはまだ高校一年生だったが、歌にうたわれている主人公の気持ちはリアリティがあって、泣き出したくなるような情感にあふれていた。特に、「♪フォークダンスの手をとれば甘く匂うよ黒髪が…」のフレーズは、実際にわたしたちの高校では、昼休みに体育館（講堂）に男子女子みんなで集まって、輪を作って（オクラホマミクサーである）フォークダンスを踊っていて、好きな女の子と手を取り合うのがモーレツに刺激的な時間だった。これは、もしかしたら、歌を通して、自分たちの恋愛の有り様、男女交際の形を探ろうとしていて、『高校三年生』の歌詞に本能的に反応していたのではないかと思う。強烈な体験だった。

わたしたちの世代は、のちに「団塊」と呼ばれるようになるのだが、わたし個人の思い出としては、舟木一夫はそんなにいいとは思わなかったが、この歌だけはそれまでなかったような衝撃的な時代の感覚を伴って、耳に入ってきた記憶がある。

それでも、橋幸夫に次ぐ、舟木一夫の出現は、戦後育ちの世代、そして、戦後生まれのまだ十代の、ハイティーンになろうとしている人たちが、次第に社会性を身につけて、親からもらうお小遣いみたいな形で多少の消費能力を身につけ、特定歌手の歌を大ヒットさせるだけのパワー（経済力）を持ちはじめていたのだと思う。

これまで、誰の歌が記憶に残ったかということのために、全音楽譜出版の『日本の詩情～流行歌一九四九曲集』という歌本を資料にしてきたが、この本のなかの昭和三十八年のヒット曲を調べると、50曲あまりあるのだが、登場する歌手が三十六人もいて、そのなかで突出しているのは畠山みどりの五曲、舟木一夫の四曲、北島三郎の三曲、といったあたりが目立つところなのだが、総花的で傾向がつかみにくい。いちおう、歌手名を羅列しておく（曲名は省略する）と、二曲掲載が植木等&谷啓、坂本九、橋幸夫、石原裕次郎の四人。あとはすべて一曲で、こんなメンバーだった。アイウエオ順に並べる。

浅丘ルリ子、梓みちよ、アダモ、井沢八郎、榎本美佐江、春日八郎、北原謙二、こまどり姉妹、五月みどり、ザ・ピーナッツ、三界りえ子、島倉千代子&守屋浩、新川二郎、鈴木やすし、竹山逸郎&服部冨子、鉄砲光三郎、西田佐知子、浜田光夫&三条江梨子、一節太郎、藤本二三代、フランク永井、松山恵子、和田弘とマヒナスターズ、三沢あけみ、三島敏夫、三田明という顔ぶれ。とりとめなくて方向性が分かりにくい。

それで、じつはもう一冊、手元にシンコー・ミュージックが編集した『続・懐かしの流行歌』という歌本がある。［続］とつけられているのは、これの前身があり、その本は昭和三十年までにつくられた歌を集めていて、標題が『懐かしの流行歌』とある。［続］の方は昭和三十年代のヒット曲を千二百曲あまり網羅したもので、昭和三十八年に発表された歌が八十九曲、選ばれている。

古本屋さんで100円で買った裸本。昭和52年刊。流行歌1173曲が載っている。シンコー・ミュージックの出版。

この八十九曲を歌手別に整理すると、こうなる。

［8曲］北島三郎
［7曲］橋　幸夫
［5曲］春日八郎、村田英雄
［4曲］こまどり姉妹、鶴田浩二、三橋美智也
［3曲］新川二郎、岡晴夫、舟木一夫
［2曲］フランク永井、美空ひばり、石原裕次郎、藤本二三代、島倉千代子、畠山みどり、三島敏夫、仲宗根美樹、高橋英樹、三沢あけみ、和田弘とマヒナスターズ、北原謙二
［1曲］西田佐知子、丘野美子、野村雪子、松山恵子、森繁久彌、田端義夫、神戸一郎、井上ひろし、吉永

雑誌『平凡』

【昭和 38 年度　人気歌手 読者投票ベストテン】

[男性歌手部門]		[女性歌手部門]	
第１位（1）	橋　幸夫（20 歳）	第１位（1）	美空ひばり（26 歳）
第２位（4）	坂本　九（22 歳）	第２位（-）	畠山みどり（24 歳）
第３位（9）	北原謙二（24 歳）	第３位（5）	五月みどり（25 歳）
第４位（8）	守屋　浩（25 歳）	第４位（3）	弘田三枝子（16 歳）
第５位（-）	北島三郎（27 歳）	第５位（2）	島倉千代子（25 歳）
第６位（2）	松島アキラ（19 歳）	第６位（4）	こまどり姉妹（24 歳）
第７位（10）	三波春夫（40 歳）	第７位（-）	西田佐知子（24 歳）
第８位（3）	三橋美智也（32 歳）	第８位（9）	ザ・ピーナッツ（21 歳）
第９位（6）	神戸一郎（25 歳）	第９位（8）	仲宗根美樹（19 歳）
第 10 位（-）	村田英雄（34 歳）	第 10 位（-）	高石かつ枝（17 歳）

※昭和 38 年 10 月号掲載

北島三郎の 27 歳も遅い歌手デビューだが、三波春夫は 40 歳、村田英雄は 34 歳のデビュー。二人とも浪曲師からの転職組。いまなら吉本の芸人が歌手デビューしたようなものだ。

小百合、曽根史郎、神楽坂とき子、高石かつ枝、榎本美佐江、井沢八郎、三田明、一節太郎

名前をあげただけでは、どんな歌がはやったかは分からないが、誰が活躍したかはある程度は推理できる。シンコー・ミュージックがつくった歌本（『続・懐かしの流行歌』）のなかには坂本九の歌が1曲も入っていないのだが、権利のこととか、なにか事情があるのだろう。

この年のヒット曲の広がりを見ると、泥臭い方の歌と書いてもいいと思うが、一節太郎の『浪曲子守歌』、畠山みどりの『出世街道』、前年から引き続きヒットを放った村田英雄（『姿三四郎』）、国民歌手的な存在になった三波春夫（『東京五輪音頭』）、それに春日八郎は『長崎の女』でひさびさにヒットを飛ばしと、若い人の趣味とは思えない歌謡曲もけっこうちゃんとレコードが売れている。つまり、大人たちもきちんとレコードの購買に参加しているのである。

【ミュージックライフ　1963年度　歌手人気投票】

［男性部門］

1	(1)	坂本　九
2	(14)	北原謙二
3	(6)	アイ・ジョージ
4	(-)	克美しげる
5	(4)	飯田久彦
6	(2)	守屋　浩
7	(9)	平尾昌晃
8	(22)	鈴木やすし
9	(5)	水原　弘
10	(35)	高橋元太郎
16	(-)	長沢　純
17	(-)	高倉一志
18	(-)	田辺靖雄
26	(-)	倉光　薫
35	(-)	紀本ヨシオ

［女性部門］

1	(1)	江利チエミ
2	(4)	弘田三枝子
3	(21)	中尾ミエ
4	(2)	森山加代子
5	(28)	伊東ゆかり
6	(3)	ザ・ピーナッツ
7	(11)	西田佐知子
8	(8)	坂本スミ子
9	(4)	ペギー葉山
10	(-)	園まり
18	(-)	青山ミチ
19	(-)	安村昌子
20	(-)	木の実ナナ
24	(-)	梓みちよ
26	(-)	沢りり子
27	(-)	伊藤アイコ
35	(-)	金井克子
38	(-)	梅木マリ

［コーラス・グループ］

1	(1)	ザ・ピーナッツ
2	(3)	スリー・ファンキーズ
3	(5)	ダーク・ダックス
4	(2)	パラダイス・キング
5	(4)	デューク・エイセス
6	(5)	リリオ・リズム・エアーズ
7	(18)	ベニ・シスターズ
8	(8)	マヒナ・スターズ
9	(7)	スリー・グレイセス
10	(11)	フォア・コインズ
13	(-)	モダン・トーンズ
17	(-)	スリー・ジェット
20	(-)	ダイヤモンド・シスターズ

歌手の人気投票を並べて紹介しよう
まず、右の表が月刊『平凡』のベスト・テンである。女性陣は美空ひばり、畠山みどり、五月みどりが強く、男性は橋幸夫、坂本九、北原謙二、……という順番。この調査は十月号（八月末発売）で発表されているのだが、投票はおそらく六月から七月にかけておこなわれたもので、六月デビューの舟木一夫や十月に『美しい十代』で衝撃的にデビューする真正の美少年、三田明はまだ投票の対象になっていない。また、一時代を築いた春日八郎は歌はヒットしているのだが、雑誌『平凡』的な人気からいうとすでにベスト・テン外にあり、三橋美智也も順位を落としている。

圏外に落ちたのは男は飯田久彦とスリーファンキーズ、女性では田代みどり、中尾ミエ、森山加代子の三人。スリーファンキーズの人気不調はおそらく前年に、一番の人気者だった高橋元太郎が脱退したことに原因があると思う。

もう一つ、都市中心に読者層を抱える雑誌『ミュージックライフ』のベストテンは前ページのようになっている。六十三年のいつごろ投票が行われたのか、不明だが、こちらでは『平凡』の投票では調子が出なかった中尾ミエ、森山加代子、スリーファンキーズ、飯田久彦、高橋元太郎らの名前がある。のちに殺人事件を犯す克美しげるが第四位に入っている。この人は水原弘のお弟子さん。前年に『霧の中のジョニー』、『片目のジャック』、この年にはテレビドラマ『エイトマン』の主題歌をヒットさせてランクインしたのだろう。

彼は翌三十九年に『さすらい』という歌を大ヒットさせるのだが、この歌は本当にいい歌だ。

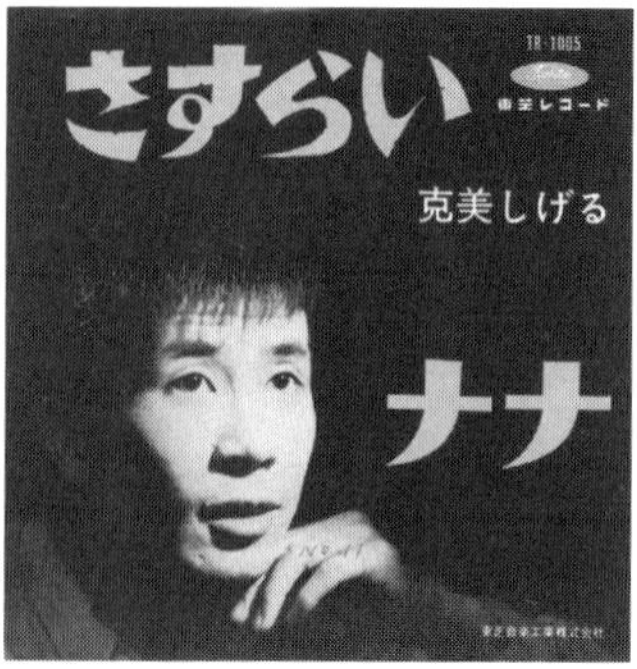

写真上から克美しげるの『さすらい』、北原謙二の『若いふたり』（これは前年のヒット曲）、鈴木やすしの『ジェニ・ジェニ』はアメリカのロック＆ローラー、リトル・リチャードのカバー曲。

人気者のベスト・チャートはいずれにしても、動きが激しい印象がある。

そして、問題はここからなのだが、好事魔多しというが、芸能界は順調に発展しつづけていたわけではない。テレビに人気者たちが現れ、視聴者の喝采を博するようになると、人間の心の有り様の常なのだろうか、その人気者たちのなかから、所属事務所を離脱・独立しようとする動きが多出するのだ。

この問題を月刊『平凡』の昭和三十八年二月号（正月発売号）が特集している。

「〝スリきれるまで使われてはたまらない〟という深刻な悩み」というタイトルである。

特集のリードはこんな文章である。


加代ちゃん、石川進さん、そしてミコちゃんの独立——このところ歌手がプロダクションをはなれるケースがグンとふえてきました。なぜみんな独立したがるのでしょう……そのプラスとマイナスは？　そしてはなやかなタレントのウラ側は？


加代ちゃんというのが森山加代子だというのはすぐわかるだろう。

ミコちゃんというのは弘田三枝子のことである。なにが起こっているのだろうか。

この記事を紹介（引用）しよう。

あけてビックリ『出演料』

「ボクの場合にはね、もちろん仕事の不満もありますよ。どんなにガンバったって、パラキン（パラダイス・キング）のなかのキューピーにしかなれませんからね。（考えて）だけど、経済的な理由も大きいな。どう考えても、そのへんにおちついちゃう……」（石川進さん）
なぜ石川さんは、Mプロという大きなところに所属していたのに、とび出さなければならなかったのでしょう。ある芸能エージェンシー（タレントに仕事をあっせんするところ）のA氏は、「Mプロのことはしらないよ。だけど良心的で名のとおったプロダクションだから、そんなにヒドイことはしませんよ。でもね、かずあるプロのなかには、とんでもないのがあるんだ」

その語るところをまとめてみましょう。ふつう芸能プロは、タレントがかせいだギャラ（出演料）のうち源泉税として十パーセント、手数料として八パーセント、企画構成費として約十パーセントをとれることになっています。ところが、名もない新人からあるていどのタレントに育てあげたばあいには、ギャラはこのとおりには支払われません。これに「養成費」というものが、デンとくわえられるのです。

たとえば、あるタレントに五十万円の月給があるとき、源泉税五万円、手数料四万円、企画構成費五万円をひいた残りの三十六万円は、いちおうタレントにわたさなければいけないことにはなっています。しかし、無名の新人から育った人ですと「養成費」がこのなかからさらにひかれてしまうのです。

「まあネ、その割合いは、プロダクションによってちがうけれど、五割いじょうとるのもいるからね。いくら月収五十万だといばっていても、手にわたるのは十万くらいなもんでしょう。しかし、このハナシは二流どころのことですよ」

能率給（？）がある。サラリーマン・タレントたち

このような条件をつくらない会社もあります。たとえば、タレントにプロダクションの社員としての月給をはらうというスタイルです。「ボクたちはみんな月給だョ」（スリーファンキーズ）、「月給をもらっていますよ。ただネ、映画が大アタリしたといっては特別にボーナスなど、なんだかんだと給料のホカにもらいます」（桜井センリさん）

クレイジー・キャッツは6人のコンボだったが、現在は犬塚弘さんだけが存命である。94歳になるが熱海のケア付きマンションで静かに暮らしている。

ですから『どんなに仕事が多くてもすくなくても、もらう給料はおなじ』ということになります。この月給制についても、いろいろいわれています。あるプロダクションのばあい、一カ月の仕事が五十本よりすくないときは、きめられた額。五十本のうえに一本ずつふえるたびに五百円くらいプラスされるというもので、いわば能率給でしょうか。

「ナベプロの系統は、ぜんぶ月給制です。まあ、サラリーマン・タレントですな。でもね、社長（渡邊晋さんのこと）とは、このプロダクションができたときからの友人だし、金銭的なことでトラブルをおこしたことなんかありません。仕事がなくて苦しかったときにも、借金までしてキチンと給料をはらってくれたし、社長のほうがツライこともあったでしょう」（ハナ肇さん）

このように、タレントとプロダクションがしっくりいっていれば問題はおこらないのですが、やはり人と人とのことですから、感情のモツレがうまれないともかぎりません。タレントやバンド・マンは、気分で仕事することが多く、いちどコワレるとなかなかシックリいかないのです。

オトシ穴はどこにある？

いちど売りだされたタレントは、平均睡眠時間は五時間――あっちのＴＶ局、こっちのジャズ喫茶とかけまわり、だいたい十二時間いじょうもはたらくのがふつうです。しかも、このあいだの交通費は実費で、クルマをもっているタレントには支払われません。あるハイティーン歌手の場合、プロダクションでA局とB局の仕事をムリにおしこんで、AをおわってあわててBへかけこむと、まさにカメラ・リハーサルのまっさいちゅう。その事情をしらない演出家から、「一年やそこら歌っているからって、あんまりタイドを大きくするなよ。遅刻なんてのは、ベテランになればなるほどしないもんだ」と、ヒニクたっぷりに叱られて、泣きベソをかくというシーンもたびたびみられたものでした。

あるプロダクションのマネージャーは、「タレントは消耗品だよ。いちどうり出したら、スリきれるまでマワスんだ」と、かたっています。インスタントにつくられ、アワのように消えていくタレントは、こうしてしまいには古いレコードのように、人々の記憶から忘れさられてしまうのです。

作曲家としても、またピアニストとしても一流の中村八大さんは、「とにかく、この世界で生きつづけるには、ものすごくタフ（丈夫）な神経とカラダがいるんです。ハヤリのことばでいえば『根性』ですね。それをうまくプロダクションのレールとかみあわせて、自分をうしなわないでいられれば、それに越したことはありません」という。どんどん仕事をつくるプロダクション、大切に仕事をしたいと思っているタレント――しかし、『うり出したのはプロに力があったからだ』『いやタレントに素質があったからだ』とおたがいにケンカをはじめたとき、危険なオトシ穴はポッカリ口をあけるのだといえましょう。

ここまでの原稿の印象として、このテーマにおそるおそるさわっている感じがする。独立劇を危険なおとし穴と書いている。この記事のなかでは、あまりひどい搾取の具体的な事例は挙げず、具体的な話をぼかしながら書いてはいるが、多くのタレントたちが相当にひどい就労条件で働いていた、という予想はつく。

この時期、安保闘争のころにあったような労働組合の政治的な運動はあまり目立たなくなっていたが、逆にかえって賃上げや就労環境の整備など労働条件の改善の意識は強まっていたのではないかと思われる。労働者たちの人権意識への覚醒と書いてもいいかもしれない。

特に、タレントの場合、自分自身が商品であり、自分が仕事を一つすることで、所属する組織（芸能プロ）にいくらの収入があるか、そのことを知ってしまう。

それと自分が組織からいくらもらっているか、自分の給料と比較して、これは搾取ではないかと思い始める。だいたいは現場のマネジャーがそばについていていっしょに苦労している。マネジャーの方も安月給である。女性タレントの場合、マネジャーと恋愛関係にあることも多いが、そうでないこともある。どっちにしろ同床同夢で、組織からの離脱を夢に見て、新しい事務所を作ろうとする。これが独立劇の概要である。

記事が独立した芸能人として名前をあげているのは次のような人たちだ。


《青山ヨシオ（KMプロダクション）、石川進（島田プロダクション）、春日八郎（みかさプロダクション）、島倉千代子（CMプロダクション）、高橋圭三（高橋圭三プロダクション）、仲宗根美樹（仲宗根プロダクション）、弘田三枝子（弘田音楽事務所）、フランク永井（フランク永井事務所）、松尾和子（大松プロダクション）、ミッキー・カーチス（グロープロダクション）、美空ひばり（ひばりプロダクション）、三波春夫（三波プロダクション）、三橋美智也（三進プロダクション）、森山加代子（森山加代子音楽事務所）》

前ページのリストには大ベテランの美空ひばりや三橋美智也、春日八郎なども入っていて、独立タレントというよりは、個人で事務所を構えている人たちの一覧表というべき性格のものだろう。何年に何処から独立したかが書かれていない、リストは不完全なものだが、そのなかで、年齢の若い弘田三枝子、森山加代子、仲宗根美樹、石川進などが真の独立劇の経験者である。

個人的な記憶だが、森山加代子の場合はマネジャーを連れて独立し、その人と結婚して渋谷に喫茶店を開いて、そこを安定的な収入基盤として、かたわら芸能活動をつづけるというスタイルをとっている。また、石川進の場合はダニー飯田とパラダイス・キングというグループの一員だったが、イヤでも目立つヴォーカルの担当で、キューピーに似ていて才気煥発なところから彼だけが人気ものになった経緯があり、自分中心に仕事が回っているのに、給料の配分は等分でこれが不平のもとになって独立したのだった。

記事はこの人たち（森山加代子、弘田三枝子、石川進）の取材もしている。

弘田三枝子は東京・世田谷池尻の生まれ。わたしが卒業した多聞小学校のとなりの三宿小学校の出身。西郷輝彦と同じ誕生日で1947年2月5日生まれ。アメリカの歌が大好きで、デーブ釜萢に師事し、1961年、13歳で『子供じゃないの』をうたってデビューし、たちまち人気者になった。弘田三枝子は2020年7月に73歳で没。西郷輝彦は2022年2月に75歳で亡くなった。同じ年の生まれ（1947年10月誕生）としては心穏やかでいられない。おふたりの冥福を祈る。

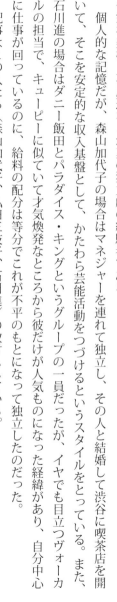

お嬢さん社長の誕生！

「わたし、もっと学校のお友だちやおなじ年ごろの人とハダカになって話しあいたいんです。このままオトナになれば「歌」きりしらない人になってしまうような気がしました」パンチのミコといわれ、おテンバのチャンピオンのようにいわれた弘田三枝子さんは視線をおとしてシンミリつぶやきます。

「この子に、世のなかの常識を正しく判断できる教育をキチンとうけさせたいんです。プロダクションにいると、一流のタレントになるのは早いでしょうけれど、なんとか一人まえの娘として育てたい親の気持ちとは、どうしてもあわないところもあるんです」金銭的な問題ではなく、娘を心配する母親の愛情なのだと、ミコちゃんのママ弘田よし子さんはかたっていました。

森山加代子さんの場合は、ミコちゃんとちょっとニュアンス（色合い）がちがうようです。

森山加代子、歌手デビューは1960年。もともと同じマナセプロ所属でテレビでも始終坂本九といっしょだったのだが、昭和36年から坂本九主演の映画『アワモリ君』シリーズに連続して共演し、銀座の町でふたりで腕を組んで歩いているところを目撃されるなど、坂本九との恋愛が噂されたが、所属していたマナセプロを退社、独立し、映画にもテレビにも出てこなくなり、坂本との付き合いも途切れた。1970年、コロムビア・レコードに移籍して『白い蝶のサンバ』を大ヒットさせた。

「はじめのうちは、ステージやテレビ局で歌っているだけでシアワセでした。歌えればなにもいらないと思っていたんです。でも、日がたつにつれて、これでいいのかしらって考えちゃって……。ユニット・システム（同じプロダクションのタレントをひとまとめにして番組をつくる方法）のレールにのって仕事をすると、どこの局へいっても同じ歌、同じセリフ、同じお芝居……」

こうして『大人の歌手』になりたいと努力した加代ちゃんはしだいに追いこまれていったのでした。三十七年六月のある夜、マナセ・プロに坂本九、ジェリー藤尾、渡辺トモ子、パラダイス・キングなどのメンバーがあつまって、加代ちゃんの独立問題を話しあいました。

「そのとき、みんな、シーンとしてたんだけど、九ちゃんが『これからも加代ちゃんをみすてないで、仲よくしてください』と、みんなにたのんでくれたんです。感激しちゃって……」

ふつうの娘として教養をつけたかったミコちゃん、オトナになって『いい歌』を勉強したかった加代ちゃん……そして好きな仕事をしたくて独立した仲宗根美樹さん……それぞれの胸のうちにあるのは、人間的な「意欲」というものなのでしょうか。

あんまりもうかるっていうナ（＝石川進の証言）

「ボクはね、グンとギャラがあがりました。パラキンのひとりではなく、石川進という個人にわたされるわけですから、三倍以上にはなるでしょう。『あんまりもうかるっていうナ』っていわれるんですけど……。(笑)ギャラがあがれば、五十本の仕事も二十本にへらせるし、それだけ勉強できる時間がもてるリクツでしょう。独立してよかったと思いますよ」

石川進は1933年（昭和8年）生まれ。栃木県足利市の出身。東京薬科大学卒業とあるから、もともとは薬剤師である。大学在学中から音楽活動に積極的でプロのバンドに参加している。昭和28年からはハワイアン・バンドで活躍、33年にダニー飯田とパラダイス・キングに讃歌。坂本九との共演ボーカルで人気者になった。1962年にグループを脱退しソロ活動を始める。1965年にテレビアニメ『おバケのQ太郎』の主題歌をうたい大ヒットさせた。

おデコをピカピカ光らせて、歌い踊るキューピーは、元気いっぱい。

「このごろシャンソンをコーちゃん（越路吹雪さん）に、ジャズのフィーリングをウィリー（沖山）さんにならってます。みなさんからグンとオトナになったといわれます」と森山加代子さん。

「三枝子ともよく話すんですが、ここまでたどりつけたのも木倉さん（木倉事務所代表）のオカゲだと思ってます。で、とうぶんのあいだは木倉さんと相談して……」と、弘田よし子さん。

せっかく独立して、またモトのモクアミというのではファンをうらぎることになります。NHKからはなれて、ご自分のプロダクションをつくった高橋圭三さんの「独立したからといって、いいことばかりありません。どんなこまかい問題もぜんぶ自分で処理しなければなりませんしね。この世界はひろいようで、とってもせまいところがありますから、イヤなことがあっても敵をつくるわけにはいきません。すこしばかりのオカネだけに目をくらませたりするのは、とくに危険です」とかたることばに、大切なポイントがかくされているようです。

記事の主要部分を引用した。この原稿を読み込むと、タレントの独立問題は基本的に、ギャラの問題も含めた待遇改善、忙しさのなかでの自己回復であったことがわかる。

独立した人のリストに名前がなく、昭和三十八年のことではないが、この前年、流行のダンス、ツイストの波に乗って〝ツイスト男〟と呼ばれ、派手な人気者になっていた藤木孝という歌手がいた。

藤木孝の本名は松尾与士彦。玉川学園高校中退、東宝芸能学校に入り、昭和34年に卒業。渡辺プロに入り、藤木孝の芸名で日劇ウエスタンカーニバルに登場し人気爆発。37年に東宝映画『豚と金魚』に出演、この映画の封切り直前、渡辺プロの大反対を押し切って芸能界引退を声明しアメリカへ。帰国後、引退を撤回し、にんじんくらぶに所属し、俳優としての活動を始めた。
昭和40年からは劇団文学座の研究生となり、役者としての勉強を地道につづけた。たまにテレビに出ることもあったが、人生の後半をミュージカル俳優として活躍した。

彼の場合は、渡辺プロに反旗を翻して姿を消した。藤木はそれまでは本当に渡辺プロの肝煎りで、毎日というくらいテレビに出つづけていたのだが、プロダクションとのケンカ沙汰の独立劇をくり広げたあと、バッタリとテレビに顔を出さなくなった。彼はこのあと、新劇の劇団で演技の勉強をやり直して、テレビではときどき時代劇の悪役などを演じて、主にミュージカルの舞台で地味だが堅実な演技をする俳優として活躍し、菊田一夫賞などを受賞している。本人の談話があるわけではないから、推測で書くのだが、彼の独立は流行の最先端で生きつづけようとすることの苦しさをどう凌ぐか、ということだったのではないかと思う。芸能の世界で、タレントが〈自分は人気はあるが、実力が伴っていない〉と自覚すると、本当に地獄のような苦しみを味わうのである。

藤木さんは先日、亡くなられた。あまり話題にも取りあげられない「死」だったが、脚光を浴びて生きつづけようとすることの虚しさをよく知っていて、地味に芸能界での一生を終えた、ということだった。これが本望だったのかもしれない。

もう一つ、年末に起きた大事件のことを書いておかなければならない。
それは十二月十二日、橋幸夫がの石川県金沢市の舞台公演で日本刀を持った暴漢に襲われた事件である。
本人の口述を文章にしたのだと思うが、橋はこの時のことをこう語っている。

1日3回公演の最終日、まさにフィナーレを迎えた時でした。幕が下りはじめ、ファンの方から花束を受け取っていると突如、軍刀をもった男が舞台に駆け上がってきた。そうして幕が下りた舞台に取り残された僕に、いきなり斬りつけてきた。逃げようにも、着物姿のうえに履き物が汗で滑って思うように動けない。そこで背中に一太刀浴びたのかな。割って入ろうとした司会の晴乃ピーチク・パーチクのパーチクさんとスタッフの一人も負傷しました。それから男がなおも僕に向かってきたので、とっさに刀の刃を手で掴んじゃって、今度は男と格闘になった。

橋幸夫、切られ負傷

マネジャーら三人も

暴漢、舞台で襲う

金沢公演

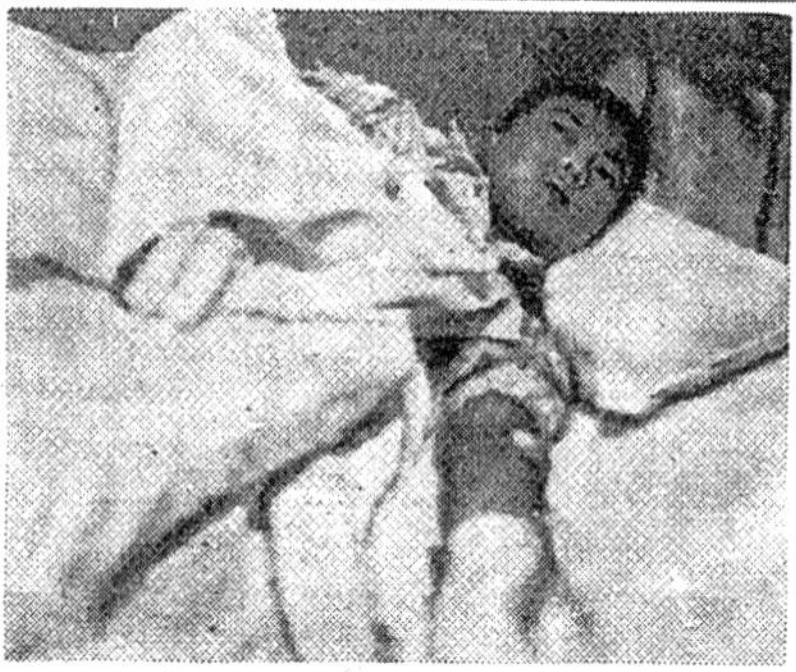

石野外科医院で手当を受ける橋幸夫さん

【金沢】十二日夜九時すぎ、金沢市下本多町金沢市観光会館で、開催中の"橋幸夫ショー"の最終回フィナーレでどんちょうが下りかかったところ、一人の男がやにわに客席から舞台にかけ上がり、凶刀を振りまわしてビクター専属歌手橋幸夫さん(三〇)=本名幸男、東京都杉並区善福寺一〇〇=に切りつけた。橋さんはこれを避けようと舞台中を逃げ回ったが、腕や頭、肩などに二週間のケガをし、同市西側町石野外科医院に収容された。

またとめにはいった関西芸能社のマネジャー中西和彦さん(二七)と司会者の晴乃パーチクさん(三七)=本名手塚清三、東京都豊島区高田本町二ノ五一柳下荘内=の二人も負傷した。中西さんは右手の中指がぶらぶらになるなど指四本にけが。またパーチクさんは後頭部に切りつけられケガをした。

同じくとめにはいった東京都新宿区柏木山中弘さん(三四)も舞台でのもみ合いの際右手などに一週間のけがをした。

会場は七分の入りで、約千五百人の観客がはいっており、舞台にかけ上がった不審な男に一瞬ざわめいたが幕切れ直前だったので、この出来事に気づかなかった人もいたほどだった。

観光会館からの知らせで金沢中署員がかけつけ舞台であばれている男をつかまえ、調べたところ、金沢市野田寺町自動車運転手糸部昭久(三三)と自供した。同署は殺人未遂現行犯で調べているが、凶刀は家にあったものを持出したといっている。また糸部は傷害の前科があり結核で長らく入院していたので、やけになっていたらしいという。同人は布の袋に入れた凶刀を持って入場して来たので、観光会館の守衛がとめたが、そのままはいってしまったもの。同ショーは同市並木町北国会館（社長松田清栄氏）の主催で十二日正午から三回公演をやり、事故の起ったのは最終回の幕切れだった。

なお橋さんはさる九日公演旅行のため東京を出て京都を回り、十二日の金沢での公演のあとは十九日まで大津、瀬部、大垣、豊橋などで公演をする予定だった。

犯人と顔なじみない

橋幸夫さんの話　最後の歌「北海の暴れん坊」を歌い終って、幕のしまったステージに一人でいた時切りつけてきたので、これを避けようとしたが避けきれなかった。犯人とはまったく顔なじみもない。

マネジャーの関西芸能社中西和彦さんの話　幕切れも近づいたので舞台のかげでみていたところ、突然舞台の右わきから一人の男が飛上がって橋さんに切りかかったのでびっくりしてかけ寄りました。とにかく橋さんを守ろうと素手で凶刀をつかんだため指をやられたのです。

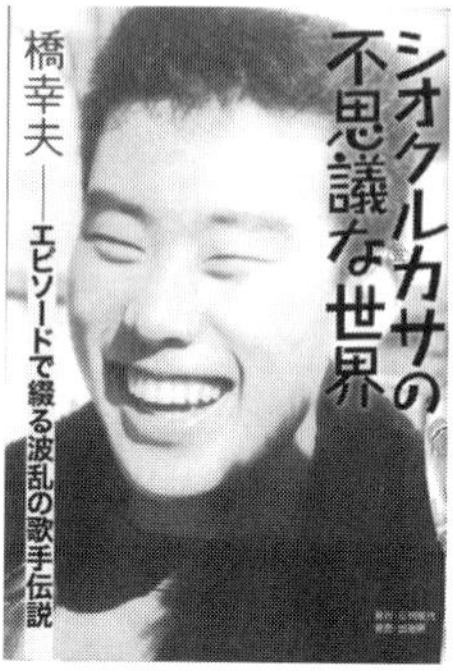

橋幸夫の本は何冊かあるが、この『シオクルカサの不思議な世界』は2007年に日刊ゲンダイから発行された。橋の長い芸能活動の裏話を書いた面白いエピソードがぎっしり詰まった本だ。

僕も興奮してたんでしょう。ボクシングで鍛えたパンチをバンバン繰り出し、ようやく飛び込んできた警備の警官に「それ以上やると過剰防衛になる」と引き離された。（略）気が付くと刃を掴んだ左手の指はグラグラ。実は軍刀がちょっと錆びていたんですね。そうでなければ、完全に切り落とされていた。

不思議なのはそれから。普通だったら、誰かが救急車を呼ぶはずなのに、なぜか、傷を負った僕ら3人、タクシーで病院に向かったんです。ところがその日は日曜日で、休診の札ばかり。その間にも血がどんどん出ていく。「死ぬのかなあ」って本気で思いましたよ。（僕たちを）受け入れてくれたのは3軒目の小さな町医者でした。出てきた先生の「大丈夫、大丈夫」の声に一安心したのも束の間。診察室で手や背中の傷を見るや、「これは大変だ。すぐ縫合手術だ」「麻酔をやってる暇はない」だから、ひどいものだった。もっともやっぱり興奮していたのか、痛さはあまり感じなかった。（7）

このときのことがあって、後遺症で、橋幸夫の左手の小指は真っ直ぐに伸びないのだという。いまでもときどき、どこかに立てこもって人質を取り、日本刀を振り回したり散弾銃を抱えたりする人がいるが、このころは暴力団の勢いがいまよりずっと強かったこともあって、暴力沙汰は日常的だった。

いずれにしても、音楽産業は昭和三十年代全般にわたって発展、その規模を拡大しつづけた。レコードの売上げも伸びつづけている。手元に具体的な資料があるわけではないが、芸能プロダクション稼業もマスコミと共生する形で、社会の様々の階層、集団に支持されて、右は演歌、演芸、地方回りの大衆演劇から左はアメリカのポップスをまねた洋風の歌番組への出演まで、商売の幅を拡大していったと推察できる。そして、その背後にはメディアとして猛烈な勢いで発達しつづけるテレビ、さらにテレビを通して消費のメッセージを送りつづける、急成長を遂げるさまざまの産業分野の膨大な数の新興企業があった。

この全国津々浦々に毛細血管のようにひろがった通信のネットワークによって、日本社会は高度に情報社会化して、発信される情報を社会の構成員全員が受け取るシステムが出来あがり、そのことによって大衆も自分の思いに沿った豊かな生活を描いて、美味しい食べ物やきれいな衣服を着て生活する、暮らしのスタイルを確立していくことになる。

芸能はこれ以降、テレビという（雑誌もまだ多少は影響力を持っていたが）メディアを通して、大衆に将来は明るく、楽しいといった生活の（実は消費の）メッセージをおくりつづけることになる。

【映画界】

テレビも出版も新聞もマスコミ総じてJカーブで業績を急伸長させるなかで、反比例するように映画産業だけが衰退していった。次頁の図表【映画産業動向】を見るとわかるが、観客の露骨な減少を、これも露骨に入場料金の値上げでカバーしようとしていた。

映画館入場料の細かなことを書くと、昭和三十年に63円であったものが、昭和三十八年には152円になっている。2・4倍である。興行収入の方は546億あまりだったのが、三十八年には777億円あまりになっている。こちらは1・4倍。観客動員を調べると、昭和三十年、8億6692万人、それが三十八年には5億1112万人、58パーセント減少している。

いろいろな想定が可能だが、物価指数を計算に入れて算出すると、公務員の初任給は昭和三十年から三十八年までに概ねだが９千円から１万７千円とほぼ倍増していて、映画会社が昭和三十年の経営状態を取り戻すには１千31億円あまりの興行収入がなければならない。

これを全盛時代の収入に比較すると、およそ２５４億円不足している。映画会社はこの不足分を撮影所の

【昭和30年〜昭和50年】映画産業　動向

映画統計推移	製作本数	入場者	料金	興行収入
	邦画	千人	平均・円	百万円
昭和30（1955）年	423	868 921	63	54 657
昭和31（1956）年	514	993 875	62	61 899
昭和32（1957）年	443	1 098 882	62	68 153
昭和33（1958）年	504	1 127 452	64	72 346
昭和34（1959）年	493	1 088 111	65	71 141
昭和35（1960）年	547	1 014 364	72	72 798
昭和36（1961）年	535	863 430	85	73 003
昭和37（1962）年	375	662 279	115	75 983
昭和38（1963）年	357	511 121	152	77 734
昭和39（1964）年	344	431 454	178	76 987
昭和40（1965）年	487	372 676	203	75 506
昭和41（1966）年	442	345 811	219	75 750
昭和42（1967）年	410	335 067	236	78 943
昭和43（1968）年	494	313 398	262	82 026
昭和44（1969）年	494	283 980	295	83 805
昭和45（1970）年	423	254 799	324	82 488
昭和46（1971）年	421	216 754	366	79 280
昭和47（1972）年	400	187 391	411	76 971
昭和48（1973）年	405	185 324	500	92 682
昭和49（1974）年	344	185 738	631	117 107
昭和50（1975）年	333	174 020	751	130 750

※数字は暦年計算（1月〜12月）による。

※数字は映連、全興連、国税庁、各調査資料による。

昭和30年から20年間に映画の入場料は63円から751円、約12倍。一方、サラリーマンの初任給は約9千円から8万円。実質は約30パーセントの値上げ。映画人口の激減を考えればヤムを得ないことかもしれない。

写真右は昭和35年封切りの黒澤映画『悪い奴ほどよく眠る』の結婚式の場面。新郎が三船敏郎で新婦は香川京子。政治映画で主人公が最後、謀殺されてしまうというショッキングな作品だった。左は『天国と地獄』、

要員や本社社員のリストラ、そのほかの合理化、映画製作本数の削減（昭和三十年に４２３本だったのが三十八年には独立プロが製作した映画も合わせて３５７本になっている）などの手段を講じて企業として生き延びようとするのである。

昭和三十八年のこういう状況のなかで、ひとり気を吐いている映画監督がいた。黒澤明である。黒澤監督は昭和三十四年に東宝との合意で黒澤プロダクションを設立したあと、最初に作った作品が『悪い奴ほどよく眠る』だった。この話は第五章の２７６ページでもちょっと書いたが、この映画は政治的腐敗を追及する一種の告発ドラマだった。

公開は昭和三十五年、撮影中、安保闘争の政治的高揚で、時流にぴったりのつもりで作った作品だったのだが、安保闘争は六月十五日に決定的な形で終わり、映画が封切られたのは、社会が妙に静まり返った九月中旬のことで、政治的悪の権化のようにいわれていた岸信介が退陣したあとだった。

池田内閣が発足して、所得倍増計画が発表になるのはこの年の暮れのことなのだが、みんなはもう政治的な興味を失っていて、そういう情勢のなかで封切られることになり、評論家たちの評価でも配給収入でも、思ったような成果をあげることができなかった。

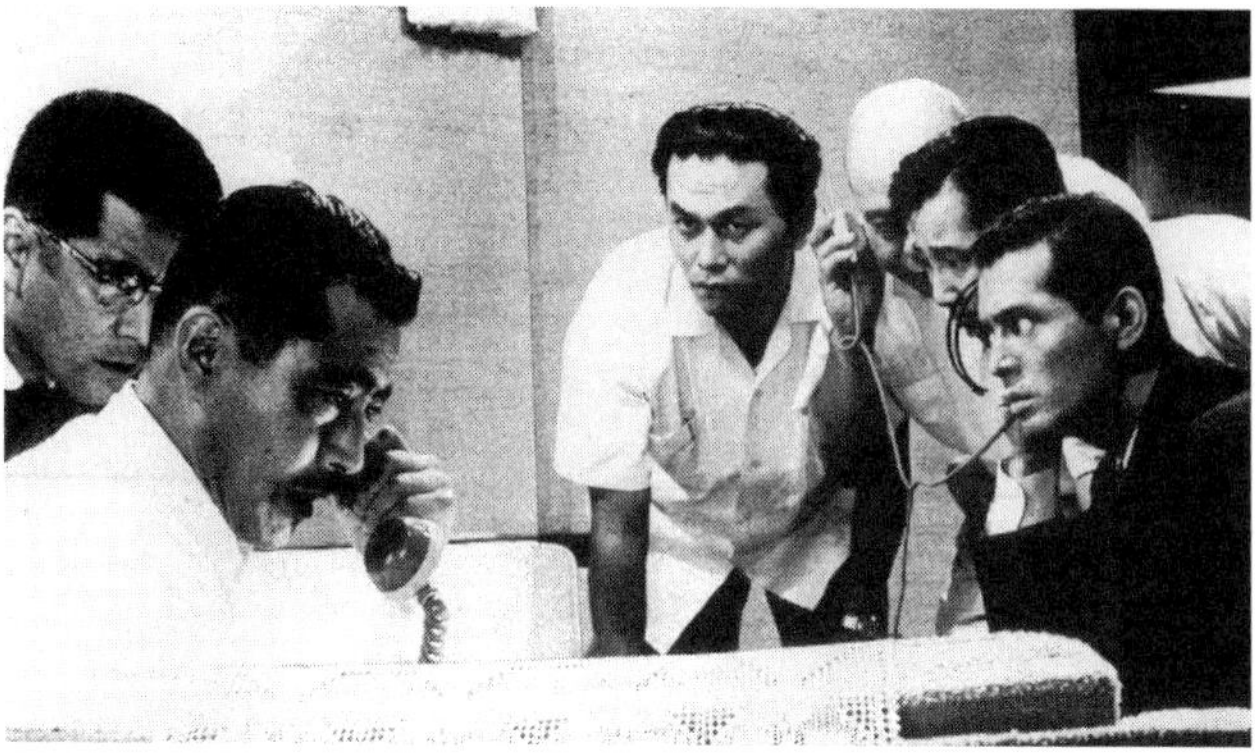
ここでも三船敏郎と香川京子は夫婦役。迫力のある刑事に扮したのが仲代達矢。映画は東宝の記録を塗りかえて大ヒットした。

そういう経緯があって、「それならみんながどっと見にくる、映画評論家たちもビックリするような面白い映画を作って見せてやるよ」という心意気でつくった映画が『用心棒』と『椿三十郎』だったのである。この二作は、映画産業が徐々にいけなくなっていくなかで、メチャクチャ面白いと話題を誘い、大ヒットして黒澤の面目をほどこした。そうすると今度は、「時代劇じゃなくて現代劇で『悪い奴ほど〜』の仇をうちたい」と考えおよんで、作ったのがアメリカの推理小説家エド・マクベイン原作の誘拐劇『天国と地獄』だった。

作品は小説の大枠を生かしながら筋書きのディティールは黒澤と仲間の脚本家たちが作り上げたもので、内容はほとんどオリジナルの映画だった。作品の封切りが昭和三十八年の三月、この映画は映画評論家たちの評価も高く、観客動員も非常に順調で、この年度の日本映画最大のヒット作品となった。

このころから、東宝撮影所のなかで、彼は畏敬の念と多少の皮肉も込めて〝黒澤天皇〟と呼ばれるようになるのである。

『天国と地獄』は前述の通り、誘拐犯罪を取り扱った映画だったが、被害者が三船敏郎、刑事役が仲代達矢、犯人役が山崎努というゴールデンな布陣で、のちにフォーリーブスで活躍する江木俊夫も三船の子供役

【映画評論家たちが選んだ昭和38年の邦画ベスト10】

第1位『にっぽん昆虫記』（日活）　監督・今村昌平　出演・左幸子、岸輝子ほか

第2位『天国と地獄』（黒澤プロ・東宝）　監督・黒澤明　出演・三船敏郎、仲代達矢ほか

第3位『五番町夕霧楼』（東映）　監督・田坂具隆　出演・佐久間良子、河原崎長一郎ほか

第4位『太平洋ひとりぼっち』（石原プロ・日活）　監督・市川崑　出演・石原裕次郎ほか

第5位『武士道残酷物語』（東映）　監督・今井正　出演・中村錦之助、東野英治郎ほか

第6位『しとやかな獣』（大映）　監督・川島雄三　出演・若尾文子、伊藤雄之助ほか

第7位『彼女と彼』（岩波映画）　監督・羽仁進　出演・左幸子、岡田英次ほか

第8位『母』（松竹）　監督・新藤兼人　出演・乙羽信子、杉村春子、高橋幸治ほか

第9位『白と黒』（東宝）　監督・堀川弘通　出演・小林桂樹、仲代達矢、井川比佐志ほか

第10位『非行少女』（日活）　監督・浦山桐郎　出演・浜田光夫、和泉雅子、小池朝雄ほか

【昭和38年度　邦画興行成績ベスト10】

第1位『にっぽん昆虫記』（日活）　監督・今村昌平　配収3億3000万円

第2位『光る海』（日活）　監督・中平康　配収3億0000万円

第3位『赤いハンカチ』（日活）　監督・舛田利雄　配収2億8000万円

第4位『武士道残酷物語』　監督・今井正　配収2億7500万円

第5位『大盗賊』（東宝）　監督・谷口千吉　配収2億3000万円

第6位『宮本武蔵・一乗寺の決闘』（東映）　監督・内田吐夢　配収2億2500万円

第7位『五十万人の遺産』（東宝）　監督・三船敏郎　配収2億2500万円

第8位『五番町夕霧楼』（東映）　監督・稲垣浩　配収2億1800万円

第9位『喜劇・駅前茶釜』（東宝）　監督・稲垣浩　配収2億1000万円

第10位『新吾二十番勝負』（東映）　監督・松田定次　配収2億0700万円

に扮して出演している。

この映画は、それまでの黒澤映画のヒットの記録を塗りかえ、数字的にいうと配給収入も『明治天皇と日露戦争』に迫るような4億6020万円という高収益をあげている。

そして、これの前後に黒澤明に東京オリンピックの記録映画を作るという依頼があったのだが、国策映画で自由に作らせてもらえないと判断したのだろうが、この話を断って、モノクロフィルムの撮影で最高傑作とい

6.　作品別配収ベスト5（1962.4〜63.3・単位千円）　邦画

題名	配収	封切日
松竹		
①愛染かつら	230,370	62. 4. 1
②二人で歩いた幾春秋	183,059	62. 8.12
③あの橋の畔で・第1部	171,579	62. 7. 1
④切腹	152,103	62. 9.16
⑤秋刀魚の味	151,266	62.11.18
東宝		
①天国と地獄	460,200	63. 3. 1
②キングコング対ゴジラ	350,100	62. 8.11
③どぶろくの辰	284,800	62. 4.29
④忠臣蔵	280,100	62.11. 3
⑤太平洋の翼	240,300	63. 1. 3
大映		
①続・新悪名	111,162	62.11. 3
②第三の悪名	109,392	63. 1. 3
③新悪名	107,731	62. 6. 3
④やくざの勲章	90,081	62.12.26
⑤長脇差忠臣蔵	89,503	62. 8.12
東映		
①勢揃い東海道	352,116	63. 1. 3
②宮本武蔵・第2部	302,412	62.11.17
③飛車角	288,000	63. 3.16
④裏切者は地獄だぜ	279,122	62.12.23
⑤お化粧蜘蛛	270,281	62.12.23
日活		
①花と竜	360,400	62.12.26
②青い山脈	270,800	63. 1. 3
③零戦黒雲一家	260,100	62. 8.12
④いつでも夢を	245,200	63. 1.11
⑤憎いあんちくしょう	230,800	62. 7. 8

6.　作品別配収ベスト5（1963.4〜64.3・単位千円）　邦画

題名	配収	封切日
松竹		
①拝啓天皇陛下様	134,134	63. 4.28
②続・拝啓天皇陛下様	95,037	64. 1. 1
③舞妓はんでり	86,541	63. 7.27
④あの橋の畔で	80,447	63. 7.27
⑤道場破り	66,823	64. 1.15
東宝		
①大盗賊	230,000	64.10.26
②五十万人の遺産	225,000	63. 4.28
③喜劇・駅前茶釜	210,000	64. 7.13
④海底軍艦	175,000	63.12.22
⑤青島要塞爆撃命令	165,000	63. 5.29
大映		
①悪名一番	161,990	63.12.28
②座頭市凶状旅	147,239	63. 8.10
③続・忍びの者	146,218	63. 8.10
④座頭市喧嘩旅	143,300	63.11.30
⑤新・忍びの者	138,832	63.12.28
東映		
①武士道残酷物語	275,000	63. 4.28
②宮本武蔵一乗寺の決斗	225,000	64. 1. 1
③五番町夕霧楼	218,000	63.11. 1
④新吾二十番勝負	207,000	63. 7.13
⑤東京ギャング対香港ギャング	182,000	64. 1. 1
日活		
①にっぽん昆虫記	330,000	63.11.16
②光る海	300,000	63.12.26
③赤いハンカチ	280,000	64. 1. 3
④太平洋ひとりぼっち	200,000	63.10.27
⑤関東遊侠伝	190,000	63. 8.11

われる『赤ひげ』の撮影に取りかかるのである。

そして、この映画がスタッフを全面的に東宝撮影所に依存して作る最後の映画となっている。映画『赤ひげ』完成後、空白の十年と呼ばれた時代（それでもこの時期、『どですかでん』と『デルス・ウザーラ』を作りあげている）があり、昭和五十五年に黒澤プロ・東宝合作で『影武者』を作りあげるのである。この経緯については、別途で記述する。

この時期、すでに撮影

所の組織解体は始まっている。この年の邦画の状況は前の見開きページの左右の表の通り。

ベスト配収のリストのなかに黒澤監督の『天国と地獄』が入っていないのは、年度で区切られている（1963年4月から64年3月までの公開作品がリストアップされている）から。単体では『天国と地獄』の興行成績は抜群だが、興収のベストテンのうち、第1位から3位までを占める日活の3作品、配収合計9億2千万円というのもすごい。それと、気が付くのは配収のリストに松竹と大映の作品がなく、当然のことだが、両社の不調が目立つ。

各社の興収の合計の数字をあげるとこういうことになっている。

	1962・4～63・3	1963・4～64・3
松竹	8億8837万7千円	4億6298万2千円
東宝	16億1550万円	10億0500万円
大映	5億7859万円	7億3757万9千円
東映	14億9193万1千円	11億0700万円
日活	11億7200万円	13億円

右の数字を見ると大映と松竹に黄色いランプが点いているのがわかる。昭和三十年代後半の経営の変遷など、細かいことは「三十九年」の項で詳しく述べるが、それぞれの会社の要注意ポイントを書くとこういうことである。

松竹はひと時代前、メロドラマで築き上げた全盛時代があり、その成功体験からなかなか抜け出せないでいる。それと映画作りの中心的な存在であった小津安二郎監督にこの年の十二月に死なれている。前年の十一月に『秋刀魚の味』を公開しているのが最後の作品になっている。この年の松竹の低迷はかなりひどい。

東宝はまあまあ好調なのだが、やはり黒澤映画がないと苦しい。この時代の主要な収入源は黒澤映画とゴジラ（特撮もの）、それに黒澤組のチーフ助監督だった森谷司郎が作る太平洋戦争映画、クレイジー・キャッツもの、若大将シリーズなど、安定して集客力のある映画がそろっていた。昭和三十八年の四月に公開された『五十万人の遺産』は三船敏郎の唯一の監督作品である。三船はこのあと、『赤ひげ』の撮影に入る。

大映はそれまで、若尾文子、山本富士子らの女優の主演する映画で屋台骨を支えてきたのだが、山本富士子は大映との再契約を拒否して舞台女優に、若尾文子も結婚した後、芸術づいて作品を選ぶようになる。『映画年鑑』にこの年度の邦画各社の上位五作品のリストが乗っている。３８７ページの表がそれだが、これを見てわかるとおり、大映は『悪名』のシリーズで勝新太郎が気を吐いている。市川雷蔵の『忍びの者』シリーズも健闘している。『眠狂四郎』が始まるのはこの年の十一月から。勝新の『座頭市』のシリーズはすでに前年（昭和三十七年）から始まっていて、大映は勝新太郎と市川雷蔵に社運を賭することになる。

日活は相変わらず、裕次郎だのみなのだが、吉永小百合という新スターが現れ、青春映画というジャンルを確立しようとしている。裕次郎はこの前年（昭和三十七年）十二月に石原プロを結成し、第一作の製作に取りかかる。それが『太平洋ひとりぼっち』だった。

これはヨット好きの冒険青年、堀江謙一の太平洋単独横断を映画化したものだった。監督は市川崑。裕次郎自身がヨットが好きだったことと、市川崑であれば映像も美しく予算のコントロールを割合い自在にしてくれる監督だということが決め手だった。筋書きもほとんどが裕次郎の一人芝居で、裕次郎さえいれば撮影を自由に進められるというような都合のいいこともあったのではないか。

左表はこの年におこなわれた雑誌『平凡』の人気投票である。

【昭和38年度人気映画スター】

投票ベスト10［男性］

		年齢
第一位	小林　旭	26歳
第二位	高橋英樹	19歳
第三位	石原裕次郎	29歳
第四位	浜田光夫	20歳
第五位	大川橋蔵	34歳
第六位	加山雄三	26歳
第七位	中村錦之助	31歳
第八位	松方弘樹	21歳
第九位	里見浩太朗	27歳
第十位	三船敏郎	43歳

投票ベスト10［女性］

第一位	吉永小百合	18歳
第二位	浅丘ルリ子	23歳
第三位	星　由里子	20歳
第四位	丘　さとみ	28歳
第五位	姿　美千子	18歳
第六位	三条江梨子	20歳
第七位	倍賞千恵子	22歳
第八位	松原智恵子	18歳
第九位	笹森礼子	23歳
第十位	岡田茉莉子	30歳

男も女も順位の上位を日活が占有していて、そのあとに東映、東宝の俳優の名前がつづく。この表の形は当時の日本映画が若者たちにどう受けとめられていたかの縮図である。そして、テレビに追いつめられてのことだが、青春歌謡の歌手たちを起用して、若者の生活をそのままになぞった〝青春映画〟が作られ始めるのである。

これをみるとわかるのだが、日活はこの時点で、裕次郎を自由に操ることをあきらめ、小林旭、高橋英樹、それに浜田光夫、それに吉永小百合、松原智恵子、和泉雅子らの新進の女優たち、これに加えて歌謡界の青春歌謡の歌手たち、橋幸夫、舟木一夫、そして御三家の最後にデビューする西郷輝彦らを中心的な戦力とする〝青春映画〟に取り組んでいく。この流れはかなり強く、このあと、大映（橋幸夫は途中から出演映画会社を日活から大映に。大映では姿美千子や倉石功などと共演した。さらに大映から松竹に移る。）や松竹も（倍賞千恵子や田村正和を起用し）若年層の観客を求めて、青春映画を製作することになる。

この青春映画のブームの背景には戦後の民主主義教育、男女共学の学校制度のもとで大人になろうとしているティーンエイジャーたちの夢や憧れが濃厚にあったのだと思う。

そういうなかで、別の道を探したのは東映である。前年、昭和三十七年の項（330ページ）でちょっとふれたが、のちに東映の社長になる岡田茂の自伝『波乱万丈の映画人生』のなかに「昭和三十七年、僕は野心的な企画を企画した。翌年、封切った『人生劇場　飛車角』である」という一文だ。東映がヤクザ映画の路線に踏み込むきっかけになった映画で、図表にあるとおり、『飛車角』は2億8800万円の配収をあげているのだが、じつは佐藤利明が書いた『石原裕次郎昭和太陽伝』のなかに映画『花と竜』について、気になる一節がある。『花と竜』は火野葦平が明治時代に北九州の若松港で港湾荷役を一手に担った九州男児だった自身の父親、玉井金五郎の伝記を映画化したものだった。

裕次郎が、明治時代を舞台にした、いわゆるコスチュームプレイを演じること自体、新しいことだった。まだヤクザ映画、任侠映画というジャンルが本格的に浸透する以前、血気盛んな玉井金五郎を演じることは、日活アクションの観客である若者層、裕次郎ファンにとって一見、保守への転向ともとられる企画でもあった。そこは舛田監督。裕次郎の玉井金五郎を、上昇志向の強い、明治の「太陽族」ともいうべきキャラクター

として位置づけ（た）。（略）

時代劇のノウハウを持たない日活スタッフの英知を結集して作られた侠客の世界は、斜陽の映画界に大きな影響を与えた。余談だが、戦後日本映画黄金時代、絢爛たる時代劇を量産して「東映城」と呼ばれた東映では、年々動員数が激減、新機軸を探していた。そこへこの『花と竜』が登場。東映首脳陣は「これからは任侠映画だ」と、刺激を受け舛田利雄を東映に引き抜こうとした。それから三か月後、『人生劇場飛車角』（一九六三年・沢島忠監督）が公開され、そこから任侠映画の時代が始まることになる。任侠映画の先駆けとされる『人生劇場飛車角』よりも、裕次郎の『花と竜』が早かったことは、映画史において記憶されるべきだろう。（8）

舛田利雄に東映への移籍の勧誘があったというのは、本人の証言である。

裕次郎はそれ以上、任侠映画に興味を示さなかったが、日活も自社制作の映画のラインの中に任侠、ヤク

石原裕次郎の『花と竜』。原作は火野葦平が昭和28年に発表した小説、新潮社刊。

ザ映画を取り入れることになる。

任侠映画、ヤクザ映画は、日活がその先駆だったことは間違いない。明けて昭和三十八（一九六三）年、日活は高橋英樹の『男の紋章』（七月十四日公開・松尾昭典）、小林旭の『関東遊侠伝』（八月十一日公開・松尾昭典）と次々と任侠映画を製作することとなる。（8）

一方の東映だが、『飛車角』が中村錦之助の『宮本武蔵』に負けないくらいの配給収入をあげたことで、本格的に任侠映画を量産し始める。この任侠映画については、後段であらためて論述するが、『飛車角』に主演した昭和三十八年の鶴田浩二について『日本映画人名事典』の項にこんな記述がある。

『人生劇場・飛車角』で残侠の徒・飛車角の悲痛な愛と闘いを名演。この第1作および続編のヒットによって任侠精神を謳った映画が次々に製作され、東映の新しい路線が確立し、鶴田浩二は、以後10年におよぶ〝東映やくざ映画〟の中心スターとして輝くことになる。（9）

東映で高倉健主演の『日本侠客伝』シリーズの製作開始が昭和三十九年、『網走番外地』シリーズが昭和四十年、鶴田主演の『博打打ち』シリーズが始まるのは昭和四十二年、藤純子の『緋牡丹博徒』が作られるのは昭和四十三年のことである。

【出版界】

話があまり芸能界に関係ないのだが、まず、この年のベスト・セラーについて説明しよう。

第一位になったのは、カッパブックス（光文社）の『危ない会社』。

危ない会社というのはいま風のブラック企業ということではない。わたしも本書を読んでいないから正確なことはいえないが、倒産しそうな、将来性のない会社という意味である。カッパブックスというのは、当時の出版界の常識から大きくかけ離れた、革命的な編集方法をとった書籍出版の出版物だった。それまでの書籍の作り方の概ねの方向性は編集者というか、出版社が決めるのだが、そのあとの作業の作家と編集者の関係は作家が主で編集者が従というのが一般的だった。作家が中心になって作品を考えて執筆をすすめ、原稿を作りあげて編集者はそれを受け取って、書籍の形のなかにはめ込む。このやり方が普通だったのだが、光文社（カッパブックスの版元）は、その主客を逆転させて、編集者が原稿の構成の細部まで組み立てて、作家というか、この場合、ライターといった方がいいかもしれないが、編集の具体的な指示に従って原稿を書き進むのである。サイズが新書判だから、四百字原稿用紙が三、四百枚あれば、書籍として成立するのである。

わたしはカッパブックスの書籍編集技術は雑誌編集の影響だと思うが、雑誌編集の場合、ページで区切られた企画ごとに、編集者が構成と取材の段取りを考え、材料を揃えて、こういう切り口で、こういうタイトルが付けられるようにと細かく支持してライター（この場合はアンカーと呼ばれる）に渡すのである。そのやり方を書籍編集に踏襲したのではないかと思う。昭和三十七年のところでもちょっと書いたが、カッパブックスはこの作り方で猛威を振るい、ベストセラーを連発している

昭和30年代
企業倒産件数

昭和30年	605
昭和31年	1123
昭和32年	1738
昭和33年	1484
昭和34年	1166
昭和35年	1172
昭和36年	1102
昭和37年	1779
昭和38年	1738
昭和39年	4212
昭和40年	6141

ちなみに「倒産」というのは法律用語ではない。いろいろな原因で会社が立ちゆかなくなることをいう。昭和三十年代の企業の倒産件数を調べると、上記の通り、この本が売れる理由もわかる。倒産する企業は昭和三十八年以降に急伸して、オリンピックと同時に猛烈な不景気の嵐がやってきたのがわかる。

昭和三十八年の第二位以下のベスト・セラーを紹介すると、次のようなことである。どのくらい売れたか、部数はわからないが、かなり教養主義的な本が並んでいる。


第二位『女のいくさ』（二見書房）佐藤得二著。直木賞受賞作品。

第三位『徳川家康』（講談社）山岡荘八著。全二十六巻という長大な作品。

第四位『日本の歴史』（岩波書店）井上清著。井上は左翼（マルクス主義）の歴史学者。

第五位『罪と罰』（中央公論社・世界の文学）ドストエフスキー著。ロシア文学の傑作。

第六位『物理学入門』（光文社）猪木正文著。カッパブックス。相対性理論などを優しく解説している。

第七位『わたしのエルザ』（文藝春秋）ジョイ・アダムソン著。『野性のエルザ』のつづき。

第八位『国語笑字典』（光文社）郡司利男著。これもカッパブックス。郡司利男は言語学者。

第九位『春宵十話』（毎日新聞社）岡潔著。文化勲章受章の数学者の随筆集。

第十位『本の中の世界』（岩波書店）湯川秀樹著。湯川はノーベル賞受賞の物理学者。

こうやって、ベスト・セラーをズラリと並べてみると、この時代の日本人の民度がかなりのもので、みんな勉強家だったことがわかる。このベスト・セラーのリストは河出書房新社刊の『現代風俗史年表』の昭和三十八年の項に載っていたものだ。

これはカッパブックスの大成功の影響だろうが、隣接して［ペーパーバックも大流行］という小見出しをつけた項目があり、二四目、三四目のドジョウを狙ってということではないのかもしれないが、『ブルーバックス』（講談社）、『紀伊国屋新書』（紀伊国屋書店）、『コンパクト・ブックス』（集英社）、『実日新書』（実業の日本社）などが創刊されている。

同ページに［全集ものも好評］という小見出しの記事もあり、そこにはこんなことが書かれている。

中央公論社の『世界の文学』、河出書房新社の『現代の文学』、『国民の文学』、筑摩書房『現代日本文学大系』などが注目された。『世界の美術』（全二十五巻　河出書房新社の第一回配本『ルノワール』はオールカラーが人気を呼び、発売二か月で二十万部を売るという好調ぶり。

出版界のこの傾向をわたしなりに読み解くと、社会の全般の傾向として、知識の大衆化ということが起こっていたのではないか。戦後の教育制度の改革で、かなりの人が高等学校に進学し、大学教育を受ける人数もひと時代前とは全く違うほどふえて、社会一般の知的な環境が整ってきた、ということなのだろう。この時期、平凡社だけのことではないが、百科事典がかなりの売り上げをあげていたのだが、それの原因というのが、家を新築して応接間を作ってそこに何らかのインテリアがほしくて、それでステレオや本箱に入れて見栄えのする百科事典がちょうどいい、それで百科事典がバカ売れしたというのである。

出版の世界も年々、産業規模を拡大しつづけていて、雑誌の世界でも同じようなことが起きていた。

この年創刊の雑誌で一番の注目株はやはり同じ平凡社の『太陽』だろう。

消費能力をつけた大衆がどんどん増えて、文化が大きく育っていくなかで、大衆に対してどうアプローチしていくか、これが昭和の出版社の命運を分ける選択になった。平凡社はいい会社だったと思うが、教養主義にしがみついた編集方針で、雑誌作りではその対応を間違えたと思う。

ここで補足的に説明しておかなければならないのだが、のちにわたしが入社して芸能記者として仕事をする［平凡出版］とここで登場した［平凡社］とはまったく別の会社である。終戦直後に、平凡出版の創業者であった岩堀喜之助が平凡社の社主である下中弥三郎から『平凡』というタイトルをゆずられて、平凡出版の歴史はそこからはじまっている。戦後の社会発展のなかで、平凡出版は百万部発行の雑誌を二誌（月刊『平凡』と『週刊平凡』）創刊し、平凡社の方は百科事典で所帯を大きくする出版社になっていた。

昭和38年のわたしは高校一年生で、『太陽』の創刊号の記憶はないが、そのあと、通常号は何度か書店店頭で立ち読みしたり、買ったこともあると思うので、雑誌の体裁は記憶している。『太陽』は上質紙を使ったグラビアが主体の雑誌で、雑誌自体にも高級感があったが、値の張る雑誌だった。内容も知的で、学生の勉強心をくすぐるものだった。「創刊のことば」がどんなものだったかというと、こういうことである。

全国の家庭のみなさん! どの家庭にも、ひとつの太陽が要るように、ひとつの雑誌がいります。その雑誌こそ、今月から欠かさずにみなさんの家庭におとどけする『太陽』です。

戦後二十年、民主化はすすみ、経済は高度に成長しました。しかし日本には、家庭に持ち帰り、一家こぞって楽しめる雑誌がまったくありませんでした。わたしどもは、こうしたふしぎがふしぎと思われない日本文化のあり方に、根本的な疑問をいだきました。その疑いがもえあがった日こそ、新しい雑誌『太陽』の創造にむかって、ともづながとかれた日です。……

この文章は塩澤実信が書いた『雑誌100年の歩み』という本からの孫引きなのだが、これにつづいて、編集方針を固める経緯について、こんなことが書かれている。

創刊までの一年間、夜昼なしの編集会議を、何百回も繰りかえしたあとで、ほぼ定まったコンセプトは、セックスとスキャンダル、それにラジカルな思想性を抜いて、〝旅と美術と家庭〟の三本柱の編集方針で行くワイド版のカラーとグラビア雑誌だった。創刊号の(略)巻頭特集は、二十六頁にわたる「エスキモー」で、誌面は目次からはじまって、本文、広告に至るまで横組。見た目には美しかったが、長年、縦組みになれた日本人には、戸惑いを感じさせた。(10)

これを読んだ限りで、結果論のような物言いになってしまうが、こんなふうにして、大衆の現実の興味から乖離してしまっている雑誌が売れるわけがなかった。実際に、「思想性がない」とか「スケールが小さい」とか、いろいろにいわれて、雑誌の売れ行きは絶好調というわけに行かず、相当苦しんだらしい。一部のインテリ層だけが歓迎するような内容の雑誌だった。じつは、これは編集内容に労働組合が干渉したらしい。「組合が強く、編集部内の分業も思うに任せなかった」というコメントがある。編集長を務めたのは、『日本残酷物語』など、手堅いヒットを飛ばしていた谷川健一（詩人の谷川雁のお兄さん）だったが、創刊時を回想してこんなことをいっている。

目次を見ればわかるように、セックスものは駄目、それに社会問題のラジカルなものが駄目で、絶対的に内容に出せない雑誌というわけです。六〇年安保のあとの、まだまだ高度成長の前でしたし、誌面でも思想的に世間へ問うという形をとった方がよかったと思うんです。それが、やれ旅とか料理とか、ゴージャス、デラックスなどを並べられたんじゃあ、何処へ編集者の気持ち、言いたいことをぶつければいいものやわからず、一種の空しいものを抱いていていましたね。

こんな雑誌が多くの人たちに受け入れられるわけがなかった。３９６ページで百科事典がよく売れている状況を「知の大衆化」ということで書いたが、もし、本気でそういうことを考えていたのであれば、企画はもっと自由で融通無碍でなければならなかったはずである。特に、性的なこととスキャンダリズムは、週刊誌ジャーナリズムの盛況からもわかるように雑誌にとっては、読者を呼び込むための必需品といってよかった。誤解のないように丁寧に説明すると、そのテーマを最初から取り扱うことを否定するのではなく、それを企画としてどういう技術で形にしていくか、必死で考えるのである。そういう発想がなければ、たくさんの部数を発行する大衆雑誌は成立しない。

『太陽』はこのあと、相当苦労しながら、たぶん、赤字だったのではないかと思うが、平凡社の屋台骨を侵食しながら、なんとか生き延びることになる。この話をあらためて書くのは、［一九八一年］、平凡社が累積した赤字に苦しんで、麹町にあった自社ビルを六十億円の負債のために売却するときのことである。

『太陽』はそのように大衆向けの雑誌としては生煮えの、発育不全のような形にならざるを得なかったが、この年は講談社が『ヤングレディ』を、小学館が『女性セブン』を、ともに女性週刊誌なのだが、創刊させている。これで、光文社の『女性自身』、主婦と生活社の『週刊女性』と、女性週刊誌も四誌がくつわを並べることになる。

こちらも基本のペースは女性のための生活記事を揃えて、編集者はその頁が読者の生活に役に立つということを重要視して作っていたが、毎週の出来の違いを決める特集記事には有名人のスキャンダルや新聞の三面で取り扱われるような流行や風俗、トレンドのニュースも含めた記事を並べていた。現在の女性週刊誌とあまり変わらない体裁である。

それで、この年、わが月刊『平凡』にも大事件が起きている。その前にだが、このころの同誌の調子はどうだったかというと、次のようなことである。当時、編集部に在籍していた高木清氏の回想。

【昭和三十年代雑誌販売　統計資料】

年	点数	平均定価	発行部数	返本率	販売部数	実売金額
昭和32年	1472	114	68,000	20	54,264	6,211,058
昭和33年	1651	96	78,800	20	62,173	5,888,866
昭和34年	1963	84	98,600	21	77,894	6,576,670
昭和35年	2221	85	107,900	20	86,536	7,320,946
昭和36年	2428	92	107,570	21	85,411	7,778,506
昭和37年	2394	104	107,450	21	85,886	8,785,650
昭和38年	2031	109	109,150	21	86,229	9,416,150
昭和39年	1938	118	117,548	21	92,745	10,938,389
昭和40年	2172	124	124,496	21	97,978	12,156,130
昭和41年	2304	130	136,567	21	107,751	13,969,996
	種類	円	万部	%	万部	万円

★発行部数、販売部数、実売金額はいずれも推定です。

『日本書籍出版協会三十年史』一九八七年刊　日本書籍出版協会発行　P・326

昔は返本率3パーセントで百万部と言っていたんですが、このころはさすがにそれは苦しくなって、だいたい10パーセントくらいで推移していたと思います。会社は仕方なく、それを許容していた。部数は百万部くらいのところを上下していた記憶があります。

たぶん、発行部数を下げても返本率は変わらない、マーケット全体で飽和状態にあるという書き方をすればいいだろうか、そういう状態に立ち至っていたのだろうと思われる。数字的な検証が出来ないが、書店の数が前よりかなり増えていたのではないか。

残念ながら、このころの月刊『平凡』の販売実数を記録した資料は残っていない。会社経営的にいうと、別途で百万部売れている『週刊平凡』があり、会社の収支は月刊一誌だけに依存していたときよりも、多少は余裕がでてきていたのではないか。高木さんも「月刊の部数はそのときのスターの強さ、人気度に依存しているところがあった」といっているのだが、このころの人気者の状況を見ると、女優たちは日活の吉永小百合を筆頭に和泉雅子、松原智恵子といったまだ十代の女のコたちがいたが、男優の十代は高橋英樹ひとりで、第一位の小林旭でさえも二十六歳になっている。また、歌手の方で見ると、男性の方の第一位の橋幸夫が二十歳、次の坂本九が二十二歳、ベストテンの平均年齢は二十七歳、女性の方の第一位の美空ひばりが二十六歳、第二位の畠山みどりは二十四歳、こちらのベストテンの平均年齢は二十二歳、十代の歌手でいうと、弘田三枝子（十六歳）、仲宗根美樹（十九歳）。高石かつ枝（十七歳）と下位の方には十代の子もいるが、上位はお姉様方が占有している。

だから、全体の印象としては、若々しいとはちょっといえない、ベテランたちが中心になっていて、前年、ベストテンに入っていた森山加代子とか、田代みどり、まだ十六歳の中尾ミエなどは圏外に去っていて、世代交代がなかなかうまくいってっていない印象がある。これは男性部門でも同様である。新しいスターは出てきてはいるのだが、一時代前に絶対的な人気者だったスターたちを凌ぐことが出来ない、伸び悩んでいるのとも一寸違うのかも知れないが、たとえば、男性歌手第二位の坂本九にしても、絶対的にハンサムで、というわけではなく、性格のよいお兄さんみたいなキャラクターで、彼を恋人のように応援する、そういうスターだったとは考えにくい。橋幸夫も年齢的にはこのときもう二十歳になっていて、十代の読者にとっては〝お兄さんキャラ〟だった。

これをたとえば、昭和三十二年ころの石原裕次郎や、このあと、昭和四十七年ころの郷ひろみや西城秀樹が持っていた絶対的な人気に比べると、やっぱりちょっとエネルギーの量が落ちる。そのことが部数の停滞とつながっていたのではないか。これは、このあと、舟木一夫、西郷輝彦の登場、そして、御三家の成立で多少、変化していくのではないかと思われる。

それともうひとつ、この年の月刊『平凡』で起きた事件である。出版界の大事件と書いてもいいのだが、同誌に連載をしていた、皇太子妃の美智子妃殿下を主人公にした実名小説『美智子さま』が宮内庁からクレームがついて大騒ぎになり、連載中止になっている。どんな内容の読みものだったかをちょっと説明すると、リードの部分だが「愛する人との結晶が美智子さまのこころを豊かにする――体のくるしさに耐えるとき　陛下がもち出されたぬいぐるみの熊は妃殿下の微笑をさそうのだった」というようなことが書かれている。これはたぶん妊娠の描写である。

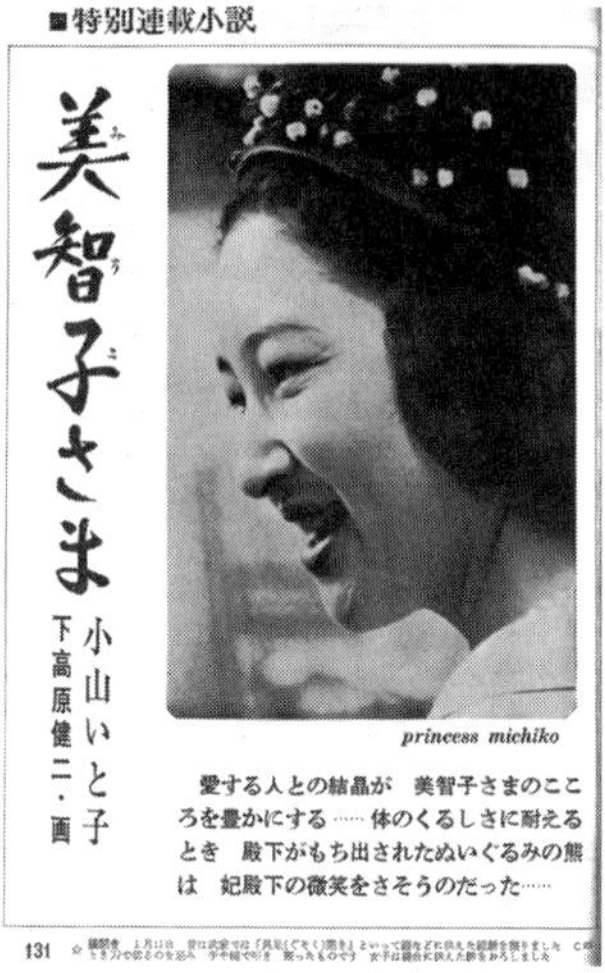
■特別連載小説
美智子さま
小山いと子
下高原健二・画
princess michiko
愛する人との結晶が　美智子さまのこころを豊かにする……　体のくるしさに耐えるとき　殿下がもち出されたぬいぐるみの熊は　妃殿下の微笑をさそうのだった……
131

当時はまだ有名人のプライバシーというような概念はいまの時代ほど明確でなく、雑誌の企画もかなり自由で、たぶん編集部は、皇族も国民的スターのひとり、という考え方でこの小説の連載をしていたのだろうが、それが、おそらく、新しく設定されたタブーに抵触した、ということだと思う。このことの背景には、妃殿下ご本人がこういう形で自分のことを話題にされるのを嫌がった、ということがあったのではないか。

【放送界】

すでに冒頭に書いたが、ケネディ大統領の暗殺を速報した日米発の人工衛星によるテレビ中継は、電波媒体の機能のものすごさを如実に見せつけるものになった。電波以外のメディアには出来ない相談だった。

テレビの受信機の契約台数は前年、十一月に千二百万台を突破しており、その約一年後の本年の十二月に契約数千五百万台にたどり着いている。資料によれば、昭和三十八年の日本社会の所帯数は二千百九万であるから、ほぼ四分の三の家庭にテレビの受信機が入りこんだことになる。

実はこの年から、テレビの視聴率が正確に算出されるようになっている。406ページの表がそれだが、この視聴率を見て、まず驚かされるのはNHKの年末、大晦日放送の『紅白歌合戦』の高視聴率だ。80パーセントを超えている。

このことは【歌謡界】のところで書き置くべきことだったが、あらためてここで論述する。

第2－2－6図　映画入場者数とテレビジョン受信機の普及の推移

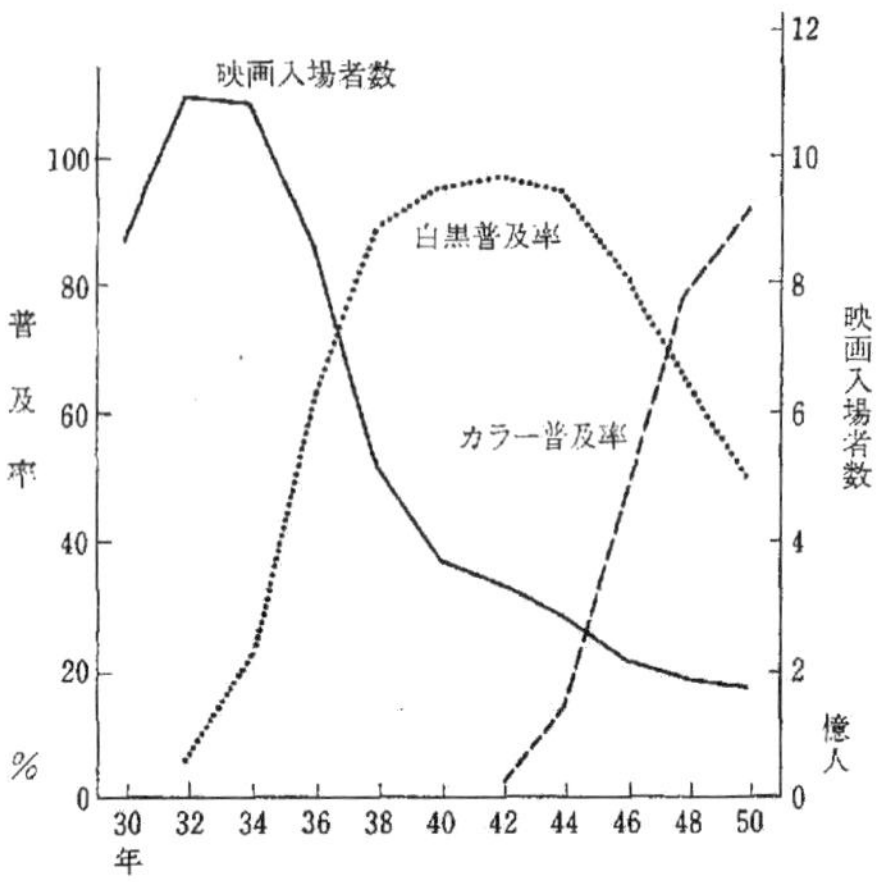

第2－2－1図　テレビジョン受信機の一台当たり出荷金額，普及率，一世帯当たり月間可処分所得の推移

1　白黒テレビ

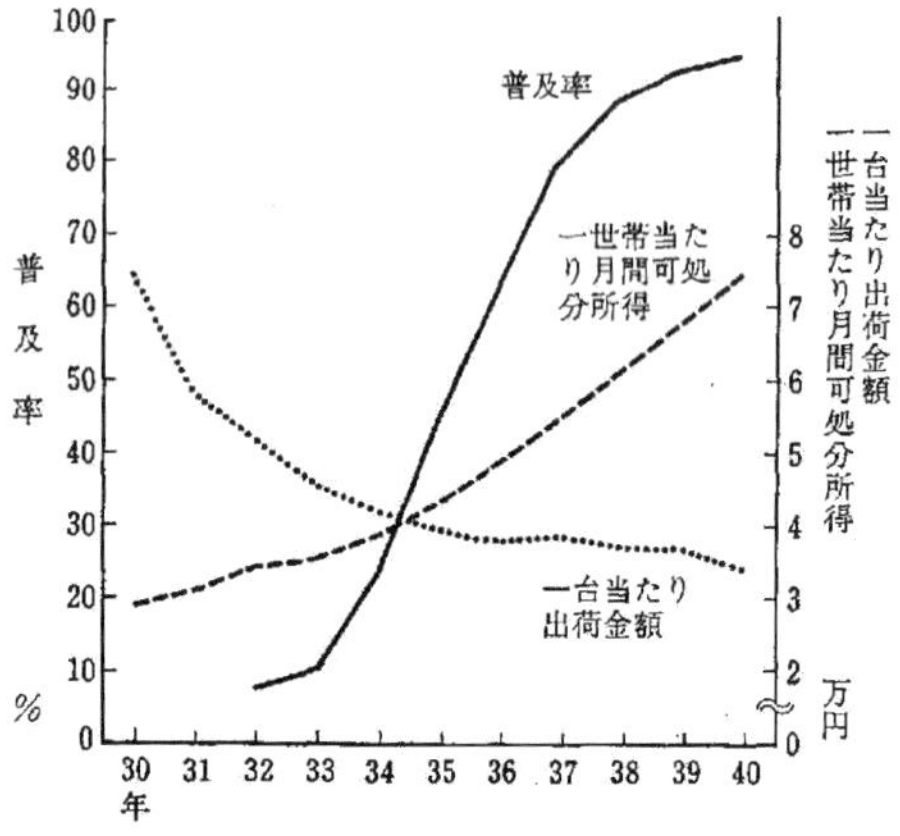

テレビ受像機の普及と映画人口の減少を折れ線グラフにした図表。テレビが映画に代わるメディアとして存在し始めていたことがはっきりわかる。下図は昭和30年代に大衆の所得は増えていって、逆に大量生産と改良によるコスト減でテレビの価格は急激に安くなっていって、みんなが簡単にテレビを手に入れる時代が来たことを明示している。

別資料になるが、このときの出演歌手は以下の人たちだった。（11）

［紅組］弘田三枝子（2）、仲宗根美樹（2）、松山恵子（7）、雪村いづみ（7）、こまどり姉妹（3）、坂本スミ子（3）、高石かつ枝（初）、楠トシエ（7）、江利チエミ（11）、トリオこいさんず（2）、吉永小百合（2）、朝丘雪路（6）、島倉千代子（7）、畠山みどり（初）、西田佐知子（3）、越路吹雪（9）、スリー・グレイセス（2）、倍賞千恵子（初）、三沢あけみ（初）、梓みちよ（初）、ペギー葉山（10）、ザ・ピーナッツ（3）、五月みどり（2）、中尾ミエ（2）、伊東ゆかり（初）、園まり（初）、美空ひばり（8）。

［白組］田辺靖雄（初）、守屋浩（4）、北島三郎（初）、アイ・ジョージ（4）、和田弘とマヒナスターズ（5）、ジェリー藤尾（3）、三浦洸一（8）、森繁久彌（5）、立川澄人（初）、ボニー・ジャックス（初）、北原謙二（2）、田端義夫（初）、三橋美智也（8）、村田英雄（3）、橋幸夫（4）、フランク永井（7）、ダーク・ダックス（6）、芦野宏（9）、舟木一夫（初）、坂本九（3）、旗照夫（7）、デューク・エイセス（2）、春日八郎（9）、植木等（2）、三波春夫（6）

カッコ内の字は出場回数。司会は紅組が江利チエミ、白組が宮田輝だった。

これを見ると、けっこうな数の初出場者がいるのがわかる。前年出場していて、この年の選に漏れた人の名前を調べると、女性は大津美子、中原美沙緒、宮城まり子、及川美千代、森山加代子など。男性は松島アキラ、飯田久彦、ダニー飯田とパラダイス・キング、佐川ミツオ、平尾昌晃、藤島桓夫など。月並みな謂だが、人気の攻防の激しさを感じさせる。いまでも紅白出場者の顔ぶれは年末の話題のひとつだが、おそらく

【昭和38年 テレビ番組 視聴率ベスト20】

	番組名	放送局	日時	放送時間	%
第1位	第14回NHK紅白歌合戦	NHK総合	12月31日	21:05～160分	81.4
第2位	ニュース	NHK総合	12月31日	21:00～5分	66.7
第3位	プロレス デストロイヤー対力道山	日本テレビ	5月24日	20:00～60分	64.0
第4位	行く年くる年	NHK総合	12月31日	23:45～15分	57.4
第5位	ボリショイサーカス中継	NHK総合	1月11日	19:30～45分	55.3
第6位	ベン・ケーシー	TBS	1月11日	21:30～60分	50.6
第7位	ボクシング 海老原博幸対キングピッチ	フジテレビ	9月18日	20:00～75分	47.8
第8位	事件記者	NHK総合	6月4日	21:40～18分	47.1
第9位	ボクシング エデル・ジョフレ対青木勝利	TBS	4月4日	21:30～45分	46.0
第10位	図々しい奴	TBS	8月5日	22:00～60分	45.1
第11位	お笑い三人組	NHK総合	6月4日	20:00～30分	44.2
第12位	歌謡浪曲ドラマ	NHK総合	10月18日	22:00～60分	43.9
第13位	ディズニーランド	日本テレビ	1月11日	20:00～60分	43.7
第14位	ジェスチャー	NHK総合	5月21日	19:30～30分	43.7
第15位	ニュース	NHK総合	1月27日	17:35～5分	41.8
第16位	月曜日の男	TBS	8月12日	21:30～30分	40.9
第17位	てなもんや三度笠	TBS	11月24日	18:00～30分	40.5
第18位	若い季節	NHK総合	2月3日	20:00～45分	40.3
第19位	ドラマ・吾輩は猫である	NHK総合	1月1日	21:00～30分	40.2
第20位	1963年歌くらベールスター大行進	TBS	12月31日	19:00～120分	39.9

かなり入念に調査して、出場させるか、それともさせないかを細かく判定していたのに違いない。

それにしても、視聴率が80パーセントを超えているとは、なんというモンスターな数字だろうか。人気歌手がうたう流行歌というものが国民全体の娯楽であったことがよくわかる。また、ボクシングやプロレスなどのスポーツ中継も高視聴率をたたき出していたこともこのリストでわかる。

昭和三十八年の視聴率ベスト10は上段の表の通りである。誌面の横幅の都合で、字が小さくなってしまったが、ガマンして読んでいただきたい。

どんな番組があり、それがどのくらいの視聴率をとっていたかの資料もこの昭和三十八年からキチンとした形で残されている。

視聴率は最初、視聴者の記入によるデータで算出していたのだが、この年からビデオリサーチが創設され、本格的に機械を使って記録するようになっている。それによって、テレビの宣伝媒体としての客観的な実効性が証明されるようになった。年間のベスト視聴率のランキングもこの年からの記録が残っている。これは『検証 視聴率』という本に掲載されていたものだが、「関東地区の平均所帯視聴率です」という説明がついている。

この年のテレビドラマの話題をテレビガイド編集部が作った『テレビドラマ全史1953―1994』の昭和三十八年の項で調べると、次の六本のテレビドラマがフィーチャーされている。番組名とタラシを紹介する。

○『図々しい奴』―テレビが生んだ大部屋出身のお茶の間スター・丸井太郎は、一本で消えた。
○『赤いダイヤ』―赤いダイヤ=アズキの相場に命を賭けた男の綱渡り。
○『男嫌い』―4姉妹が男たちをいびり抜く。痛快「女性上位」コメディー。
○『三匹の侍』―殺陣のリアルな効果音が大評判。3浪人の娯楽時代劇。
○『花の生涯』―大老井伊直弼の生涯を描いた大型時代劇。大河ドラマ第1弾。
○『鉄道公安36号』―その人気に他局も恐れた、〝鉄道公安〟アクション。

『図々しい奴』は柴田錬三郎原作の同名小説をドラマ化したもの。極貧の家の馬小屋で生まれたことで切人（キリスト）と名づけられた少年の立身出世物語。戦前から戦後を舞台に、図々しく生きる若者を大映の大部屋俳優だった丸井太郎が熱演した。

最初、和菓子屋さんの丁稚奉公からはじめて、のちに観光業界の成功者となる。モデルがいて、藤田観光の創業者の話だという説もある。丸井はこれ一本で人気者になったのだが、あとがつづかず、俳優として行き詰ったのだろう、四年後の昭和四十二年の九月に自殺している。詳細の記録はないが、役とは反対の繊細な神経の持ち主だったのだろう。

ＴＢＳが放送した『赤いダイヤ』も覚えている。梶山季之原作のアズキ相場をめぐる立身出世小説。これもサクセス・ストーリーだった。この番組に主演したのは大辻伺郎。この人も出身は大映で映画俳優だったが、この番組でお茶の間の人気者になった。この番組に主演後、人生の迷走が始まり、この人も十年後の昭和四十八年に赤坂のホテルの一室で首つり自殺している。

上の写真は丸井太郎の『図々しい奴』。丸井はテレビで脚光を浴びて人気者になったが、所属先の大映は彼を無理矢理に映画の主人公に仕立てて、作った映画は見事に失敗し、彼を自殺に追いこんだ。大辻伺郎も同様、テレビのラッキーな巡り合わせで人気俳優になった。共演しているのは、ＮＨＫのアナウンサーをやめたばかりの野際陽子。実力を伴わずにテレビというメディアで人気者になった代償は大きく、彼も自殺している。幸運のスポットライトが客に人間を不幸にした。そのサンプルのような話である。

いまから思えば、このふたつの番組は人生の成功を描いて人気を呼んだが、主演した丸井太郎といい、大辻伺郎といい、テレビがつくり出す人気者の危うさを実例で証明するような残酷さを感じさせる。

テレビは熱狂的でありながら、同時に冷酷この上ないメディアでもあった。テレビの視聴者は熱しやすく、また冷めやすかった。ブームが終わったあとの面倒までは見てくれない。このふたりの自殺はそのことの証明だろう。

『男嫌い』に出演していた四人の女優というのは、越路吹雪、淡路恵子、岸田今日子、横山道代という昭和時代のものすごい迫力のお姉さまたち。いじめられた代表者は弟役の坂本九だった。お姉さまたちのおしゃべりのなかに「〜かもね」とか「〜のようよ」といった独特の言い回しが出てくる。これが流行語になり、このあと、巷のお姉さまたちにひんぱんに使われるようになる。

フジテレビ『三匹の侍』。38年の10月放送開始で44年3月まで、5年半続き、長く人気を保った。

つづいて、『三匹の侍』。これはわたしも夢中になった記憶がある。『三匹の侍』の主役の三人に扮したのは丹波哲郎（柴左近役）。豪快なキャラクターだが、地も豪快でほとんどセリフを覚えない、ぶっつけ本番で演技する人だったらしい。平幹二朗（桔梗鋭之介役。俳優座のエースだった人）、長門勇（無名のコメディアンだったが、劇中で槍の名人桜京十郎を演じて人気者になった）。丹波はこの後、平と同じ俳優座に所属していた加藤剛（橘一之進役）と交代した。

殺陣で人を斬るときの音が「ザクッ」という衝撃的な効果音だった。これは考えてみると、黒澤明が映画『用心棒』で使った手法を真似したもの。

黒澤映画の『用心棒』で効果音を担当していた映画の音響技師の第一人者だった三縄一郎はこの音を作った時のことをこんなふうに述懐している。

いまの砧の撮影所のサロンがあるでしょう。あそこの表で黒澤さんにつかまって、人を斬ると音がするだろうって、あの音を付けてくれないかって言われたんですよ。それで、ハイってその時は言って、それから考えてね。色々やってみたんです。

鶏の、毛をむしったのがありますよね、あれを細長い包丁で切り裂いたんですよ。

だけど、あんまり音がしないんですよ。肉だけだとなお音がしないでしょう。鶏は小骨やなんかが入っているんだけれど、音がしない。だからそこに割り箸を何本も刺して、そいつを斬ったんです。その音に水気が欲しいっていうんで雑巾みたいなヤツの水気を絞ったのを置いて叩いたりなんかして、その音とダブらせたんですよ。水気も多いのと少ないのがあるし、…ただ、斬る時に、首を斬ったり腹を斬ったり腕を斬ったりという、色々な種類が欲しいわけ。そういうことで按配して、…あの時に豚肉をいくら買ったとか、牛肉をいくら買ったとかあるけれど、それじゃ、あんな音はしない。まるごとの鳥が一番よかった。

ただ、あの頃、アメリカさんから殺伐な音はいけないとか盛んにいわれていたからね。飛び出しナイフの刃が出る音なんかもいけないって言われていたから、もしそういう音を使って上映禁止だなんて言われたら嫌だから、すごく遠慮して使っている。

ただ、新聞なんかではそういうものを入れたということを言ったから、その後のテレビやなんかで使われちゃったけれど、『三匹の侍』とかはものすごく誇張して使っているでしょう。だから、もっと大きく使えばよかった。だから、斬る音っていうのは黒澤さんのアイディアで日本では初めてですよ。テレビも映画も含めて初めて使ったんですよ。(12)

それから『花の生涯』。

このあと、数々の名作テレビ時代劇をつくり出すことになるNHK日曜日午後八時から放送の大河ドラマ第一作である。主人公の井伊直弼を演じたのは二代目の尾上松緑。この人は七代目松本幸四郎の三男で、十一代市川團十郎（次男）、初代松本白鴎（長男）と三人兄弟。次男の市川團十郎は第十二代市川團十郎の父親、いまの市川海老蔵の祖父に当たる人、長男の松本白鴎は前の松本幸四郎＝昔の市川染五郎の父親、女優の松たか子のお祖父さんということになる。戦後昭和の歌舞伎界を背負って立った役者の一人、人間国宝だった。映画に負けないテレビドラマをつくりたいというNHKの要望を受けて立ち、重厚な演技をみせて話題になった。

最後になるが、この『鉄道公安36号』という番組がよくわからない。出演者は景山泉、梶健司、鳴門洋二、須藤健とあるのだが、このなかで、キネマ旬報が編集した『日本映画人名事典』の［男優編］に名前があるのは鳴門洋二だけ。ドラマは五年あまりつづいて、最初のころは常に20パーセントを超える視聴率を取る人気番組だったというのだが、どんな俳優たちが作っていたのか、あまり資料がなく分からない。キネ旬の『〜人名事典』には、鳴門洋二については「新東宝のギャングスター募集に応募して映画界入りした」という説明がある。ウィキペディアには景山泉の名前があり、現在も存命中のようだ。RKB毎日放送に所属していたと書かれている。思うに、この人たちはたぶん、倒産した映画会社の新東宝の流れで国際放映というテレビ番組の制作会社があったのだが、この番組がそこの制作かどうかはわからないが、あまり映画には出演せず、テレビドラマを中心に仕事した人たちだったのではないかと思われる。それにしても、番組自体は五年もつづいたのに、出演の俳優たちがほとんど無名のままで終わったのはどういうことなのだろうか。

このほかに、この年のテレビ番組の話題を並べると次のようなことが注目されている。

まず、社長の永田雅一ともめて大映を辞めた女優の山本富士子がＴＢＳの日曜劇場に登場し、評判の美貌で視聴者を魅了した。またこれも女優の小川真由美の話なのだが、『孤独の賭け』というドラマのなかで、野望と打算の女性デザイナー役を迫真の演技で見せて、彼女はここから［悪女］のレッテルを貼られることになる。

また、この年、邦画五社は評判の悪かった俳優たちのテレビ出演禁止の協定を全面的に見直すことをきめた。松竹の看板スターだった佐田啓二は、望まれてＮＨＫの大河ドラマ『花の生涯』で、井伊直弼の謀臣で国学者の長野主馬（主膳）役で出演したが、惜しいことにこの翌年、交通事故で急逝している。

最後に、特筆しておかなければならないことがある。それはフジテレビのアニメ、『鉄腕アトム』の放送開始。これは本邦初のテレビアニメ番組で、この番組の実現は手塚治虫本人の長い悲願だった。手塚はフジテレビに対して、「製作費はいくらでもいいから放送時間をくれ」と申し込んで、かなり低い予算で番組作りを請け負ったのだという。このことが、手塚に激務をしいて寿命を縮めたのではないか、という記事をどこかで読んだことがある。また、このことがのちのアニメ業界の労働者たちの低賃金の原因のひとつになったのではないかということも書かれていた気がする。

しかし、いずれにしてもこの番組の登場と成功がのちのち、アニメのテレビ番組全盛への道を切り拓くきっかけになったことだけはまちがいない。

【註】

（1）『ベストセラーの戦後史2』一九九五年刊　文芸春秋　井上ひさし著　P・21
（2）『ヤクザ戦後史』二〇〇〇年刊　ちくま文庫　猪野健治著　P・122
（3）『ヤクザ戦後史』P・143
（4）『ヤクザ戦後史』P・150
（5）『いつだって青春〜わが人生のホリプロ〜』P・138
（6）『いつだって青春〜わが人生のホリプロ〜』P・139
（7）『シオクルカサの不思議な世界』二〇〇七年刊　日刊ゲンダイ　橋幸夫著　P・52
（8）『石原裕次郎昭和太陽伝』P・203〜206
（9）『日本映画人名事典・男優編 下巻』一九九六年刊　キネマ旬報社　P・195
（10）『雑誌100年の歩み』一九九四年刊　グリーンアロー出版社　塩澤実信著　P・210
（11）『想い出の紅白歌合戦』P・172
（12）『KUROSAWA』二〇〇四年刊　茉莉花社＝河出書房新社　塩澤幸登著　P・514

第八章　1964（昭和39）年　大衆文化の分水嶺

【一九六四（昭和三十九）年】

この一年は昭和にとっても、わたしにとっても、特別な一年である。

世界で何が起こっていたかを書き募ると、こういうことである。

まず、アメリカ。

アメリカで起こった大事件として最初に特筆しなければならないのは二月のビートルズのアメリカ上陸。

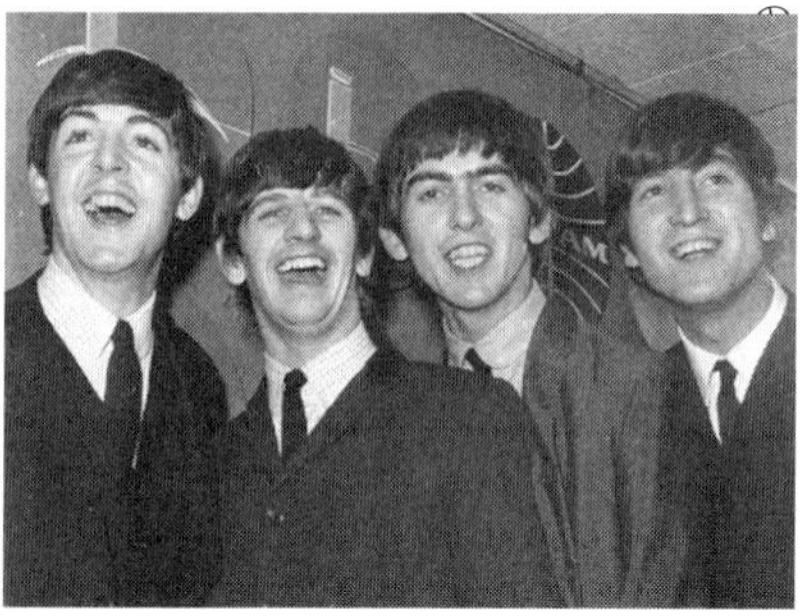

上はアメリカ初上陸時、ケネディ空港で行われた記者会見の四人での並び写真。
ビートルズがイギリスのロンドンで色々なレコード会社のオーディションを受けて、落ちつづけたのは1962年の1月ころのことだ。夏になって、ドラマーがピート・ベストからリンゴ・スターに代わって、運がつき始める。レコードデビューは10月のこと。デビュー曲は『ラブ・ミー・ドー』だった。そのあと『プリーズ・プリーズ・ミー』、『フロム・ミー・トー・ユー』とつづく。一連の曲は大ヒットして彼らの運命の扉を開いた。
下の写真はこのときにフィラデルフィアで行われたコンサートを地元の放送局が録音していたテープをLP(CD)にして発売したもの。アメリカのビートルズ初体験の熱狂が伝わってくる。

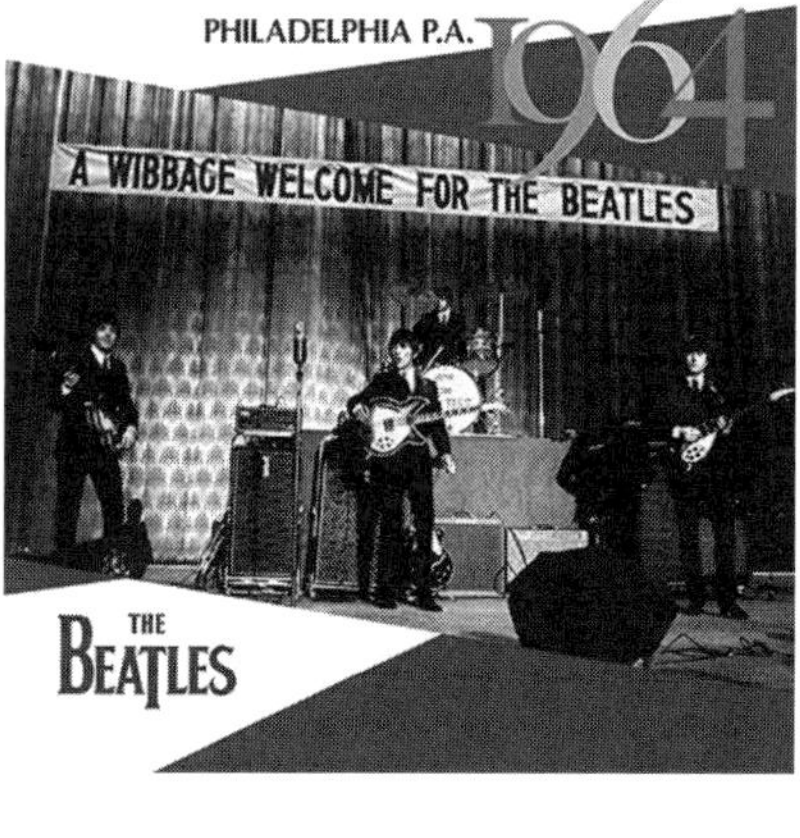

これがこのあとの世界中の音楽の状況をそっくり変えた、というか、無数の音楽的追随者が現れた。
彼らが繰りひろげた音楽活動によって、彼らの歌が発した男と女のあいだのさまざまの〝愛のメッセージ〟

があまねく世界にひろがっていった。こんな資料がある。

二月七日、イギリス首相ヒュームのいう、「外貨危機を救う秘密兵器」ザ・ビートルズを乗せたクリッパー機が、午後一時半頃、アメリカのケネディ国際空港に着陸した。到着ゲートを埋めた３０００人の少女たちは、金切り声を上げ、口笛を吹き、歓迎の辞を大書したプラカードを振り回した。リバプール出身のこの4人組は、これまでイギリスで6百万枚のレコードを売ったほか、「イギリス人歌手は成功しない」というアメリカ芸能界のジンクスを破り、2月第1週には『抱きしめたい』で全米ヒットチャートの1位を獲得した。

記者会見の席（右の引用写真がそれ）で、「君たちは学校をサボるように、子供たちをそそのかしているのではないか」と、一記者が質問した。「僕らがそそのかしているのは――」と、ポール・マッカートニーはにっこり笑って答えた。「ビートルズのレコードをもっと買ってくれるように、です」。

9日後のテレビ「エド・サリバン・ショー」出演を皮切りに、ワシントン、ニューヨーク、マイアミビーチで公演。各会場で黄色い歓声と悲鳴が、ジョン・レノンのギターとリンゴ・スターのビートを消した。この年アメリカでは、17歳の年齢層が史上初めて、全人口の最大比率を占めた。彼らはヒーローのジョン・F・ケネディを暗殺によって奪われ、新たな教祖を求めていた。公演の成功はビートルズの人気を一気に加熱させ、4月4日付『ビルボード』誌のランキング1〜5位をビートルズのレコードが占め、１９６４年度は52週中18週、全米チャートの1位を独占する。（1）

日本でもビートルズの音楽に熱狂する人たちが現れ、なにを隠そうわたしもその一人だった。

当時、夕方のラジオに電話リクエストという番組があった。この番組は聴取者から電話で音楽のリクエストを受け付けて、それをランキングにして順番に発表していく体裁だったのだが、あいまいな記憶で申し訳ないが、第一位から三十位くらいまで全部、ビートルズというようなひどい状況だったことを覚えている。当然のこと、このブームは翌年に繰り越してつづく。というより、ビートルズのつくり出すさまざまの音楽がこれ以降、六〇年代を通した音楽産業の主旋律となり、それは現在もつづいている。

一九六五年以降のビートルズのことは次章に書くことにしよう。

さらに世界で起きた事件はさまざまである。アメリカでは政治的にはこういうことが起こっている。

七月七日に公民権法が成立。同月十八日にはニューヨークのハーレムで黒人暴動が勃発。公民権法というのは人種、皮膚の色、出身国などを理由にして雇傭などで社会的差別をおこなうことを禁じた法律。ハーレムの黒人たちが暴動を起こしたのは、成立した法案が名目だけの平等をうたっただけのものに過ぎない、といって怒ったもの。

八月二十八日、キング牧師が指導するワシントン大行進で公民権運動はクライマックスに到達し、このあと、全米各州に人種差別をめぐって黒人暴動が頻発することになる。「長い暑い夏～Long Hot Summer～」である。

その八月。二日にベトナムのトンキン湾で北ベトナムの魚雷艇がアメリカの軍艦を攻撃したという米軍発表。これがトンキン湾事件。これをきっかけに翌日、アメリカ空軍は北ベトナムを爆撃。これが北爆の開始。六日にはアメリカ議会が大統領（リンドン・ジョンソン）に戦争遂行権限を付与し、アメリカはベトナム戦争の泥濘へとはまり込んでいく。

アメリカはベトナム戦争で58220人の戦死者をだしている。衝撃的な写真がたくさん残っている。下の写真は二枚ともピューリッツァー賞受賞作品。有名な写真だ。一枚はナパーム弾の攻撃を受けて焼け焦げた衣服を脱ぎ捨てて逃げる少女。もう一枚は1968年の撮影だが、南ベトナムの国家警察総監が路上でベトコンの捕虜を処刑、射殺する瞬間の写真。処刑者はカメラマンに向かって「やつらは私の仲間を大勢殺した。あなたの仲間も殺した」といったという。この写真はアメリカで公開され、反戦運動に火が着いた。

ソ連と中国はずっと国境問題でもめている。

黒竜江の国境線と新疆ウィグル自治区の国境の問題。ソ連（いまはロシア）や中国が領土問題でもめるのはいまに限ったことではないのである。このころの中国のトラブルの相手はソ連。同じ共産主義国家だが、仲が悪かった。くすぶりつづけているこの問題で両国が戦火を交えるのはこの五年後のことだ。

自由主義国家でビートルズが猛威をふるっているころ、中国では、これは五月のことだが『毛沢東語録』が出版される。たしか、ここには「アメリカは張り子のトラである」というようなことが書いてあったと思う。中国は八月には核実験に成功し、核保有国の仲間入り。同じ月にソ連ではフルシチョフ首相が解任され、後任はブレジネフとコスイギンの両頭指導体制になった。

フルシチョフ解任の理由は大ざっぱにいうと、西側諸国にいい顔しすぎて、国内の反発を買った、ということらしい。

世界では戦争と紛争と内乱の嵐が吹きまくるなか、日本の政治・経済・社会・生活の状況である。

二月十日　東芝、オーブントースターを発売。定価は三三〇〇円。
二月二十三日　吉田茂元首相、台湾を訪問。蒋介石総統に池田親書。
　三月十日　漁業水域を巡る日韓農相会談開催。
三月二十四日　ライシャワー米大使、刺されて負傷。
　四月一日　日本、IMF8条国に移行。
　　同日　海外旅行自由化。為替自由化にともなう措置。
四月二十五日　政府、戦後初の戦没者叙勲発令。
四月二十七日　琉球立法院、日本復帰・施政権返還要請決議可決。
四月二十八日　日本、OECD（経済開発協力機構）に加盟。
五月十四日　ソ連国会議員団来日。貿易拡大、航空協定、文化交流を協議。
　六月一日　三菱重工発足。新三菱重工・三菱日本重工・三菱造船が合併。
六月十六日　新潟地震、死者26人、全壊全焼家屋２２５０戸。
七月十日　自民党大会、池田総裁を三選。
八月一日　首都高速道路、開通。

八月六日　東京、水不足で第四次給水制限。東京砂漠が流行語に。
八月十日　社、共、総評などベトナム戦争反対集会を開く。
九月―日　トヨタ、新トヨペット・コロナ1200cc、定価五十四万円で発売。
九月一日　ホテル・ニューオータニ、東京プリンスホテル開業。
九月五日　名神高速道路、一宮・西宮間開通。
九月十七日　羽田空港～浜松町にモノレールが開通。
九月十八日　政府、二百万ドルの対韓緊急援助を決定。
十月一日　東海道新幹線開業。
十月十日　東京オリンピック大会開会。

急ピッチで大規模な工事がすすめられた。上の写真は代々木のワシントンハイツの跡地に建てられた室内総合競技場、高さ50メートルの釣り屋根構造だった。写真下はお江戸日本橋にのしかかるようにして工事が進む首都高速一号線の航空写真である。下町情緒もなにもなくなってしまった。
右ページ下の写真は赤坂見附の高速4号線と青山通りが隣接交差するところ。森の向こうに見えるのは五輪開催を目指して新築したホテル・ニューオータニ。1000室あり、1500人を収容することができた。

十月十七日　鈴木善幸官房長官、中国の核実験に抗議の談話発表。
社会、民社、公明各党、総評も抗議声明。
共産党書記長宮本顕治は実験はやむを得ない自衛手段と見解を発表。
十月二十三日　東京オリンピック、女子バレーボール、東洋の魔女対ソ連戦、
テレビ最高視聴率95・4％を記録。平均視聴率は80％。
十月二十五日　池田首相、病気のため辞意を表明。
十一月九日　臨時国会召集、池田内閣総辞職。
十二月一日　自民党大会、佐藤栄作を総裁に選任。佐藤内閣が誕生。

この年、日本国内でなにが起こったかを時系列で書き出した。実はここに並べられているかなりのことがらが十月の東京オリンピックのためだったのだが、社会インフラ……新幹線、羽田空港へのモノレール、首都高速と名神高速道路の開通、新しいホテル、新しい車の登場などなどが、すごい勢いで変化している。

それにしても、オリンピックのテレビ番組の視聴率95パーセントというのはものすごいの一語に尽きる。

表中の「ＩＭＦ８条国」について説明すると、ＩＭＦというのは国際通貨基金の略称。８条国というのは為替を二重相場にして国家管理するような国際収支のやり方を義務として撤廃して加盟国の、要するに自由主義経済の原則を尊重する国のこと、これは先進国の証明でもあった。また、ＯＥＣＤは経済協力開発機構の略称。ヨーロッパ諸国、アメリカなどの先進国が開発途上国のために作った国際機関。ここに加盟することとは先進国として一人前であることの証明だった。ここから、日本は国際的にも一人前の先進国、というこ

とである。

右記に羅列したできごとも含めて考えているのだが、戦後昭和の四十五年間のうちの最も深い時代の断裂がどこにあったかといえば、わたしは昭和三十九年を中心にした前後合わせた三年間だったと思っている。

それはなにかが終わった時代であり、同時に新しくなにかが始まった時代だった。

オリンピックという戦後最大の国家的行事をピークに前後にそのことの裾野を形成する時代だったという書き方も出来るだろう。一九六四年の文化の谷間は奥深い。

そのことをわたしは別の著作（『平凡パンチの時代』）でこんなふうに書いたことがある。

芸能界史への寄り道になるが、まず、それをお読みいただこう。

1964年は日本映画的には小津安二郎が死んだ翌年、プロレス的には力道山が赤坂のナイトクラブで刺されて死んだ翌年、日本の昔ながらのやくざたちが暴力団のレッテルを張り付けられて、社会文化の表舞台から排除されて、有名な組の親分たちがどんどん警察に捕まって、刑務所に入れられ、新宿の西口にあったスラム街が一部を残して立ちのかされ、整地されて荒れ地に戻った（ここはいずれ、住宅展示場などになり、やがてここに都庁が移転してくるのである）。それが昭和39年だった。

わたし的には、少年時代、せまい1車線道路で、途中未舗装部分もあった自分の住んでいる町の道路で、ある日突然突貫工事が始まって、上下4車線の、見たこともないようなリッパな舗装道路に拡張されて、完成とともに、［環七］（環状七号線）と呼ばれるようになった、これも昭和39年のことである。この年は東京オリンピックの行われた年でもある。わたしの考えを裏付けるふたりの、わたしより年上の作家、評論家の言説を紹介しよう。
生涯、［不良］を自分の肩書きにして生き、昨年（註＝二〇〇八年。ちなみにわたしの文章の年表記はアラビア数字で書かれている）の冬に急逝した作家・百瀬博教は昭和39年以前の、小津安二郎が元気に映画を作っていたころの日本を「古きよきリッパな時代」と呼んだ。彼は、こんなことを書いている。

これは特別に過激な五十代後半の主婦の意見だが、松茸ごはんを半分に切った海苔に盛ってくれながら、彼女は「戦争が始まればいい。そうすればこんなにだらけきった日本人の躰に活が入るでしょうから。どんな天才が出現しようと今の日本は治せませんよ。戦争ね、戦争が一番ですよ」という。たった五十年前、アメリカに父や兄や弟を殺されて「絶対に戦争は嫌だ」と思って生きてきた少女も現在の日本政府のあまりのふがいなさ、国民それも若い同性の低俗さに心底怒っているのだ。（略）「戦《いくさ》しかないわよ」の主婦は私と同年代であるから、どの時代からこんなに日本が堕落したかを見ている筈である。

百瀬博教。昭和15年2月、東京生まれ。平成20年1月没。享年68。作家、詩人、のちに格闘技プロデューサー。立教大学を中退し、赤坂のナイトクラブの用心棒をしているとき、石原裕次郎と知り合う。
拳銃密売で逮捕状が出て自首。保釈後、逃亡生活をつづけた。
『空飛ぶ不良』はわたしが編集長をしていた雑誌『ガリバー』に連載したエッセイを一冊にまとめたもの。マガジンハウス刊。

わたしはこう答える。

「東京オリンピック以降、まるでころがる石のように日本人の心根がおかしくなったと思う。いい不良がいたのも昭和三十九年の十月九日までじゃないでしょうか」

何故なら十月九日は、東京オリンピックの開会式が行われた日だからである。

彼女は過激である。

「そうかしら、開会式は私も観たわ。後ろの席だったけど、とても感動した。まだ日の丸付きのおかしな帽子をかぶり、日本選手を応援するヤツも現われず、顔にペインティングした応援団も一人もいなかったし、本当に立派な祭典だった。日本が駄目になったのは、全国の不動産屋やヤクザが銀行の手先になって、弱い者の借地や家賃の安いアパートをブルドーザーで踏みつぶしていった頃からだと思うわ。一番の悪者は三木よ。やきもちから田中角栄を裏切ったんだから。昔は裏切り者と呼ばれることは人間として何よりも辱かしいことだったけど、今は裏切って何が悪いと開き直る時代ですものね。麻原の命令だったのはわかるけど、自分の撒いたサリンで十三人も殺しても、麻原を裏切り組織を裏切れば、死一等をまぬがれるんですもの、日本の若者達はこれから裏切り者の国を目指すでしょうね。この日本に自分さえ良ければそれでいいって子供ばかり育ててどうするのよ。日本沈没よね。だから、戦争しかないって言ってるのよ」。

これが彼女の答え。このような言葉を吐く人は東京で彼女一人ではないだろう。

これは百瀬一流の諧謔に満ちた文章だ。

彼は昭和39年以降の日本の社会の変化にはとても否定的だった。否定的だったのは、時代全体への印象ばかりではなく、その何年か前からのナイトクラブの用心棒稼業のかたわら、ピストルの密売に手を染めてそれが露見し、これ以降、日本中の警察に追われて逃げ回る、逃亡者になってしまったという個人的な事情もあるのかも知れない。

百瀬は折にふれて、東京オリンピック以降の日本人の変質を嘆き、わたしには笑いながらだが、「日本がこんなになっちゃったのは、オレはマガジンハウスの『パンチ』とか『アンアン』のせいだと思う。とくに、シミズ、キナメリがよくない」とくり返していった。

シミズというのはマガジンハウスの創業社長だった清水達夫、キナメリというのは清水の懐刀的な存在で、のちにマガジンハウスの最高顧問を務めた木滑良久である。

木滑にも芸能記者時代があり、そのころは石原裕次郎を担当していた。百瀬と木滑は石原裕次郎を通して知り合った仲で、百瀬が逃亡生活中、コッソリ訪ねると、木滑は会社の前の中華そば屋、味助でチャーシュー麺を食べさせて、なにがしかの逃亡資金を用立てたという。

百瀬は生涯そのことを恩に着て、木滑に対する終生の畏敬を忘れなかった。また、彼は(娘しかいなかった)清水達夫には息子のように可愛がられた。にもかかわらず、彼はそういわざるを得なかったのである。百瀬の、東京オリンピック以降の社会変化をすべて堕落、退廃、権威失墜とばかり考えるスタンスもいいすぎではないかと思うが、こんな意見もある。こちらは百瀬博教より、もう少し論理的である。

評論家・松本健一の『死語の戯れ』という評論集の冒頭に「一九六四年社会転換説」という副題のついた『風景の変容』という論文が収められている。彼はそこでこう語っている。

一九六四年、つまり昭和三十九年、東京はこの年の四月に地方から上京してきたばかりのわたしたちの目の前で、がらがらと音をたてて変わっていった。「夢の超特急」東海道新幹線が開通し、高速道路、超高層ビルがつくられはじめた。歩道橋や地下道といった新建造物が、ぞくぞくと町中に進出しはじめた。新宿西口にあった闇市ふうの小路はとりはらわれ、淀橋浄水場もなくなっていった。西口には、広場建設のための鉄板が一面に敷きつめられていた。

出来上がったばかりの新宿西口広場が通路というふうに呼び名を変えられるのは、それから四、五年後、全共闘運動と連動した新宿騒乱のあとだった。広場なら座って歌を唄ってもいいが、通路だと立ちどまってもいけない、というのが、法の論理だそうである。

ところで、全共闘運動が一九六八年、つまり一九六四年から四年後に起こっていることは、一九六四年社会転換説のリアリティを保証しているようにおもわれるが、どうだろう。それは、戦後生まれの青年たちが一九六四年以降に高校を卒業し、進学のために上京してはじめて起こりえた事件だった。（略）

『死語の戯れ』1985年刊　筑摩書房　松本健一著。松本健一は1946年1月生まれ。群馬県出身。2014年11月死去。享年68。

『平凡パンチの時代』2009年刊。茉莉花社　河出書房新社発売。塩澤幸登著　定価3080円。
昭和の、この時代にこの雑誌が果たした大衆文化に関わるいろいろな役割を克明なノンフィクション小説として執筆しました。

ともかく、一九六四年の社会転換は、この年の東京オリンピックを契機としている、ということができる。新幹線にしても、高速道路にしても、オリンピックを見物し、そのあと日本の観光を行う欧米人たちの目に日本の先進国ぶり（欧米なみ）を見せよう、という意図のもとに建設されたからである。ただ、この東京オリンピック自体が、日本が欧米の模倣として追求してきた近代化の最終過程であり、またその歴史的枠組みである「近代日本」を脱却しはじめた一九六〇年代の高度経済成長の象徴なのでもあった。

松本健一は1946年生まれ、学年でいうとわたしより2年上で1968年に大学を卒業している。この論文はこれ以降も引用したいところだらけで、非常に参考になるのだが、ここまでにしておこう。

ところで、本文中にも書いたが、わたしたちにとっての昭和39年は、毎日がワクワクして、楽しくて仕方ない黄金の日々の始まりだった。わたしはまだ、17歳の少年だった。

そのころ、わたしが通学していたところは世田谷の小田急線千歳船橋駅の近くにある男女共学の都立高校だったが、いまだに「人生で一番楽しかったのはあのころから大学を卒業する昭和45年まで」といってしまいそうになるほどだった。音楽的にはビートルズが大流行、毎日、夜はラジオでＦＥＮ（進駐軍の極東軍事放送）ばかり聞いていた。アレでわたしも多少英語がしゃべれるようになったのだ。（2）

以上のようなことである。それでは、この年、芸能界でなにが起こっていたか、その話をしよう。

【歌謡界】

【昭和39（1964）年　シングルヒット曲ベスト30】

①明日があるさ	坂本　九	196312
②愛と死をみつめて	青山和子	196407
③君だけを	西郷輝彦	196402
④君たちがいて僕がいた	舟木一夫	196403
⑤幸せなら手をたたこう	坂本　九	196405
⑥皆の衆	村田英雄	196407
⑦アンコ椿は恋の花	都はるみ	196410
⑧あゝ上野駅	井沢八郎	196405
⑨東京の灯よいつまでも	新川二郎	196408
⑩お座敷小唄	松尾和子、和田弘とマヒナスターズ	196408
⑪涙を抱いた渡り鳥	水前寺清子	196411
⑫夜明けのうた	岸　洋子	196409
⑬だまって俺について来い	植木　等	196411
⑭愛と死のテーマ	吉永小百合	196409
⑮ウナ・セラ・ディ・東京	ザ・ピーナッツ	196409
⑯ウナ・セラ・ディ・東京	和田弘とマヒナスターズ	196406
⑰十七才のこの胸に	西郷輝彦	196408
⑱俵星玄蕃	三波春夫	196404
⑲恋の山手線	小林　旭	196403
⑳ごめんねチコちゃん	三田　明	196405
㉑悲しき願い	尾藤イサオ	196407
㉒自動車ショー小唄	小林　旭	196410
㉓何も云わないで	園まり	196410
㉔恋をするなら	橋　幸夫	196408
㉕忘れな草をあなたに	梓みちよ	196410
㉖新妻に捧げる歌	江利チエミ	196403
㉗馬鹿は死んでも直らない／ホラ吹き節	植木等、ハナ肇とクレイジーキャッツ	196406
㉘北風	北原謙二	196402
㉙智恵子抄	二代目コロムビア・ローズ	196410
㉚若い涙	ジャニーズ	196412

まず、この年に発売されたレコードの売り上げの「ベスト30」は右表の通り。

見ればわかるが、有名なヒット曲がずらりと並んでいる。

資料に具体的に何枚売れたかの数字はないのだが、これはたぶん該当年だけの売り上げではなく、現在までの、何年か、あるいは何十年かかかっての売り上げではないかと思われる。

売り上げ第一位の『明日があるさ』と第五位の『幸せなら手をたたこう』をうたったのは坂本九、坂本九のヒット曲はこのほかに『上を向いて歩こう』や『見上げてごらん夜の星を』などがあるのだが、耳にやさしい、うたいやすい歌ばかりだ。

写真、上段は坂本九の『明日があるさ』、中段は青山和子がうたってこの年の日本レコード大賞をもらった『愛と死をみつめて』、下段は新川二郎の『東京の灯よ　いつまでも』（♪雨の外苑　夜霧の日比谷　いまもこの目に…）

ただ、坂本九というとその悲劇的な死を連想する人もいて、名前が人々に忘れられない存在の一人になっている。それも歌が鮮明に記憶に残る要因のひとつなのではないか。

ベスト・テンに並んだ歌を見ると、あくまでもわたしにとってだが、あまりなじみのないのは新川二郎の『東京の灯よいつまでも』くらいで、この曲でさえ、なんとなく覚えている。

第二位になった『愛と死をみつめて』はレコード大賞も取った大ヒット曲。同名の小説もベストセラーになり、日活映画も吉永小百合と浜田光夫のコンビで大ヒットした。この歌はその主題歌として作られた歌で、うたったのは青山和子、この人くらい一発屋の呼称がふさわしい歌手はいない。なにしろこの歌の背後にある物語を少しでも知っている者にとっては非常に感情移入しやすい歌なのである。

ただ、ちょっと残酷な謂いになるが、青山さんはいまでもときどきテレビに出てきて、この歌をうたっているが、わたしは彼女がテレビでこの歌以外の持ち歌をうたっているのを見たことがない。本人に訊ねたことはないが、一生かけて一曲を歌いつづけることはかなり意味深いことなのではないか。いずれにしても、これらの30曲は歌謡曲のスタンダードといってもいい、昭和の文化史のなかに残っている、どこかで聞いた覚えのある歌ばかりだ。

それで、もう少しひろげた視野で、この年、どんな歌手が活躍していたかを調べてみよう。

これまでも資料にして来て書影も紹介したが、昭和の時代のヒット曲を集めた歌本が二冊ある。

それは『ジャンボ・日本の詩情』と『続・懐かしの流行歌』である。

『ジャンボ～』の方は明治時代からの流行歌を３０００曲あまり集めた巨大な歌本で、『続・～』の方は昭和三十二年から四十五年までの十三年間にヒットした１２００曲あまりを収録したものである。これらの書籍のなかに、昭和三十九年のヒット曲は『続・～』の方は99曲、『ジャンボ・～』の方は68曲が収録されている。曲名は省略するが、歌手の広がり（収録曲数）は以下の通りだ。まず、『ジャンボ・日本の詩情』。

［男性歌手］

5曲・北島三郎

3曲・西郷輝彦、和田弘とマヒナスターズ、橋幸夫、村田英雄

2曲・井沢八郎、フランク永井、三橋美智也、小林旭、石原裕次郎、坂本九、新川二郎、春日八郎

1曲・久保浩、三山三郎、田端義夫、森繁久彌、舟木一夫、尾藤イサオ、大下八郎、克美しげる、アイ・ジョージ、三波春夫、ジャニーズ、大木伸夫、アントニオ古賀

［女性歌手］

2曲・岸洋子、都はるみ、西田佐知子
1曲・青山和子、コロムビア・ローズ、五月みどり、大月みやこ、畠山みどり、園まり、松尾和子、越路吹雪、ザ・ピーナッツ

これが当該書籍の歌手リストなのだが、全部で66曲、男性曲が47曲、女性曲が19曲採用されている。7割が男性曲。男の歌手がうたう歌の方がヒットした、ということだろうか。つづいて『続・懐かしの流行歌』。

[男性歌手]
8曲・北島三郎、春日八郎
5曲・石原裕次郎、村田英雄、橋幸夫、西郷輝彦
4曲・フランク永井、鶴田浩二
3曲・新川二郎、舟木一夫、井沢八郎、三橋美智也、三田明、大下八郎、
2曲・三島敏夫、和田弘とマヒナスターズ、岡晴夫
1曲・松方弘樹、三船浩、北原謙二、アイ・ジョージ、山田太郎、田辺靖雄
[女性歌手]
4曲・西田佐知子
3曲・こまどり姉妹、
2曲・美空ひばり、吉永小百合、島倉千代子

ん赤さたな浜よろょトン丼特

1曲・畠山みどり、青山和子、中村佳代子、園まり、岸洋子、大月みやこ、都はるみ、水前寺清子、
扇ひろ子、二葉百合子、二宮ゆき子

こちらは収録該当曲が全部で100曲あるのだが、男性曲が74曲、女性曲26曲。男女の比率はこちらも三対一くらいの割合。やはり男性上位を示唆している。この二冊を並べると、当時、活躍していた歌手の概要がわかるのではないか。こうやって歌手の名前を並べてみて、まず気がつくのは、この年にデビューした西郷輝彦の大活躍である。ご存知の通り、西郷の登場によって、いわゆる〝御三家〟が成立する。

実はこの年、歌謡界では大改造とも云うべき、大きな変化が生じている。御三家の成立が呼び水になって若い世代の歌謡曲ファンのあいだで、好きな歌手の世代交代が起きているのだ。

ここで、この年の月刊『平凡』の人気歌手の投票結果を見ていただこう。

雑誌『平凡』

**【昭和39年度　人気歌手
読者投票ベストテン】**

［男性歌手部門］

第1位	(1)	橋　幸夫（21歳）
第2位	(-)	舟木一夫（19歳）
第3位	(-)	西郷輝彦（17歳）
第4位	(-)	三田　明（17歳）
第5位	(-)	ジャニーズ（4人の平均年齢17歳）
第6位	(-)	久保　浩（18歳）
第7位	(-)	梶　光夫（19歳）
第8位	(2)	坂本　九（23歳）
第9位	(6)	安達　明（16歳）
第10位	(3)	北原謙二（25歳）

［女性歌手部門］

第1位	(1)	美空ひばり（26歳）
第2位	(4)	弘田三枝子（17歳）
第3位	(5)	島倉千代子（26歳）
第4位	(10)	高石かつ枝（18歳）
第5位	(-)	九重佑三子（18歳）
第6位	(-)	三沢あけみ（19歳）
第7位	(2)	畠山みどり（25歳）
第8位	(-)	梓　みちよ（21歳）
第9位	(6)	こまどり姉妹（25歳）
第10位	(3)	五月みどり（26歳）

**※昭和40年1月号掲載
昭和39年11月下旬販売号
（39年9月〜10月の募集です）**

前年とかなりの勢いでメンバーチェンジ。男性は10人中6人、女性は3人だが弘田、高石の躍進がめざましい。

ご覧の通り、女性歌手の方のメンバーチェンジは三人で、新登場は九重佑三子、三沢あけみ、梓みちよ。女性市場の変化はそれほどでもないように見えるが、男性歌手の変化は衝撃的である。ベスト・テンのメンバー十人のうち、実に六人がチェンジしている。ランク外に去ったのは守屋浩、北島三郎、松島アキラ、三波春夫、三橋美智也、神戸一郎、村田英雄という顔ぶれ。十人の平均年齢も前年二十七歳であったのが、昭和三十九年のメンバーの平均年齢はなんと十九歳と劇的に八歳も若返っている。

写真、上から久保浩の『霧の中の少女』、中段、梶光夫の『青春の城下町』、下段の『女学生』は安達明の歌唱。御三家、三田以外で代表的な青春歌謡のヒット曲である。

前年首位の橋幸夫の首座は揺るがないでいるのだが、第二位の坂本九（二十三歳）は第八位に、第三位だった北原謙二は第十位に後退している。新登場のジャニーズは四人で平均年齢十七歳である。

わたしの経験ではこれと同じような、若い世代に支持される歌手の総取っ替えの現象がこの八年後、昭和四十七年、〝新御三家〟の成立と同時に起こっている。昭和三十九年と四十七年のあいだには、大衆音楽市場にはG・S（グループ・サウンズ）の大ブームがある。

これは結果論から推理していっているのだが、市場に強力な核のような［売り］が存在し始めると、御三家と同じような若い人気歌手の椅子がいくつか作られて、そこに座ろうとする新人歌手たちが族生するということなのだろう。ここでも、［御三家］が成立したことによって、若者向けの音楽市場全体にドラスチックな新陳代謝がおこなわれた、と書いていいのだと思う。また、ベスト・テンのなかに初めてジャニー喜多川がマネージメントするタレントが登場しているのも印象的、また、ズラリと青春歌謡の歌い手たちが勢揃いしている印象も強烈である。

［御三家］の成立について書くと、橋幸夫は昭和三十五年のデビューで、舟木一夫は昭和三十八年のデビュー、同じ年に『美しい十代』を大ヒットさせた三田明がいたのだが、三田は本人のせいではないのだが、橋幸夫にも舟木一夫にもいっしょに並ぶのを嫌われたのではないかと思う。ひとつは三田が美男子すぎて、橋や舟木は個性的だが、三田は三島由紀夫が絶賛するような美少年だったことがある。

三田明は1947年6月生まれ、東京。昭島市の出身。昭和37年、高校1年生のとき、日本テレビのスカウト番組『ホイホイ・ミュージックスクール』、この番組は視聴者の反応で合格不合格を決める番組だったが、彼はここに本名の辻川潮の名前で出場した。
放送終了後、素人なのに番組宛に全国から数通、彼宛のファンレターが届いて担当のディレクターを驚かせたのだという。それで決戦大会のセリ市に出場し東洋企画が手をあげた。吉田正の門下生としてビクター からの歌手デビューが決まった。『美しい十代』でデビューし、同名映画にも主演、御三家とは別格の青春スターになった。

もう一つは、三田の所属先が最初、東洋企画で、この事務所はそもそも、舟木一夫が所属していたホリプロの創始者だった堀威夫が、ウェスタンカーニバルがロカビリーで全盛だったころ、渡辺プロに対抗して作ったプロダクションで、堀はこの事務所をクーデターにあって追い出されていて、東洋企画は堀にとっては不倶戴天の敵だったのである。もちろんそんなことはどこにも書いてないが、舟木と三田をセットで売ることに対して堀は絶対的に嫌悪していたのではないか。

橋幸夫と三田明、同じビクター所属で仲良し。

それともう一つ、所属レコード会社の問題。舟木はコロムビア・レコードの所属、前章にも書いたように橋はビクター・レコード。そして、三田明は吉田正の愛弟子で、彼もビクターの所属だった。橋は最初、ビクターの芸能部（ビクター芸能）預かりで課長の山川豊さんという人（この人はこの時代の伝説的な人物で、のちに歌手デビューする山川豊はこの人から名前をもらったものだった）が橋幸夫担当で、この人物はのちに、橋と行動を共にしてビクターから独立してワールド・プロ（残念ながらいまは存在しない）というプロダクションを作るのである。

橋のマネジャーだった山川豊が三田明についてどう考えていたかの資料はないが、同じレコード会社で同じ吉田正のレッスン生から歌手になったのだから、仲が悪いと云うことはなかったのではないか。

実際に、橋と三田が二人差し向かいで将棋を指している写真が残っている。しかし、コロムビア所属の舟木としては、御三家の残りのふたりがふたりともビクター所属というのでは、話としてよくなかった。月刊『平凡』のベスト・テンに顔を出している青春歌謡の歌い手の所属レコード会社を調べると、前年、『湖愁』を大ヒットさせた松島アキラはビクターの所属、『霧のなかの少女』をうたった久保浩も吉田正の愛弟子で、この人もビクター。『青春の城下町』をうたった梶光夫と『女学生』をヒットさせた安達明はコロムビアの所属と、どっちに転んでも片方が面白くない、御三家話がなかなかまとまらない状況にあった。

御三家。左から西郷輝彦、舟木一夫、橋幸夫。

そこに出てきたのがクラウン・レコード所属の西郷輝彦だったのである。

クラウン・レコードというのはコロムビアから枝分かれしたレコード会社で、人徳のあったコロムビアの常務だった伊藤正憲が三菱電機の支援を受けて作った会社。日本コロムビアは日立の系列で、資本がちがうので業界は騒然となったが、北島三郎。水前寺清子、星野哲郎、米山正夫、音楽ディレクターの馬淵玄三らが伊藤を慕って行動を共にした。前年の八月に作られたレコード会社で、西郷はそこのいわば秘密兵器のような存在だった。

西郷は最初、龍美プロというところの所属だったらしいが、そこをすぐやめて、本人が社長のプロダクションを作り、クラウン・レコード預かりのような形になっていたらしい。

そのときに、マネージメントをやったのがのちにサンミュージックを作る相澤秀禎だった。

相澤の手記である『スターを作る男』には委細は書かれていないし、堀の名前も出てこないが、堀威夫の書いた『いつだって青春～わが人生のホリプロ～』には、相澤が堀といっしょに苦労して守屋浩の現場マネジャーとして働いていたことが書かれている。

相澤はホリプロを辞めたあと、ザ・ドリフターズの初代のリーダーだった岸部清が作った第一プロ（現在は活動を停止している）に身を寄せていて、西郷と知り合ったらしい。

西郷はこの年の二月に『君だけを』をうたって衝撃的にデビューしたのだった。

西郷輝彦は本名今川盛揮、鹿児島県出身。誕生日は弘田三枝子と同じ1947年2月8日。歌手になりたくて62年に高校を中退し大阪へ。大阪から東京へ。浅草のジャズ喫茶でコロムビアのレコードディレクター長田幸治から「今度、クラウンレコードができて、僕はそこに移るんだけど、君、クラウンからレコードを出さないか」と誘われ、クラウンの新人歌手第一号として『君だけを』をうたってデビューした。下積みの苦労とラッキーが折り重なるような歌手デビューだった。

業界的に見ても、橋、舟木、西郷の御三家は説得力があった。年齢的には橋が二十一歳とお兄さん、舟木は十九歳で真面目で勉強も出来る優等生、一番年下の西郷は十七歳で、ちょっと不良ぽいけど根は正直で働き者の少年、という組み合わせだった。三人とも庶民的で十分に魅力的、たちまち、かれらを中心にして、青春歌謡のマーケットが拡大し、十代の若い人たちが多かった月刊の『平凡』の読者層を直撃した。そのことが、４３３ページの人気投票の衝撃的なメンバーチェンジにつながったのだった。

御三家の成立についていては、橋幸夫の回想だが、こんな文章がある。

山川豊が僕のマネジャーになったのはデビュー3年目。彼のビクター入社は僕のデビューの翌年で、その新入社員の頃の働きぶりが印象に残っていて、新しいマネジャーをつける際に僕が指名したんです。そのあと、社内に「橋幸夫課」ができて、彼は初代課長に就任した。

入社は僕より遅いけれど、年は彼が7歳上。それでも「芸能界では橋さんが先輩」と、必ず僕を「さん」付けで呼ぶ、けじめを大切にする男でしたよ。だからこそ、マスコミが僕を舟木君や西郷君と並べて「ご三家」とひとくくりするのに「冗談じゃない」と激怒したんです。最初に企画を組んだ「平凡」編集部に「ふざけるな！」と怒鳴り込んだりしましてね。もっとも先輩後輩の義理には弱い。当時、舟木君のマネジャーは山川の早稲田大学の先輩。西郷君の場合は現サンミュージック会長の相澤秀禎さんで、業界の先輩。お二人に「まあ、まあ」となだめられると、不承不承「はあ」とうなずいちゃう（笑い）、でも、グラビアの写真の置き方や記事の行数は厳しく注文をつける。（略）マスコミに対する彼の仕切りは凄かった。独身時代（のちに結婚する）の山川は事務所に寝泊まりしていて、訪ねてくる番記者とはツーカーの仲だった。

（橋が）個人事務所をつくり所属していたビクター芸能から独立したのはデビュー8年目の昭和43年、ビクター専属であれば系列プロダクションに所属する、という当時の不文律を破る形になるわけだから、冒険ではありました。この独立話をするのに絶対に欠かせないのが当時のマネジャー山川豊です。（略）マネジャーの業界では「橋における山川のようになれ」とうたわれるほど辣腕でした。後年デビューする歌手の山川豊くんの芸名は、彼の所属事務所の長良じゅん会長が名マネジャーであった山川をしのんで付けたものなんです。（3）

いまから考えると、橋幸夫は御三家が成立したとき、デビュー五年目で、すでに二十一歳という年齢だった。それを十九歳や十七歳の若い歌手と組み合わせて〝年上のお兄さん〟キャラで若い女のコたちに売り込めたのだから、橋にとっての御三家のくくりは悪い相談ではなかったのではないか。

橋幸夫さんとは現場の芸能記者の時代に何度か一緒に仕事をしている。橋は昭和十八年生まれでわたしは昭和二十二年生まれ、四歳も年下なのだが、わたしは若いころ、老けて見えたらしく、橋に「シオザワさん、僕より年上でしょ」といわれたことがある。そして、これも個人的な記憶なのだが、実はわたしも入社してすぐに平凡編集部に配属になり、フォーリーブス（ジャニーズ事務所所属）と森田健作（サンミュージック所属）とピーターの担当記者になったのだが、ピーターの所属先が山川さんが社長のワールド・プロだった。ピーターの現場には若い女性（美人）のマネジャーが付いていて、その人とは昵懇になったが、山川さんにも何度かお会いしている。

わたしが聞かされている伝説だが、入稿前の編集部に山川さんがやってきて、御三家の写真が三枚並んだレイアウトのページを物差しで測って「橋幸夫の写真を真ん中にして、ほかの二人の写真より一センチ大きくしなきゃダメだ」と言ったというエピソードがある。歌手の山川豊がデビューするのは一九八〇年のことだが、マネジャーの山川さんはその一、二年前に事故で亡くなられた。酒が好きで、酔っぱらって階段からころげ落ちて転落死したと聞いている。働き盛りの年齢での急逝だった。

そして、もう一つ、忘れてならないのは、グループ音楽の動きである。

ここで、『ミュージック・ライフ』の人気投票を見ていただきたい。

【ミュージックライフ　1964年度　歌手人気投票】

［男性部門］※（）内は年齢。

1	(1)	坂本　九 (23)
2	(4)	克美しげる (27)
3	(3)	アイ・ジョージ (31)
4	(6)	守屋　浩 (26)
5	(5)	飯田久彦 (23)
6	(8)	鈴木やすし (23)
7	(7)	平尾昌晃 (27)
8	(11)	ジェリー藤尾 (24)
9	(14)	鹿内タカシ (23)
10	(17)	高倉一志 (24)
16	(-)	手塚しげお (22)
17	(-)	ほりまさゆき (?)
23	(-)	瀬高　明 (21)
27	(-)	内田裕也 (25)
34	(-)	安岡力也 (17)

［女性部門］

1	(2)	弘田三枝子
2	(1)	江利チエミ
3	(5)	伊東ゆかり
4	(3)	中尾ミエ
5	(-)	九重祐三子
6	(6)	ザ・ピーナッツ
7	(24)	梓みちよ
8	(10)	園まり
9	(4)	森山加代子
10	(9)	ペギー葉山

［コーラス・グループ］

1	(1)	ザ・ピーナッツ
2	(4)	パラダイス・キング
3	(2)	スリー・ファンキーズ
4	(3)	ダーク・ダックス
5	(7)	ベニ・シスターズ
6	(5)	デューク・エイセス
7	(6)	リリオ・リズム・エアーズ
8	(9)	スリー・グレイセス
9	(10)	フォア・コインズ
10	(12)	スリー・バブルス
15	(-)	シャープ・ホークス

［ウェスタン・ロカビリー・バンド］

1	(1)	パラダイス・キング
2	(-)	ブルージーンズ
3	(5)	ロック・メッセンジャーズ
4	(3)	ブルー・コメッツ
5	(7)	ドリフターズ
6	(2)	スイング・ウェスト
7	(6)	ワゴン・スターズ
8	(-)	オールスター・ワゴン
9	(4)	カントリー・ジェントルメン
10	(9)	マウンテン・プレイボーイズ

433ページの雑誌『平凡』の人気投票に比べると、男性は、安岡力也17歳だが、あとはみんな20歳を超えた大人である。女性歌手の方は反対にまだ十代の若い人が多い印象。コーラス・グループとバンドの両方でダニー飯田とパラダイス・キングが人気絶頂だが、新しいグループの動きが見える。ジャニー喜多川がマネジャーのジャニーズは昭和37年から活動を開始している。この時点ではランクにないが、翌年（40年）はコーラス・グループの第4位、41年にはザ・ピーナッツを凌いで、首位に立っている。

月刊『平凡』と『ミュージック・ライフ』両方の人気投票の男性部門で名前が重なっているのは坂本九さんだけで、その坂本九さんも『平凡』の人気投票では、前年から大きく順位を下げている。『ミュージック・ライフ』の人気投票はベテランたちというか、実力者のリストとでも書けばいいのだろうか。このふたつの人気投票をどういう位置関係でとらえればいいのだろうか。

ふたつの人気投票を比較してはっきりわかるのは、『ミュージック～』の人気投票には『平凡』から名前が消えた、都会派で、大人になって、ティーンエイジャーたちの人気が衰えた歌手たちがずらりと名前を並べていることだ。

これからわたしが書く推論だが、もちろん、ソロ・シンガーの部分も関係があるのだが、この投票のセクションに「ウェスタン・ロカビリー・バンド」というのがある。そこに注目していただきたい。

ここに、ブルー・ジーンズ、ブルー・コメッツ、ドリフターズという名前がある。

重要なのはその部分である。

歴史学の専門用語に《辺境革命》という言葉があるのだが、これは、社会が沈滞しそうになっているときに新しい動きははじっこや裏側や補助的な部分から生じるものだという意味である。

このセクションの第一位は石川進が抜けたあとのパラダイス・キングなのだが、彼らはこの年は中心的存在であっても、翌年は第二位、翌々年《昭和四十一年》にはベストテンから姿を消している。つまり、市場で次第に価値を失っていった、という意味だ。その代わりに翌年のトップに立つのは、好漢・寺内タケシ率いるブルー・ジーンズである。

このブルー・ジーンズのブームの背景にはアメリカのエレキ・ギターのバンド、ベンチャーズがあった。

エレキ・ギターのブームに火が付くのは翌年（昭和四十年）一月のベンチャーズの来日からである。

この流れとビートルズの音楽の大流行とが絡み合って、ここからギターが当時の若者たちにとっての特別な楽器になっていく。

寺内タケシ。1937年生まれ、2021年没。享年82。エレキ・ギターに一生を捧げた人生だった。

ブルー・ジーンズのしつこいくらいのエレキこだわりものちのグループサウンズの大ブームにつながっていく直接的な原因の一つなのである。

そして、ブルー・コメッツのこと。ネットの資料によれば、そもそものザ・ブルー・コメッツの結成は昭和三十二年とある。略称〝ブル・コメ〟といって、ノリのいいG・Sサウンドでブームの最大の立役者となるバンドなのだが、このグループのリーダーだったジャッキー吉川が書いた『〝ブルー・シャトー〟は永遠なり』という本のなかにこんな説明がある。

昭和三十二年（一九五二）のこと。当時共同企画社長、後にビートルズを日本に招んだプロモーターとして有名な長島達司氏が、そのとき活躍していたいくつかのバンドのリーダーを集めてつくったのが、そもそものブルー・コメッツだった。メンバーの中には、僕たちが所属することになる大橋プロダクションの社長・

大橋道二もいて、ベースを担当しながら、バンドのマネージメントをしていた。この頃はカントリー&ウエスタンの全盛期で、同じ年にはジミー時田がマウンテン・プレイボーイズを結成。ブル・コメも当然、そうした時流に乗ったウエスタン・バンドだった。この初代ブルー・コメッツに、右も左もわからない若僧が無謀にもバンド・ボーイとして飛び込んだ。そう、それが僕。（4）

ブルー・コメッツ。下の写真はデビュー曲『青い瞳』のジャケット写真。英語版と日本語盤がある。

のちにブル・コメのリーダーとなるジャッキー吉川の告白である。ブル・コメはメンバー五人のバンド。右の写真の一番下は昭和四十一年に発表したデビュー曲『青い瞳』、三月発売の英語版が十万枚、七月に発売した日本語盤（♪旅路の果ての孤独な街で　俺は悲しき恋を知ったのさ…）は五十万枚の大ヒットとなり、G・S（グループ・サウンズ）のブーム到来のきっかけのひとつになった。

引用文中の長島達司氏というのは、正確に書くと「永島達司氏」である。本書の前書、『昭和芸能界史〜

昭和20年代編〜』のなかの第六章、「1955年」の393頁に登場して、ミュージシャンからマネジャーに転身しようとする渡邊晋にミュージシャンのマネージメントの〝てにをは〟、基本と技術を教えた、その人である。

この人は父親の仕事の都合で十五歳までアメリカで育っていて、英語がペラペラだった。それで、大学生時代からベースで通訳の仕事をしながら、将校クラブのマネジャーも請け負って、出演歌手、バンドの斡旋と手配（マネージメント）もやっていたのだった。彼はジャズ・ブームの過ぎ去ったあと、日本人歌手たちのマネージメントは渡邊晋らにゆずって、外国人タレントの呼び屋の世界に行った人だった。

たぶんだが、昭和三十二年というと日劇のウエスタン・カーニバル（第一回目を翌年2月に開催している）でロカビリーに火がつく寸前で、彼の認識のなかには、ソロ歌手がいろいろな歌をうたうためのいいバック・バンドが存在しないという問題意識があった。ジャズだけしかやらないというような、狭い音楽志向にとらわれない自由な「コンボ」（少人数編成の器楽演奏グループ）の必要性を痛感していたのではないかと思われる。バンドの人間たちの出入りは激しく、ジャッキーも本格的にドラマーの修業をするために、ほかのバンドに移ったりしている。初代ブル・コメは何年か活動をつづけたが、昭和三十五年に音楽的に行き詰まったこともあり解散という話になるのだが、「お前がリーダーになって出直せばいいじゃないか」という話で、ジャッキーを中心にグループを再結成して活動を再開。

新生ブル・コメはこれも新しく頭角をあらわし始めた渡辺プロの若い歌手たち、中尾ミエ、伊東ゆかり、園まり、鹿内タカシらを中心に、こまどり姉妹のようなコロムビア所属の歌手たちのバック・バンドまで引き受けて、万能対応型のコンボとして重宝がられるようになっていった。

のちに作曲家として大活躍する井上忠夫（井上大輔）やギターの三原綱木が加わるのは昭和三十九年以降のことである。彼らは特に、鹿内タカシといっしょに組んで、「鹿内タカシとブルー・コメッツ」という名前でステージに上がることが多かった。この仕事はブル・コメを一皮むけた音楽バンドに成長させるきっかけになったようだ。ジャッキー吉川はこう回想している。

「ブルー・コメッツは音楽的にしっかりしている」

後に、よくこうした評価をいただいたが、これには鹿内タカシの影響が多大にあった。

鹿内はクラシックから、ジャズ、ポップス……と、すべての音楽について、よく知っていた。耳が抜群によくて、繊細で、譜面もバッチリ読めるし、いろいろな楽器の性質についても精通していた。音楽的に、何歩も先に行っていた人である。僕らが、鹿内のバック・バンドをやっていた頃である。

上の写真は井上大輔（本名・井上忠夫）。作曲家としても大活躍したが、2000年に病気を苦に自殺している。失明の危機にあったという。奥さんの洋子さんは一年後、2001年に亡くなっている。下の写真は三原綱木、希代のギタリストである。田代みどりと結婚したが離婚、モデルのケイ・アンナと再婚した。

「ジャッキー、この曲はそんな叩き方をしたら死んじゃうよ」「もっと、やさしく叩かなきゃ……」「これはハードな曲だよ」一番、口を酸っぱくして言われたことは、詞を理解しろということだった。

「ジャッキー、この詞の内容がわかるかい？」「……」「詞の内容がわからなくて何で太鼓叩ける？」

バックで演奏している僕らは楽器がうまく弾ければOKで、歌の内容のことまで考えてもいなかった。

しかし、鹿内が言うように、詞を理解することで、より豊かな音楽表現ができることは間違いなかった。

彼の言うことは説得力があった。ピアニッシモ、フォルテッシモを徹底的に教え込まれたのも彼からだった。当時はマイクを使っていたのはボーカルだけだったから、バックの音がしっかりしていないと歌えない、僕らが、ちょっと遊びの音を入れたりすると、「さっき何かやったね。やめて、歌いにくいから」とくる。

一番若い綱木（三原綱木）などは、ステージでもよく鹿内に怒鳴られて、泣いていた。

「何で、自分はできないのだろう。それが悔しくて、悔しくて……」

当時の話がでると、今でも綱木はこう言う。ただ、鹿内は怒鳴るだけではなかった。「綱木、教えてやるから、今日、家に来い」そう言われて、綱木は彼からずいぶんギターを教えてもらっていたようだ。とにかく、彼のバックは、気が抜けなかった。初め、僕たち五人のブル・コメは、言ってしまえば素人に毛が生えた程度のバンドだった。それをレベル・アップするために、一人一人が努力してきた。（5）


ここで、鹿内タカシのことを書いておかなければならない。いろいろと調べていくと、この人の周辺で起こったことが、ある意味で、ここから先の芸能界の方向性を決めていったようなところがあるのだ。

なかにし礼がこの時代のＴＢＳの音楽番組のプロデューサーだった〝ギョロナベ〟こと渡辺正文をモデル

にして書いた実名小説『世界は俺が回してる』のなかにこんな一節がある。場面は昭和四十一年の『ヤング・ジャンボリー』という音楽新番組で、この番組のレギュラーバンドにブル・コメが抜擢されたときの話である。

（曲の）アレンジを担当していたのが前田憲男、宮川泰、服部克久ら。一流のアレンジャーたちが腕を競うのであるから、常に難しい仕上がりになっていた。しかしその難曲を若いブルー・コメッツのメンバー、ドラムスのジャッキー吉川、ピアノ・キーボードの小田啓義、ベース・ヴォーカルの高橋健二、ギター・ヴォーカルの三原綱木、フルート・サックス・ヴォーカルの井上忠夫の五人が初見でペロリと弾いてしまうのには正文は舌を巻いた。「こいつらは本物のプロだな」

ブルコメは先輩のジャズ歌手、鹿内タカシによって徹底的に鍛えられていた。

それは楽譜を見て、ウッドベースでその場で演奏できなかったらクビというものだった。自分の得意とする楽器ではなく、ウッドベースで弾くのだから、それはそれは厳しい試練であったが、みなそれをクリアしてきているのである。実力があるはずであった。

ならばその鹿内タカシはなにほどのものかというと、昭和四十年京都労音が京都会館で『鹿内タカシとブルー・コメッツ・コンサート』をやった時のエピソードが凄い。音楽監督・武満徹、構成・石堂淑郎、美術・勅使河原宏、演出・和田勉、演奏は京都市交響楽団という豪華スタッフによるものだったが、そのリハーサルで、京響が『スターダスト』のイントロを弾きだした時、コントラバスの一人がディスコードを弾いた。瞬時を逃さず鹿内は、「ベースのコードが違ってるよ」コントラバスのところへ行き、楽譜を見るや、「写譜の間違いですね」と言って、その場で直してしまったという。（6）

鹿内タカシは千葉県市川市の出身。昭和十六年二月生まれである。市川高校の卒業。市川高校は県内有数、高偏差値の進学校である。中学・高校時代の彼について証言するのは、ケイダッシュの会長で、田辺エージェンシーとバーニング・プロダクションの副社長でもある川村龍夫。川村さんからは話を聞いている。こんなことを証言している。

鹿内というのは音楽の天才。音楽が大好きで音楽の道に進んだけど、ちゃんと学校の勉強をしていたら東大に平気でいけるくらい頭がよかった。音楽をやりたいって言ってね。俺が途中で学校をやめたときに、俺のマネジャーやらないかって、誘ってくれた。それで、俺は芸能のマネジャーになったんです。

鹿内タカシ（現在は鹿内孝。本名を芸名にしている）NHK人物録にはこんなふうに紹介されている。
「1941年生まれ、千葉県出身。俳優歌手。61年にブルー・コメッツを結成し、「日本のフランク・シナトラ」と呼ばれた。主な楽曲に「本牧メルヘン」などがある。俳優としても活躍し、映画『ならず者』『亡国のイージス』、ドラマ『西部警察』シリーズ、『水戸黄門』などがある。NHKでは、『徳川慶喜』『元禄繚乱』『風林火山』ほかに出演」。

実は川村龍夫（昭和十六年一月生まれ）と鹿内タカシ、それとバーニング・プロの周防郁雄（昭和十六年一月生まれ）の三人は市川高校の同級生。一級上には不良を標榜した作家・百瀬博教（故人）がいた。

鹿内は高校在学中から音楽で身を立てることを志して、活動を開始。卒業後は渡辺プロと契約してロカビリー歌手となる。ウエスタン・カーニバルに何度も出演している。ブル・コメとはこのころからの付き合い。手元の『日劇レビュー史』という本の中で、ウエスタン・カーニバルの歴史を調べると、昭和三十六年五月におこなわれた［第13回］から彼の名前があるのだが、昭和三十八年の［第20回］の項には、飯田久彦、高橋元太郎、克美しげる、鹿内タカシ、スリー・ファンキーズ、田辺靖雄、内田裕也という順番で名前があり、添え書きなのだが「さすがに初期からの歌手の名前はないが、有名無名とりまぜて四十余人が次々に出てきた。歌を聴かせるのは高橋元太郎、鹿内タカシ、克美しげるといったところ」と書かれている。また、昭和三十九年の［第21回新春ウエスタン・カーニバル］の項では「水原弘、鹿内タカシ、中尾ミエ、伊東ゆかりほか」という書き方で、すっかり主力選手になっている。（7）

これを裏書きする形になるが、『ミュージック・ライフ』の人気投票では、昭和三十七年から名前が出ていて、この年は二十五位、翌年十四位、三十九年には九位、四十年には四位と上位に割りこんでいる。

彼らが通学した市川高校はスポーツでも有名で、百瀬博教は相撲部所属で国体に出場しているし、川村龍夫はバスケットボール部で関東大会で優勝し、国体にも出場、立教大学に進学するのだが、その後、昭和三十七年に中退、この先どうしようと考えていたところを鹿内に「オレたちの仕事を手伝ってくれないか」と誘われて、芸能の世界に入った。

そして、発足したばかりの大橋プロ（ブル・コメのメンバーの一人だった大橋道二が作ったプロダクション）に傭われることになる。ジャッキーの手記に川村龍夫の話がある。

ジャッキー吉川とブルー・コメッツの成功は、マネージャーの川村龍夫の力も大きい。川村さんはブル・コメの育ての親のような存在で、ずっと苦労をともにしてきた。おかしな話なのだが、そもそも川村さんをマネージャーとしてスカウトしたのは、僕たちなのである。

ある日、鹿内タカシが「おい、ジャッキー、銀座の洋服屋に口八丁手八丁の面白い男がいるんだけど、行ってみないか」その頃、会社ではたまたまマネージャーが不足していて、誰か適当な人間がいないかと探していた。「行ってみるか」川村さんに会って話してみると、これがなかなかいい男ではないか。噂どおり、確かに口も立つ。会った瞬間、一緒にやったら面白いかもしれない、という予感もあった。かくして、その〝口八丁手八丁の面白い男〟を鹿内の独特の口説きで、見事スカウトした。

川村さんにはマネージャーとしての才能があった。それは、僕たちが想像していたよりも遥かにすごいものだった。日本の旧態依然とした付き人ふうのマネージャーとは違い、アメリカン・スタイルだった。しっかりマネージメントすることがマネージャーだと心得ていた。

彼のモットーは、嫌なことはその日のうちに解決すること。それと酒は嫌な奴とは絶対に飲まない、である。「その日のうちに、その場で、いい悪いをはっきりさせるんだ。悩んだって物事は片づかないよ」彼は、よくこう言っていた。（略）それにしても、鹿内タカシがあのとき川村さんの話をもってこなかったら、ブル・コメはそれほど伸びなかっただろうし、今の僕もいなかっただろうと考えると、この出会いの大きさを今更ながら感じる。つい最近、川村さんに会ったら、彼もまた、「ブル・コメにめぐり会えなかったら、今の自

分はなかった」といっていた。（8）

説明してきたように、ブルー・コメッツは素人みたいなところから始まったコンボだったが、それがメンバー一人一人が必死で研鑽を積み音楽的な努力を重ねて、次第にバック・バンドとしての地位を確立して、このあと若いふたり、井上忠夫と三原綱木という魅力的なミュージシャンを得て、ヴォーカルにも挑戦し、歌えるバンドに成長していく。

彼らはやがて、昭和四十年代になってからのことだが、グループ・サウンズの大ブームを招き寄せて、昭和四十二年には『ブルー・シャトー』（♪森と泉に囲まれて 静かに眠るブルー ブルーシャトー……）の大ヒット（レコードが百五十万枚売れたという）を飛ばすのである。これは後日譚。

ブルー・コメッツはこの時代の直後、〝昭和元禄〟と呼ばれることになる時代、昭和四十年代前半に花を開かせることになるバンドなのだが、もう一つ、ドリフターズのことを書き添えないわけにはいかない。

こちらは四十年代の後半（正確には昭和四十四年十月）から始まるオバケ人気番組『八時だヨ！全員集合』をつくり出す原動力になっていくからである。

『八時だヨ！全員集合』についての委細の説明は本書の続編になるはずの【四十年代編】にゆずるが、ドリフの歴史的期限もブルー・コメッツ同様にかなり古い。

実はいまの形のドリフターズができたのも昭和三十九年のことである。

ドリフのリーダーとして活躍するいかりや長介がバンドに加わるのは昭和三十七年からのことで、それ以

ドリフターズも最初は井上ひろしのバックバンド。いかりや長介はまだ参加していない。

降の事情は新潮文庫になっているいかりや本人の著書『だめだこりゃ』にこのグループができあがるまでの経緯が書かれている。

しかし、ドリフターズの歴史は前述のブルー・コメッツ同様にかなり古く、昭和三十一年の秋から始まる。この周辺の事情を記録した資料が Wikipedia にある。その文中に「雑誌『ミュージック・ライフ』、いかりや長介著『だめだこりゃ』、高木ブー著『第5の男』、および加藤茶の証言などを基に極力矛盾が少なくなるように整合させた」と但し書きがついているから、かなり正確な事実を書いているのだと思う。

これによれば、そのころ、いくつかの有力なカントリーウエスタンのバンドのなかで、このあとこれまで通りウエスタン・バンドとしてやっていくか、それとも新しくブームが来そうになっているロカビリーをレパートリーに加えるか、路線の方向をめぐって意見が多出し、対立が起こっていたのだという。

このことの重要なミソはウエスタンであればドラムは必要ないが、ロカビリーにはドラマーが絶対必需品だということだった。そして、『東京ウエスタンボーイズ』と『マウンテン・ボーイズ』（こういう名称のバンドがあったらしい）が空中分解する形でロカビリーを新しい音楽ジャンルとして認める者たちが『サンズ・オブ・ドリフターズ』というバンドを結成するのである。

この名前の由来はアメリカのドリフターズというグループ（註＝『Under

the boardwalk』というヒット曲がある黒人のグループ)にあるのだが、その息子(sons)という意味である。

和製ドリフの最初のリーダーは東京ウエスタンボーイズのメンバーだった岸部清、のちに第一プロ(西郷輝彦の説明のところで登場している)を立ち上げる人である。ドリフには翌年、山下敬二郎が参加して、駐留軍相手のウエスタン&ロカビリーバンドとして活躍し、人気を集めるようになる。

ところが、山下は人気者になったとたんに渡辺プロに引き抜かれてしまう。その代わりにバンドボーイだった井上ひろしをヴォーカルに昇格させる。一時は坂本九もバンドに加わるのだが、「お前は顔がいまいちだ」とか言っているあいだに、これも同様に引き抜かれてしまう(今度はマナセプロ)。

そして、マネジャー役も受け持っていたリーダーの岸部は井上に歌謡曲を歌わせる道を選び、ドリフターズは井上のバック・バンド的な存在になっていく。昭和三十四年には「井上ひろしとドリフターズ」のくりで東芝レコードから『銀のランプ／白い霧のブルース』を発売している。

岸部はこのあと、こんどは彼自身が渡辺プロに引き抜かれて、ナベプロの嘱託マネジャーになり井上のマネジャー専任になってしまう。そして。その努力が実って翌三十五年にリバイバル曲の『雨に咲く花』をミリオンセラーの大ヒット曲にするのである。

ドリフターズは岸部が抜けたあと、直後に小野ヤスシが加入する。そして岸部の後任のリーダーを任されたのはメンバーの一人だった桜井輝夫だった。しかし、このあと、すぐまた問題が起きて、ドリフは井上のバックバンドとしてやっていきたい者たちとロカビリーの路線を守ろうとする者たちに分裂してしまう。

ロカビリー路線にこだわったのは桜井と小野の二人だけだった。桜井がリーダーになったころ、ちょうど、クレイジー・キャッツが人気を集め始めた時期だった。

そのころのいかりや長介は本名の碇矢長一の名前でマウンテン・プレイボーイズに所属していたのだが、演奏途中で予定にないギャグを連発して、メンバーの不評を買って浮いていた。そういう状態のいかりやに桜井輝夫が自分たちの進路に困って相談を持ちかけるのである。いかりやの手記、『だめだこりゃ』のなかにこんな一説がある。

タイミングよく、ちょうどそのとき桜井輝夫という人物が私に声をかけてきた。自分がリーダーであるドリフターズというバンドを、「クレージーキャッツ」のような音楽ギャグのできるバンドに育てたいから、一度見てくれないかと言うのだ。当時クレージーキャッツは、すでにテレビで「シャボン玉ホリデー」が始まり、歌っては「スーダラ節」が大ヒットするという勢いで、トップスターとして輝いていた。そのあとを行きたい桜井輝夫としては、マウンテン・プレイボーイズに面白いことをやる男がいるぞと、どうやら私に

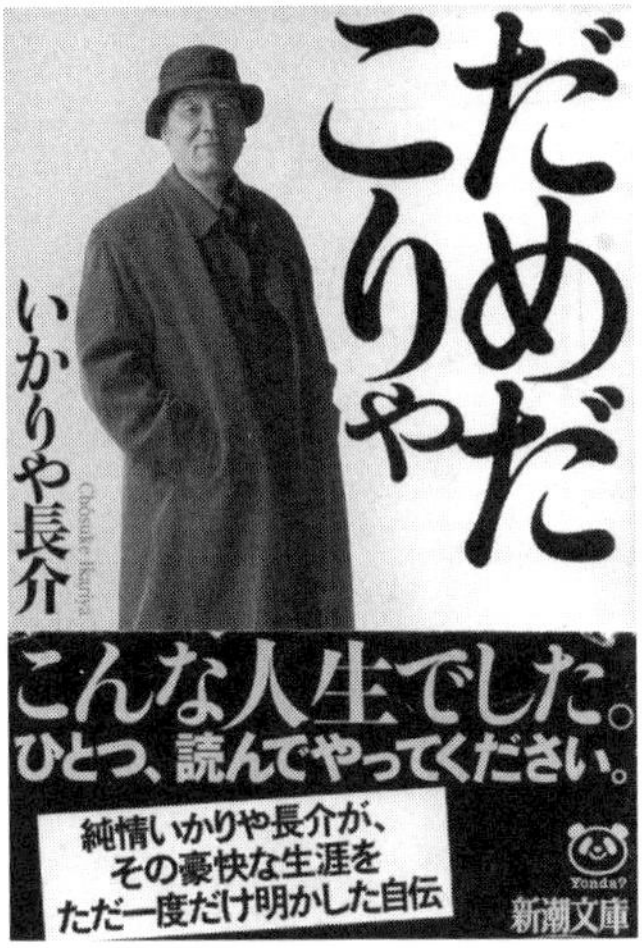

いかりや長介は1931年東京生まれ。静岡に疎開し、戦後大井川町の下駄や紙ひもを作る工場を転々としたあと上京。叔父さんの用品屋を手伝いながら、音楽活動を始める。ジミー時田と知り合いマウンテンプレイボーイズへ。そこからドリフターズに移籍。丁度それまでのメンバーが集団で辞めるところで、残された加藤茶と二人で新しいメンバーを集めての大活躍が始まる。

目をつけていたらしい。(9)

桜井に誘われて、いかりやはマウンテン・プレイボーイズをやめて、ドリフターズに移ってくる。これに加藤英文(のちの加藤茶)、ジャイアント吉田、猪熊虎五郎、飯塚文雄が加わる。これがよく知られた(といっても六十年近く前の話だが)ドリフの基本形である。このあとの数年の経過は以下のようなことになる。

1963年、桜井は徐々にライブに出演しなくなるが、名目上のリーダーとしてバンドの采配を握っており、碇矢は実質的なリーダーとして練習の鬼と化した。

また、この時期に「碇屋長兵衛」という芸名で出ている。

1964年、碇矢のワンマンぶりに耐えかね、小野、吉田、飯塚、猪熊が揃って脱退、「ドンキーカルテット」を結成する。宙ぶらりんの状態となった加藤をどうするかで碇矢と脱退組との間で協議が行われたが、脱退組がグループ名を「カルテット(四人組)」と決めていた事で変更が難しいのと、当時辛うじて顔が売れていた加藤を残留させればドリフは残せるという小野の考えから、小野はドリフに残るよう加藤を説得した。

この件について、加藤はいかりやの存命中は「長さんにあの顔で『お前はどうするんだ』って言われたら『やっぱり残ります…』って言いますよねぇ」といかりやの顔の迫力に負けて残留を決めたように経緯を語る事が多かったが、いかりやはこれを「受け狙いのフィクションだ」と否定し、実際は桜井が普通に「加藤、お前はどうするんだ」と訊いたのが真相だという。

また、小野らが正式に脱退を決めていないうちから仕事をブッキングしていたのに違和感を覚えた事も、加藤が残留を決めた理由の一つだったという。

小野らの脱退のきっかけは、碇矢がコントの練習中に身が入らないメンバーに対して怒り出し「お前らなんか辞めちまえ！」と恫喝した事である。これに小野らは既に水面下でグループ名を決め、脱退後の仕事もブッキングしていたことで「仰せの通り辞めさせて頂きます」とあっさり辞める意思を示してしまい、焦った碇矢は、この四人が京都へ移動する際の列車の車内にまで追い掛けてきて「俺が辞めるからドリフに残ってくれ」と何度も説得した。しかし小野らは、碇矢がリーダー代行となった当初から音楽よりもコントを重視する姿勢に嫌気が差していて、ドリフが売れ始め、ようやくまともな収入を得られるようになった事から仕方なく残っていただけであり、結局脱退する運びとなった。（10）

『ズンドコ節』は1969年発売のドリフ3枚目のシングル盤。元歌は海軍軍歌、この歌の作詞はなかにし礼。

カルテット（四人組）と名称を決めてしまっていたことで、加藤が新しいグループに参加させてもらえず、そのことがドリフの名前を世に残すことになったという、皮肉というか運命的な顛末の話である。

資料にあるとおり、このドンキーカルテットの独立が昭和三十九年のこと。ここでいかりやを中心としたドリフターズの基本形が出来あがる。

個人名は省略するが、このあと、メンバーの出入りがあり、いかりやと加藤に加えて、同じ年に荒井注、高木ブー、翌年、仲本工事と新しいメンバーが加わって、わたしたちになじみ深いドリフターズが出来あがり、その年の夏、それまでマネジメントを行っていた桜井輝夫が手を引いて、今度は新しいドリフを面白がった渡辺プロに引き抜かれて移籍し、やがてテレビの世界へと足を踏み込んでいくことになるのである。

【映画界】

『戦後キネマ旬報ベスト・テン全史』は昭和三十九年の映画産業の状況をこんなふうにレポートしている。

63年度（註＝63年4月から64年3月まで）の映画人口は5億1000万余で最盛期の45・3パーセント、全国の映画館数も、64年10月の調べでは5366館、映画の斜陽化はもはや救うべくもなかった。その見返りのようにして、今さらながら外国映画の輸入が自由化されたり、名古屋に中日シネラマ会館が開場したりしたが、何か虚しさが先立つばかりだった。64年度の大きなイベントは、10月からの東海道新幹線営業開始と、同月10日～24日の東京オリンピック開催だろう。テレビ界にとっては絶好のチャンスだったが、映画界はここでも指をくわえているしかなかった。

映画全体が衰退しつづけている状況をそんなふうに嘆いている。

この年の邦画の評論家たちが選んだベストテンと配収のベストテンは次ページの通りである。

まず、これを見て驚くのは、市川崑が監督した記録映画『東京オリンピック』が突出した配給収入を上げていることだ。国家行事に対しての国策映画なのだから、当然といえば当然だが、この記録も日本の社会にとって、オリンピックがどれほど偉大な行事だったか、そのことが伝わってくる。この作品の封切りは

【映画評論家たちが選んだ昭和39年の邦画ベスト10】

第1位	『砂の女』（勅使河原プロ・東宝）	監督・勅使河原宏	出演・岡田英次、岸田今日子ほか
第2位	『怪談』（にんじんくらぶ・東宝）	監督・小林正樹	出演・新珠三千代、中村賀津雄ほか
第3位	『香華』（松竹）	監督・木下恵介	出演・乙羽信子、岡田英次、田中絹代ほか
第4位	『赤い殺意』（日活）	監督・今村昌平	出演・西村晃、赤木蘭子、春川ますみほか
第5位	『飢餓海峡』（東映）	監督・内田吐夢	出演・三國連太郎、左幸子、伴淳三郎、高倉健ほか
第6位	『越後つついし親不知』（東映）	監督・今井正	出演・三國連太郎、佐久間良子ほか
第7位	『傷だらけの山河』（大映）	監督・山本薩夫	出演・山村聡、若尾文子、高橋幸治ほか
第8位	『甘い汗』（東京映画・東宝）	監督・豊田四郎	出演・京マチ子、桑野みゆき、佐田啓二ほか
第9位	『仇討』（東映）	監督・今井正	出演・中村錦之助、丹波哲郎、田村高広ほか
第10位	『われ一粒の麦なれど』（東京映画・東宝）	監督・松山善三	出演・小林桂樹、高峰秀子ほか

【昭和39年　邦画興行成績ベスト10】

第1位	『東京オリンピック』（東宝）	監督・市川崑	配収12億0500万円
第2位	『愛と死をみつめて』（日活）	監督・斎藤武市	配収4億7500万円
第3位	『鮫』（東映）	監督・田坂具隆	配収2億8200万円
第4位	『越後つついし親不知』	監督・今井正	配収2億5400万円
第5位	『日本侠客伝』（東映）	監督・マキノ雅弘	配収2億5200万円
第6位	『若草物語』（日活）	監督・森永健次郎	配収2億5000万円
第7位	『香華』（松竹）	監督・木下恵介	配収2億2748万円
第8位	『怪談』（東宝）	監督・小林正樹	配収2億2500万円
第9位	『徳川家康』（東映）	監督・伊藤大輔	配収2億1500万円
第10位	『黒の海峡』（日活）	監督・江崎実生	配収2億1300万円

三十九年度内ではあるが、暦的な公開日時は昭和四十年のことなので、この映画の話は次章にしよう。

見てわかるとおり、この東宝の12億を除くと、日活作品の『愛と死をみつめて』がけっこうな好成績をあげている。

これは、【歌謡界】のところでも書いたし、このあとの【出版界】のベストセラーの紹介のところでも書くつもりだが、大衆文化のメディア、全部の世界でベスト・セールスを記録しているのである。

何度も書いているが、これらの現象の背景には、戦後の男女共学の教育を受けた若者たちのもつ、純愛への共感と若くして死ぬことへの同情、人間的な感慨があったのだろう。

ただし、この作品も映画評論家たちからは選考委員三十九名の合計持ち点２１４５

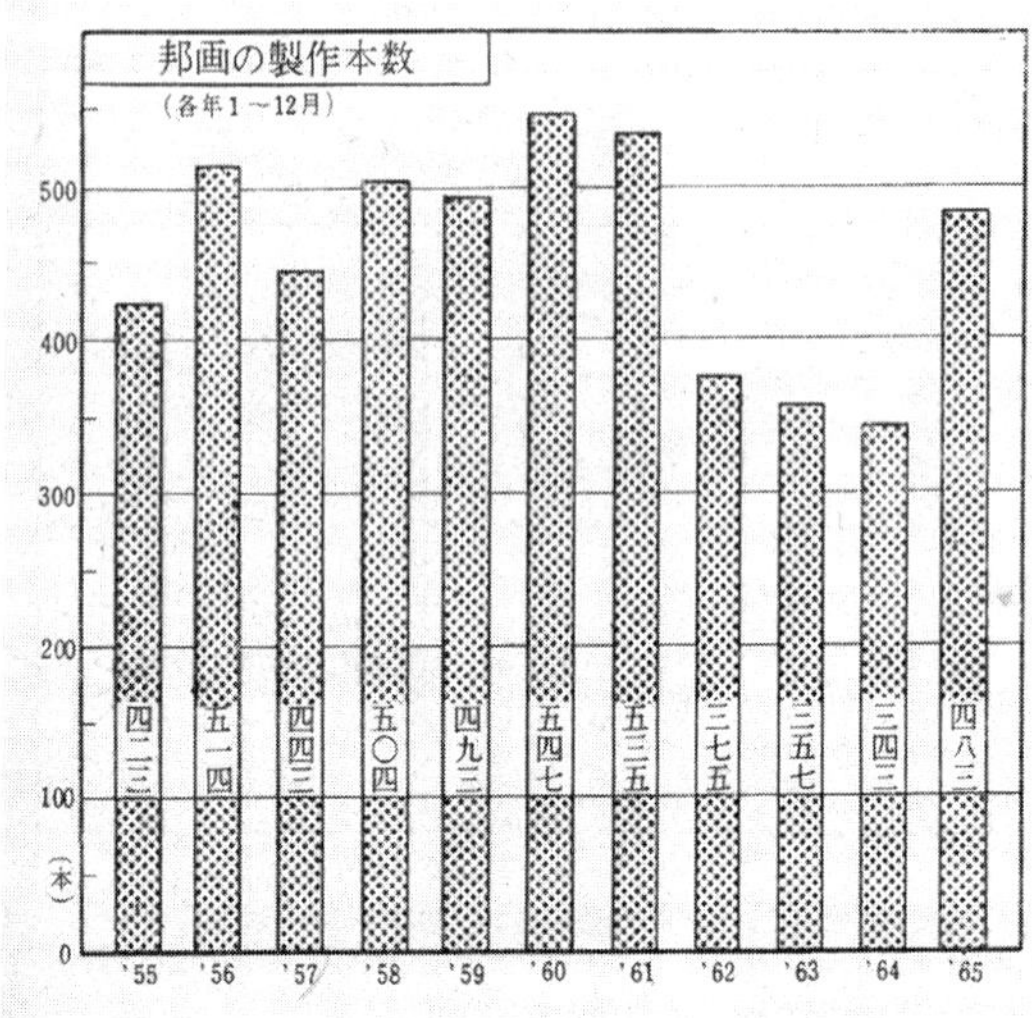

(1) 54年から東映が2本立て配給を開始。
(2) 55年から日活が全プロ配給を開始。
(3) 56年から量産競争に入つた。
(4) 58年から日活が時代劇製作を中止。
(5) 60年から東映が二系統配給を開始。第二東映に配給したテレビプロの作品8本が含まれている。
(6) 61年6月から新東宝が製作を中止。
(7) 62年はニュー東映が廃止されたので激減した。
(8) 65年には5社以外の独立系（いわゆるエロダクション）が急増，218本にも達した。

点（一人の持ち点55点）のなかでわずか14点しかもらえていない。映画として甘い、ということなのかもしれないが、多数の観客がこの作品に感動しているのである。このことの評価は、高い配給収入の数値以外にないのだろうか。

評論家たちがトップランクにすえた『砂の女』や『怪談』、『香華』をダメだとは思わないが、映画を評価する基準からいえば配慮に欠けるやり方だろう。

これも、前年の平凡社が『太陽』創刊のときに書いたメッセージではないが、教養主義的なもの差しで大衆社会の動因である、素朴な人間的心情を測ろうとして、測りきれないままで放置しつづけて、この時代の映画評論そのものが独善的な主観に落ち込んで大衆に対しての説得力を失っていったと書かれても仕方ないのではないか。

『キネ旬～』の興行のベスト・テンには配収二億円台の作品が上位に並んでいる。

まず、視野を昭和三〇年代後半の映画産業全体に引き戻して、昭和三〇年代に、いったい年次で邦画が何本つくられていたか、これを見てみよう。『映画年鑑』に表にしたものがある。

この表によれば、邦画は映画産業の全盛期といえた昭和三十年代前半には四〇〇本から五〇〇本の作品が作られていた。

それが、昭和三十七年から三年間、急激に減りつづけて、そのあとまた、四百八十三本という数字に回復している。これはいったいどういうことなのだろうか。表の脇にある説明の文章が面白い。これを書き写すと左に羅列、箇条書きしているようなことである。

（1）54年から東映が二本立て配給を開始。
（2）55年から日活が全プロ配給を開始。
（3）56年から量産競争に入った。
（4）58年から日活が時代劇製作を中止。
（5）60年から東映が二系統配給を開始。第二東映が配給したテレビプロの作品8本を含む。
（6）61年6月から新東宝が製作を中止。
（7）62年はニュー東映が廃止され本数が激減した。
（8）65年には五社以外の独立系（いわゆるエロダクション）が急増、２１8本にも達した。

説明によれば、65年には四百八十二本が作られている。

65年のことは本章の埒外だが、この年、二百十八本の映画が既成の映画会社をやめてフリーランスになっ

6. 作品別配収ベスト5 (1963.4〜64.3・単位千円) 邦画

題名	配収	封切日
松竹		
①拝啓天皇陛下様	134,134	63. 4.28
②続・拝啓天皇陛下様	95,037	64. 1. 1
③舞妓はん	86,541	63. 7.27
④あの橋の畔で	80,447	63. 7.27
⑤道場破り	66,823	64. 1.15
東宝		
①大盗賊	230,000	64.10.26
②五十万人の遺産	225,000	63. 4.28
③喜劇・駅前茶釜	210,000	64. 7.13
④海底軍艦	175,000	63.12.22
⑤青島要塞爆撃命令	165,000	63. 5.29
大映		
①悪名一番	161,990	63.12.28
②座頭市凶状旅	147,239	63. 8.10
③続・忍びの者	146,218	63. 8.10
④座頭市喧嘩旅	143,300	63.11.30
⑤新・忍びの者	138,832	63.12.28
東映		
①武士道残酷物語	275,000	63. 4.28
②宮本武蔵一乗寺の決斗	225,000	64. 1. 1
③五番町夕霧楼	218,000	63.11. 1
④新吾二十番勝負	207,000	63. 7.13
⑤東京ギャング対香港ギャング	182,000	64. 1. 1
日活		
①にっぽん昆虫記	330,000	63.11.16
②光る海	300,000	63.12.26
③赤いハンカチ	280,000	64. 1. 3
④太平洋ひとりぼっち	200,000	63.10.27
⑤関東遊侠伝	190,000	63. 8.11

6. 各社別作品配収ベスト5 (1964.4〜65.3・単位千円) 邦画

題名	配収	封切日
松竹		
①香華	227,484	64. 5.24
②白日夢	159,751	64. 6.21
③紅閨夢	134,865	64. 8.12
④五瓣の椿	134,691	64.11.21
⑤涙にさよならを	94,979	65. 1. 3
東宝		
①東京オリンピック	1,205,000	65. 3.20
②怪談	225,000	65. 2.27
③三大怪獣・地球最大の決戦	210,000	64.12.20
④喜劇・駅前怪談	205,000	64. 6.13
⑤侍	190,000	64. 1. 3
大映		
①座頭市関所破り	195,911	64.12.30
②続・霧隠才蔵	156,376	64.12.30
③座頭市血笑旅	140,227	64.10.17
④座頭市あばれ凧	138,452	64. 7.11
⑤兵隊やくざ	138,452	65. 3.18
東映		
①鮫	282,000	64. 6.27
②越後つついし親不知	254,000	64. 5. 9
③日本侠客伝	252,000	65. 1.30
④徳川家康	215,000	65. 1. 3
⑤博徒	189,000	64. 7.11
日活		
①愛と死をみつめて	475,000	64. 9.20
②若草物語	250,000	64.12.31
③黒の海峡	213,000	64.12.31
④夕陽の丘	175,000	64. 4.29
⑤殺人者を消せ	170,000	64. 9.20

た人たちが作った(エロダクションというのだから作っていたのはエロ映画だったのだろう)というのだから、この年、邦画五社は映画を二百六十四本しか作らなかった、ということになる。

全体の趨勢からいえば、恐るべき衰弱と書くことができるだろう。

これをもう少し詳しく、『映画年鑑1966』の各社別作品配収ベスト5を調べると、64年度の営業成

【松竹】		総収入 千円	純益 千円	資本金 百万円	従業員 人数	年齢 平均	平均賃金 円
昭和35年	上期	4,210,183	−830,651	2,772	4002	39.0	¥22,122
77	下期	4,791,464	4,514	2,772	3159	40.0	¥22,805
昭和36年	上期	4,487,844	−61,209	2,772			
70	下期	4,852,822	4,934	2,772			
昭和37年	上期	5,806,120	700,758	2,772	2573	38.8	¥25,145
51	下期	5,436,355	201,663	2,772	2795	38.4	¥27,373
昭和38年	上期	4,880,666	20,733	2,772	2779	38.4	¥28,712
54	下期	5,326,187	−28,330	2,772	2703	37.1	¥28,665
昭和38年	上期	5,239,492	24,094	2,772	2640	36.6	¥30,913
46	下期	5,414,010	9,415	2,772	2595	37.9	¥30,945

績は右図のようになる。これも63年の営業成績と併記して表を転載しよう。

この表をみると、おおまかにだが、各社が作品的にどういうふうにして、時代に対応しようとしていたかが、ある程度わかる。そのことの説明は後回しにして、この状況をさまざまの数字的なデータを参考にして、五社個別に検証しよう。

まず［松竹］。松竹の三十年代後半の動向はこうなっている。

松竹は一番の老舗であることもあり、総体的に従業員の平均年齢が一番高い。一時代前、大船調という言葉があったのだが、『君の名は』などの男女の恋愛を描いたメロドラマで全盛を謳歌した時代があった。その後遺症といったら言い過ぎかも知れないのだが、なかなか過去の成功体験を忘れてまったく新しい冒険的な考え方をするにはけっこう勇気がいるし、失敗することもある。この会社の従業員数の変化をみると、かなりのリストラがあったようだが、それでもなかなか大きな利益を出せずにいる。

苦肉の策ということかもしれないが、この年の六月と八月に

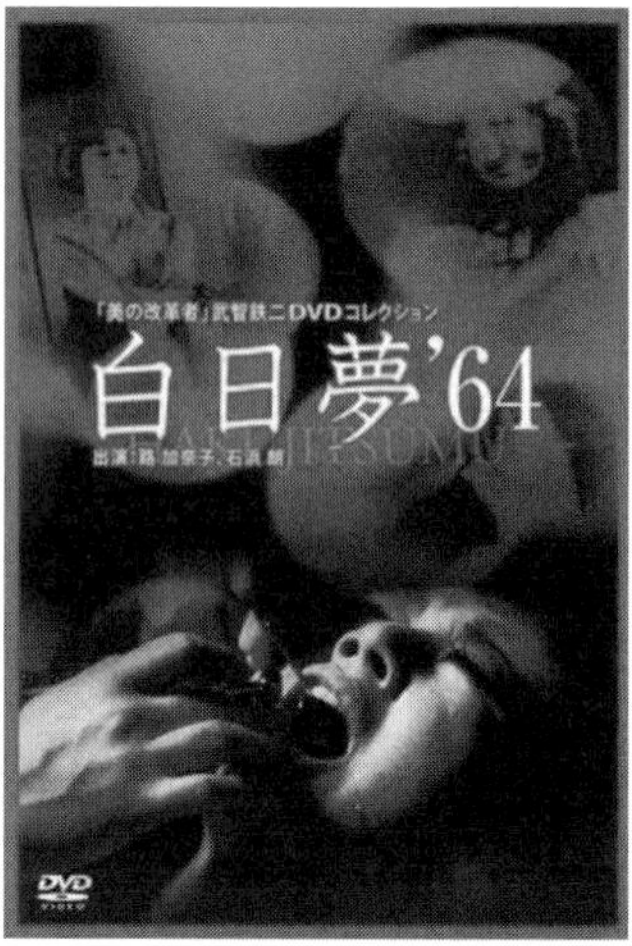

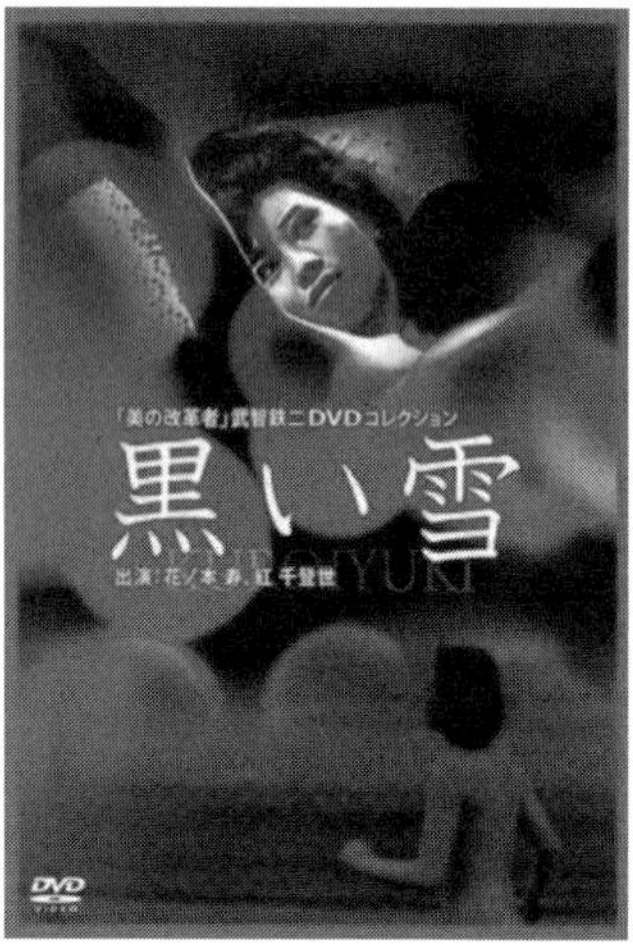

武智鉄二が監督して作った『白日夢』と『黒い雪』。性の世界をとりあげ、崇高な理念を唱えて社会的なタブーを描くことには自己矛盾がある。見る側の多くの人はエロ映画としてしか見ないし、作る側も背後に同様の思いがあり、エロだから集客力が強いのではないかという下心があって作るからだ。

『白日夢』と『紅閨夢』という、怪しげなタイトルの映画が松竹にかなりの配収をもたらしている。佐藤忠男は成人映画の出現についてこんなことを書いている。

新東宝の末期に極端な低予算の製作を経験した人々の一部は、会社が潰れたあと、独立プロでもっと極端に低い予算によるエロチックな映画をつくるようになった。無名の女優をヌードにして、セットを使わず、アパートの一室などにカメラを持ち込んで短い日数で撮影するのである。（略）作品は一流の映画館では上映されなかったが、観客が減ると大手の映画会社の作品の上映料が高くて営業困難におちいった小さな映画館などには結構需要があって、この種の映画は増え、一九六五年頃からは日本映画の製作本数の四〇パーセント近くを占めるようになる。そして、大手の映画会社が新規採用をしないようになったために映画界に入ることができなくなった若者の多くが、まずこの種の独立プロで映画づくりの技術を学ぶということが当たり前になってゆく。
観客の急激な減少に対し、大手の映画会社はエロティックな表現と暴力的な表現を強めることで対応した。松竹は武智鉄二監督の独立プロ作品『白日夢』『紅閨夢』（一九六四）を自社の系統館で公開し、日活も同じく『黒い雪』（一九六五）を公開した。武智鉄二は歌舞伎の研究家であり演出家であり、エロティシズムに関して独自の理論を展開しながらこれらの作品を作った。一部に熱心な支持はあったのだが、一般には単なるエロ映画としか見られず、大手の映画興行の堕落を攻撃する世論が強かった。(12)

エロもセックスも人間の生活そのもの、といえばその通りだが、簡単にいうと、貧すれば鈍すということだろうか。松竹の苦闘はこのあともつづき、芸映の青木さん（＝社長・青木伸樹）がドリフターズ主演の映画をつくり、昭和三十九年にはクレイジー・キャッツのハナ肇を主演に『馬鹿が戦車（タンク）でやって来る』を作った山田洋次がシリーズで『フーテンの寅さん』を作り始めるまで、息が抜けない。

つづいて、［東宝］。東宝はまず順調である。
ゴジラとか、若大将、植木等を中心にしたクレイジーもの、森繁の社長シリーズ、太平洋戦争もの、それに黒澤映画と、企画がそろっている。映画産業が衰亡していくなかで、逆行して、総収入も純利益も増加している。わたしの記憶だが、東宝は戦争が終わったあと、労働争議が始まる前の従業員は五千人を超えていた。復員してもどって来た人たちを全部受け入れたので、その数になったのだった。それが、この表では従業員数二千四百人余となっている。これは、まず争議の最中に新東宝との分裂騒ぎによってある程度の数の

【東宝】		総収入	純益	資本金	従業員	年齢	平均賃金
		千円	千円	百万円	人数	平均	円
昭和35年	上期	5,212,604	355,689	1,181	2488	32.9	¥22,181
83	下期	5,734,015	417,733	1,264	2461	33.2	¥22,299
昭和36年	上期	5,414,254	425,867	1,264			
90	下期	6,663,748	503,141	1,264			
昭和37年	上期	6,058,563	645,417	2,000	2435	33.7	¥28,245
68	下期	7,380,469	695,444	2,000	2537	33.7	¥28,169
昭和38年	上期	7,038,296	780,560	3,000	2580	33.9	¥30,683
57	下期	7,175,909	820,611	3,000	2488	34.4	¥30,888
昭和39年	上期	69,766,462	821,543	3,000	2433	34.6	¥34,656
54	下期	7,500,974	823,818	3,000	2384	35.5	¥34,540

人がやめていき、また、途中で映画作りに見切りをつけてやめていった人もいて、この数になっているのだろう。

ちなみに、『会社四季報』でいまの東宝の現況を調べると、本体の社員数が三百五十人あまり、関連企業の従業員が三千三百人となっている。前に、二十年前のことだが、わたしが『KUROSAWA』を書いたときに調べたら、本体の東宝を含めたグループの従業員が五千人だった。つまり、東宝という会社の規模は昭和二〇年代の日本映画の全盛期と二十一世紀に入ったあととあまり変わらない労働者を抱えてやっている、ということである。

これはどうしてこうなったかというと、たとえば、撮影所の技術者たちを照明なら照明、音声なら音声、美術は美術で独立採算にして分社化し、独立プロの映画作りに技術者として参加したり、映画作り以外の同じような仕事、たとえば、美術や大道具であれば、遊園地の飾り付けとかイベントの舞台作りとか、そういう仕事まで請け負って、仕事をひろげて会社経営をやった、そういう努力があったのである。

昭和三〇年代にこの分社化が何処まで進んだかまでは資料が

なく不明だが、黒澤映画の美術を担当した村木与四郎さんの証言だが、銀座のバーやナイトクラブの飾り付けは映画畑の美術家たちの重要な内職仕事だったという。それが、企業の形を取っていったのである。東宝は不動産も豊富に所有していて、元々、阪急グループの総帥だった小林一三が作った会社で、実業的にはしぶとい、もの作りの企業なのである。

ちなみに、有名な話だが、映画の『東京オリンピック』、そもそもは黒澤明を監督に指名してきた話だった。発注元は文部省。黒澤さんはいろいろに企画を考えて一時はやる気になったのだが希望した予算ももらえず、役人にいろいろ注文を付けられるのもいやで、この話を断ってしまう。文部省は順番に今井正、今村昌平、大島渚にことわられて、やっと市川崑さんがメガフォンをとることになる。黒澤さんはすでに、この前年から二年越しの仕事になる『赤ひげ』の撮影に取りかかっている。クランク・インは昭和三十八年十二月二十一日、映画の封切りは昭和四十年、三月に『東京オリンピック』が、四月に『赤ひげ』が封切られた。

つづいて［大映］の話。大映も松竹と同様の過去の成功体験の後遺症で悩んでいる。

大映の商売の規模はもともと、東宝や松竹の半分ほどで、従業員も千五百人くらい。それが、所属の女優たちに年齢がいって、二枚の女王札、若尾文子と山本富士子も三十路にさしかかって昔のように「何でもやります」ではなくなっている。

総収入はアタマ打ちなのに従業員の給料は上げざるを得ない。しかも、従業員の数は変わらないのに五年のあいだに平均年齢がほとんど変わらないというか、若返っている。ということは年齢の高い人がどんどんやめていって、かわりに若い人が入社している、という意味ではないか。それでここのところは赤字がつづ

【大映】		総収入	純益	資本金	従業員	年齢	平均賃金
		千円	千円	百万円	人数	平均	円
昭和35年	上期	2,764,650	147,106	1,980	1557	37.3	¥25,632
83	下期	2,548,594	116,094	1,980	1532	37.8	¥25,628
昭和36年	上期	2,418,666	133,184	4,000			
90	下期	2,494,454	370,542	4,000			
昭和37年	上期	2,542,424	150,251	4,000	——	——	——
68	下期	2,700,566	0	4,000	1525	37.5	¥30,106
昭和38年	上期	2,367,519	−375,142	4,000	1556	——	——
57	下期	2,804,336	35,875	4,000	1591	——	——
昭和39年	上期	2,316,382	−229,733	4,000	1623	36.1	¥34,472
54	下期	2,892,710	77,727	4,000	1706	37.0	¥32,698

いている。赤字なのに、社長の永田雅一は強気だから、余計に始末に負えなかった。まだずいぶん先のことだが、この会社はいずれ倒産の憂き目に遭う。

大映は女優王国と呼ばれた時代があったのだが、京マチ子も若尾文子も山本富士子も自分なりの人生を選んで、映画会社の業務命令におとなしく従うということはなくなっている。山本富士子に至っては映画女優をやめて、テレビの世界に行ってしまった。もちろん、男優陣では、市川雷蔵と勝新太郎という、一本の映画の主演を務めるに足る人気・実力をもつ俳優を擁していて、勝であれば、シリーズで『座頭市』、『悪名』、『兵隊ヤクザ』、雷蔵であれば『忍びの者』、『若親分』、『眠狂四郎』と安定したテーマをもつ映画作りを推し進めていて、ある程度、安定した収益を上げていた。それらの映画は面白いといえば面白いのだが、以前の女優たちが主演した映画がもっていた華やかさ、煌びやかさは望むべくもなかった。

この時期の大映の女優にほかに誰がいるかというと、勝新太郎の奥さんの中村玉緒、雷蔵映画のレギュラー女優である、清楚な和風が魅力の藤村志保がいたのだが、彼女たちを主演にし

【東映】		総収入 千円	純益 千円	資本金 百万円	従業員 人数	年齢 平均	平均賃金 円
昭和35年	上期	7,123,202	1,641,259	4,000	1532	31.6	¥23,477
103	下期	7,047,052	1,258,771	4,000	1548	31.8	¥23,181
昭和36年	上期	7,321,995	1,126,701	4,000			
96	下期	6,334,919	821,795	6,000			
昭和37年	上期	5,928,551	678,914	6,000	2694	31.2	¥25,275
99	下期	6,341,059	687,705	6,000	2632	32.1	¥25,077
昭和38年	上期	6,440,346	679,447	6,000	2433	31.5	28637
99	下期	6,332,624	539,243	6,000	2244	32.4	¥29,444
昭和39年	上期	6,270,455	408,963	6,000	2149	36.1	¥32,338
65	下期	6,657,968	403,924	6,000	2034	37.0	¥32,205

た映画は作りにくい状況に立ち至っていたようだ。

また、かたわらで作られていた倉石功などが主演する青春映画には新人女優の姿美千子とか高田美和がいたが、日活の吉永小百合を先頭とする若い女優たちに比較するとやはり迫力不足は否めなかった。

さらに［東映］。東映も上の表をみるとわかるが、大映や松竹とはレベルが違うが、年々収入が減りつづけている。

大映が女優で売っていたように、時代劇の主演俳優たち、中村錦之助、東千代之介、大川橋蔵、それにベテランの片岡千恵蔵、市川右太衛門、月形龍之介と主演級の札がそろっていて、邦画の首座を確保していた。

この表をみると、総収入はそれほど落ち込んでいないのだが、純益はかなりの勢いで減少している。それでも東映は従業員の数は五年のあいだに、いったんは千人増えて、そのあと、五百人減っている。この背景には、まず東映が得意にしていた時代劇そのものが大衆に飽きられていった、ということがあった。

黒澤さんが作った『用心棒』などの徹底的にリアルを追求し

た時代劇に比較して、東映の時代劇には殺陣などで様式美を追求しようとしたところがあり、映画を見る人にはウソくさく見えるようになっていったのではないか。

時代劇のエースだった錦之助は、大映の若尾文子や日活の石原裕次郎と同じように、自分の主演する映画に《芸術性》を求めるようになり、娯楽一辺倒の勧善懲悪映画を嫌い始めていた。

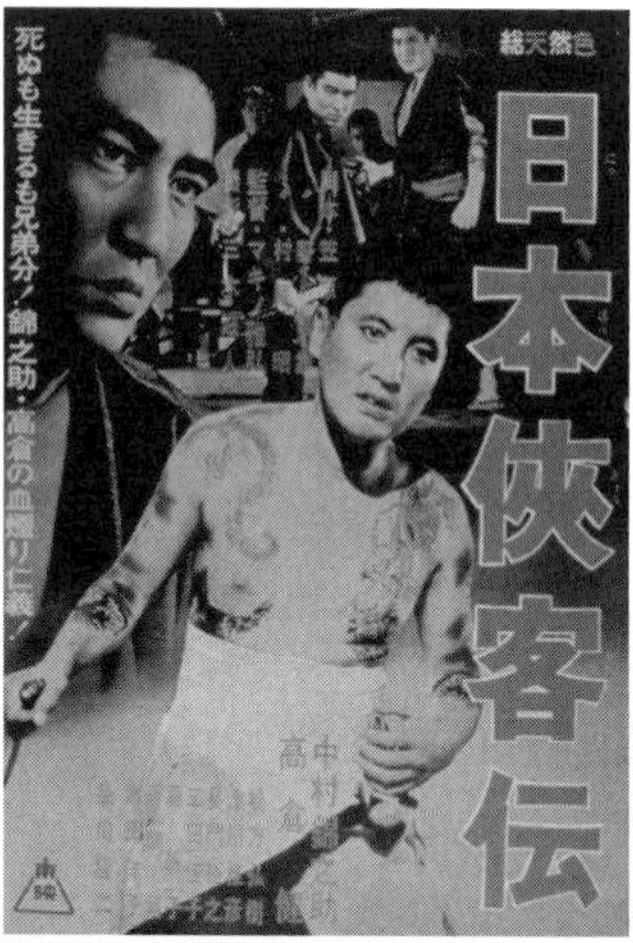

上の写真は『日本侠客伝』封切り時のポスター、当時まだ中村錦之助は人気ナンバー1だった。映画は最初、錦之助を主役に作られたが、いろいろあって錦之助は途中で殺される役に回り、主人公が高倉健の扮する役と交代した。下はDVDになったときのジャケット。見せ方が高倉健中心になっている。

そういう彼の代わりに登場するのが、新しく東映所属になった鶴田浩二とそれまで三番手のような位置に甘んじていた高倉健だった。

ここから舞台を江戸時代から明治以降の近代社会に移して、主役の身分を武士から侠客（つまりヤクザもの）に移して、いわゆる任侠映画を連発し始める。これらの映画は昔のように大きな利益は得られなかったが、それでもしっかりと、半期で四億円の利益をあげている。岡田茂は次のように回想している。

鶴田浩二さん、三國連太郎さん、高倉健さんらの出演で、（略）和製ギャング映画を次から次へとつくった。昭和四十年（一九六五）一月、高倉健さんと鶴田浩二さん主演でヒットした『日本侠客伝　浪花篇』は、マキノ雅弘監督、俊藤浩滋プロデューサーによって企画され、ヒットした。『日本侠客伝』（＝一九六四）の第二弾だ。一作目は当初、中村錦之助さんが主役であったが、役者の組合「東映俳優クラブ」の理事に担がれて会社との争議中だったので、遠慮してワキにまわり、高倉さんが主役になったのだ。（13）

錦之助はここから中村プロの創設に向けて動き始める。それはまだ先の話だが、スターのプロダクションはすでに三船プロ、石原プロがあり、これにつづく動きだった。佐藤忠男さんはこの、やくざ映画の登場について、こんな総括をしている。わたしが理屈をこねるよりよほど説得力がある。これを抜粋引用しよう。

任侠映画には、この時期の日本の社会が高度経済成長をつうじて急速に振り捨てようとしていた多くのものがあった。（略）やくざは、否定されるべき封建的人間関係を現代に伝える困りものの集団として軽蔑される半面、かつて日本人の大多数がそこで相互扶助の安心を得ていた組組織のノスタルジアを仮託できるほとんど唯一の集団となった。（略）

任侠映画は、その異様なまでに時代錯誤な耽美主義を通じて、滅びゆく封建的人間関係への現代の日本人の愛憎こもごもの思いを謳いあげるものとなった。（14）

この説明で、やくざ映画が大衆の多くの人たちの共感を得た理由がわかると思う。このあと、東映はさらにヤクザを主役にすえた映画にのめり込んでいくことになる。

錦之助についてつけ加える形になるが、この年、歌謡界とか映画界というジャンルに絞り込むことのできない芸能界そのもので起きた出来事がひとつある。それは美空ひばりと小林旭の離婚である。この結婚と、翌年の中村錦之助と有馬稲子の離婚は関連があるのだろうか。二つの結婚ともが短く終わっている。このことについて岡田茂（東映の社長だった）の回想がある。

あの子（＝ひばり）は役者を辞めてもいいというぐらい、心底から錦之助さんに惚れていた。錦之助さんは多少逃げ腰だったたが。「だいいち錦之助と結婚したって、歌舞伎界のおかみさんだぜ。そんなことできるんか。（略）それでも、ほっといてよ、そんなこと」と強気だった。

ひばりさんが惚れていたことは事実だ。小林旭さんと結婚したのも、錦之助さんに対して自分はスターと結婚したという意地の部分が大きかったと思う。そんな惚れてもいない男性と、意地で結婚してもうまくいくはずがない。晩年でも、錦之助さんの話をすると顔がさっと赤くなっていたくらいだ。

美空ひばりさんの最期には、錦之助さんはその亡骸を抱えて、病院から出た。よくマスコミに写真に撮られずにできたと思う。（15）

ひばりが初めて錦之助に会ったのは昭和二十八年十一月のことだった。映画『ひよどり草紙』で共演したのである。この映画が錦之助のデビュー作だった。下段の写真がそれ。

ひばりが歌舞伎見物に出かけ、錦之助が舞台に立っているのを見初めて、相手役に抜擢したのだった。

このとき、まだ二人とも若くひばりは十六歳、錦之助は二十一歳だった。それから四十年あまり、ひばりにも幾人かの男出入りはあったようだが、心の奥底ではたぶん、昭和の最後の年、彼女は死ぬまで錦之助を思いつづけたのである。ボンヤリとだが、昭和最大の悲恋物語の輪郭が見えてくる。

最後に［日活］。日活は石原裕次郎を主演に据えた映画を自由に作ることができなくなっている。

それまで裕次郎は年間九本に及ぶ映画に主演していたのが、いったん契約が切れたあと、自由に作品を選ぶことを主張しはじめる。

年齢的なこともあり、昭和三十八年に石原プロを設立したときには二十九歳になっていて、本人の意識のなかにも、いつまでも会社の言いなりではいられない、という意識もあったのではないか。

中村錦之助と美空ひばり。昭和30年代、最大のスターだった二人。どんなに愛し合っても、愛しているとわかっていても結ばれない恋もある。

【日活】		総収入 千円	純益 千円	資本金 百万円	従業員 人数	年齢 平均	平均賃金 円
昭和35年	上期	3,546,896	402,540	3,721	2700	30.6	¥16,192
101	下期	4,669,852	444,856	3,721	2643	30.7	¥16,830
昭和36年	上期	4,017,245	470,614	5,000			
100	下期	4,730,360	459,298	5,000			
昭和37年	上期	4,286,246	0	5,000	2708	30.3	¥21,630
98	下期	4,804,475	0	5,000	3276	31.6	¥22,093
昭和38年	上期	4,137,394	−305,423	5,000	3271	30.7	¥24,629
70	下期	4,478,150	−296,980	5,000	3120	31.3	¥25,096
昭和39年	上期	3,791,331	369,240	5,000	2975	31.8	¥27,799
61	下期	4,651,433	50,081	5,000	2809	32.4	¥29,317

この時代の会社の経営状態を調べ上げた表をみると、三十七年の利益がいくらだったかは発表されず、昭和三十八年は上下の半期とも三億近い赤字を出している。

それが、三十九年の辛うじて利益が黒字になったのは、九月十九日に封切られて十月二十日までロングランした『愛と死をみつめて』のおかげだろう。

この作品については、後段の［出版］のところで詳述する。

いずれにしても、小林旭もひばりとの結婚で大人の俳優の仲間入りをしていて、すでに渡り鳥ではなく、日活製のやくざ映画の主演俳優になっていく。そういう映画に、これまで彼が演じるギターを持った渡り鳥に憧れていた若い女性たちがファンから離れていったのは当然のことだった。

高橋英樹や渡哲也も同様である。日活はなかばは、青春映画ともいうべき、若者の生き方をテーマにした映画を吉永小百合、松原智恵子らの女優たち、舟木一夫らの青春歌謡を歌う若い歌手たちに主演させて、かたわらでやくざ映画を作って時代を乗りきろうとする。

しかし、これも苦難の道だった。

ここに、月刊『平凡』の映画スターの人気投票がある。

【昭和39年度人気映画スター】

投票ベスト10 ［男性］		年齢
第一位	浜田光夫	21歳
第二位	石原裕次郎	30歳
第三位	高橋英樹	20歳
第四位	小林　旭	27歳
第五位	大川橋蔵	35歳
第六位	倉石　功	20歳
第七位	加山雄三	27歳
第八位	山内　賢	21歳
第九位	松方弘樹	22歳
第十位	里見浩太朗	28歳

投票ベスト10［女性］		
第一位	吉永小百合	19歳
第二位	本間千代子	19歳
第三位	浅丘ルリ子	24歳
第四位	姿　美千子	19歳
第五位	和泉雅子	17歳
第六位	松原智恵子	19歳
第七位	星　由里子	21歳
第八位	高田美和	18歳
第九位	佐久間良子	25歳
第十位	倍賞千恵子	23歳

男優部門は上位に日活所属の俳優たちの名前が並び、小林旭が浜田光夫や高橋英樹の後塵を拝している。無国籍なピストルを撃ち合うフィクションが通用しなくなった。女優陣も日活勢が優勢だが、観客は映画にリアルを求めていてハンパなロマンでは満足しなくなっている。やくざ映画にしても青春映画にしても現実の日常をきっちりと描かなければ、若い観客でも納得も満足もしなくなっていた。

これを見ると上位に、特に男優の部門で日活のスターたちがズラリと並んでいる。日活だけの話ではないのだが、ベスト・テンのなかには二十歳前後の若い俳優とベテランの年齢のいった人たちが混在している。

そして、一時代前、あれだけ人気のあった中村錦之助はすでに圏外にある。

年齢の若い人たち（雑誌の読者）が、同世代とか、年齢の近いスターを応援しようとするのは当たり前のことで、このあと、石原裕次郎らも姿を消し、さすがに長く歌手部門の女王の座に座っていたひばりも若い世代のあこがれというのではなくなっていく。

吉永小百合や松原智恵子らも大学受験して女子大生になり、かつての裕次郎やひばりみたいに出るだけで作品がヒットするような爆発的な観客動員力を持つカリスマ・映画スターはいなくなっていくのである。そして、映画は企画が勝負を決める、そういう時代へと移行していく。

【昭和39年】書籍ベスト・セラー　ベスト・テン

	書名	版元	著者
1位	愛と死をみつめて	大和書房	河野実・大島みち子
2位	徳川家康（1-21）	講談社	山岡荘八
3位	おかあさん（1-3）	オリオン社	サトウハチロー
4位	若きいのちの日記	大和書房	大島みち子
5位	おれについてこい	講談社	大松博文
6位	物の見方考え方	実業之日本社	松下幸之助
7位	炎は流れる（1-4）	文藝春秋	大宅壮一
8位	アンネの日記	文藝春秋	アンネ・フランク
9位	行為と死	河出書房新社	石原慎太郎
10位	廃墟の唇	光文社	黒岩重吾

【出版界】

昭和三十九年の出版の書籍（単行本）のベストセラーのベスト・テンは表の通りである。

出版物は芸能界の、というよりは大衆の生活状況を直接的に反映したジャンルといったほうがいいかもしれない。この年、最大のヒット作品になったのは歌謡曲、映画のところでも紹介したが、大島みち子・河野実が著者の『愛と死をみつめて』だった。

ベスト・テンのそれぞれの発行部数を明示した資料がなく、どの本がどのくらい売れたかの比較はできないのだが、手元の資料（河出書房新社発行の『現代風俗史年表』）の昭和三十九年のくだりのなかに「愛と死をみつめて現象」というくくりがある。こんな内容である。

大島みち子が軟骨肉腫で他界したのは前年8月。恋人の河野実は、医学の不備と彼女の両親の諦観に義憤を感じ、往復書簡を出版社に持ち込み前年12月に単行本化した（大和書房）。「女性自身」の特集記事や文化放送によるラジオドラマ化などにより、じわじわ売れていたが、TBSが「東芝日曜劇場」で前・後編ドラマ（脚本・橋田壽賀子　出演・山本学、大空真弓）として放映すると、一気に火がつき、一年間で百三十万部売れた。テレビドラマは熱烈な要望で一年間で四回アンコール放映された。

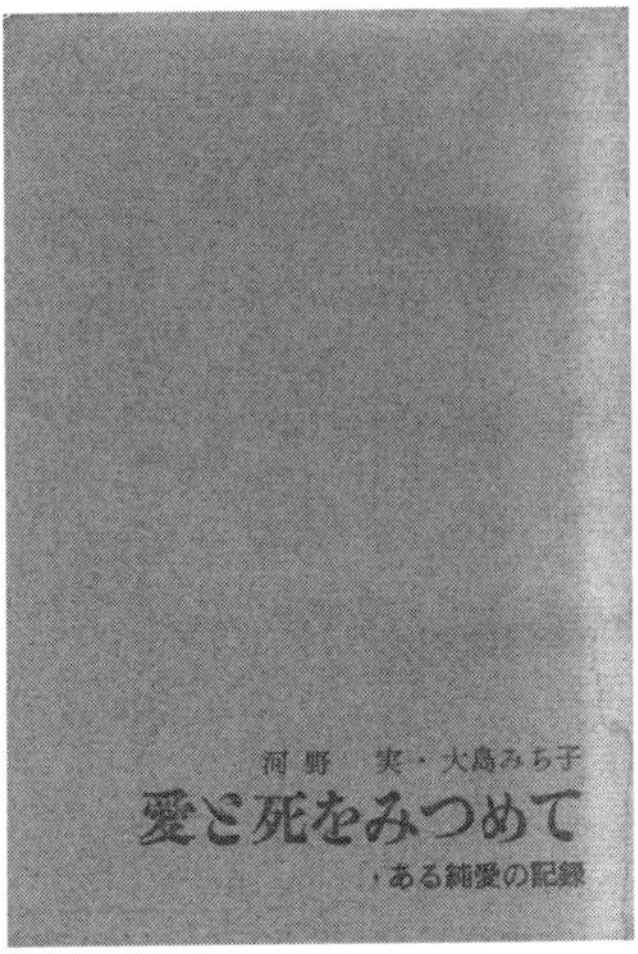

上の写真は『愛と死をみつめて』の古本、裸本。昔、古本屋で見つけた。初版は1963年12月、わたしの持っているのは1964年7月の日付がある。なんと306刷、増刷が306回繰りかえされたという意味。下の写真はテレビドラマと映画の場面写真。眼帯の左右が違う。実際は左目を摘出している

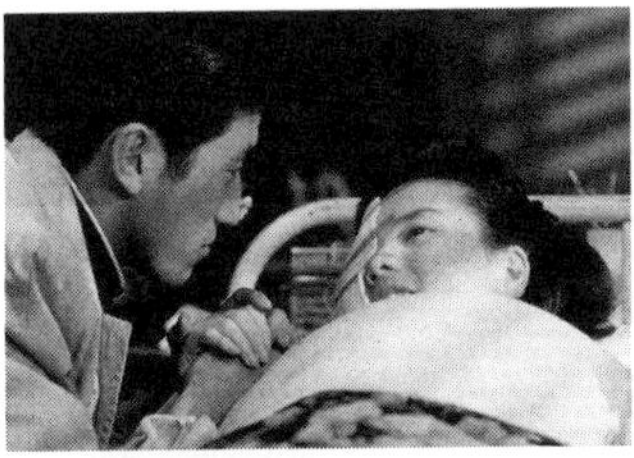

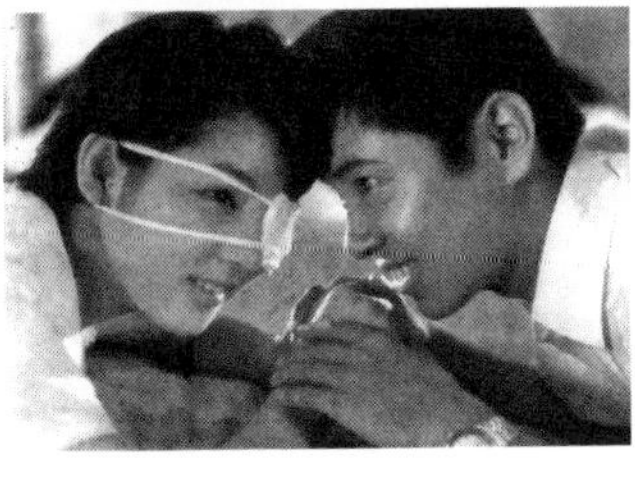

また、大島みち子の闘病記『若きいのちの日記』（大和書房）も六十九万部売れた。

日活映画の『愛と死をみつめて』は市川崑が作った国策映画『東京オリンピック』につぐ大ヒット映画になった。上の写真は日活が作った映画のポスター。下は同映画のDVDのジャケット写真。日活時代の吉永小百合の代表作のひとつである

遺族の猛反対でのびのびになっていた映画は、人気絶頂の吉永小百合と浜田光夫が主演し、日活が9月19

日に封切り、10月20日までロングラン。主題歌（8月発売）は青山和子が歌い、日本レコード大賞を受賞。「まこ、甘えてばかりでごめんね。みこはとっても倖せなの……」という歌詞は短い命を愛に生きた女性の哀しみをたたえている。こうして『愛と死をみつめて』は難病ものの普及の名作となった。(16)

本書には主人公の女性の壮絶な闘病生活と死に直面した生きるありさまと、彼女が自分の運命を知らずにいると思い込んで、無神経な発言ばかりしている恋人のこころ模様を描き、だからこそ、彼は死の寸前の彼女がどんなことを考えていたかを知って苦しみ、彼女とのやり取りの記録を本にして、みんなに知ってもらわなければと思う。苦しいなかでのその努力が実って、本は予想しなかったミリオンをはるかに越える売れ行きを示す。

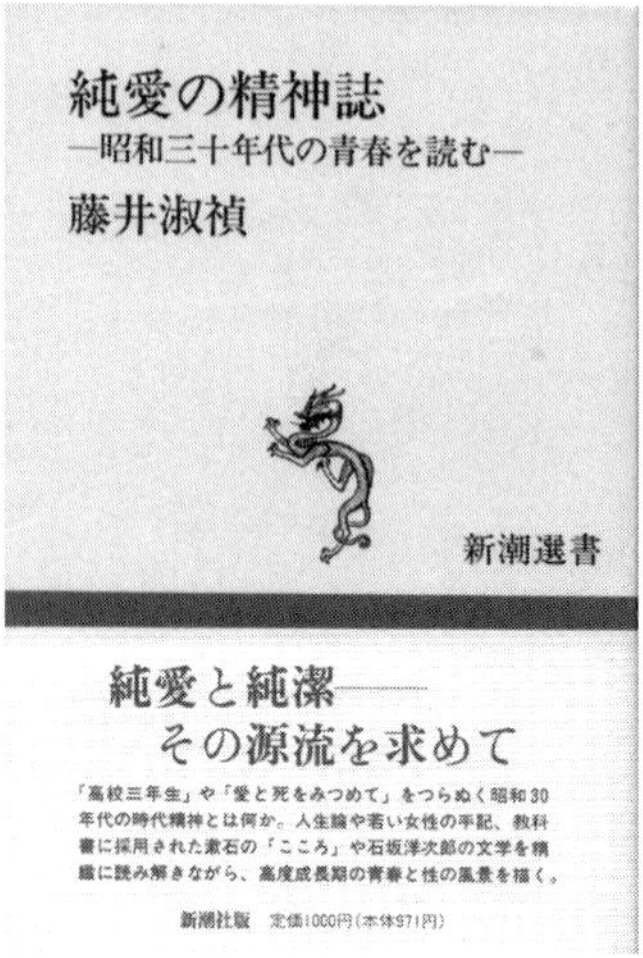

純愛の精神誌
—昭和三十年代の青春を読む—
藤井淑禎
新潮選書
純愛と純潔——
その源流を求めて
「高校三年生」や「愛と死をみつめて」をつらぬく昭和30年代の時代精神とは何か。人生論や若い女性の手記、教科書に採用された漱石の「こころ」や石坂洋次郎の文学を精緻に読み解きながら、高度成長期の青春と性の風景を描く。
新潮社版　定価1000円（本体971円）

『純愛の精神誌』1994年刊　新潮社

単行本が百万部を超えて売れるということは、たぶん、特定の年齢層に支持されただけということではなく、あまねく社会の話題が好きな人たちに読者になってもらえた、ということだろう。それでも、映画や歌のヒットのことを考えると、やはり若い、人生をどう生きればいいかを真面目に考えはじめた人たちが中心になって共感したのだろう。

新潮選書に『純愛の精神史〜昭和三十年代の青春を読む〜』という本があるのだが、この本が、冒頭のところで『愛と死をみつめて』を徹底的に検証している。著者の藤井淑禎さんは立教大学の先生だった人。彼はこの本の根底にあるのはこの時代の若い人たちの性の問題＝純潔なのだという。純潔という言葉もいまや死語同然になってしまっているが、意味は性的に無垢である、ということ。いまの時代の常識から考えると、性行為が汚れたものだという考え方は変じゃないかと批判されそうだが、昭和三十年代には結婚までは絶対にセックスしない、婚前交渉なんてとんでもないというはなしだったのである。恋人同士として精神的に固く結ばれていても、病気のことがあるから肉体関係は成り立つべくもない、そういう状況のなかでの男と女の結びつき、しかも女の方には死が迫っている、そういう純愛の悲劇性がこの話の柱になっている。

当時は結婚するまでは純潔を守る、というのが若い人たちの恋愛の常識だったのである。しかし、この考え方は、このあとの様々な文化的営為によってつき崩されていくのである。そういう性的な常識をうちやぶっていった主戦力は実は雑誌だった。

ここから、昭和三十九年の雑誌の状況について考えていかなければならない。こういうことである。

《昭和三十九（一九六四）年四月二日、雑誌『近代文学』は通巻第185号を発行し、この号を最終号として休刊となった。『近代文学』は終戦の翌年、昭和二十一年一月、本田秋五、荒正人、平野謙、小田切秀雄、佐々木基一ら、戦前のプロレタリアート思想を受け継ぐ系譜の若手文学者たちによって創刊された。

以後、十八年間、生真面目に［人間はどう生きるべきか］あるいは［日本はどうあるべきか］という、文化の根源的な問題をその時代の文学者たちなりに問いつめつづけた。この文芸雑誌の周辺からは、右記の人たちのほかに、埴谷雄高、安部公房、三島由紀夫ら、戦後日本文化に対し独自のスタンスをとる実力派の文学者、作家が多く現れた。
日本の戦後を実際に自分たちが経験した戦争との関係のなかでとらえ、転向や戦争責任の問題を通して、なんとか戦後の日本社会の基準を設定しようとして［現代の日本文化の正しい形とはなにか］を問いつづけた雑誌だった。

『近代文学』休刊の具体的な事情にまでは書き及ばないが、昭和三十九年の時点で、すでにそういう終戦直後的な［戦後］という言葉が意味を失っていたことはたしかだった。

経済白書はこれよりも十年も前に「すでに戦後ではない」と書いていたし、三島由紀夫につづく形で登場した若い作家たち、石原慎太郎や大江健三郎、高橋和巳、開高健らが、まったく新しい感覚の文学作品を連発して書きはじめていたのである。

雑誌の存在理由であった根幹の部分と時代との乖離はどうしようもなかった。この『近代文学』の休刊にちなんで、編集作業の中核的な役割を果たしてきた文芸評論家、荒正人は、終巻号発行の後、四月十九日の朝日新聞の夕刊の文化欄に『「近代文学」終刊』と題する、自分たちの雑誌に対する弔辞ともいうべき小文をよせている。その訣別の文章の最終部分を引用しよう。

『近代文学』が果たすべくして果たしえなかった課題は、表現の変革であったと思う。新しい世代も、この課題のまえでためらっている。完全な解決のためには、文学以外の芸術ジャンルとの協力のほかに、国際間の交流が必要になってこよう。そういうリトル・マガジンの出現を心から望んで、『近代文学』に終止符を打つ。

日本初の若者週刊誌として創刊された『平凡パンチ』の新聞広告。創刊時の連載小説は今東光の『悪い星の下でも』、戸川昌子『夜の交差点』、笹沢志保の『死人狩り』。創刊部数は62万部。半年後には73万部を発行。

それは雑誌の誕生から臨終まで、いわばその一生に立ち会うことになった編集者の愛惜に満ちたものだった。そして、この記事が新聞に載った九日後のことである。

同じ月の二十八日、同じ朝日新聞に全六段をぶち抜いて、株式欄の下部スペースを使った「ジャスト・スタート！　創刊号けさ発売！」の告知広告が掲載され、わがリトル・マガジン『平凡パンチ』が発進するのだ。ちなみに、上段の株式欄の指標をみるとこの日の日経平均は１２１７・０７円。前日比２円54銭高である。第一部銘柄の時価総額が６兆６２４７億円、平成８年10月１日時点での東証一部銘柄の時価総額が３６９兆34億円だから、単純計算すると、実に８年の市場規模の60分の１程度の経済であった。それでも、昭和25年の日経平均が１０１・７３なのだから、昭和39年のこの数字もめざましい勢いでここまで上昇をつづけてきたには違いなかった。

平凡出版（旧社名＝現マガジンハウス）から女性向け芸能週刊誌であった『週刊平凡』の男性版の雑誌が創刊されるという話は、それよりもかなり以前から出版界では噂として囁かれていたが、その約束の創刊日に姿を現したのは、日本で初めて〈ＭＡＧＡＺＩＮＥ　ＦＯＲ　ＭＥＮ〉と銘打った本格的な、新しい時代の匂いを濃厚に漂わせた若い男性向けの週刊誌だった。

創刊号になぜか撮影中の黒澤映画『赤ひげ』のポートレートが挟み込まれていた。実は、この雑誌の編集長である清水と黒澤明は同じ白山にあった京華中学の同窓生、仲よしだった。互いに面識を自慢するような間柄ではなかったが、ときどき連絡を取り合って助け合っていたようだ。この『赤ひげ』の肖像写真は『平凡パンチ』創刊への祝意を込めた黒澤明の援護射撃だった。

『平凡パンチ』が、荒正人らが願ってやまなかったような「各芸術のジャンルを超えた交流と国際間の交流を実現する」という意味で、その体裁や内容が『近代文学』に関わった人々のお眼鏡にかなったものであったかどうかはわからない。しかし、『パンチ』はこれ以後、マスメディアとして猛烈に増殖を続け、荒正人風にいえば芸術の各ジャンルの障壁を破壊し、若い日本の男たちが使う新しい言葉を数多く作りだした。そして、印刷媒体の世界で言語表現と映像表現の統合的、あるいは複合的な表現を実現させ、違った言葉を用いる異文化の壁を突き破って、海外の、とりわけ世界の最先端で、いまどんな事件が起こっているのかということを直接取材、速報し、文壇よりもはるかにラジカルな大衆社会というレベルで、圧倒的な支持を集めてみせ、東大出身の戦中派の文学者たちの想像力の枠をはるかに超えた場所にたどり着くのである。

さて、その『平凡パンチ』の創刊号である。後から振り返ってみれば、奇しくも『パンチ』にバトンを渡すかたちになった『近代文学』が編集方針として掲げた旗印は人間的主体性の復活と戦後日本文学の再構築であったが、一方の『平凡パンチ』はというと、編集の三本柱として取り上げられたテーマは［車］と［女］、そして［ファッション］だった。

『パンチ』のこの3つの柱は豊かになった日本社会が大衆にもたらした、『近代文学』の［人間的主体性の復活］のスローガンに較べればきわめて即物的な、あるいは個人的な生活テーマだった。だがしかし、そうだからこそ、インテリゲンチアであれプロレタリアートであれ、東大卒であれ、あるいは故郷の高校を中退して上京することに決めた家出少年であれ、その時代を主体的に自分の意志で生きていきたいと考えていたすべての男たちにとって、抗しがたいことがらなのであった。要するに、どう理屈をこねていても、みんなかっこよくいたい、女のコにもてたいと考えるようになっていた。

問題の『パンチ』創刊号だが、この年の春、多摩美大の油絵科を卒業した新進のイラストレーター、大橋歩が描くパステル画の表紙をめくると、当製作中の黒澤明監督の『赤ひげ』に主演している俳優・三船敏郎が赤ひげに扮した一色刷りのハガキ大のブロマイド写真、その裏面にはカラーで印刷されたアン・マーグレットのポートレイト。それにセンターの部分に大竹省二撮影のアメリカの雑誌から抜け出してきたような金髪女性のヌードのカラー・ピンナップ写真が挟み込まれている。

創刊以後、［女］あるいは［セックス］は、この雑誌の最後まで変わらぬ永久的なテーマとして存在することになるのだが、構成的にいうと雑誌のなかで性的なテーマの部分を受け持つ企画は、このカラー・ピンナップのほかに活版記事があった。

創刊号でのセックスについてのその活版記事というのが作家の吉行淳之介を司会者に女子大生、ホステス、女優、デパートガール、OLなどの若い娘を集めて開いた座談会で、このページには「デートにセックスはふくまれる?」というタイトルが付けられている。

記事の内容はというと、タイトルほどのことはなく、出席した女の子たちが「ムードがないデートなんてつまんない」とか「はっきりしない人には好感がもてません」などと他愛ないことを言いあっている。

吉行淳之介　1924年岡山県生まれ。東大文学部中退。1994年没。70歳だった。人間の性を根元まで描いた作品をいくつも書いた。

なにしろ、司会の吉行が座談会の冒頭で「いまはやっぱりデートっていうんですか。もうランデブーなどという古い言葉は使わないいんだね」などという発言をしたりする。いま、これを読み返すというのはある種残酷な作業で、使われている言葉も喋っている内容も古色蒼然たるものがあるわけだが、この時代はいわば、雑誌、つまり印刷媒体マスメディアの世界での若い世代の男女交際の記事作りについては黎明期ともいうべき時期にあった。

同じ時期、この年の5月の第1週の日付で発売になって、『パンチ』と同じ店頭に並んだ女性週刊誌『女性自身』のなかの性にまつわる記事を調べてみると、ここにも『結婚と恋愛は同じか、違うか』などというタイトルで、『パンチ』と同じような座談会が行われている。

思えば、ひとり雑誌に限らずメディアのなかで描かれる性はといえば、このころまでは純情なもので、日活製作の青春映画、たとえば『愛と死をみつめて』などのなかでは吉永小百合が浜田光夫相手に手もにぎらないような純愛を繰りひろげていたし、歌謡曲の世界では舟木一夫、西郷輝彦、三田明らが青春や十代、清純な初恋を美しく歌いあげて、若い娘たちに支持されていた。週刊誌でのセックスにまつわる記事作りもこの〝擬似清純派〟の範疇を出なかった。

しかし、現実の大人の社会の性の実態ということになると、それはまた別の問題である。『パンチ』の座談会の司会を務めた吉行淳之介はこの前年、『文学界』に約1年間にわたって『砂の上の植物群』を連載、これを終了させたばかりだった。『砂の上の植物群』は戦後日本の都市生活者のなかで内向する性的な欲望を描ききったもので、いま読み返してみても衝撃的なテーマ設定は少しも色あせていない。『原色の街』『娼婦の部屋』などの一連の作品のなかで戦後の性を追いかけつづけてきた吉行文学の最高傑作である。

作品は第六章の332ページで紹介したが、新潮文庫の『砂の上の植物群』の巻末の解説で文芸評論家の磯田光一は次のように語っている。

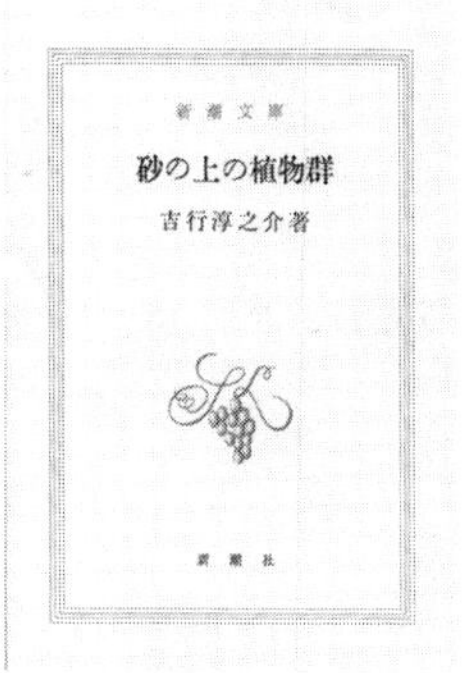

新潮文庫『砂の上の植物群』

例えば姦通が悪と考えられている時代には、愛ゆえに姦通にふみ切るには死を賭けるほどの決意が必要であった。そして決意の強さが要求されていればいるほど、「悪」は自己確認と大きな充実とをもたらしたにちがいないのだ。

戦後における自由と解放とは、このような性的禁制を崩壊させたが、それによって、私たちは性の充実感を増大することができただろうか。

自由主義とは、皮肉な言い方をすれば、「性」の人間化の名分のもとに、「女から衣服を剥ぎとっていく」動向でもあったのだ。かつて禁制ゆえに「密室の秘戯」としての魅力を具えていた性行為は、いまや性知識の普及によって単調な「白昼の日常事」となり果てたのである。

磯田のこの評論自体も三十年前に書かれたものであり、ここに述べられていることもすべてそのとおりだと頷くわけにもいかない。たとえば、個人が自由になったことで性行為が単調な「白昼の日常事」になったなどというのは、錯覚に過ぎない。彼にとってはそうであったかも知れないが、もっと若い人々、いまの「姦通が悪と考えられていた時代」を知らないものたちにとっても、人妻との浮気やなさぬ仲の異性との性交渉は刺激的である。

もちろん、姦通はいまでも悪いことだが、殺人や銀行強盗とはちょっとニュアンスの違う、コノヤロウバカヤロウ的な法律違反である。タブーに抵触するセックスは相変わらず刺激的であり、戦後の個人の自由の拡大は性の基準の氾濫するような多様化を人間の生活に持ち込んだが、それやこれやを考えても、そもそも性行為が白昼、文字通りの赤裸々な状態でおこなわれるのであればなおさらのこと、性が単調な日常事となることなど、いかなる文化状況のもとでもあり得なかったではないかと論駁することもできるだろう。》(17)

これがこの年に創刊した『平凡パンチ』が描こうとした大衆社会の性的状況だった。

ここのところの文章の調子だが、昭和四十二年の磯田光一の文章を三十年前にかかれたものなどと書いていて、なんとなくヘン、ということに気がついた人もいるかもしれないが、この『近代文学』廃刊について述べたところ以降の《》でくくった文章は実は、わたしが一九九五年、いまから二十八年前に『平凡パンチの時代〜失われた六〇年代を求めて〜』という本のなかで書いた文章である。

昔の文章を引っ張り出してきて自画自賛していると受け取られると困るのだが、同じことを書きたいのだから、自分の書いたものだし、いま読んでもそれなりの説得力があると思えるから、この本の文章をそっくり転載しても、読者にとっての不都合もないだろう。

あらためて、なぜこの『平凡パンチ』が重要なのかというと、この雑誌が男たちの生活を根底から変えていくためのロードマップの役割を果たしたということがひとつあるのだが、そのほかにも理由がある。

この雑誌からやがて現在の女性誌の基本形である『平凡パンチ for Lady』が生まれ、一九七〇（昭和四十五）年のことだが、［エル・ジャポン］と副題のついた、最新のトレンドをぎっしり詰めこんだオールグラビアの新雑誌『アンアン』として創刊され、そこから『ポパイ』や『ブルータス』のような男性のライフ・スタイル・マガジン（創刊当時はそうだった）や『クロワッサン』や『オリーブ』、集英社に飛び火して週刊誌の『プレイボーイ』、女性誌だと『ノンノ』や『モア』、『ウィズ』など、講談社系でいえば『ＪＪ（ジェイジェイ）』、『ＶｉＶＩ』など、大変な量の雑誌の類似雑誌が作られていくのである。

前年に平凡社が創刊した『太陽』はスキャンダルもゴシップも排除し、芸能ネタも扱わず、セックスの話なんてとんでもない、ファッションも関係ありません、大事なのは教養だけという雑誌だったが、やはり、そういう編集方針で作られた雑誌には大衆社会を動かす力はなかった。『平凡パンチ』は時代を生きるエネルギーを満載した雑誌だった。いろいろな意味で、大衆文化の基本の形を整える役割を果たした、と書くこともできる。

出版の話の最後になったが、三島由紀夫の動向を書いておかなければならない。

この年の三島由紀夫については、これも過去にわたしが書いた資料だが、『平凡パンチの三島由紀夫』のなかの年表部分にこんな説明がある。

○三島由紀夫の状況
一月に講談社から『私の遍歴時代』を刊行。

小説『絹と明察』を一月から十月まで雑誌「群像」に連載。

一月、雑誌『新潮』に作品評「極限とリアリティ――井上光晴『地の群れ』、野坂昭如『エロ事師たち』」を掲載。両作品を強く推奨し、この二人の作家が世に出るきっかけを作る。

井上と野坂は三島に対して、終生かわらぬ畏敬の念を持ちつづけた。

また、前年の十一月、文学座がこの正月に上演するはずだった戯曲『喜びの琴』が劇団員の反対決議により中止となり、文学座は分裂するという騒ぎになっている。

三島の作品を支持したのは、矢代静一、松浦竹夫、賀原夏子、中村伸郎ら十四名。彼らは、一月に入って劇団NLTを結成し、三島はそこの顧問となる。

三月、市川雷蔵主演の大映映画『剣』、封切り。

四月、吉永小百合主演の日活映画『潮騒』が封切り。

五月、若尾文子主演の大映映画『獣の戯れ』、封切り。

八月、伊豆下田の下田東急ホテルで家族とともに二週間、夏休みを過ごす。以後、夏休みは家族いっしょに下田で過ごすのが慣例となる。

上の写真は石原慎太郎と。下は映画『獣の戯れ』のポスター。この時期の三島由紀夫は戦後の日本に対しての自分の違和感をどうするか、なにがおかしく見えるのかを考えつづけていた。
文壇での評価よりも大衆がどう受け取るかの方がずっと重要だと思いはじめていた。そのことと手がけた自分の小説が次々に映画化、舞台化されて、話題になり、自分自身が大衆文化の中心的存在になろうとしている、その関係に気が付いていたのだろう。

文芸誌「群像」が昭和三八、三九年と読者アンケートをおこなった。結果発表はいずれも八月号。そのなかでの三島の位置を見ると、［最も尊敬する日本の文学者は誰ですか］では、三八年は二二位。吉川英治の次である。三九年は七位に一気に躍進している。上位の作家を記せば、一、夏目漱石、二、森鷗外、三、芥川龍之介、四、太宰治、五、川端康成、六、谷崎潤一郎。（略）［最も読みたいと思う日本の現存の小説家は誰ですか］では、三八年は一、大江健三郎、二、三島由紀夫、三、川端康成、四、野間宏、五、安岡章太郎　六、井上靖。三九年は一、三島由紀夫、二、井上靖、三、大江健三郎、四、川端康成、五、中野重治、六、伊藤整だった。(18)

このころの三島由紀夫は一九六〇（昭和三十五）年に新潮社から出版した小説『宴のあと』で、モデルになったといわれた政治家の有田八郎からプライバシー侵害で告訴され、係争中だった。

九月　東京地裁での判決が下され敗訴。内容は「事実とフィクションとの境界が判別できず、プライバシーの侵害があったと認められるので、八〇万円の慰謝料を支払い、謝罪広告についてはその必要はない」というものだった。三島と新潮社は即、上告した。(19)

この裁判の結論は持ち越されて、翌年の三月、原告の有田八郎が死亡し、遺族と和解が成立する。うやむやな決着だったが、地裁の判決は日本で初めてプライバシーというものが認められたものになった。三島はこのことがあってから、それまで内心に秘めていた戦後社会に対する嫌悪感を剥き出しにして行動するようになる。「十二月」の部分にはこんな記載がある。東京オリンピックをどう考えたかである。

○雑誌『中央公論』十二月号に〈座談会・大宅壮一、司馬遼太郎、三島由紀夫（五十音順）〉が掲載されている。これまで一般的には、三島と司馬遼太郎は直接話をしたことはないと思われていた。この座談会は新潮社から出版された決定版の［対談・座談会編］（第39巻、第40巻）には収録されていないが、第42巻の対談目録のなかには記録がある。ちなみにだが、大宅壮一は明治三十三（一九〇〇）年生まれ、司馬遼太郎は大正十二（一九二三）年生まれで、三島より二歳年上。作家としてのキャリアは三島の方がずっと先輩になる。

司馬はもともとは新聞記者だが、出世作となった『梟の城』で直木賞を受賞したのが昭和三十五（一九六〇）年、翌年、専業の小説家となった。昭和三十九年には、『竜馬がゆく』、『燃えよ剣』などを書き上げて、時代小説作家として一定の評価を受けるようになっている。この企画は東京オリンピックの直後に行われた座談会らしく、［敗者復活五輪大会］というタイトルがつけられている。日本人はこの〝世紀の大事業〟にどんな祈願をこめ、なにを獲得したのだろうかというテーマで、三人はそこでこんな話をしている。

大宅　こんどのオリンピックは、一口に言うと敗者復活戦だと思うんですよ。戦争で負けた日本が、なんらかの形で復活したいという意欲をもっていた。そのあらわれとみられないですか。道路や建設のほうは別として政府が直接オリンピックに使った金だけでも三百億円。それだけの金を投じて敗者復活戦をやったわけですね。それで一応目的は達したと私は解釈するんですがね。いちばんもうけたのは自衛隊かな。

司馬　開会式、閉会式にも、防衛大学の学生が行進を先導してきますね。非常にきれいな歩きかたで、とにかく、われわれのかつて見たことのない日本人の歩きかただった。

三島　一歩の感覚が六十センチで、一分間で何歩、ときめてあって、背の高さもみんな同じのを揃えたりして、たいへんな訓練だったらしいですね。

大宅　選手としても、重量挙げの三宅、マラソンの円谷など活躍した。ところで、そんなこととつながって、ナショナリズムの復興ということはどうですかな。戦後はナショナリズム不感症というか、冷感症みたいになっていた。それにカンフル剤をうつという効果はあったんじゃないかな。

三島　それは、国旗一つとってみても、こんど日の丸が上がると、すっとするところがたしかにありましたね。

いままでは日の丸や君が代に対しては、こんどの戦争でよごれたから、もう見るのもいやだ、というような感情的な議論があったですね。国旗で汚れていない国はないんじゃないかな。オリンピックでずらっと並んだ国旗で、そんな処女や童貞みたいな旗はないわけです。アフリカのこんどできた国は別としてね。いままでは、日の丸は純血であるという議論があり、つぎには、日の丸はきたなくてだめだといわれ、それがこんどは、日の丸は汚れてもなおきれいである、というナショナリズムが出てきたんじゃないか、と思う。こういう弁証法的ナショナリズムが出たことはいいことですね。（略）

大宅　三島さんは若いけど、いったい愛国心とか、天皇制とかいうものはどう考えていますか。

三島　鶴見俊輔氏らが書いた『現代日本の思想』という本を読んで面白かったのは、いまの天皇制は、伊藤博文のつくった顕教と密教との二重構造で、東京大学出身者というのは密教を勉強して天皇機関説を腹の中にいれ、そして国家を支配する。そして大衆は顕教のほうで、天皇は神であるということを大衆に学ばす。

――これは伊藤博文がつくった芸術作品だというんです。なかなか面白い意見でね、われわれも密教に圧迫されたり、顕教に圧迫されたりしながら、ちょうど中間にいたんじゃないかな。

大宅　伊藤博文のころはドイツの影響をうけている。ドイツが国家統一できたときだったので、カイゼルの真似を考えていました。

三島　ぼくはオリンピックでいちばん感じたのは、ナショナリズムと平和の問題でね。開会式、閉会式を見ていても、観念的な平和じゃなくて、非常に日常的、具体的な平和の観念があれで与えられたと思うんです。つまりナショナリズムと平和がうまく合ったのは、これがはじめてじゃないかな。いままでは絶対に二律背反だった。ぼくのちょっと調べたところによると、昔のスパルタはオリンピックでめったに勝たなかった。

大宅　ギリシャはこんども何もとっておらんね。銅メダルもとっていない（笑）。
三島　古代スパルタでは、若いものの戦闘訓練ばかりやっていたので、平均的な力はあったが、一種目の飛び抜けた競技者というものではなかった。オリンピックで勝つために、むりやりにいい選手をつくり出すということは、一方では国威発揚ということでもあろうけど、一方では平和につながる理念なんですよね。スポーツにそれだけの金がつかえるということはね。とにかく、閉会式のときに、ワーッと選手が肩を組んで出てきたときは、感動的だった。あそこでナショナリズムと平和というものが、初めて具体的な場面で、ドラマチックに構成された。これは、いままでの日本の知識人がみんなこの問題でうまくいかなかったところですよ。それが、オリンピックでは、ちゃんと実現された。
大宅　たとえばソ連のコミンテルンあたりでああいうことをやっても、ああはうまくいかないでしょうね。
司馬　だから、世界中でいまああいうふうにいくのは日本だけでしょう。非常に気楽な国ですね。
三島　日本は無思想ですから。無思想が非常にプラスになったんですね。
大宅　近ごろはみんな帽子を冠らなくなったでしょう。一種の無思想ですね。（以下略）

　ここで語られている三島の心模様は、年が明けて、すぐに映画『憂国』をつくってみようと思いはじめる、寸前のものである。東京オリンピックが行われたことで、三島自身のなかのナショナリズム、愛国的なものが刺激されて、想念がひろがっていった。まわりの人たちとだんだん話が合わなくなっていく、ギリギリのところで行われた座談会という趣である。三島の「日本は無思想」という言葉についての発言は何も説明がないのだが、加藤典洋に『日本の無思想』という著書があり、そこではこんな説明がなされている。(20)

(タテマエとホンネについて言及し=編者註) 日本は、文化的にも、社会的にも、政治的にも、経済的にも、二重構造を本質にする国です。むろん二つの要素が社会を構造化するというあり方は、日本に限りません。マルクスのあの上部・下部構造論も、階級闘争史観も、そういうなら、あの古代ギリシャの世界もヨーロッパ中世世界も、二元的な構成をもつ国でした。でも、すぐ気づかれるのは、この日本の二重構造とヨーロッパの二元論的構成とが、同じではないということでしょう。ヨーロッパの二元論的構成は、二つの異質な原理の対立という側面が強いですが、日本のそれは、そういうなら、(略) 同質なそれの相対的対位関係を本質としているからです。(20)

わたしがこの本のまえがきに書いた文章と同じような趣旨の文章を書いている。三島の右傾化についての具体的事項については［昭和四十年］の説明に譲ろう。

【放送界】
まず、左ページの表がこの年の【視聴率ベスト20】である。オリンピックの中継がいっぱい並んでいる。番組もNHK制作のものが十七本で、民放の番組は三本。いわゆるドラマでランクインしているのは二十位の『てなもんや三度笠』だけ。表をみる限りにおいても、オリンピックがどれだけ国民の関心事であったかがよくわかる。
『紅白歌合戦』は相変わらずの高視聴率だが、第2位にあがっている「~バレーボール決勝」の日本が勝

【昭和39年 テレビ番組 視聴率ベスト20】

	番組名	放送局	日時	放送時間	%
第1位	第15回NHK紅白歌合戦	NHK総合	12月31日	21:05～160分	72.0
第2位	オリンピック中継 バレーボール女子決勝	NHK総合	10月23日	19:20～220分	66.8
第3位	オリンピック東京大会 閉会式	NHK総合	10月24日	16:52～88分	63.2
第4位	オリンピック東京大会 開会式	NHK総合	10月10日	13:43～147分	61.2
第5位	ニュース	NHK総合	12月31日	21:00～5分	58.2
第6位	赤穂浪士	NHK総合	11月29日	21:30～45分	53.0
第7位	オリンピック中継 第2日	NHK総合	10月11日	19:30～135分	52.1
第8位	ニュース・天気予報	NHK総合	10月14日	21:40～18分	48.4
第9位	ボクシング パーキンス対高橋美徳	TBS	1月4日	20:00～71分	47.2
第10位	ニュース	NHK総合	10月24日	18:20～7分	47.2
第11位	台風情報（台風20号）	NHK総合	9月25日	7:20～22分	46.9
第12位	オリンピック中継 第9日	NHK総合	10月18日	22:00～60分	45.7
第13位	オリンピック中継 第9日	NHK総合	10月18日	13:00～354分	44.8
第14位	オリンピック中継 第12日	NHK総合	10月21日	12:45～369分	44.8
第15位	ゆく年くる年	NHK総合	12月31日	23:45～15分	44.6
第16位	プロレスリング	日本テレビ	12月4日	20:00～56分	44.2
第17位	東京オリンピック（開会式を前に）	NHK総合	10月10日	13:20～23分	43.6
第18位	ニュース（台風20号）	NHK総合	9月25日	7:00～16分	42.7
第19位	オリンピック中継 第8日	NHK総合	10月17日	20:00～140分	42.6
第20位	てなもんや三度笠	TBS	3月15日	18:00～30分	42.2

利した瞬間の最高視聴率は、河出書房新社が作った『現代風俗史年表』には最高瞬間セット・イン・ユース95・4%、平均視聴率は80・3%（うちNHK66・8%）と書かれている(21)。

読売新聞芸能部が編集した『テレビ番組の40年』は、NHKが四十二人のアナウンサーを動員して、オリンピックの番組を中継したと書いている。東京オリンピックがこの年の（この年だけでなく実は、この時代の、なのだが）最大級・最重要のイベントだったことがよくわかる。(22)

また、井上ひさしが書いた『ベストセラーの戦後史2』には「第三セット、13―6からソ連が14―13まで追い上げてきたときには、見物の中から何度となく悲鳴があがった。そして実況担当の鈴木文弥アナウンサーが《金メダルポイント！》と叫ぶこと六度、宮本恵美子選手の魔のサーブがソ連陣内を攪乱した」という記述が

東京オリンピックで大活躍、金メダルに輝いた〝東洋の魔女〟日紡貝塚のバレーチーム。

ある。このとき瞬間視聴率は85パーセントに達したという。これはたぶんＮＨＫ単体の数字だろう。(23)

このころのテレビは実況中継機能を最大の魅力とするメディアだった。

そのことがオリンピックの中継で証明されたかたちになったが、国産のドラマ作りもここのところに来て、成熟しようとしているというか、大きな変化が始まっている。そのことをテレビガイド編集部が編集した『テレビドラマ全史〜』はこう書いている。

Ｓ30年代後半は国産ホームドラマの全盛期。そのほとんどは「パパママもの」と呼ばれた核家族ドラマか「嫁VS姑」で時間も30分だった。

東京オリンピックのＳ39年以降、新しい流れが加わる。「七人の孫」「ただいま11人」に代表される大型の家族構成の、社会的な問題提起も含んだ1時間ホームドラマの誕生だ。

この前後、国内でも海外でも、歴史的なトピックスや事件が続出した。日米間では初のテレビ中継が行われ、国民の視野は「世界」に広がった。

テレビの普及で情報量が飛躍的に増え、日本経済は急成長を遂げて先進国の仲間入りをしていた。そんな時代背景を受けて、家庭が抱える問題、話題も急速に多様化していった。登場人物もトピックスも多彩な大家族ドラマは、そういう視

テレビドラマ『七人の孫』（TBS系）

聴者の側のニーズの受け皿だった。また一方では、都市部で核家族化が一般化しつつある中、賑やかな大家族にノスタルジーを感じる視聴者も多かった。(24)

『七人の孫』は森繁久彌の演じるおじいちゃんを中心に、共演者に大坂志郎、月丘夢路、松山英太郎、いしだあゆみ、加藤治子、樹木希林などがいた親子三代のふれあいを描いて、平均で30パーセントを超える視聴率をかせぎだした。

『ただいま11人』は夫婦役に山村聡と荒木道子、娘七人と息子ふたりの家族が仲よく生活している過程を描いたドラマ。娘たちに扮したのは池内淳子、渡辺美佐子、中原ひとみ、丘さとみ、松尾嘉代ほかで、それぞれ夫と死別して実家に戻った娘や、映画監督になりたい娘、国際線のスチュワーデスら、現代を生きる若い女のさまざまの生き方を登場させて、女性の視聴者の共感を呼んだ。

これらはいずれも日本映画がかつて主要なテーマにしていた家族の日常性を描いたものだった。映画はテレビに押されて、必死で市民感覚からはかけ離れた異常なエロやヤクザの世界を描くことに熱中していたが、そういう立ち位置に追いこまれざるを得なかった理

テレビドラマ『ただいま11人』（ＴＢＳ系）

由のひとつに、一時代前の小津安二郎らがつくった庶民の日常生活を描く手法を参照したテレビドラマが、現代の家庭模様を不自然なところなく描きだしたことがあっただろう。

この年、話題になったテレビドラマは、この二作品のほかに歌、映画、本のところでも触れたが、東芝日曜劇場で、山本学と大空真弓主演でドラマ化された『愛と死をみつめて』、長谷川一夫、山田五十鈴、尾上梅幸、志村喬、中村賀津雄、林与一ほか、有名俳優を百二十人登場させたＮＨＫ大河ドラマ第二弾の『赤穂浪士』、これは長谷川一夫扮する大石内蔵助の…おのおのがた、お出会い召されよ…の決めぜりふが印象的な番組だった。

外国ものではデビッド・ジャンセンの『逃亡者』、この番組の殺人の容疑者が逃亡をつづけながら真犯人を突きとめるという筋書きはいまでもひんぱんにリメイクされるストーリーになっている。

子供向け番組では『忍者部隊月光』が人気を呼び、このあと三年の長寿番組となった。

ドラマの話はここまでにするが、現在、朝の番組としてズラリと並んでいるキャスターを中心に据えた、いわゆるニュース・ショーもこの年から始まった。『木島則夫モーニング・ショー』である。

こんな説明がある。

昭和三十九年四月一日、「木島則夫モーニングショー」（NET）が放送開始。月～金の朝8時30分から一時間の生放送で、NHKから引き抜かれた木島則夫、栗原玲児、井上加寿子が司会。内容は主婦の嗜好を意識したニュースやインタビューが主体で、まだショーアップされてはいなかったが、朝の不毛な時間帯に視聴者を開拓した意義は大きい。(25)

ニュース・ショーはそれまでなかなかみんなに見てもらえず、視聴率の取れなかった午前中という時間帯に安定して、一定の反響のある番組が作れた、初めての成功だった。企画内容も放送時間の枠のなかに政治的なニュース、芸能のゴシップ、料理のコーナーや天気予報まであり、さまざまの話題をひとつの括りのなかに編集的に投げこんで構成した雑誌的なテレビ番組で斬新だった。この番組を模倣して、フジテレビの『小川宏ショー』など、民放各社が人気アナウンサーをキャスターに立てて、朝のニュース・ショーを作り始めるのである。

そして、この章の最後になるが、どうしても書き加えておかなければならないことがある。

芸能界の出来事ではなく、政治家の池田勇人のことである。政治の話はいつも簡単に触れるだけにしてきたが、時代を作り出してきた人の命運だけに書き落とすわけにはいかない。上前淳一郎が書いた『山より大きな猪』は《高度成長に挑んだ男たち》の副題が付けられているこの時代を描いたノンフィクション小説だが、その物語（事実）の主人公である、このときの総理大臣池田勇人について、こんなふうに書いている。

九月七日、東京で初めて開かれたＩＭＦ総会に出席して挨拶した池田は翌八日突然、咽喉の精密検査のため一、二週間入院することを明らかにした。咽喉の調子は相変わらずよくなかった。しかし、ＩＭＦ総会には出席したかったので、ルゴールやうがいでごまかしてきていたのである。

九日、東京・築地のがんセンターに入ったが、咽喉だというので重症と思うものは少なく、政界は冷静であった。臨時首相代理もおかれなかった。しかし、入院前から咽喉ガン、しかもすでに末期のものと診断されていた。むろん本人はそうとは聞かされず、知っているのは前尾、大平らごく一部の腹心たちだけであった。

二十五日、「前ガン症状で放射線治療を続ける」とのがんセンターの発表が行われた。「全部ほんとうのことを発表してもらいたい。しかし、ガンであることだけは絶対に嘘をいってもらいたい。他日わたしが必ず国民にお詫びするから」前尾がそう注文して、事実は伏せられた。

十月十日、日本で初めて開かれたオリンピックの開会式に、池田は病院から出席した。元気そうで、ガンを疑うものはなく、秘密は完全に保たれていた。ところが、オリンピック閉会式の翌二十五日、突如辞任が表明されて、政界と国民を驚かせた。放射線治療の経過はよかった。しかし、なお治療の必要があった。すでに五十日近く留守にしたうえさらに入院を続けることは首相としてできない、と前尾たちは判断した。ガンの秘密を守り抜くのも、限界に来ていた。「私はわが国の国際的地位の向上、党近代化、成長経済に伴う諸々の歪み是正を政治的な使命として参りました。私はいま首相、総裁として、その実現を断念せざるをえなくなりました……」

十年で国民総生産を、すなわち所得を倍増するという、彼が首相就任時にした約束は、もうじき実現する。

十年どころか、その半分で実現しようとしているのだ。その日を待たずに首相の座を去るのは、無念だっただろう。だが彼は、前尾たち腹心が辞任を勧めていることを知ると、率直にそれに従った。

池田首相は慢性咽喉炎のため、国立がんセンターに入院した。オリンピックが終わった翌日、首相辞任を発表。前夜、閉会式をテレビで観ていた際、電光掲示板に映し出された［SAYONARA］という表示をみて、「さよなら、いい言葉だ」と呟いていたという。死病であることに気付いていたのだろうか。

引き際は非常にいさぎよく、見事でさえあった。池田辞任をうけて、自民党執行部は話し合いで後継を決めようとしたが不調に終わった。

十一月九日、池田が佐藤を総裁に指名して、党両院議員総会はこれを了承した。思いがけない形ではあったが、一高受験の落第生同士で、吉田学校では優等生を競いあった相手に、ようやく政権はゆずられることになる。その日のうちに両院本会議は佐藤首班を指名し、閣僚をそのまま引き継いで佐藤内閣が発足した。

十二月になって池田は退院し、熱海で静養した。

翌四十年三月、全快ががんセンターから発表された。しかし、七月になると再発し、東大病院で手術を受けたが、がんは咽喉から食道、肺にまで転移していた。術後肺炎を併発した。

八月十三日に不帰の人となった。六十五歳だった。(26)

オリンピックの実現のために晩年の精魂を一身にかたむけた人だった。

池田勇人というと、終戦直後、大蔵官僚だったのだが、米軍の占領時、治安対策としてR・A・A(特殊慰安施設協会)を率先して、作りあげた人だった。たぶん、日本が戦争に負けることなど、とっくの昔にわかっていて、アメリカに占領されたらどうすればいいか、ずっと考えていたに違いない。R・A・Aは米軍兵士相手の公営の売春組織である。終戦直後という時代のなかで考えれば、一般女性を米兵による性的被害から守るためにはどうしても必要な組織だったのだろう。

吉田茂内閣のもとで、政治家に転じて、当選一回ながら大蔵大臣に抜擢され、「貧乏人はむぎを食え!」などの乱暴な発言で物議をかもした人でもあった。池田勇人は荒削りで乱暴なところもあったが、いざというときは細かな計算と配慮があり、緻密な頭脳をもち、やるときはやる言行一致の硬骨漢だった。

昭和三十年代の日本を〝妖怪〟と呼ばれた岸信介と前後ふたつに分けて支えた、性根の座った政治家だった。

【註】

(1)『20世紀全記録』一九八七年刊　講談社　P・929

(2)『平凡パンチの時代』二〇〇九年刊　河出書房新社　塩澤幸登著　P・11

(3)『シオクルカサの不思議な世界』P・72

（4）『〝ブルー・シャトー〟は永遠なり』二〇〇〇年刊　近代映画社　ジャッキー吉川著P・18
（5）『〝ブルー・シャトー〟は永遠なり』P・46
（6）『世界は俺が回してる』二〇〇九年刊　角川書店刊　なかにし礼著　P・157
（7）『日劇レビュー史』P・321、P・327ほか
（8）『〝ブルー・シャトー〟は永遠なり』P・51
（9）『だめだこりゃ』二〇〇三年刊　新潮文庫　いかりや長介著　P・55
（10）https://ja.wikipedia.org/wiki/ザ・ドリフターズ［ドリフの歴史］の項
（11）『戦後キネマ淳棒ベスト・テン全史』P・122
（12）『日本映画史・3』P・74
（13）『波瀾万丈の映画人生』P?180
（14）『日本映画史・3』P・52
（15）（『波瀾万丈の映画人生』P・178
（16）（『現代風俗史年表』P・159
（17）（『平凡パンチの時代～失われた六〇年代を求めて～』一九九五年刊　マガジンハウス　P・62
（18）『年表作家読本 三島由紀夫』一九九〇年刊　河出書房新社　松本徹編著　昭和39年の項
（19）『完全版 平凡パンチの三島由紀夫』二〇一二年刊 河出書房新社　塩澤幸登編　P・415
（20）『日本の無思想』平凡社　一九九九年刊　加藤典洋著　P・259
（21）『現代風俗史年表1945↓2000』　P・158

(22)『テレビ番組の40年』P・569
(23)『ベストセラーの戦後史2』P・49
(24)『テレビドラマ全史1953〜1994』P・122
(25)『現代風俗史年表1945↓2000』P・160
(26)『山より大きな猪〜高度成長に挑んだ男たち〜』一九八六年刊　講談社　上前淳一郎著　P・481

第九章

1965（昭和40）年

昭和元禄への出立

［昭和四十（一九六五）年］

まず、この年の国際的事件・国内政治・経済・社会のできごとの年表である。

一月十日　佐藤首相、訪米。
一月二十四日　イギリス、ウィンストン・チャーチル死去。享年九十。
二月十日　社会党岡田春夫、衆議院予算委員会で自衛隊の三矢研究を暴露。
二月二十日　日韓基本条約に仮調印。
三月六日　山陽特殊製鋼、負債480億円で倒産。繊維業界の中小企業、倒産多出。
四月二十四日　ベ平連結成。初めてのデモ行進。
五月十七日　ＩＬＯ87号条約、および関係国内法を可決。結社の自由、団結権を保護。
五月二十八日　山一証券事件。田中角栄蔵相、山一証券の無制限無期限の日銀特別融資発表。
五月三十一日　日産自動車とプリンス自動車、合併。
六月一日　東京、埋め立て地の夢の島でハエが大量発生。
六月二日　新東京国際空港公団法発布。
六月十一日　アメリカ、ロスアンゼルスで黒人暴動。
七月四日　参院選。自民71社会36公明11民社3共産3無所属3議席獲得。
七月二十三日　東京都議会選挙で社会党第一党、自民過半数を割りこむ。

八月十九日　佐藤首相、首相として戦後初の沖縄訪問。祖国復帰要求デモに囲まれる。
十月一日　外国産自家用車輸入自由化。
十月三日　インドネシア、共産党の大弾圧始まる。
十一月二十七日　アメリカ、ワシントンでベトナム反戦平和行進。
十二月十日　日本、国連安保理事会、非常任理事国に当選。
十二月二十一日　国連総会、人種差別撤廃条約案採択。

説明の必要な事項について、解説をしておく。

1月30日ロンドン。イギリス元首相、世界大戦の英雄W・チャーチルのお葬式、享年90。

6月11日、アメリカのロスアンジェルス。黒人と警官のトラブルから暴動勃発。大騒ぎになる。

8月19日、いまだアメリカ占領下にある沖縄。戦後初めて日本の首相（佐藤栄作）が訪問、デモ隊に囲まれて往生、祖国復帰を誓う。

自衛隊の「三矢研究」については小学館の『日本大百科全書（ニッポニカ）』にこういう説明がある。

昭和三十八年に自衛隊がおこなった大規模な図上演習。統合幕僚会議事務局長を中心に、当時のアメリカの戦略のもとで、朝鮮半島に武力紛争が生起した場合を例題に「自衛隊としてとるべき措置」を検討するために実施された。この研究の一部が衆議院議員岡田春夫らによって暴露され国民を驚かした。それはごく一部とはいえ、日米共同作戦をめぐる作戦・指揮・情報・後方支援や、総動員、有事立法などの諸問題について貴重な資料や手掛りを提供している。

日韓基本条約について。朝日新聞出版の『知恵蔵』のなかの高橋進東京大学教授の説明。

1965年6月に、日本（佐藤栄作政権）と韓国（朴正煕政権）との間で調印された条約。これにより日本は韓国を朝鮮半島の唯一の合法政府と認め、韓国との間に国交を樹立した。韓国併合条約など、戦前の諸条約の無効も確認した。同条約は15年にわたる交渉の末に調印されたが、調印と批准には両国で反対運動が起きた。両国間交渉の問題点は賠償金であったが、交渉の末、総額8億ドル（無償3億ドル、政府借款2億ドル、民間借款3億ドル）の援助資金と引き換えに、韓国側は請求権を放棄した。

六月二十二日　首相官邸で日韓基本条約などに調印。十二月十一日　参議院本会議、自民・民主両党で日韓基本条約など可決。十八日ソウルで批准書を交換して成立した。この条約の締結によって過去、日本と韓国のあいだに存在したすべての問題は解決したことになっている。

ＩＬＯ87号条約というのは、国際労働機関（International Labor Organization）で採択された，結社の自由と団結権の擁護に関する条約。旺文社の『日本史大事典』によれば、日本は一九五一年にＩＬＯ（国際労働機関）に再加盟したが，公共企業体等労働関係法の争議権の否認，団体交渉の制限，公共企業体等労働委員会の設置などの問題があり，ＩＬＯ87号条約批准について，国会で紛糾。一九六五年ドライヤーを団長とするＩＬＯ対日調査団の来訪調査後，同年に批准し，関連国内法の改正が行われた、とのことである。

インドネシアの共産党弾圧については、講談社の『20世紀全記録』のなかにこんな記述がある。

クーデターは２日で失敗、首謀者は逮捕。

○英雄スカルノの指導力 地に墜つ　インドネシア、左派のクーデターを右派が電撃鎮圧
10月1日　インドネシアでクーデターが起き、東南アジア最大の共産党と、反共意識の強い陸軍との微妙な均衡の上で政権を維持してきたスカルノ体制を根底から揺るがした。前夜からこの日の未明にかけて、大統領親衛隊のウントン中佐の指揮する部隊が「ＣＩＡに指導された将軍評議会のクーデター計画を押さえる」と称して陸相ヤニら8将軍を射殺。中央放送局などを占拠し、「革命評議会」樹立の宣言を放送した。
反共派の国防相スナチオンは危うく難を逃れ、腹心の陸軍戦略予備軍司令官スハルト少将は、放送10分後に行動を開始し、電撃作戦を展開。午後8時、「ウントン中佐の軍事クーデターを粉砕した」と放送した。

この事件を機に軍部は共産党を非合法化し、その支持者を大量虐殺。大統領スカルノは指導力を失う。（1）

一九八三年に作られた作品なのだが、インドネシアを舞台にした『危険な年』という映画がある。

「危険な年」というのは一九六五年のことである。

オーストラリア映画。メル・ギブソンはオーストラリアのジャーナリスト役、シガニー・ウィーバーは英国大使館職員の役。当時のインドネシアの社会情勢と激動を克明に再現した迫力満点の映画だ。

映画『危険な年』、メル・ギブソンはこのあとハリウッドへ。男性カメラマン役のリンダ・ハントがアカデミー助演女優賞を受賞。

主演はメル・ギブソンとシガニー・ウィーバー、共演にリンダ・ハント。リンダはこの映画でオスカーの助演女優賞を取っている。映画はこの年のインドネシアに特派されたオーストラリアの新聞記者とイギリス大使館に勤める美貌の大使館職員の恋愛物語が、動乱のジャカルタを舞台に描かれる、緊迫した場面が連続的につづく作品だった。

この映画を見たのはいまからもう三十年も前の一九八四年の夏（映画が作られたのは一九八三年）なのだが、このころ、わたしは『平凡パンチ』という男性週刊誌の編集者をやっていたのだが、インドネシア在住だったデヴィ・スカルノ（つまりいまのデヴィ夫人）がヌードを撮影させてくれるという話があって、当時婦人科カメラマンの第一人者だった稲越功一氏といっしょにジャカルタを訪ねたことを覚えている。三十年前のジャカルタは空港もびっくりするほど汚く、ドアが取れたり窓ガラスが割れたりしてボロボロになった日本車が、それでも元気に走り回っていた。

映画はわたしが見た一九八三年よりさらに十八年も前のジャカルタを舞台にしたものだった。映画の内容は謀略の渦巻くクーデターを中心にくり広げられる、火花が散るような動乱の物語だが、インドネシアでの撮影許可が下りず、フィリピンで撮影されたと聞いている。オーストラリアの映画界が本気で作っただけあって、大道具や場面の美術はスカルノの時代を見事に再現している。美男と美女の恋愛劇でもあるが、このときのクーデターを再現した記録映画としても見られる。

映画『危険な年』はインドネシアの一九六五年を描いたものだったが、日本社会の一九六五年がどういう一年だったか、井上ひさしはこんなことを書いている。

昭和四十（一九六五）年は、前年秋の、東京オリンピックという名の巨大な運動会の付けがどっと回ってきた年である。たしかに運動会は成功だった。史上最大の参加国数（九十四か国）、金メダル数ではアメリカ（三十六）、ソ連（三十）につづいて第三位（十六）、そしてとにかく高速道路網があり、世界一早い東海道新幹線があり、日本が先進工業国として立派に更生した姿を世界に印象付けることには成功したのである。が、しかし祭が終わってみると、集中的な建設投資の反動が列島全体に居座っており、オリンピック不況といわれる大規な景気後退がはじまっていた。(2)

左の写真はエールフランスの機長が日本人スチュワーデスと結託して起こした拳銃密輸事件。4月8日警視庁が摘発したピストルを報道陣に公開した。押収された拳銃187丁、実弾が1万8千発あったという。事件の首謀者はこの本の424ページに登場する作家の百瀬博教。当時は赤坂のナイトクラブの用心棒だった。拳銃は父親が関係していた国粋会から山口組などに流れた。百瀬は石原裕次郎と仲が良く、裕次郎が警察の家宅捜索を受けて大騒ぎになった。この事件で百瀬は懲役6年の実刑をうけ、秋田刑務所に収監された。

前章に、昭和三十九年を中心に前後のそれぞれの一年はなにかが始まりなにかが終わった三年間だったと書いたが、昭和四十年は井上が書いたとおり、オリンピックのあと始末の一年で、まさしく経済の不調に悩まされた一年だった。

この時期を〝破壊と創造の三年間〟と書いて、この年は主として破壊がおこなわれたと書いてもいいかもしれない。実際のところ、財政経済も不健全で調子が悪かったが、もっとひどいのは環境問題だった。

昭和三十年代は成長と発展のことばかりで、その反作用ともいうべき環境汚染はほったらかしの状態で、それがオリンピック終了後、さまざまの事件を引き起こして、社会問題になっていた。

橋本治は自著のなかで一九六五年をこんなふうに書いている。

ジメジメとした梅雨の暑さの中、東京江東区の住民は、突如として襲いかかってきたハエの大群に驚いた。東京湾のゴミ埋立地である夢の島で大量に発生したハエが、対岸の江東区民を襲ったのである。梅雨が去り、本格的な夏の暑さに訪れられたら、もう江東区民は窓を開けることが出来ない。

夢の島には火炎放射器まで登場した。一九六五年の日本人はまだ「公害」という言葉の意味を理解していない。だから、いろいろなものが散発的に起こる。

一月には、日本で初の「スモッグ警報」が発令される。

日本に初めて「スモッグ」が発生したのは、テレビの受信台数が一千万台を突破した一九六二年の冬で、その年のロンドンではスモッグによる死者が百人以上出ていた。「霧のロンドン」と言われていた〝霧〟の正体が「産業革命以来燃やし続けた石炭の煤煙」ということもあきらかになる。

燃料の主役は石炭から石油へと移り、工場の煙突から出る煙に自動車の排気ガスも加わった。（3）

上の写真はコロナ対策ではなくて、三重県四日市の公害、スモッグ対策にマスクをして通学する小学生たち。いまから57年前。

ハエ退治の巨大な噴霧器が登場、薬剤を散布。中段はハエ取り紙に吸着したハエたち。

考えてみると、昭和四十年というのは、社会が近代化して、産業社会となった昭和三十年代の末までに、東京オリンピックをピリオドとして、それまであれこれとやらかしたことを整理してあと始末し、新しい、来るべき時代に合わせたプロジェクトを発案し、実行に移す、そういう一年だったのである。

それでは、芸能界もそういう見方をしながら、出来事を見ていこう。

まず、主な出来事を羅列して書くとこういうことである。

一月一日　ビートルズ主演映画『ビートルズがやって来るヤアヤアヤア』正月公開。
三月二十日　東宝、映画「東京オリンピック」を公開。
四月二日　NTV系視聴者参加番組「踊って歌って大合戦」放送開始。司会・林家三平。
四月九日　TBS系アクションドラマ「ザ・ガードマン」放送開始。
四月十八日　東映、高倉健主演映画「網走番外地」公開。
四月二十四日　東宝、黒澤映画『赤ひげ』を一般公開。
五月三日　フジテレビのニュースショー「小川宏ショー」放送開始。
六月十六日　武智鉄二監督・脚本作品「黒い雪」わいせつ容疑で警視庁が押収。
六月十九日　ミュージカル映画「サウンド・オブ・ミュージック」公開。
七月三十日　文豪谷崎潤一郎没。
八月一日　平凡出版から「平凡パンチデラックス」創刊。このあと、続々男性雑誌創刊。
十一月一日　NTV系深夜のショー番組「11PM」放送開始。

十一月十日　日本クラウン、北島三郎歌唱の「函館の女」発売。
十二月**日　美空ひばり歌唱の「柔」、日本レコード大賞を受賞。

最初にポピュラー音楽の話。【歌謡界】ではなく、【音楽界】というくくりのほうがいいかもしれない。


【音楽界】

まず、新しいうごきだ。レコードに「洋楽」というレーベルがあり、外国曲はみんなそのジャンルから出ていたのだが、考えてみると、外国のヒット曲がラジオを中心にかなりの（いまよりもずっと）勢いがあったような気がする。自分の経験を書いているのだが、わたしがはじめて買ったレコードはシングル盤なのだが、ラジオで流れていたのを気に入って『サーフィンUSA』だったのだが、何も知らずにレコード店の店先で「サーフィンUSAください」といったら、ビーチ・ボーイズではなくて、アストロノーツの『サーフィンUSA』を売りつけられた。

最初、気が付かなかったのだが、何度も聞いているうちに、ビーチ・ボーイじゃないことに気が付いた。アストロノーツというバンドのことはこのとき、知った。当時のシングル盤はA面B面別の歌手の歌が入っていて、この時はB面にはサム・クックの『アナザー・サタデイナイト』が入っていた。

調子のいい歌で、サム・クックという歌手をこのときはじめて知った。このあと、ペギー・マーチの『アイ・ウィル・フォロー・ユー』を買ったのだが、その時はB面にロネッツの『ビー・マイ・ベイビー』が入っていた記憶がある。ロネッツのこともこのとき知った。

わたしはまだ、このころ、中学生から高校生になったところだったが、アメリカから流れ込んでくるポピュラー音楽はいまよりずっと、強烈な説得力を持って主としてラジオだったのだが、ラジオから流れていた記憶がある。そういう状況のところにビートルズの音楽が堰を切ったように流れ込んできたのである。

三百万枚売る
ビートルズ

Ⓡレコード

ビートルズのレコードが日本のファンに親しまれて一年、シングル盤LP盤あわせて三百万枚が売れた。一つのグループが短時日にこれだけの成績をあげたのは初めて。このレコードをあつかう東芝音楽興業では、このほどグループ四人にそれぞれ金盤(ゴールデン・レコード)を贈った。

ビートルズのレコードは、昨年二月初めに出た「抱きしめたい」「プリーズ、プリーズ、ミー」を皮切りに、今月の「すてきなダンス」「ノッポのサーリー」までシングル盤十五枚、LP三枚で、これからも二月にLP一枚、三月にシングル二枚が出る。四人のリーダー格ジョン・レノンやポール・マッカートニーの作詩・作曲も好調で、ブームはまだ…と、東芝は強気だ。

写真左端がポール・マッカートニー、ついでジョージ・ハリスン、ドラムはリンゴ・スター、右端がジョン・レノン。とにかく、彼らの音楽は新しかった。オリジナル曲もそうだが、別の人が作った『ロール・オーバー・ベートーベン』や『ツイスト&シャウト』、『カンサスシティ』などもビートルズの方が迫力があり、子供心に〈ビートルズ、スゲーナア〉と感心した記憶がある。

朝日新聞の六十五年一月九日の東京夕刊には右の上段の記事が載っている。

前年一月、アメリカに上陸して大ブームを起こしたことはすでに書いたが、日本でも二月に東芝レコードから『抱きしめたい』が発売になり、そのあと、この一年の間に十三枚のシングル盤、ＬＰ三枚が発売になっている。わたしは親にねだってＬＰは全部買ったと思う。

そして、ブームは衰えを知らず、六十五年にも十三枚のレコードが発売になっている。

朝日新聞の記事に重なるようにしてだが、実は、お正月にふたつのことが起こっている。ひとつはビートルズの主演映画『ビートルズがやって来る』の公開。もうひとつはベンチャーズの来日である。

まずビートルズの映画について書くと、ファンの女の子たちが映画館のステージに駆けあがり、スクリーンを撫でまわしたり、キスをして口紅をつけてしまったりするほど熱狂した。十一月には主演第二作の『ＨＥＬＰ！』も公開になり、女子高生中心の熱狂的な人気で機動隊が出動する騒ぎだったという。劇場は、ファンがステージに駆け上がった場合は上映中止にするなど、対応に大わらわだった。(91)

一年間で三〇〇万枚売ったというビートルズの歌をズラリと並べると次のようなことである。

I WANT TO HOLD YOUR HAND／THIS BOY
PLEASE PLEASE ME／ASK ME WHY
SHE LOVES YOU／I'LL GET YOU
CAN'T BUY ME LOVE／YOU CAN'T DO THAT
FROM ME TO YOU／I SAW HER STANDING THERE
TWIST & SHOUT／ROLL OVER BEETHOVEN
DO YOU WANT TO KNOW A SECRET／THANK YOU GIRL

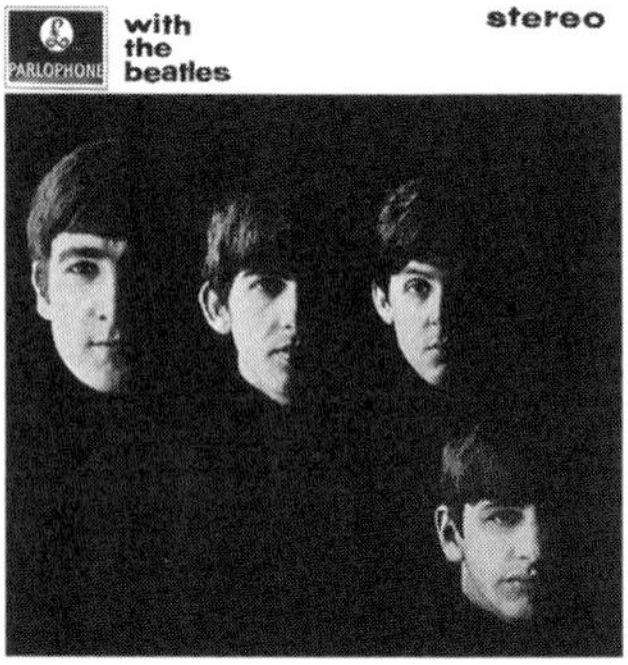

一番上の写真はイギリスではセカンド・アルバムのジャケット写真だったらしいが、日本ではこれが日本発売の最初のＬＰのデザインに使われた。

中段は『抱きしめたい』。日本ではこの曲が一番最初にシングル盤で発売になった。下段は映画『ビートルズがやって来る』、原題は『A HARDDAYS NIGHT』のパンフレット。コレクション・マニアというのがいて、垂涎の的である。

ALL MY LOVING／/LOVE ME DO
PLEASE MR.POSTMAN／MONEY
A HARDDAYS NIGHT／THINGS WE SAID TODAY
I SHOULD HAVE KNOWN BETTER／I'LL CRY INSTEAD
AND I LOVE HER／IF I FEEL
MATCHBOX／SLOW DOWN

B面にもI SAW HER STANDING THEREとかROLL OVER BEETHOVENとかイギリスでのデビュー曲だったLOVE ME DOとか捨てがたい曲がある。つづいて、一九六五年にレコードとして発売された曲。

I'M HAPPY JUST TO DANCE WITH YOU／TELL ME WHY
I FEEL FINE／SHE'S A WOMAN
LONG TALL SALLY／I CALL YOUR NAME
NO REPLY／EIGHT DAYS A WEEK
ROCK & ROLL MUSIC／EVERY LITTLE THINGS
MR,MOONLIGHT／WHAT YOU'RE DOING
KANSAS CITY／I'LL FOLLOW THE SUN
TICKET TO RIDE／YES IT IS
I DON'T WANT TO SPOIL THE PARTY／EVERYBODY'S TRYING TO BE MY BABY
HELP!／I'M DOWN

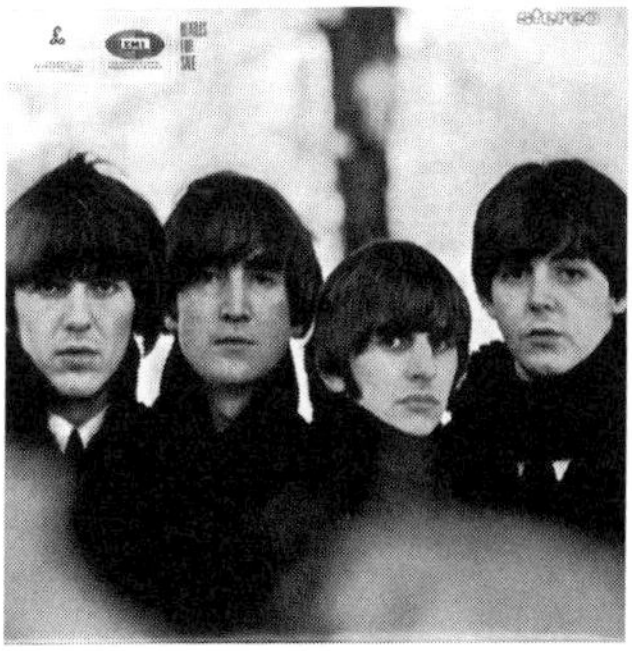

『A HARDDAYS NIGHT』、『HELP!』、『BEATLES FOR SALE』…、LPが発売になるたびに親に無理を言って買ってもらった。いくらだったかは忘れたが、けっこういい値段だった。
それと、ここでは触れる機会がないが、ビートルズの他に、デーブ・クラーク・５とかザ・サーチャーズとかゲーリーとペースメイカーズとか、アニマルズなど、いわゆるリバプール・サウンズも新鮮で大好きだった。当時のイギリスはそれまでの繁栄の後遺症でいろいろな悩みを抱えていたが、そういう社会環境のなかから新しい音楽が生まれたのだった。

ビートルズのレコーディング風景。

DIZZY MISS LIZZY／ANNA
YOU'RE GOING TO LOSE THAT GIRL／TELL ME WHAT YOU SEE
THE NIGHT BEFORE／ANOTHER GIRL
YESTERDAY／ACT NATURALLY

どの曲も有名な、いまでもひんぱんに聴かれている曲ばかりだ。

また、先日の朝日新聞だが、令和四年の元旦（一月一日）の特別版でビートルズを特集している。

表題は「ビートルズすべての源流」というもので、ここで奥田民生がビートルズについてこう語っている。


ひとことで言えば「辞書」。ビートルズはそんな存在です。演奏する喜び、録音する喜び、曲を作る喜び、全てをビートルズが教えてくれた。そして今でも「あれはどんなフレーズだったかな」とか、「そのコード進行、ジョン好きよね、俺もちょっと借りるよ」と、音楽を作る際に、本棚に並んだ辞書のように、確認しに行きます。（5）


ビートルズの世界デビューからすでに五十八年が経過していて、この状況である。

この記事には、時代ごとにビートルズの音楽の影響を受けたミュージシャンたちの名前を、例えば世界でいうとピンク・フロイド、マイケル・ジャクソン、オアシス、ビリー・アイリッシュ、日本では吉田拓郎、佐野元春、ピチカート・ファイブ、あいみょんなどの名前をあげている。

要するに、これはビートルズ以降のミュージシャンや音楽のファンたち全てがビートルズの洗礼を受けている、ということだろう。

朝日新聞の同じ記事のなかで、音楽評論家の岩本晃市郎氏は「広い意味でビートルズの影響から逃れられるポップ・ミュージシャンはいない。自覚していないレベルにまで空気のようにひろがっている」と語っている。

ベンチャーズのエレキ・ギターのテケテケテケテケテケというメロディラインは、好きな人間が一度聞いたら、耳にこびりついて離れなくなるような魔力を持っていた。長い人気を誇り、毎年、アメリカから出稼ぎにやってきた。
下はアニマルズの大ヒット曲、『朝日の当たる家』。これは名曲。エリック・バートンの図太いがらがら声がこの歌にぴったりだった。

話を一九六五年にもどすが、同じ（六十五年の）正月には〝エレキの神様〟ベンチャーズがアストロノーツを連れて来日した。これも洋楽過熱の一因となる。

『現代風俗史年表』の記事に「エレキ・ブームでベンチャーズが大人気」とある。

〝エレキの神様〟ベンチャーズが頻繁に来日公演を行いエレキ・ブームに火をつけた。寺内タケシの語るところによれば、「あの程度なら三日も練習すれば俺たちもできる」というのが人気の秘密。（略）テレビでは「勝ち抜きエレキ合戦」が放送され、バンド熱をあおった。ブームが加熱すると教育的見地から好ましくないとして、エレキギターを買うこと、バンドを作ることを禁止する学校もあった。（4）

つづいて、「ダンス・ダンス・ダンス」という小見出しをつけた文章。

「ビートルズはもちろん、エレキが大好き、モンキーも好きだけど最近は大人に締め出されておどる場所もない」と女の子。ともあれ、ビートルズ、ベンチャーズ、6月に来日したアニマルズら、聞いていると身体の動き出す音楽ばかり。曲にあわせて踊るモンキー・ダンス、サーフィン・ダンス、ゴーゴー・ダンスがブームに。アメリカの人気スターが出演するテレビ番組「ハリウッド・ア・ゴー・ゴー」などがお手本になっていた。（4）

この外国から押し寄せた新しい文化の波が、古くからある歌謡曲の世界に押しよせて、日本なりの新しい化学変化が起こって、それまでなかった歌を作るようになっていくのだが、この時点ではまだまだ、全国的にいえば、ビートルズよりも美空ひばりや北島三郎、都はるみや御三家だった。

【歌謡界】

まず、どんな歌がはやったか。この年の「ベストセラー・ベスト30」は左ページの表のようになっている。

【昭和 40（1965）年　シングルヒット曲　ベスト 30】

①柔	美空ひばり	196412
②函館の女	北島三郎	196511
③涙の連絡船	都はるみ	196510
④学生時代	ペギー葉山	196412
⑤涙くんさよなら	坂本　九	196505
⑥兄弟仁義	北島三郎	196504
⑦さよならはダンスの後に	倍賞千恵子	196504
⑧二人の世界	石原裕次郎	196505
⑨愛して愛して愛しちゃったのよ	田代美代子、和田弘とマヒナスターズ	196506
⑩サン・トワ・マミー	越路吹雪	196404
⑪ワン・レイニー・ナイト・イン。トーキョー	越路吹雪	196501
⑫女心の唄	バーブ佐竹	196412
⑬ノーチェ デ・東京	金井克子	196411
⑭女ひとり	デューク・エイセス	196508
⑮恋に拍手を	こまどり姉妹	196409
⑯おしゃべりな真珠	伊東ゆかり	196506
⑰星娘	西郷輝彦	196507
⑱北国の街	舟木一夫	196503
⑲アイドルを探せ	中尾ミエ	196501
⑳ゴマスリ行進曲	植木　等	196504
㉑ろくでなし	越路吹雪	196406
㉒帰ろかな	北島三郎	196504
㉓網走番外地	高倉　健	196505
㉔新聞少年	山田太郎	196505
㉕ヨイトマケの唄	丸山明宏	196507
㉖夏の日の想い出	日野てる子	196502
㉗ごめんね…ジロー	奥村チヨ	196406
㉘明日は咲こう花咲こう	吉永小百合、三田　明	196504
㉙赤いグラス	アイ・ジョージ、志摩ちなみ	196507
㉚下町育ち	笹みどり	196510

ここのところ、元気がなかった美空ひばりが捲土重来の大ホームランをかっ飛ばしている。『柔』は彼女の最大のヒット曲、二〇〇〇年現在で百九十万枚のレコードセールスを記録している曲である。（6）

『柔』が発売になったのは実は、昭和三十九年の十一月のことで、このレコードの発売の五か月前に、ひばりは小林旭と離婚をしている。大スター同士の結婚生活の破綻だっただけに大きな話題になった。

この時期というのは、ひばりも仕事の曲がり角に立っていた。三十年代を通してつづいていた東映との契約は三十八年に切れて、映画出演は一年に一本（三十九年に東宝、四十年に東映）だけになっている。やくざ映画やエログロな内容のものが主流になってきた映画界から身をひいて、芸能活動の中心を劇場公演に移したものだった。ひばりはこのあと、東京の新宿コマ劇場や大阪の梅田コマ、名古屋の御園座などで長く座長公演をつづけることになる。

離婚とこの舞台公演での活動が実を結ぶ形で、『柔』は大ヒットしたのである。

大下英治は『美空ひばり～時代を歌う』という彼女の伝記のなかでこう書いている。

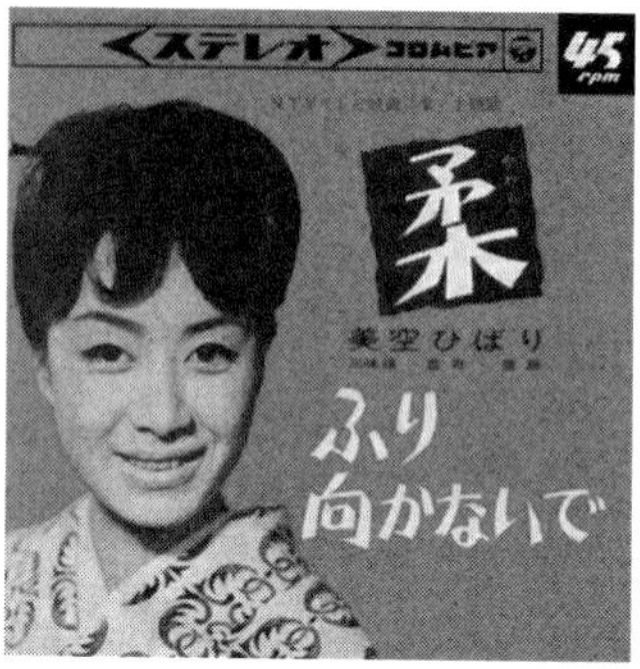

作曲は古賀政男、作詞は関沢新一。

> 離婚の直後、昭和三十九年十一月、名曲『柔』が発売された。あっという間に凄まじい売れ行きを見せ、一年間で百五十万枚を売る大ヒットとなった。まるで、離婚で傷ついた心を一掃するような勢いで売れ続け、翌昭和四十年には、第七回日本レコード大賞を受賞する。ひばりの歌手生活における、ひとつの頂点であった。（7）

『柔』は心機一転の新境地をうたった歌でもあったのである。

そして、実はこの年、美空ひばりはデビューして二十年を迎えている。

その記念にと思ったのかもしれないのだが、ひばりは、日本の芸能を初めて取りあげ、大衆文化（彼は「民衆文化」ということばを使っているのだが）として真正面からキチンと論じた最初の作家である、ルポライターの竹中労の取材に協力してインタビューをうけている。

この本には「民衆の心をうたって二十年」という副題が付いている。

『美空ひばり～民衆の心をうたって二十年～』弘文堂刊　竹中労著

美空ひばりほど間歇的に、生涯の何度でもにわたってヒットを飛ばした歌手は他にいない。歌ならなんでもござれの人だった。『柔』をヒットさせたあと、ＧＳのブームがやって来ると、「わたしも」といって、ブルー・コメッツといっしょに『真っ赤な太陽』（♪真っ赤に燃えた太陽だから真夏の海は恋の季節なの…）をうたって大ヒットさせている。

『美空ひばり～時代を歌う～』１９８９年刊　新潮社　大下英治著

なかにはそれまであまり知られていなかった素顔の加藤和枝（ひばりの本名）が書かれている。

竹中はこう語っている。

一時期において、田岡一雄と山口組は、美空ひばりにとって強力な同盟軍であった。権威の序列から阻害された庶民社会のスターと暗黒街の顔役とは、がっちり手を組んで彼らのテリトリー（縄張り）をひろげていった。（略）だが、小林旭との離婚をきっかけに、事情は大きく変わった。それまで、ひばりのマネージャーであった嘉山登一郎が小林旭のマネージャーにくらがえして「菱和プロ」をつくり、やはり山口組の系列で（サカヅキをもらって）興行を行うことになったのである。（略）いうならば、不倶戴天の「前夫」に肩を入れるヤクザ集団に対してひばり母子の感情は次第に疎遠になっていった。（略）そして、当局の組織暴力に対する弾圧が激しくなっていくにつれて、山口組とひばりの関係は、距離をひろげたのである。

ヤクザ集団からの離反（まだ完全なものではないが）と併行して、美空ひばりは「労音」などの大衆音楽

組織に接近していった。これは彼女のよき音楽上の伴侶である原信夫の熱心な努力によるものだった。(8)

この本の巻末に添えられたあとがきにはこうある。

私たちは、二〇年という長い空白をへて、ようやく民衆不在の民衆芸術を、超克しようとしている。戦後の社会を支配してきた文化的植民地主義は、安保闘争後の、広範な民衆意識の高まりによって、しだいに後退しつつある。距離と落差を開いていた大衆と〝大衆運動〟とはまさに合流しようとしている。民衆芸術の夜明けは、私たちの目前にある。美空ひばりの「労音」出演は、そのひとつの証左である。(9)

「労音」というのは正式名は全国勤労者音楽協議会。一九四九年に結成された音楽鑑賞団体。一九六〇年代には全国で六十五万人を超える会員数の組織になっていた。全盛時の労音の製作スタッフには五木寛之や寺山修司がいたという。なかにし礼は「ザ・ピーナッツ・ショー」の構成・演出を担当している。

労音はその後、労働運動の退潮に伴い急速に衰退していったが、現在も数万人の全国ネットワークとして存在している。このころはまだ、社会意識としては「大衆」というよりも「民衆」という認識の方が一般的だったのだと思うが、竹中労はひばりの労音出演に、彼女が民衆文化(=大衆文化)の重要な担い手であったことをあらためて認識していたのだと思う。

美空ひばりはこのあと、昭和四十一年に『悲しい酒』(百四十五万枚のセールス)、四十二年には『真っ赤な太陽』(百四十万枚)とミリオンセラーがつづき、ひばりは新しい黄金時代を築き上げる。テレビの歌番組にもよく顔を出していた記憶がある。
もう一つ、忘れるわけにいかないのは北島三郎の最大のヒット曲である『函館の女《ひと》』。

写真上から北島三郎の『函館の女』、中段デューク・エイセスの『女ひとり』は京都大原の三千院をうたった歌。やがて曲のなかに日本各地の地名を織り込んだ歌が大量にヒットする時代がやって来る。地方の地名が大衆社会的に知識として共有されるようになり、一般名詞化したことが大きな原因ではないか。下の写真は青江三奈がうたった『伊勢佐木町ブルース』。

『函館の女』はレコードセールス百四十万枚という記述がある。
北島自身は映画俳優として東映のやくざ映画にも出演していて、『兄弟仁義』はそっちの方のヒット曲。
話は〝ご当地ソング〟というくくりのことなのだが、ネットで調べると、デューク・エイセスの『女ひとり』という歌が先駆けというようなことが書いてある。『女ひとり』は永六輔の作詞、いずみたくの作曲、♪京都 大原 三千院 恋に破れた 女がひとり… という歌で、確かに地名が美しく織り込まれていて、これもご当地ソングといえば確かにその通りなのだが、わたしの記憶ではご当地ソングのなれそめは、まず昭和三十五年にペギー葉山がうたって大ヒットした『南国土佐を後にして』（♪南国土佐を後にして 都へ来てから幾歳ぞ…）で、その直系が北島三郎の『函館の女』（♪はるばる来たぜ 函館へ さかまく波をのりこえて…）で、こっちの方が、ヒットの規模からいってもそのあとの、歌手たちのあいだでの広がりからいっても［ご当地ソング］の第一作品であると書いていいのではないか。

『女ひとり』は、永六輔といずみたくが一九六五年から六十六年にかけて「日本のうた」と銘打って日本各地をテーマにして発表したシリーズの最初の作品なのだが、土地をうたう流行歌としての広がりは北島三郎の『函館』の方がはるかに広い。

北島自身も、函館から始まって、尾道、博多、薩摩、伊予、伊勢、加賀、伊豆、名古屋、沖縄と、延々と地名の付いた女の歌をうたいつづけている。これは北島だけでなく、六十六年には青江三奈が『恍惚のブルース』をうたってデビューし、この歌は地名をうたった歌ではなかったが、このあと東京や銀座をテーマにした歌を歌いつぎ、六十八年のことだが横浜を舞台にした『伊勢佐木町ブルース』の大ヒットを飛ばす。

彼女はここから、『池袋の夜』とか、『新宿サタデーナイト』とか、盛り場をうたったヒット曲を連発していく。かたわらに東京ロマンチカがうたった『小樽のひとよ』が百五十万枚、美川憲一は『釧路の夜』が四十五万枚、『柳ヶ瀬ブルース』は百二十万枚、『新潟ブルース』もうたって、地方の地名をタイトルに挟み込んだ歌が、歌謡曲のうちの主として演歌の世界だが、大流行することになる。

池袋とか柳ヶ瀬とか伊勢佐木町とか、狭い、特定の場所の地名に過ぎないのだが、地理的な面積に関係なく、地名そのものが情報として社会のみんなにイメージを伴って認識されていったことがあって、日本中の地名に流行歌がまつわりつく現象が起こり、歌詞のなかに盛り場や名所の地名を織り込んだご当地ソングが氾濫していくことになった。昭和四十年の『函館の女』はそのきっかけになった歌だった。

つづいて、歌本のシフトを調べてみよう。どんな人に人気があったか、ある程度わかると思う。

昭和五十二年に編集された『続・懐かしの流行歌』では一九六五年の歌は九十三曲が採用されている。

曲名は省略するが、歌手別の歌の数は以下の通りです。

○六曲・（女）都はるみ
○五曲・（男）春日八郎、北島三郎、石原裕次郎
○四曲・（男）三橋美智也　（女）美空ひばり、西田佐知子
○三曲・（男）西郷輝彦、舟木一夫、橋幸夫、井沢八郎、新川二郎　（女）笹みどり
○二曲・（男）高倉連、村田英雄、久保浩、岡晴夫、フランク永井
（女）コロムビア・ローズ、水前寺清子
○一曲・（男）鶴田浩二、アイ・ジョージ、デュークエイセス、北原謙二、曽根史郎、山田太郎、腹耕二、安藤昇、三田明、加山雄三、大木伸夫、マヒナスターズ　（女）島倉千代子、畠山みどり、青山和子、九条万里子、久美悦子、扇ひろ子、倍賞千恵子、三沢あけみ、志摩ちなみ、小宮恵子、竹越ひろ子、松尾和子、日野てる子、三船和子

男の歌手は全部で二十八人五十九曲、女の歌手は全部で二十人、三十五曲だった。

また、『日本の詩情』（こちらは出版年数の明記がないが、平成十年までの歌が収録されている）で採用された六十五年の歌は全部で五十八曲だった。うたった歌手は以下の通りである。

○四曲・（男）石原裕次郎

○三曲・(男) 西郷輝彦、舟木一夫、フランク永井、北島三郎 (女) 美空ひばり、都はるみ
○二曲・(男) マヒナスターズ、高倉健、坂本九、バーブ佐竹 (女) 西田佐知子
○一曲・(男) 三波春夫、村田英雄、菅原洋一、橋幸夫、山田太郎、井沢八郎、丸山明宏、大下八郎、島和彦、有田弘二、大木伸夫 (女) 島倉千代子、松尾和子、扇ひろ子、田代美代子、奥村チヨ、久美悦子、ペギー葉山、金井克子、松山恵子、倍賞千恵子、すずらん姉妹

男二十人で三十五曲、女十九人で二十四曲。和田弘とマヒナスターズはすずらん姉妹、田代美代子、松尾和子と共演。フランク永井と松尾和子はデュエットで『東京ナイト・クラブ』を、アイ・ジョージと志摩ちなみは『赤いグラス』をうたっている。

昭和元禄の男と女のお酒の世界では、男女でデュエットする歌が大流行。決定だともいうべき歌は写真下の石原裕次郎と牧村旬子がうたった『銀座の恋の物語』。この歌は翌年の発売だが、フランク永井と松尾和子がうたった『東京ナイトクラブ』やアイ・ジョージと志摩ちなみがうたった『赤いグラス』はこの年のヒット。どれも、どう考えても酒場のホステスと客の歌だ。

デュエットの名曲『銀座の恋の物語』はこの翌年、昭和四十一年の発売である。

これらの資料でも、都はるみや映画スターとしては、作品を選ぶようになったことで、出演本数はかなり

減っているのだが、歌手としての石原裕次郎は逆にかなり好調だったことがわかる。ちなみに、裕次郎の歌の状況を、この年の歌本二冊（『続・懐かしの流行歌』と『日本の詩情』）に採用されている裕次郎のヒット曲を並べて説明しておくと以下のようなことである。採用されている五曲は次のような歌だ。

『勝負道』（テレビドラマ『王将物語』主題歌♪なんぼ阿呆でも生命はあるで　そんじょそこらの…）
『王将・夫婦駒』（右同♪あばれ香車ルビ・ヤリならどろんこ桂馬　乱れ角ならむかい飛車…）
『雪国の町』（♪川のよどみに石を投げる　何という寂しい水の音か…）
『泣かせるぜ』（♪離さない　もう離さない　すがりつくあの娘の…）
『二人の世界』（♪君の横顔　素敵だぜ　すねたその瞳が好きなのさ…）

わたしが個人的に石原裕次郎の歌のファンであるせいかもしれないが、どの歌も聞き覚えのある歌ばかりだ。ただ『王将物語』の主題歌については、『勝負道』より『王将・夫婦駒』の方が有名だと思う。（『王将〜』のほうがA面である。）『勝負道』の作詞は大阪在住だった作家の藤本義一、『王将〜』の方はテイチクの専属作詞家だった大高ひさお。大高は石原裕次郎の歌をたくさん作っている人だ。こっちの歌の方が有名だが、『日本の詩情』には『勝負道』だけしか採用されていない。
『王将物語』は昭和四〇年の一月から四月にかけて日本テレビ系で全国放送された。大阪の異端の棋士、坂田三吉を主人公にしたテレビドラマで、主演は長門裕之、女房の小春役は東映で売り出し中だった藤純子（いまの富司純子）だった。何処にもそんなことは書かれていないが、もしかしたら、このテレビドラマは最初、裕次郎に主演を、という発想で企画された番組だったのかもしれない。裕次郎はこの時期、石原プロ製作の第二作である、司馬遼太郎原作の『城取り』の撮影中だった。

いずれにしても、歌本のなかの歌手の散らばり具合で、もちろん正確にではなくボンヤリとしたものだが、誰が支持されていたか、ある程度わかると思う。

年齢の若い人たちに誰が人気があったかという問題に移ろう。

これまでは月刊『平凡』の人気投票を中心的なデータにして、そのことを論じてきたのだが、この人気投票が、歌手部門も映画スター部門も中止になって、この年から行われていない。何故かという理由を、このころ編集部にいて、わたしが配属になった昭和四十五年に編集長をしていた高木清さんに事情を聴くと「ファンクラブなどが動員をかけた組織票が目立つようになり、実態を正確に反映しなくなってしまったから中止したんです」といっていた。

歌手部門の人気投票は、男性部門の首位はその都度、変化してきているのだが、女性歌手は投票が始まった昭和二十年代の第四回人気投票（昭和二十七年におこなわれた）から十三年間にわたって美空ひばりが首位をまもりつづけてきている。523ページ以下でも説明したように、歌も大ヒットしていて、あらためて組織票で順位を上げる必要もないだろう。

高木さんは最初、歌手の名前を言い渋っていたが、そのうち、島倉千代子のファンクラブだと白状した。記憶だが、島倉千代子はこの時期、プロ野球選手と結婚していた時期なのだが、あまりヒット曲に恵まれず、夫のDVに悩まされ、妊娠しても中絶せざるをえない（本人が自著の『歌ごよみ』のなかで三回人工中絶したと告白している）、追いつめられて自殺未遂するような荒んだ生活を送っていた。彼女が甦るのは一九六八年になかにし礼と浜口庫之助がつくった『愛のさざなみ』が大ヒットしてからのことである。以上は余談。

月刊『平凡』の人気投票は中止になってしまったが、それでも若い人たちに誰が人気があったか、ある程度のことを知ることのできるバロメーターはある。それはマルベル堂のプロマイドの売上げランキングである。手許にあるのは昭和四十一年二月の調査なのだが、四十年に直近だから、この時期の人気者リストと考えても差し支えないと思う。［歌手部門］はこんなランキングである。おそらくこれは、行われなかった『平凡』の人気投票と同じような顔ぶれで構成されているのではないかと思う。

マルベル堂プロマイド
昭和41年2月調査
歌手売上げベスト10

［男性］

第1位　舟木一夫
第2位　西郷輝彦
第3位　三田　明
第4位　ジャニーズ
第5位　橋　幸夫
第6位　山田太郎
第7位　島　和彦
第8位）久保　浩
第9位　ザ・スパイダース
第10位　美樹克彦
第11位　望月　裕

［女性］

第1位　都　はるみ
第2位　いしだあゆみ
第3位　恵　とも子
第4位　美空ひばり
第5位　園　まり
第6位　奥村チヨ
第7位　三沢あけみ
第8位　九重祐美子
第9位　水前寺清子
第10位　田代美代子
第11位　日野てる子

プロマイドのベスト10ははがきの人気投票とは違う商品売上げの記録だ。

マルベル堂のプロマイドの売上げランキングをみて、気が付くことがいくつかある。

御三家の三人のあいだにジャニーズと三田明が割って入る形になっている。プロマイドを買う人たちと月刊の芸能雑誌を買う人たちはほぼ、同じ年齢層で同じような嗜好の、おそらく十代の人たちが中心なのではないかと思う。そういうなかで、御三家全盛時代だったとはいうが、このときの年齢のことを考えると、橋幸夫が二十二歳、舟木が二十歳、西郷は十八歳で、実際には橋の支持者は十代よりちょっとうえの年齢層だったのではないか。それと、舟木と西郷はハッキリと十代の、まだこの時代にはそういう言葉は芸能の用語としてはなかったが、のちのアイドル的な存在としてマネージメントされて、仕事が青春歌謡と青春映画の色だったのに比較して、橋はなんでも屋みたいなところがあり、なにしろ、青春歌謡もあれば、股旅ものもあり、メキシカン・ロックみたいな、リズム歌謡と称していたのだが、流行歌のデパートみたいなところがあった。

実際にこの年の御三家のヒット曲を調べると、前出の歌本しか資料がないのだが、『続・懐かしの流行歌』の方には御三家の歌が三曲ずつ載っているが、『日本の詩情』の方は、橋が一曲(『チェッチェッチェッ』だけ)、西郷は『星娘』、『青春おはら節』、『涙をありがとう』の三曲、舟木は『高原のお嬢さん』、『北国の街』、『哀愁の夜』などのヒット曲を採用、という形になっている。

何がいいたいかというと、ファン層の広がりのことを考えると、橋は月刊『平凡』の人気投票では、前年まで、首座を四年間にわたってまもりつづけてきていたのだが、大人の歌手に脱皮しようとしていて、この年度は舟木、西郷に位負けしていたのではないかと思われる。

そのことも、この年、『平凡』の人気投票が行われなかった原因のひとつかもしれない。橋は二年後に『霧氷』で昭和四十三年のレコード大賞を受賞して、大人の歌手として面目を躍如するのだが、昭和四十年の橋のマネジャーの山川氏としては、何年も後輩の人たちに、マルベル堂レベルの話ならともかく、大『平凡』の人気投票で後塵を拝するのは許せなかったのではないか。

御三家のあいだに割って入った三田明についても第八章でも紹介したが、個人的な記憶を書くと昭和四十年にわたしは某都立高校の三年生だったのだが、同級生の女の子たちが月刊の『平凡』を学校に持ち込んで、昼休みにみんなで、三田のページを開けて、可愛いとかステキとか、いろいろ言って騒いでいたのを覚えているのである。三島由紀夫がどこかで「アレこそ美少年」と書いたこともすでに紹介したが、とにかく、男の子のくせに、主として美人の女性に使う言葉なのだが、〝美貌〟の持ち主だった。三田明はいろいろあって御三家に入れてもらえなかったが、入れてもらえなくても、生き延びる力は十分にあった歌手だった。

余談になるが、三田が五〇周年を記念して出したCDをもっている。このなかに、『君に似た女』という歌がある。こういう歌だ。

♪君によく似た女《ひと》がいた　思わず胸がはずんだ
ひとときの恋をした　あのころの僕のように
君によく似た女がいた　紅茶を飲んで笑った
もどらないあの日々を抱きしめるように抱いた
ひとりに　ひとりになった部屋で　ささやかな残り香に思う
どんなに似ていても　そうだ　君ではないのだと♪

♪君をどうして失った　若さは時に悲しい
愛すゆえ傷つけて　追いかけることもできず
遠い真夏の青春よ　あれから僕は変わった

三田明の芸能生活50周年の記念アルバム。
『北のなごり駅』もいい歌。

もどらないあの日々を　抱きしめるように生きた
しあわせ　しあわせなのかどうか　確かめる術さえもなくて
静かに泣いていた　きみの幻見つめてる♪

この歌がどのくらいヒットしたか、わたしにはわからないが、歌詞が素直に心にしみ込んでいい歌だと思う。彼が十七歳で『美しい十代』（♪白い野ばらを捧げる僕に　君の瞳があかるく笑う　いつもこころに二人の胸に…）をうたってデビューし、たぶんその歌を五十年、歌いつづけてきて、五十年後に『君に似た女』をうたっていることを考えると、感慨ひとしおのものがある。

もうひとり、というか、こちらは四人組なのだが、ジャニーズのこと。これも形になってきて、先行していた（メンバーの脱退騒ぎがつづいていた）スリー・ファンキーズを押しのける形で人気上昇してきている。後出するが、ミュージックライフの人気投票でも、コーラス・グループ部門でいきなり第三位にランク・インしている。何度も書いたが、ジャニー喜多川が初めて手がけたタレントたちである。

これについても、ちょっとしたエピソードがある。それはわたしの思い出話ではなく、のちにボンド企画（大場久美子、岡田奈々、杏里、高部知子、松本伊代、本田美奈子らが所属していた）という芸能プロダクションで芸能のマネジャーとして大活躍した安原相国の想い出話である。

彼が通っていた高校は杉並区にある日大鶴ヶ丘高校だったのだが、ここで、ジャニーズのメンバーのひとりだったあおい輝彦と同級生だったのだという。あおいも安原も昭和二十二年生まれ（わたしも）である。

高校生の安原は芸能のことはなにも知らず、最初、あおい輝彦がどういう存在なのかも知らなかったというのだが、近所の女の子たちと話をしていて、ジャニーズの話が出て、自分があおい輝彦と同級生だというと、女の子たちが目を輝かせて、今度会わせてくれと頼まれた。

あおい本人にそのことを話したら、それじゃ、ジャズ喫茶に出ているからそこに遊びに来い、と言われる。そこで、女の子たちをつれて、生まれて初めてジャズ喫茶（銀座のアシベ）に遊びにいって、ジャニーズのステージを見て、芸能の熱狂的な世界を知るのである。このとき彼は、芸能界は楽しそうだけど、自分は歌もうたえないし踊りもできないから、タレントになりたいとは思わなかった。しかし、はなやかな世界へのあこがれはあり、なにか芸能界で仕事できないものかとは思ったという。

後日談になるが、彼は学校（日大文理学部）を卒業したあと、いろいろとあって、芸能プロダクションのボンド企画に就職するのである。この人の話は、次巻で詳しく書くことにする。

ジャニーズのマネジャーのジャニー喜多川はわたしが芸能記者時代、フォーリーブスを担当したことも

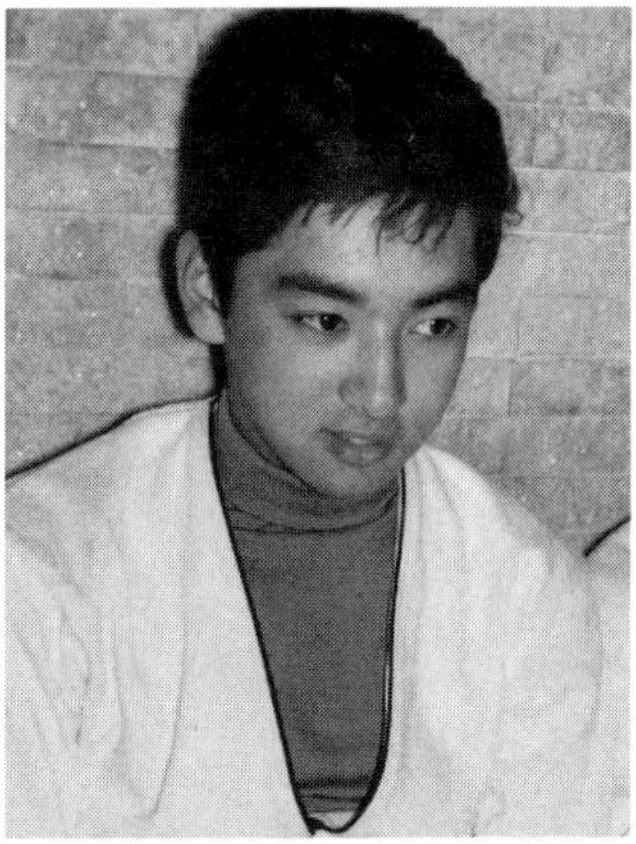

ジャニーズは真家ひろみ、中谷良、飯野おさみ、あおい輝彦の四人組。レコードは中段の『若い涙』でデビュー。四人とも日大芸術学部に在学していた。下の写真は少年時代のあおい、四人のうち真家ひろみだけは物故している。

あって親しく付き合った人のひとりだが、彼の考え方や思い出話も次巻で紹介します。

それともうひとつ、忘れるわけにいかないのは、スパイダースがここに顔を出していることだ。

スパイダースの結成はかなり早く、ホリプロの所属だったが、これは堀威夫が現役のプレイヤー時代に結成したスイング・ウェストにドラマーとして所属していた田邊昭知が堀威夫が東洋企画を追い出されて昭和三十五年にホリプロを創立したときに、堀と行動を共にして、翌三十六年からかまやつひろしとふたりでメンバーを探して、堺正章や大野克夫らを誘って結成したバンドだった。

三十九年に井上順が参加して、後に活躍するスパイダースの形ができ上がっている。田邊たちはいろいろと活動してなかなか努力の報われない時期を過ごしていたのだが、ある日のことである。堀威夫の手記にこんなことが書かれている。

ある日、田邊昭知がおもしろい情報を聞かせてくれた。「イギリスでビートルズというグループが大人気で、彼らは女の子のように髪を長くしていて、それは〝マッシュルーム・カット〟と呼ばれ、新しいファッションになりつつある」とのことだった。一方、「日本でも様子が変わり、湘南の海岸あたりでは、人目を憚ることなく若い男女が抱き合い、キッスを交わしている」と、日本人の生活様式の激変についても報せてくれた。「日本の欧米化もそこまで来たか」との感じを持ったが、「何か新しい流行が誕生する前兆かな」とも思えた。

「低迷を続けるスパイダースの起死回生を図るために、このビートルズ方式を取り入れたいが」との協力要請もあった。(10)

このあと、スパイダースはさんざん苦労している。

来日した外国アーティストの前座を務めることが多く、ピーター&ゴードン（註＝『明日なき世界』をうたった）やベンチャーズ、エリック・バートン率いるアニマルズ（註＝『朝日の当たる家』をうたった）らと共演しているうちに知名度も認知度も徐々に上がっていった。

スパイダースのレコードデビューはこの年（昭和四十年）の五月だった。曲はかまやつが作詞・作曲した『フリフリ』だった。このレコードは、ネットのなかでは「当時としては斬新な音楽性に加え、ミリタリー・ルックをいち早く取り入れるセンスの良さ、そしてコミカルタッチの演出をも得意とする実力派バンドとして評価されるようになった」とある。

この時期のホリプロはせっかく一人前に育てた舟木一夫に独立されたあとで、

スパイダースは全部で七人。下段の写真、中央の白いTシャツ姿が田辺昭知。

社運をスパイダースの帰趨に賭する形になっていった。

スパイダースについて書いた堀威夫の文章がある。


スパイダースのプロモーションに賭けながら、「これをロカビリーブームのときのように」との願いから、プロ・アマを問わず、グループのスカウトにも精を出した。（略）ウェスタン・カーニバルのブームの中で教訓として思い知らされた経験を元にした戦略だ。ヴィレッジ・シンガーズ、パープル・シャドウズ、オックス、モップス、ダーツ等々、片っぱしからスカウトし、スパイダースが弾けた時点で一挙にデビューさせるべく準備万端整えた。もちろん、スパイダースが不発に終わればすべてパーになる（11）

ザ・スパイダースが浜口庫之助が作った『夕陽は泣いている』をうたってミリオンセラーの大ヒットを飛ばすのは翌年、昭和四十一年のことである。ここから、G・S（グループサウンズ）の大ブームがやって来る。

そして、もうひとつの人気投票だが、『ミュージックライフ』誌の投票結果は左の表のようになっている。

これを見ると、こちらの男性歌手のランキングの動きもけっこう激しい。

ベスト・テンに限定してものを考えると、前年からそのまま生き残っているのは、坂本九、克美しげる、鹿内タカシ、アイ・ジョージ、鈴木やすしの五人、新登場はほりまさゆき、尾藤イサオ、田辺靖雄、内田裕也、長沢純の五人、ベスト・テン外だが、新登場で植木等の名前がある。

前年、ベスト・テン内にありながら、今年、圏外に立ち去ったのは守屋浩、飯田久彦、平尾昌晃、ジェリー

【ミュージックライフ　1965年度　歌手人気投票】

[男性部門]		[コーラス・グループ]	
1 (1)	坂本　九	1 (1)	ザ・ピーナッツ
2 (2)	克美しげる	2 (2)	パラダイス・キング
3 (17)	ほりまさゆき	3 (-)	ジャニーズ
4 (9)	鹿内タカシ	4 (4)	ダーク・ダックス
5 (3)	アイ・ジョージ	5 (6)	デューク・エイセス
6 (8)	鈴木やすし	6 (11)	マヒナ・スターズ
7 (18)	尾藤イサオ	7 (3)	スリー・ファンキーズ
8 (11)	田辺靖雄	8 (-)	クール・キャッツ
9 (27)	内田裕也	9 (5)	ベニ・シスターズ
10 (14)	長沢　純	10 (7)	リリオ・R・エアーズ
12 (-)	植木　等	14 (-)	ローヤル・ナイツ
13 (-)	藤本好	15 (-)	東京ビートルズ
19 (-)	紀本ヨシオ		

[女性部門]		[ウェスタン・ロック・バンド]	
1 (1)	弘田三枝子	1 (2)	ブルージーンズ
2 (2)	江利チエミ	2 (1)	パラダイス・キング
3 (5)	九重祐三子	3 (5)	ドリフターズ
4 (8)	園まり	4 (4)	ブルー・コメッツ
5 (7)	梓みちよ	5 (10)	マウンテン・プレイボーイズ
6 (3)	伊東ゆかり	6 (3)	ロック・メッセンジャーズ
7 (16)	雪村いづみ	7 (8)	オールスター・ワゴン
8 (4)	中尾ミエ	8 (9)	カントリー・ジェントルメン
9 (-)	いしだあゆみ	9 (7)	ワゴン・スターズ
10 (-)	越路吹雪	10 (11)	ザ・キャラバン
19 (-)	日野てる子		
23 (-)	中原美沙緒		
24 (-)	岸　洋子		

藤尾、高倉一志の5人、熾烈な生き残りゲームがくり広げられている印象だ。

女子も森山加代子、ペギー葉山がベスト・テン圏外に去っているが、新登場にいしだあゆみの名前がある。

のちに殺人事件を起こす克美しげるは、前年『さすらい』をうたって六十万枚の大きなヒットを飛ばしている。このころが、人気のピークだった。

【映画界】

マルベル堂プロマイド
昭和41年2月調査
俳優売上げベスト10

［男性］

第1位　赤木圭一郎
第2位　加山雄三
第3位　石原裕次郎
第4位　高倉　健
第5位　渡哲也
第6位　太田博之
第7位　田村正和
第8位）竹脇無我
第9位　浜田光夫
第10位 倉岡伸太郎
第11位 小林　旭

［女性］

第1位　吉永小百合
第2位　高田美和
第3位　大原麗子
第4位　松原智恵子
第5位　和泉雅子
第6位　太田雅子
第7位　本間千代子
第8位　中村晃子
第9位　野川由美
第10位　小川知子
第11位　星由里子

赤木圭一郎の第一位はともかくとして、加山雄三、石原裕次郎の人気は相変わらずだが、男女とも若手の台頭が著しい。女優部門の太田雅子はのちの梶芽衣子のことである。

つづいて、映画の話をしよう。これが昭和四〇年のマルベル堂の人気映画スターのランキングである。

まず、気が付くのは人気者リストのなかに、赤木圭一郎の名前があることだ。

赤木圭一郎というのは昭和三十五年、五年前に日活撮影所で自動車事故で亡くなった、将来を嘱望された映画俳優だった。裕次郎、小林旭に次ぐ、といわれていた日活希望の星だった。これはたぶん、彼のことを忘れられない人たちがたくさんいて、浅草（マルベル堂の直販店は浅草にしかなかった）に行けば彼の写真が手に入ること（逆にいうと、浅草に行かなければ、彼の写真は手に入らないこと）を知っていたのだろう。

マルベル堂プロマイド
【昭和41年2月調査
綜合売上げベスト10】

［男性］

第1位　舟木一夫
第2位　西郷輝彦
第3位　三田　明
第4位　ジャニーズ
第5位　橋　幸夫
第6位　赤木圭一郎
第7位　山田太郎
第8位）加山雄三
第9位　石原裕次郎
第10位 高倉　健
第11位 渡　哲也
第12位 島　和彦
第13位 久保　浩
第14位 ザ・スパイダース
第15位 太田博之

［女性］

第1位　吉永小百合
第2位　都　はるみ
第3位　いしだあゆみ
第4位　恵　とも子
第5位　高田美和
第6位　大原麗子
第7位　美空ひばり
第8位　松原智恵子
第9位　和泉雅子
第10位 太田雅子
第11位 園　まり
第12位 奥村チヨ
第13位 三沢あけみ
第14位 本間千代子
第15位 中村晃子

歌手と俳優、両方を合計した全体の順位付けというのも発表になっている。隣のページの左のランキングがそれ。俳優部門第1位の赤木圭一郎が全体の5位にランクされているから、この表で歌手と映画俳優の人気の度合いがわかる。やはり、舟木、西郷が圧倒的だ。

つづいて、映画作品の問題。

まず、次ページに配収のベスト10と批評家たちが選んだベスト10を掲載している。

その表を見ていると、いろいろなことを感じさせられる。まず、最初に思うことだが、批評家たち、映画監督たちも含めてだが、映画を現実の問題点をそれなりの形でとらえて芸術として考え、自分の思想的なテーマを映像によって表現しようとする、それによって映画の商品価値を認める、そういう考え方が中心的になっていて、彼らの作る映画がどんどんシリアスになっていった、そういう傾向があったと思う。

わたしは映画は大衆文化である以上、まず娯楽でなければならなかったのではないかと思うのだ。

映画を純粋に芸術としてとらえる考え方は全体的に映画産業がテレビなどに押されて、衰弱していくプロセスのなかで、全然効き目のない薬を飲みつづけているような対処療法だった。面白い映画とはなにかということをかたわらに置いて、監督自身が思想の表現手段として映画をつくり、批評家たちも映画のそういう立ち位置を疑うことなく許容した、そのことが面白くて、作品としての価値も（芸術的に）高い作品を模索することを阻害してしまったのではないか。

多分、『キネマ旬報』自身もそういう立ち位置、映画を芸術として考える編集者たちの集団だったのではないかと思う。かたわらで、観客の心情を古き良き時代に引き戻そうとする東映のやくざ映画や大映の『座頭市』のシリーズなどが、特定の層の観客たちに大受けしていたのだから、時代と映画人たちのあいだに相

【昭和40年度（1965年4月～66年3月）邦画興行成績ベスト10】

第1位	『赤ひげ』（東宝）	監督・黒澤　明	配収3億6150万円
第2位	『網走番外地・北海篇』（東映）	監督・石井輝男	配収2億9490万円
第3位	『関東果し状』（東映）	監督・小沢茂弘	配収2億5185万円
第4位	『網走番外地・望郷篇』（東映）	監督・石井輝男	配収2億4780万円
第5位	『日本侠客伝・関東篇』（東映）	監督・マキノ雅弘	配収2億4111万円
第6位	『続・網走番外地』（東映）	監督・石井輝男	配収2億2376万円
第7位	『大冒険』（東宝）	監督・古沢憲吾	配収2億1851万円
第8位	『無責任清水港』（東宝）	監督・坪島孝	配収1億8776万円
第9位	『怪獣大戦争』（東宝）	監督・本多猪四郎	配収1億8755万円
第10位	『四つの恋の物語』（日活）	監督・豊田四郎、成瀬巳喜男、山本嘉次郎、衣笠貞之助	配収1億8000万円

【映画評論家たちが選んだ昭和40年1月～12月公開の邦画ベスト10】

第1位	『赤ひげ』（黒澤プロ・東宝）	監督・黒澤　明	出演・三船敏郎、香川京子ほか
第2位	『東京オリンピック』（東京オリンピック映画協会・東宝）	監督・市川崑	記録映画
第3位	『日本列島』（日活）	監督・熊井　啓	出演・二谷英明、宇野重吉ほか
第4位	『にっぽん泥棒物語』（東映）	監督・山本薩夫	出演・三国連太郎、緑魔子ほか
第5位	『証人の椅子』（山本プロ・日活）	監督・山本薩夫	出演・福田豊士、奈良岡朋子ほか
第6位	『冷飯とおさんとちゃん』（東映）	監督・田坂具隆	出演・中村錦之助、森光子ほか
第7位	『恐山の女』（松竹＝フレンドプロ）	監督・山本薩夫	出演・吉村実子、吉田義夫ほか
第8位	『ブワナ・トシの歌』（東京映画・明和映画）	監督・羽仁進	出演・渥美清ほか
第9位	『悪党』（近代映画協会＝東宝）	監督・新藤兼人	出演・小沢栄太郎、乙羽信子ほか
第10位	『水で書かれた物語』（中日映画・日活）	監督・吉田喜重	出演・岡田茉莉子ほか

当の乖離があり、その乖離が映画をさらに衰弱させていった。そして、この世に映画ライターはいても映画評論家は存在しないという今日の状況を招来した、ということだと思う。

各社別作品配給ベスト5は左ページの表のようになっている。

これだけでは、各社の全体の動向がわかりづらいと思うので、つづいて、各社ごとの営業状況を次の見開きに掲載する。

これらをみると、やはり松竹と大映のベスト5の作品が相対、脆弱である。少しだけ各社ごとの動向を書く。

まず、松竹だが、『映画年１９６６』を調べると、この会社は資産七百億(当時の評価で)をもつ金持ち会社で新規事業も順調、いろいろな商売に手を出

6.　各社別作品配収ベスト5（1964.4〜65.3・単位千円）　邦画

題名	配収	封切日
松竹		
①香華	227,484	64. 5.24
②白日夢	159,751	64. 6.21
③紅閨夢	134,865	64. 8.12
④五瓣の椿	134,691	64.11.21
⑤涙にさよならを	94,979	65. 1. 3
東宝		
①東京オリンピック	1,205,000	65. 3.20
②怪談	225,000	65. 2.27
③三大怪獣・地球最大の決戦	210,000	64.12.20
④喜劇・駅前怪談	205,000	64. 6.13
⑤侍	190,000	64. 1. 3
大映		
①座頭市関所破り	195,911	64.12.30
②続・霧隠才蔵	156,376	64.12.30
③座頭市血笑旅	140,227	64.10.17
④座頭市あばれ凧	138,452	64. 7.11
⑤兵隊やくざ	138,452	65. 3.18
東映		
①鮫	282,000	64. 6.27
②越後つついし親不知	254,000	64. 5. 9
③日本侠客伝	252,000	65. 1.30
④徳川家康	215,000	65. 1. 3
⑤博徒	189,000	64. 7.11
日活		
①愛と死をみつめて	475,000	64. 9.20
②若草物語	250,000	64.12.31
③黒の海峡	213,000	64.12.31
④夕陽の丘	175,000	64. 4.29
⑤殺人者を消せ	170,000	64. 9.20

6.　各社別作品配収ベスト5（1965.4〜66.3・単位千円）　邦画

題名	配収	封切日
松竹		
① 血と掟	131,053	65. 8.29
② 赤い鷹	125,834	66. 1. 1
③ 快楽	97,181	65. 8.29
④ 暖春	92,673	66. 1. 1
⑤ あの娘と僕	84,417	65. 8. 7
東宝		
① 赤ひげ	361,585	65. 4.24
② 大冒険	218,512	65.10.31
③ 無責任清水港	187,760	66. 1. 3
④ 怪獣大戦争	187,755	65.12.19
⑤ 太平洋奇跡の作戦 キスカ	178,641	65. 7. 4
大映		
① 氷点	160,000	66. 3.26
② 続兵隊やくざ	148,569	65. 8.14
③ 座頭市地獄旅	144,636	65.12.24
④ 動乱のベトナム	132,939	65. 5.27
⑤ 新兵隊やくざ	131,476	66. 1. 3
東映		
① 網走番外地・北海篇	294,900	65.12.31
② 関東果し状	251,850	65.12.31
③ 網走番外地・望郷篇	247,800	65.10.31
④ 日本侠客伝・関東篇	241,113	65. 8.13
⑤ 続・網走番外地	237,644	65. 7.10
日活		
① 四つの恋の物語	180,000	65.12.29
② 赤い谷間の決斗	162,000	65.12.29
③ 泣かせるぜ	145,000	65. 9.18
④ 青春とはなんだ	140,000	65. 7.14
⑤ 黒い雪	139,000	65. 6. 9

ししているのだが、映画作りだけが赤字なのだったという。

それで、打開策を打ち出すのだが、それは京都撮影所を閉鎖し、映画製作は大船撮影所だけにする、三百人以上の撮影所スタッフをリストラして生き延びる方途を探すというものだった。

京都撮影所でこの前年、八本の映画をつくっているのだが、黒字だったのは長門勇と丹波哲郎（フジテレビの時代劇ドラマ『三匹の侍』のコンビ）が主演した『道場破

映画『赤ひげ』は黒澤明が昭和38年2月に前作の編集を終えたあと、草案を起こし、クランクインがその年の12月、そこから昭和40年春の封切りまで2年以上の歳月をかけて作った傑作。黒澤映画最後のモノクロ作品。この映画で光っているのは加山雄三。それまで大根役者と陰口をたたかれ、本人も俳優なんて一生の仕事じゃないと思って

り』と橋幸夫が主演した歌謡映画（たぶん『花の舞妓はん』）だけだったという。橋の歌謡映画については、後段で再論する。

東宝はしっかり商売をしている。表をみるとわかるが、この年の三月に『東京オリンピック』でごっそり儲けて、その後、つづいて黒澤映画の『赤ひげ』で一儲けしている。しかも、この二作品とも、評論家たちの評価が高い。

東宝は政治的にも政府に近く、戦前はもっぱらに戦争映画をつくっていたところで、実業界を通してそういうつながりがまだ生きていて、オリンピック映画の配給元になったのだろう。この映画をめぐっては、ときの担当の大臣の河野一郎から「こんなの記録映画じゃない」というクレームがついたりして大騒ぎになったのだが、それも話題のひとつになってみんながこの映画を見に行った。

東宝はこのほかにも、クレイジーものや本多猪四郎の『ゴジラ』シリーズなど、安定した集客力を持つ素材（タレント。ゴジラも東宝がつくり出したキャラクターである）をローテーションにしてうまく映画にしている。映画は斜陽だったが、そのなかで東宝は観客を面白がらせるコツのようなものを体得していたという印象がある。

つづいて、大映だが、これはもうはっきりと座頭市頼みになっている。

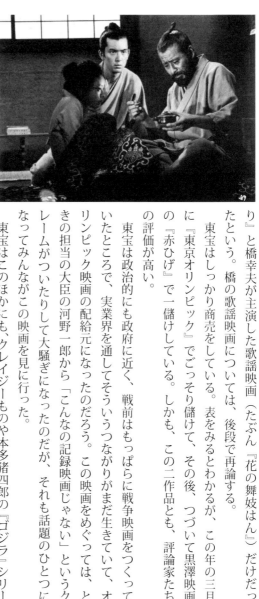

【昭和40年度　邦画五社配給収入】　単位：千円

		前半	後半	合計	占有率
松竹	52	1,296,753	1,228,140	2,524,893	11.72%
東宝	42	3,271,535	2,121,488	5,393,023	25.02%
大映	47	2,090,330	1,536,519	3,626,849	16.83%
東映	59	2,661,055	2,763,789	5,424,844	25.17%
日活	65	2,472,347	2,109,972	4,582,319	21.26%
合計	265	11,792,020	9,759,908	21,551,928	

＊前半は1月～6月、後半は7月～12月まで。
＊総製作本数は483本。ほかに218本の独立プロ製作。

いたのが、この映画に出てから、一生俳優でいたいと思い始めた。優れた監督は未知数の俳優から無限の可能性を引き出す力を持っている。これが俳優たちが黒澤映画に出たがった最大の理由。場面は加山と三船に天才子役二木てるみが絡む食事のシーン。

これは上映スケジュールを調べて見ると、市川雷蔵の『忍びの者』や『眠狂四郎』のシリーズと併映になることが多く、正確にいうと、勝新太郎と市川雷蔵のふたりで屋台骨を支えていたと書く方が正確だろう。

ネットには『大怪獣ガメラ』は『ゴジラ』以上の傑作だったとか書いてあるが、配収を見ると、座頭市ものでさえも、東宝の『ゴジラ』やクレイジーものに比べると、観客動員がひとまわり小さいのがわかる。

東宝や松竹に比べると直営の映画館がすくないことが営業成績に影響しているようだ。それで、これは社内事情なのだが、この年の大映はちょっと困ったことになっている。というのは、春闘の賃上げ闘争でもめて、組合の委員長ほかを社長の永田雅一が懲戒免職にしたのである。

それで、ストライキとロックアウトの騒ぎになっている。

永田は、妙に理想肌のところがあり、「大映は従業員全員が家族なんだ」といって、五百人いた臨時雇いの社員たちをみんな正規雇用の社員にした。ところが、その人たちが正社員になるや労働組合に入って先鋭化して、経営の脚を引っ張る、という事態を招いている。

こういう労働争議が毎年のように起きて、大映はさらに弱体化していく。

昭和四十二年に勝新太郎が勝プロを作って独立し、市川雷蔵が昭和四十四年に直腸ガンで三十七歳の若さで夭折してしまうという不運もあり、やがて、まだ先のことだが、六年後（昭和四十六年）に倒産してしまうのである。

一方、東映も大変なことになっている。

配給収入的に見ると、この年は東映と東宝のふたり勝ちなのだが、東映は一時代前、時代劇黄金時代には、自他ともに許す業界第一位の映画会社として存在していたのだが、映画産業が衰退するなかで、企業としての安定感からいうと、首座を東宝にゆずる形になってしまっている。

東宝は戦争映画から若大将までさまざまの企画がズラリと並んでいて、しかもホームランは黒澤明が打つという態勢を構築していたのだが、東映の企画は、というとやくざ映画というか、任侠映画、高倉健主演の映画と鶴田浩二主演の映画ばかりがダイシャリンで製作されていて、当時の映画の状況からいえば、かなりガンバってはいたのだが、一辺倒というか、このジャンル以外にヒットがないのが気になる。それでも、任侠映画はこの時代の空気を如実に反映していた。

東映は主力を任侠映画にシフト、鶴田浩二と高倉健の大活躍となる。鶴田はこの年、15 本の映画に出演、高倉も 9 本の映画に出演している。高倉は『網走番外地』の歌も大ヒット。

こうやって調べて見ると、高倉健の『網走番外地』は映画も歌も大ヒットといってよかった。

鶴田浩二について書くと、彼の主演した『総長賭博』と『人生劇場』を観た三島由紀夫は「私が鶴田びいきになったのは、殊に、この数年であって、若い頃の鶴田には何ら魅力を感じなかったが、今や飛車角のかたわらでは、さしも人気絶頂の高倉健もただのデク人形のように見えるのである。（略）おそらく全映画俳優で、鶴田ほど、私にとって感情移入の容易な対象はいないのである」と絶賛している。（12）

鶴田と高倉健について、佐藤忠男はこんなことも書いている。

高倉健は一九六〇年代の東映の任侠映画の量産のなかでトップ・クラスのスーパースターの位置におしあげられた俳優である。同じ時期にはほぼ同じような役柄で並び称せられた鶴田浩二に較べると、彼は体格的により筋肉質であり、眼差しにいっそうの暗さと凶暴さがあり、そしてきれいな口調では喋れない。苦渋に充ちた表情では両者は互角である。鶴田浩二のほうが芝居は達者で甘さもあったが、高倉健のほうはもっと内から溢れてくる凶暴な衝動をじっと無器用に耐えているような感じを表現し、言葉ではそれが表現できず、また言葉で気持ちを表現するなんてことは男として恥ずかしいことだというような万感溢れる硬直した表情が示している印象があって、それが鶴田浩二の芝居がかった見事なやくざぶりよりもいっそう生まれながらのマッチョな男っぽさを感じさせて、はじめは優位にあった鶴田浩二に次第にとって代わっていった。（12）

東映は鶴田・高倉の二大任侠スターが健在である限り、映画製作的には落ち着いていたが、社内では大映と同じような労働問題で大揺れしていた。大映の場合は製作スタッフが結成した労働組合だったのだが、東映は俳優たちが集まって労働組合を結成しようとしたのである。正確に記憶していないが、たしか日活でも同じような騒ぎがあったと思う。それで、東映でこの労働組合の委員長に担ぎ出されたのが中村錦之助で、彼はこのことで大変な労苦を味あわされるのである。

ことの発端はこういうことだった。東映はかなりの数の専属俳優を抱えていて、第二東映が存在していた時代には年間百本の映画を作っていたのだが、第二東映が不調で廃止になって、当然のことだが、出来高で出演していた俳優たちの収入が大幅に減った。生活が苦しくて仕方ないから、これをなんとかしてくれ、という話だったのである。いまの企業の常識からいえば、当然の要求なのである。ところが、会社側はこの集まりを労働組合として認めようとしなかった。

これはいまの企業常識からいったら完全にアウトで、ブラック企業といわれても仕方ないだろう。テレビとか演劇（劇場芝居）とかよその映画会社の仕事をしたりする融通があればまた別だが、俳優たちはそれぞれ専属契約していて他社出演はせずに、東映の映画だけに出ているのだから、東映に雇傭されている労働者であることは間違いのないところなのである。とにかく京都地労委（地方労働委員会。労働者と経営者、公益委員の三者で構成される審査委員会）が労働組合として認定したという裁定を無視して、東映の経営は団体交渉に一切応じず、俳優とは個人契約だから個人単位でしか交渉しないと突っぱねたのである。

京都撮影所の経営側の担当者は、わたしがしばしばこの本のなかでエピソードを引用している『波瀾万丈の映画人生』の著者である岡田茂なのだが、この労働組合問題のキチンとした説明はまったくない。自分に都合の悪いことは一切書かないということなのだろう。

これは本当だったら、高倉健とか鶴田浩二とかも自分が主役の映画で共演している脇役の俳優たちの問題なのだから、自分たちのギャラのことはかたわらに措いて、彼らの生活を保証するために、オレたちも労働者として組合を支持する、といわなければいけなかったはずなのである。

また、会社は経営方針を大幅変更するときに、経営者が責任を取り、そのことによる従業員への影響をどう手当てするか、そのことを考えなければいけなかったはずなのだ。そのことを連想すると、脇役の俳優たちのために一苦労しようとした中村錦之助やそれと一緒に行動した東千代之介の義憤が胸を打つ。

任侠映画では弱い者の味方、新興の資本家たちの横暴にカンニン袋の尾が切れるという役どころを演じながら、現実には、自分たちだけ特別待遇で、高いギャラを貰って会社に優遇されて、ワキの下積みをつづける俳優たちに何の感情移入もないというのはいかにもおかしくないか。ギャラのことではなく俳優として自分が生き延びるのが精いっぱいということだったのかも知れないが、こういう高倉健や鶴田浩二の身勝手な前近代性も映画産業が衰退していくままになった原因のひとつだろう。ちなみにこの俳優たちの労働組合に参加したメンバーだが、『映画年鑑１９６６』には次のような名前がある。

中村錦之助、東千代之介、里見浩太郎の組合三役のほか、大友柳太朗、近衛十四郎、松方弘樹、桜町弘子ら主演クラスがずらりと名を連ねた。専属契約者のうち不参加は、取締役の片岡千恵蔵、市川右太衛門の両御大は別格として、大川橋蔵、鶴田浩二の両スターがあげられたが、これは錦之助との感情問題が支配したからと伝えられた。（13）

こういうのは全員が賛同しなければ、組合としての威力を発揮しないのである。必ず、脱落者とか第二組合的な動きをする自分本位の考え方のものがでてくる。このときの橋蔵のコメントだが、労働組合と映画俳優協会を混同して、協会があるのだから組合なんか必要ない、と論じている。しかし、そもそもこの組合自体が、以前から阿部九州男らを中心にして存在していた中堅俳優たち、契約者グループを母胎にしたもので、その人たちが困っている、ということからはじまったものだった。また、映画俳優協会の会長である池部良とも相談のうえで結成した経緯もあったのである。

しかし、当然のことだが、切り崩し工作のようなものがあり、里見浩太郎や大友柳太朗はこの組合組織を裏切って、脱落している。いまの時代の常識をこの話にあてがって論じるわけにはいかないかも知れないが、年間一〇〇本製作という映画製作のローテーションをうまくいかないからといって経営方針を変更して三〇本に減らし、出来高で収入を得ていた俳優たちになんの手当もない、というのではダメに決まっている。

資本家の横暴の見本のようなものである。

このころの中村錦之助というのはあけすけな人で傍若無人なところもある豪快な人だったというのだが、橋蔵とか鶴田浩二の反感はそういう個人的な錦之助のカリスマ性についての反感だったのではないか。

最終的に社長の大川博と組合委員長の錦之助との話し合い（ボス交）で、組合を親睦団体として認めるという結果に落ち着く。具体的な問題は何も解決されないままだった。いずれにしても、このことで錦之助は大きく傷ついたようだ。スターたちの趨勢ということもあったのだろうが、この二年後に中村プロを設立して、東映から去って行くのである。

つづいて、日活。日活のこの年から翌年（昭和四十一年）前半にかけて作られた映画九十四本にどんな人たちが多く出演していたかを調べてみた。いちおう主演クラスの人たちである。『映画年鑑』のなかの映画紹介欄の出演者順、先頭の二名の名前を拾った。
けっこう面白い結果が出た。リストにして並べよう。

［男優部門］
一〇本出演　小林旭、宍戸錠、二谷英明
九本出演　高橋英樹、
八本出演　浜田光夫、山内賢
六本出演　渡哲也
五本出演　石原裕次郎
四本出演　川路民夫、舟木一夫
三本出演　西郷輝彦
二本出演　伊藤雄之助、太田博之
一本出演　長門裕之、和田浩二、三田明、鈴木やすし

［女優部門］
十三本出演　和泉雅子
一〇本出演　松原智恵子
八本出演　十朱幸代
七本出演　吉永小百合

写真、左から十朱幸代（昭和38年松竹から移籍）、和泉雅子、松原智恵子。いずれも日活所属の女優たち。個人的にはこのころのわたしは松原智恵子がちょっといいと思っていた。

五本出演　浅丘ルリ子
四本出演　芦川いづみ
三本出演　野川由美子、山本陽子、太田雅子（現・梶芽衣子）
二本出演　稲野和子、伊藤るり子、弓恵子
一本出演　吉行和子、西尾三枝子、南田洋子、富士真奈美、
　　　　　岡田茉莉子

これが期限内に上映した映画の出演者の名前を調べた結果である。いくつか気が付くことがある。日活の上映映画のヒットの規模は徐々にスケールダウンしている。［各社別作品配収ベスト5］を見て、まず気が付くのは大ヒットの『愛と死をみつめて』だが、これは前年の上映作品だから、ここではもう触れない。

問題は『若草物語』と『四つの恋の物語』のことである。『若草物語』の方は、ご存知、オルコット原作のアメリカ映画の日本版で、谷崎潤一郎原作で四人姉妹の生き様を描いた『細雪』のカジュ

上段は映画『若草物語』の四人姉妹、左から浅丘、吉永、和泉、芦川。四年公開の『四つの恋の物語』の方は、浅丘に代わって十朱が加わり、吉永、和泉、十朱、芦川の順番で並んでいる。

写真、芦川いづみ。

アル仕立てみたいな映画なのだが、四人姉妹を長女・浅丘ルリ子、次女・芦川いづみ、三女・吉永小百合、四女・和泉雅子と割り振って演じさせた。これを翌年、同じ正月封切りで、今度は、長女・芦川いづみ、次女・十朱幸代、三女・吉永小百合、四女・和泉雅子で『四つの恋の物語』を作っている。

ヒット作の踏襲は、それはそれでいいのだが、二番煎じは必ず初作の出来映えに劣る。現実に興行収入は『若草物語』二億五千万円から『四つの恋の物語』一億八千万円へと、見方によるだろうがかなりダウンしている。しかし、この映画が日活の稼ぎ頭のトップなのである。

この二番煎じは小百合中心に発想した企画だと思うが、やっぱりすこし安易すぎるのではないか。

それともうひとつ、石原裕次郎の出演映画は相変わらず上位にいるが、配収のスケールが徐々に小さくなっているのが気になる。裕次郎は以前のように呼ばれた作品にはなんでも出るということではなくなって、作品を選ぶようになっている。それが、かつては『花と竜』など、三億六千万円という配収をあげているのだが、このころ主演したどの映画もその半分以下の成績に甘んじている。それでも小林旭の出演映画よりも興行成績がいいのだから、日活の首脳部の悩みも深かったことだろう。

裕次郎はこの時期、石原プロの自主製作映画である『城取り』を公開している。この映画は裕次郎が黒澤明の『隠し砦の三悪人』や『七人の侍』をイメージして作ったというのだが、興行的には不振だった。

彼は昭和九年生まれだからこの年、三十歳を超えている。三十一歳で、年齢的にももう青春スターというわけにはいかない。

本人もそのことを自覚していて、しっかりした映画を作りたいという思いをさらに強めていくのである。

それにしても、こうやって出演作品の多い人たちの名前を並べてみると、男優についていうと、高橋英樹とか渡哲也とか有望な若手俳優が出てきていて、高橋英樹などは『男の紋章』シリーズなどのスマッシュヒットがあるのだが、やはり日本映画全体の衰亡に気圧されてしまっている印象がある。女優の方も和泉雅子や松原智恵子が大活躍で、看板女優だったはずの吉永小百合も呼ばれたらなんでも出ます、という昔のような状態ではなくなっている。

ここで、舟木一夫や西郷輝彦が出演している、いわゆる、御三家の歌謡映画について検証しておこう。

歌謡界の御三家が出演する映画は、それぞれの人が安定的なファンをもっていて、確実に収益を見込める、時代の〝旬〟の作品なのであった。人別、上映（封切り日時）順に並べてみる。

西郷輝彦　西郷は『十七歳のこの胸に』(64年、東映)が初演。つづいてこういうスケジュールになっている。

東映・65・1・15『あの雲に歌おう』本間、千葉真一　併映『飢餓海峡』三国連太郎、左幸子、高倉健

松竹・65・4・28『我が青春』三上真一郎、五乙女マリ　併映『すっ飛び野郎』橋幸夫、倍賞智恵子

日活・65・4・29『涙をありがとう』高橋英樹、和泉　併映『続キューポラのある街』吉永、浜田

日活・65・8・14『星と俺とできめたんだ』渡、十朱　併映『明日は咲こう花咲こう』吉永、三田明

日活・66・1・27『この虹の消える時にも』松原、山内　併映『黒い賭博師・悪魔の左手』小林、広瀬

日活・66・5・18『涙になりたい』芦田伸介、松原　併映『赤いグラス』渡、アイ・ジョージ、小林哲子

舟木一夫　舟木はこれ以前に、『高校三年生』（63年、大映）、『続高校三年生』（64年、大映）、『仲間たち』（64年、日活）と作ってきている。つづいてこういうことである。

東映・64・8・1『夢のハワイで盆踊り』・本間千代子、堺正章　併映『続・隠密剣士』大瀬康一
日活・64・9・9『ああ青春の胸の血は』・山内賢、和泉雅子　併映『東京五輪音頭』十朱幸代、山内
日活・65・1・21『花咲く乙女たち』・山内、西尾　併映『愛しながらの別れ』浜田光夫、山内、和泉
日活・65・3・20『北国の街』・山内、和泉　併映『悲しき別れの歌』浜田、吉永小百合、高峰三枝子

映画『北国の街』、主人公は大学受験を控えた高校三年生の男女の物語。それぞれ違う男子校と女子校に通っていたが、恋仲になる。二人で東京の同じ大学にと誓い合うが、男の子（舟木）の方は家業が倒産し進学を延期することに。女の子（和泉）の方はあと何年かしか生きられないという秘密の死病を抱えて生きていた。物語のなかには進学や初恋、家業の破産や死というだれにでも起こりうるさまざまの人生の問題が散りばめられている。最後は結ばれない悲恋の物語である。

日活・65・9・18『東京は恋する』和田浩治、伊藤るり子　併映『泣かせるぜ』石原裕次郎、浅丘ルリ子
日活・65・12・4『高原のお嬢さん』山内、和泉　併映『拳銃無宿・脱獄のブルース』渡哲也、松原
日活・66・3・27『哀愁の夜』藤竜也、和泉　併映『青春・ア・ゴーゴー』浜田、ジュディ・オング
日活・66・6・25『友を送る歌』山内、和泉　併映『風車のある街』吉永、浜田、

つづいて橋幸夫　橋の映画出演は60年（昭和三十五年）のデビュー曲『潮来笠』を大映が翌年映画化して

以来、大映作品にかなりの数出演している。62年に吉永とのデュエット曲『いつでも夢を』が大ヒットして、翌63年日活映画『いつでも夢を』で吉永小百合と共演、その後は松竹に籍を移し、定期的に映画を撮っている。

松竹・63・7・27『舞妓はん』倍賞、志村喬、浪花千栄子　併映『あの橋の畔で』桑野みゆき、園井啓介
松竹・63・12・24『月夜の渡り鳥』倍賞　併映『東京オリンピック音頭』田村正和、香山美子
松竹・64・4・12『花の舞妓はん』倍賞、香山　併映『ケチまるだし』早川保、小畑絹子、榊ひろみ
松竹・64・8・1『孤独』高木丈二、桑野みゆき　併映『海抜〇米』倍賞、園井啓介、中村晃子
松竹・65・1・3『涙にさよならを』香山、倍賞　併映『大根と人参』加賀まりこ、長門裕之、岩下志麻
松竹・65・4・28『すっ飛び野郎』丹波哲郎、倍賞　併映『我が青春』西郷、三上、五乙女マリ、夏圭子
松竹・65・8・7『あの娘と僕・スイム・スイム・スイム』併映『若いしぶき』藤岡弘、倍賞
松竹・66・1・1『赤い鷹』倍賞、待田京介、菅原謙二　併映『日本0地帯・夜を狙え』竹脇無我、香山
松竹・66・4・16『雨の中の二人』田村正和、中村晃子　併映『男の魂』竹脇、香山、アイ・ジョージ

三田明　三田の出演作品は御三家に較べると少ない。
松竹・64・12・12『明日の夢があふれてる』益田喜頓、鰐淵晴子　併映『愛・その奇跡』早川保
日活・65・8・14『明日は咲こう花咲こう』吉永、中尾　併映『星と俺とできめたんだ』西郷、渡、十朱

資料が散逸してしまっていて、この時代の御三家を中心にした、いわゆる歌謡映画の全貌はほぼわからなくなってしまっている。ここでは、『映画年鑑』のなかの御三家＋三田明の出演作品のリストを作った。

誌面の字数の都合で苗字だけのせた人がいる。西尾は西尾三枝子、広瀬は広瀬みさ。歌謡映画と呼んでいい作品には、このほかに、坂本九主演の『見上げてごらん夜の星を』（松竹・63年）や都はるみの『アンコ椿は恋の花』（松竹・65年）、梶光夫の『可愛いあの娘』（65年・東映）など、御三家＋三田明以外にもかなりの数の作品がある。

こうやって作品をずらりと並べてみるとわかるが、舟木、西郷は日活、橋幸夫は松竹に依拠している。

このころの御三家の人気具合について、舟木一夫に一日に二千通のファンレターが来たことはすでに書いたが、西郷輝彦の人気もこれに負けないものがあった、手許に新聞記事があるのだが、この年（昭和四十年）の五月十日のことなのだが、故郷の鹿児島に凱旋公演した。『西郷輝彦チャリティショー』の会場（鹿児島体育館）に一万二千人のファンがつめかけ、入り口に殺到して大混乱に陥った。

観客一万余、入口に殺到
警官死に13人けが

西郷輝彦ショー
──鹿児島──

【鹿児島】十日午後七時から鹿児島市鴨池の鹿児島県体育館で開かれた西郷輝彦チャリティショーで、押しかけた観客が入口に殺到したため、整理に当っていた鹿児島署員が心臓マヒで死に、女の観客ら十三人が軽傷を負った。

同ショーは同日午後一時、四時、七時の三回行われ、午後一時と四時の二回は無事にすんだ。西郷輝彦が郷土出身だけに前人気はすごく、午後七時からのショーに定員八千人の館に約一万二千人（鹿児島市消防本部推定）がつめかけた。大部分が若い女性や学生で、開演一時間前の午後六時に後援会員二百人を先に入場させたため、体育館入口に並んでいた他の観客がわれ先にと殺到し鹿児島県警機動隊や鹿児島署員四、五十人が整理につとめたが、間に合わず、整理のロープなどで観客十三人が軽いケガをした。鹿児島署の前道部美巡査(32)もみくちゃにされて倒れ、同夜八時半鹿児島市立病院に運ばれたときにはすでに死んでいた。南日本新聞文化事業団の主催で純益は県下の児童福祉施設に寄付することになっていた。

整理の警官が一名死亡し、観客三十人がケガをしたというのである。普通の大きさの体育館だったら、客は入れても二千人とか三千人くらいではないか。いずれにしても、公演の主催者も手抜かりだが、西郷の人気の凄まじさも伝わってくる。

歌謡映画というのは殺人事件も起きなければ、組同士のケンカ沙汰もない、ただただひたすらに日常の、考えようによってはありふれた就職や受験、恋愛の顚末を描くものだった。そのほうが、映画を見る人にとっては好きな歌手をリアルな存在に感じることができたのである。

封切り日時の意味を考えてみると、けっこう大切な時期を受けもっている。これは考え方がふたつあって、お正月とかゴールデンウィークとか夏休みとか、女子高生らのスケジュールに合わせて、見やすいようにセッティングして見に来てもらう形と、作品の強さ(出演タレント=歌手の引力)を信じて、通常日程のスケジュールのなかで封切る考え方が折衷的に存在していたのだと思う。つまり、日常的に普通のときに封切ってもなんとか都合をつけて見に来てくれる度合いが高いし、正月や夏休みのような休みの時期にはなにをさしおいても映画館に来てくれる、そういうファン気質を見込んでいたのではないか。

佐藤忠男さんの『日本映画史』は歌謡映画をほぼ黙殺して、評論もしていないのだが、当時、このジャンルの映画がどういう評価を受けていたかというと、こういうことである。『映画年鑑』が日活の状況について、説明している。長い引用になるが、わかりやすいので、これを読んでいただこう。

石原裕次郎、吉永小百合の二人を大黒柱に小林旭、高橋英樹、渡哲也、浜田光夫、宍戸錠、二谷英明らをこれに配し、アクション、やくざ、青春ものに活路を求めてきた日活だが、65年下半期は裕次郎が石原プロの自主製作・年一本の容認を求めたことからトラブルが発生、このためローテーションに入ったのは二作品だけ、もう一人の吉永も『愛と死をみつめて』いらい目ぼしいヒットがないといった状態で苦悶をつづけた。66年初頭から裕次郎が和解なって『赤い谷の決闘』以下、豪州ロケの『青春大統領』をふくめてたてつづけに四本出演した。吉永もまた正月の『四つの恋の物語』からオランダ・ロケの『風車のある街』まで四本、形としては軌道に乗った。しかし〝やくざ〟は東映の亜流として伸びないのは無理がないが、お得意の吉永をはじめとする青春映画が頭打ちを示した。企画の内容がうすっぺらで、現代に息づく青少年の精神状況を的確に把握しなかったことと、撮影所合理化にともなう製作費のコスト・ダウンが原因してのことであったが、全面復活した裕次郎ももう一つ伸びがなく、31歳という年齢とスーパーマン的性格の付与にギャップが生じてきたことがはっきりし出した。これを支えるはずの小林旭のアクション映画も小林の人気下降による会社側のギャラ・ダウンがもとでもめつづけ、これまた本来の働きをしなかった。

こうした日活が新たに求めた活路は歌謡映画であった。舟木一夫、西郷輝彦を主軸にその他田代美代子、アイ・ジョージらを随時起用して積極的にやり出した。結果は期待したほどではなく、確率からいけば、むしろ悪いとさえ言えるが、下半期には人気歌手の城卓矢を加えて舟木、西郷の三人で押しまくることにした。純愛、青春歌謡もの、アクションという三代柱ををもって日活は突進することになったわけだが、9月封切りの純愛二本立て『愛と死の記録』（吉永主演）『絶唱』（舟木・和泉雅子主演）は大ヒット、愁眉をひらかせたが、裕次郎の転換の問題といい、吉永作品ヒットの研究といい、多くの悩みを抱えて上半期を終わった。

（14）

手許に藤井淑禎がかいた『御三家歌謡の黄金時代』という新書がある。この本のなかで彼はこういっている。

『映画年鑑』を見ると、各社ごとに掲げられた製作費の低い作品のベスト5に歌謡映画が入っていることもあり、そのいっぽうでは［邦画五社の東京地区代表封切館週別成績］で歌謡映画は悪くても中くらいの動員数（したがって興行収入も）は記録していたのだから、危機のさなかにあった各社が安上がりで手堅い歌謡映画にすがろうとしたのも無理はなかった。（15）

もちろんそこに出演しているのは、人気絶頂の歌手たちではある。しかし、もはや彼ら彼女らはわれわれの手の届かないところに住むスターではなかった。といってもボクは彼らがいわゆる「庶民派」の歌手であり俳優であったなどと言っているわけではない。そうではなくて、スターなるものの性質が変わってきた。そしてそれは、映画なるものの性質が変わってきたのとパラレルな現象であり、そうした方向転換を先導したのが歌謡映画であったということを言っているのである。

映画を何の変哲もない日常世界の描出へと向かわせ、題材的にも歌謡映画が対象とした若い客層相応の受験とか進路、家業とか恋などのこぢんまりとしたテーマへと向かわせたのは、製作費の切りつめなどといった意外に非本質的な理由だったのではないかと指摘しておいたが、表面的なキッカケはともかくとして、その根底にあったのは、やはり戦後の民主主義的な精神の浸透であったのではないだろうか。（16）

藤井さんは一九五〇（昭和二十五）年うまれで、私より三歳年下、この本自体、藤井さんがなかばオンタイムで観た映画の記憶を通して自分の十代のころに浸ることのできるようなノスタルジックな記述をもつ本なのだが、確かにこれらの映画は私たちの十代の記憶と、つまり高度成長を続けた社会の変化の記憶と密接に結びついている。彼の本に、歌謡映画は低予算で作られていたという指摘があるのだが、調べて見ると確かにそうだった。

昭和四十一年一月に封切られた西郷輝彦の『この虹の消える時にも』という映画の製作費は宣伝費なども含めて３４３２万円、それに対し石原裕次郎が主演して、共演が浅丘ルリ子とジャニーズでオーストラリアロケをしたという『青春大統領』、この映画の中で浅丘ルリ子がなんとメリー喜多川に扮して大活躍する。

映画『青春大統領』、裕次郎＋ルリ子＋ジャニーズという組み合わせ。

わたしは石原裕次郎とジャニー喜多川がいっしょに仕事していたことをいままで知らずにいた。

これも一種の歌謡映画といってもいいかもしれないが、この映画の製作費は７５７８万円という例証としてあげた西郷輝彦の映画の倍の製作費をかけている。

それぞれどのくらいの収入があったのか、正確な配収の記録がないので分からないのだが、もしかしたら日活として費用対効果を考えれば、西郷輝彦の映画が二本作れるのであれば、このころの裕次郎の映画一本よりいいかもしれないと考えていたのではないか。

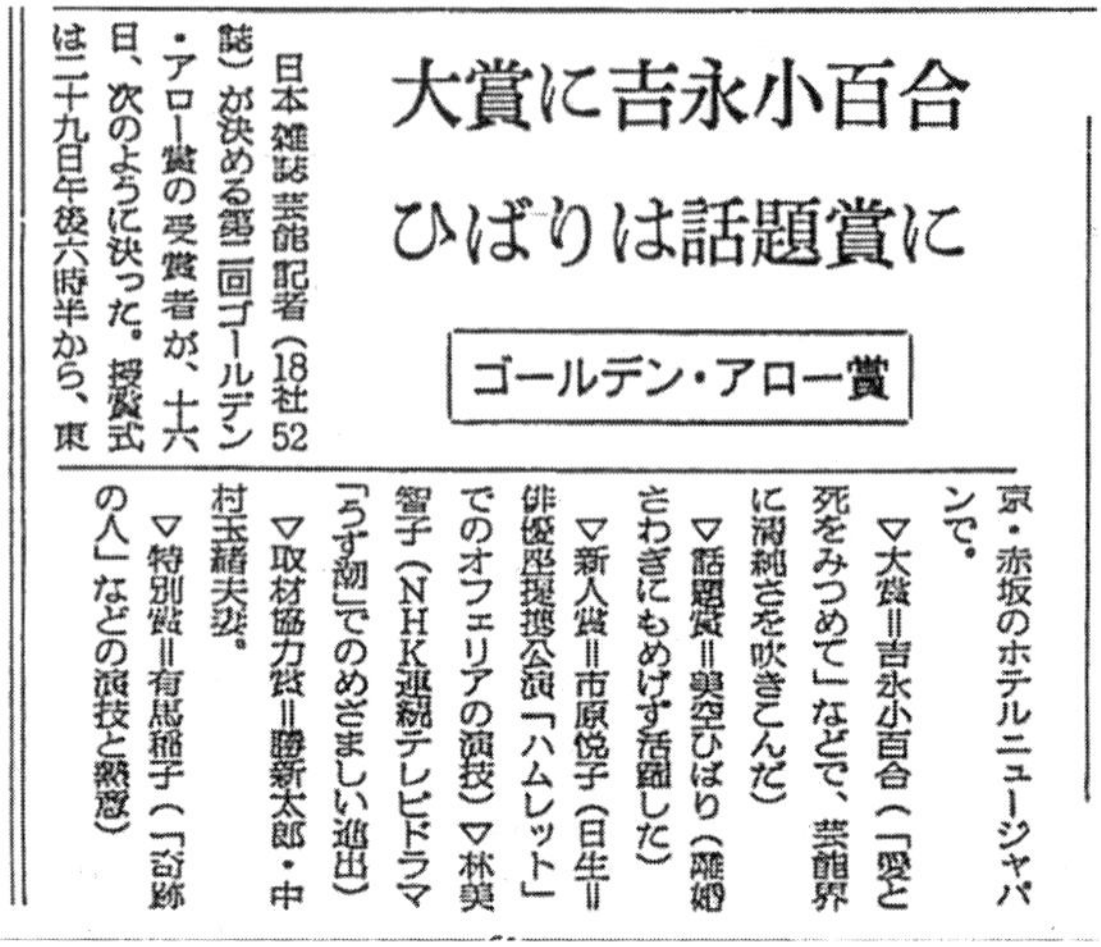

大賞に吉永小百合
ひばりは話題賞に
ゴールデン・アロー賞

日本雑誌芸能記者（18社52誌）が決める第二回ゴールデン・アロー賞の受賞者が、十六日、次のように決った。授賞式は二十九日午後六時半から、東京・赤坂のホテルニュージャパンで。

▽大賞＝吉永小百合（「愛と死をみつめて」などで、芸能界に清純さを吹きこんだ）

▽話題賞＝美空ひばり（離婚さわぎにもめげず活躍した）

▽新人賞＝市原悦子（日生＝俳優座提携公演「ハムレット」でのオフェリアの演技）▽林美智子（NHK連続テレビドラマ「うず潮」でのめざましい進出）

▽取材協力賞＝勝新太郎・中村玉緒夫妻。

▽特別賞＝有馬稲子（「奇跡の人」などの演技と熱意）

こんな賞があるのを見ると芸能記者も当時、花形職業だったのかもね。

【出版界】

朝日新聞の正月十九日の新聞記事にこういうのがある。

日本雑誌協会（わたしたちは雑協と呼んでいた）というのは、雑誌を発行している出版社が集まって作っていた協議団体で、ゴールデン・アロー賞というのは、雑協の芸能記者が集まって、その年、芸能界でめざましい活躍をして、雑誌取材をさせてもらった人に差しあげるご褒美のプライスだった。文中第二回とあるから、これも昭和三十九年から始まったイベントである。

記事の通りだが、この年の話題の人の名前をあげている。吉永小百合、美空ひばりのほかに市原悦子、勝新太郎・中村珠雄夫妻、有馬稲子らの名前がある。

昭和四十年の出版界も前年のオリンピックの後片付けとここから先の将来のイメージを模索する作業がつづいていたと

書いていいと思う。それは雑誌の世界でも同様だった。
作家の井上ひさしの昭和四十年の日本の時代状況についての解説。512ページの引用のつづきである。

祭り（註＝オリンピックのこと）が終わってみると、集中的な建築投資の反動が列島全体に居座っており、オリンピック不況といわれる大規模な景気後退がはじまっていた。前年暮からは大型倒産（日本特殊鋼、サンウエーブ工業、三葉特殊鋼など）が続出した。あいつぐ倒産、そして不況の嵐は、税収そのものまで落ち込ませ、ついに政府は戦後初めて、自ら禁じていたはずの赤字国債の発行を決断する。現在まで引き継がれている借金財政態勢は、じつにこの年から始まったのである。(51)

赤字国債というが、この呼び名は昭和四十年からのものではないのではないか。最初はただ［特例債］と呼ばれていた。いまもこれが正式名である。たぶん、後から、4条債（将来の予定されている収入の裏付けをもつ国債）と区別するためにこう呼んだのである。それが貨幣のあり方の古典経済学的な考え方によって、つまり市場の経済活動が貨幣価値を決めるという考え方によって、財源の根拠がないことで［赤字国債］と呼ばれるようになったのである。この、井上の記述は平成七（一九九五）年のもので、それからでも二十七年あまりが経過していて、国の借金は一千兆円を超えたという話もある。調べてみたら、令和三年時点で普通国債の未償還の残高は累積で九九〇兆円になっている。
余談になるのだが、赤字国債はドンドンかさんでいくと、やがて日本国の財政を破綻させるといわれてきた。至近な記憶では、ギリシヤが国の財政が借金まみれになって破産したではないかというのだが、日本はいっこうにその気配はなく、コロナコロナで大騒ぎして財政出動しまくって、いろんなところにお金をばらまきまくっている。これをどう考えればいいか、というところに登場したのが、アメリカの経済学者L・ランダル・レイらが提唱するMMT（Modern Money Theory）だった。MMTとはこんな主張であるる

○日本や米国のように「通貨主権」を有する政府は自国通貨建てで支出する能力に制約はなく、デフォルトを強いられるリスクもない。財政赤字や国債残高を気にするのは無意味である。
○政府にとって、税金は財源ではなく、国債は資金調達手段ではない。政府が先に通貨を支出しない限り、民間部門は税金を納めることも、国債を購入することも論理的に不可能である。税金は所得、国債は金利にはたらきかけ、経済を適正水準に調整するための政策手段である。（18）

つまり、貨幣は市場の均衡によって適正に存在するのではなく、政府という［権力］のあり方によって、存在できる形が違ってくる、というのである。この理論はたしかに衝撃的だった。これまで、アダム・スミス以来、つまり古典派経済学では、貨幣は市場経済の需給のバランスのなかで価値を付帯されて、商業の流通に利するものと考えられて、国が作る貨幣は税収などの会計的な裏付けがなければならないと考えられてきた。それがMMTでは、国は貨幣の価値をコントロールする立場にあり、円が国際的な市場経済のなかにある状況で、国がこれを管理することのできる立場にあるのであれば、税収に依拠しない支出があっても、それは借金ではない、という考え方である。

新聞もこれまで、日本の財政について論じる場合、赤字国債をどうするんだと、［急所］を突くように書

【昭和40年】書籍ベスト・セラー　ベスト10

	書名	版元	著者
1位	人間革命（1）	聖教新聞社	池田大作
2位	なせば成る	講談社	大松博文
3位	おれについてこい	講談社	大松博文
4位	徳川家康（1～23）	講談社	山岡荘八
5位	わが愛を星に祈りて	大和書房	佐伯浩子
6位	三分間のスピーチ	カッパブックス	諸星　龍
7位	妻の日の愛のかたみに	サンケイ新聞出版局	池上三重子
8位	南ヴェトナム戦争従軍記	岩波新書	岡村昭彦
9位	白い巨塔	新潮社	山崎豊子
10位	氷点	朝日新聞社	三浦綾子

いてくることが多かったが、最近は、コロナでそれどころの話じゃない、現実に困っている人たちに経済的なアシストをしないと、民間の商業活動が破綻してしまうということがあって、国が借金だらけだという話をほとんど誰もしなくなった。

この背景には、このＭＭＴの理論が漠然とだが浸透して、安倍元総理とか自民党の政治家たちは明確にこの理論を信奉するようになっている。つまり、国の経済が闊達であれば、大蔵省の造幣局がいくら一万円札を印刷しても、インフレとかデフレに対しての対策がちゃんとしていれば、問題ないという話である。これが正しい理論かどうか、わたしにもわからないが、いまのところ、日本は破産しそうにもない。

以上は余談だが、昭和四十年のベストセラー、ベスト10を調べると、上段の表のようになっている。

最初に第二位の『なせば成る』、第三位の『おれについてこい』の二作。これはオリンピックのときの日本女子バレー代表監督の大松博文の著作。この二作について、井上ひさしはこんなエピソードを書いている。

各企業の経営者たちは新年の挨拶や新入社員への訓示で、この不況の嵐を乗り切るために全社員一丸となって社業に邁進しなければならぬと説いたが、そのスピーチの前説や結語を決まってある人物の二冊の著作から引用した。
日本経済新聞社の調べによると、当時の上位二〇〇社の社長全員が正月と四月の訓示で、この人物の言葉を引用したという、もっとも多く引用されたのが、「なせば成る」、第二位が「わたしがしなくてだれがする。いましなくていつできる」であった。(17)

それまでの十一年間、全き不敗を誇っていたソ連チームを、猛練習によって克服、撃破して世界一に輝くまでの苦闘の記録である「おれについてこい」は発売後四ヵ月で五十万部売れ、この動きに合わせてあわてて書き下して発売した「なせば成る」は発売後ひと月あまりで四十万部売れたという。不景気に悩むビジネスマンの精神の活力剤のような本だった。

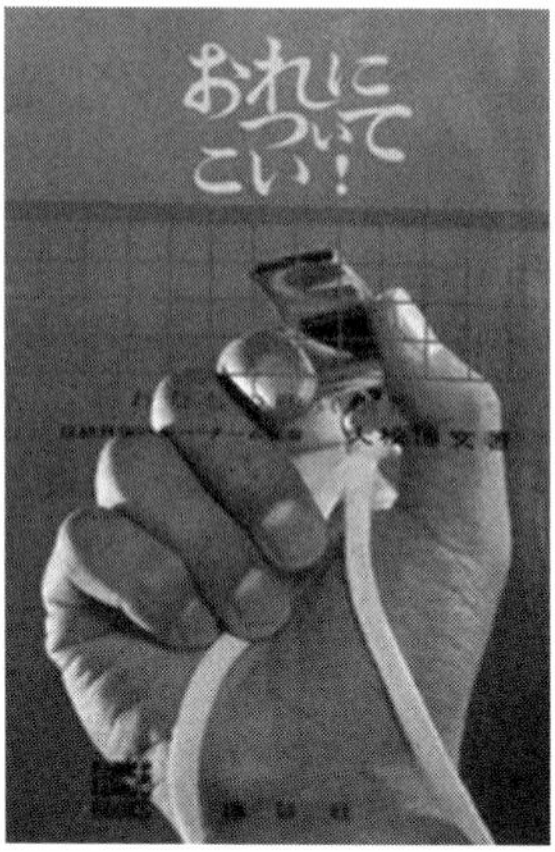

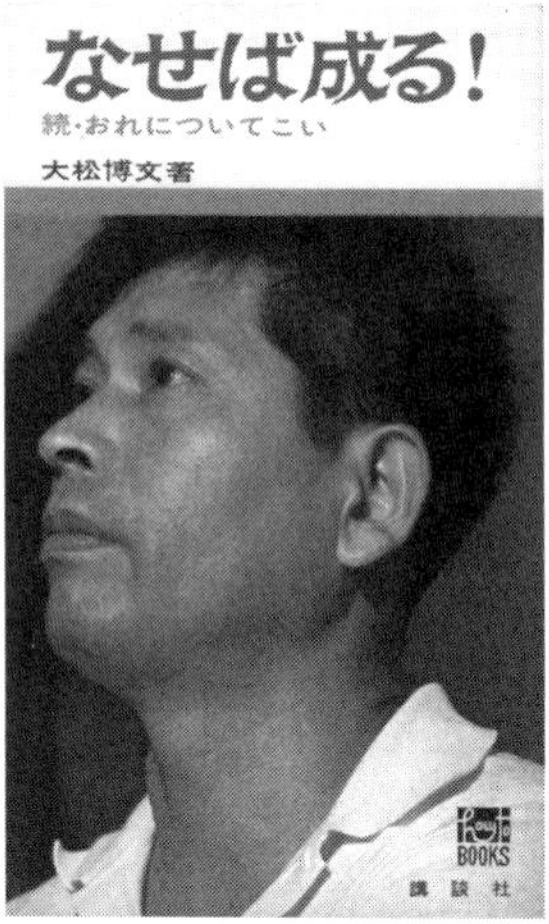

大松博文のベストセラー本二冊。『おれについてこい！』と『なせば成る！』。数奇な運命を辿った人で、戦争ではインパールの生き残り、その経験が激しいトレーニングで人間を鍛える訓練に結びついたが、教え子に手をあげたりしたことは一度もなかったという。オリンピック後、日紡貝塚を離れ、中国に招かれバレーボールを教えに。帰国後、参議院議員に立候補して当選。議員を一期務めた。57歳で心筋梗塞のために亡くなられた。

もう一冊。第一位にランクされた池田大作の『人間革命』について。この人も基本的には昭和のカリスマの一人だと思う。いまでも創価学会の名誉会長だから余計なことも書けないが、自分の子どものころの記憶を書くと、昭和三十年代の後半、わたしたちはまだ中学生だったが、同級生の女の子が家族で創価学会に入信したとのことで、まわりのクラスメイトをやたらと折伏しはじめた。折伏というのは語の意味を正確にと思って調べたのだが、相手を説得して創価学会の信者にする作業なのだが、子どものことで、説明の要領を得ず、なんかヘンなことを言い出したなと思った。「人間革命」とはどんな革命なのか。本を読み通したわけではないので断定的なことはなにもいえないが、社会や他人のことは措いて、自分をどう律して生きていくかという、人生の根本を説いたものだと了解している。創価学会のホームページには「人間革命」について、次のような説明がある。

創価の思想は「人間革命」という言葉に凝縮されています。「人間革命」とは、自分自身の生命や境涯をよりよく変革し、人間として成長・向上していくことをいいます。第2代会長・戸田城聖先生が理念として示し、第3代会長・池田大作先生が人生と信仰の指標として展開しました。池田先生の代表的な著作である、小説『人間革命』『新・人間革命』の主題には、「一人の人間における偉大な人間革命は、やがて一国の宿命の転換をも成し遂げ、さらに全人類の宿命の転換をも可能にする」とあります。「人間革命」とは、現在の自分自身とかけ離れた特別な存在になることでもなければ、画一的な人格を目指すことでもありません。万人の生命に等しく内在する、智慧と慈悲と勇気に満ちた仏の生命を最大に発揮することで、あらゆる困難や苦悩を乗り越えていく生き方です。(19)

これは人間の生き方を仏教思想のフィルターを通して書いた人生論だが、書かれていることの本質は一九六〇年代のさまざまの政治的・社会的な改革運動の結論と同じだったと思う。社会はなかなか思うように変えることはできないが、自分、つまり社会の構成員（民衆のすべて＝大衆）のひとりひとりが良き人間として生きていけば、必ず社会も良くなるのではないかという考え方だった。

これは、アメリカのヒッピー運動の活動家でもあったジョーン・バエズがセラピストとしての活動もはじめ、学生運動家だったスティーブ・ジョブスもそのあと自分の研究をつきつめて、パソコンのアップルを商品にして、ネットを通して世界を変えてしまった。そういう生き方のもつ考え方と共通している。

自分の人生を自分が信じる［善］の形にして生きるのである。つまり、ひとりの人間が努力して社会を良く変えるには、自分が生き方を良い方向に変えるしかないのだ。

わたしは創価学会の信者ではないが、［人間革命］の根本思想には賛成である。

この年の文学作品だが、記憶に残っているものがいくつかある。

写真、上から高橋和巳『憂鬱なる党派』（河出書房新社刊）、小林秀雄『本居宣長』（新潮社刊）、三島由紀夫『春の雪』（新潮社刊）。

のちに全共闘運動に大きな発言力を持つようになる高橋和巳はこの年、『邪宗門』、『堕落』、『憂鬱なる党派』と、力作を次々に発表している。

小林秀雄は『本居宣長』の連載を始めて、江戸文化の推敲のなかに身を埋めていく。

三島由紀夫は雑誌『新潮』にシリーズ、終生最期の作品となる『豊饒の海』の第一巻『春の雪』の連載を開始している。三島はこのほかに、四月にＡＴＧ（アート・シフター・ギルド）を通して発表する自作自演の映画『憂国』を製作しているのだが、日本で公開されるのは一年後、昭和四十一年四月のことである。

雑誌の全体的な状況は、前年、衝撃的に創刊して六十万部を売り尽くし、部数百万部への道を驀進しつつあった『平凡パンチ』につづく動きが活発だった。『現代風俗史年表』がこう伝えている。

『HEIBON パンチ DELUXE』は平凡出版刊。

『平凡パンチ』の成功に続けとばかり、『平凡パンチデラックス』（8月）、『宝石』（9月）。『F・6・セブン』（10月）が創刊。男性雑誌時代の到来と取り沙汰された。

テレビもこの路線を見逃さず、11月から『11ＰＭ』（ＮＴＶ系）がスタート。夜11時という時間にニュースから映画案内までの情報を流すナイトショーをもってくる冒険的な試みだった。当初の司会者は、三木鮎郎、大橋巨泉、小島正雄、朝丘雪路（東京）。藤本義一、安藤孝子（大阪）。（20）

雑誌の創刊につづいて、テレビ番組が始まったことも書いであるのだが、これらのことの背景にあるのは若い男たちのための消費のマーケットが出来上がりかけていたということがあったと思う。

男に対する価値判断の基準もハンサムとか美男子とかいうもの差しのほかに〝カッコいい男〟という見方が生じてきていて、これは日活映画の裕次郎や小林旭の演じた男の影響があるのかもしれない。

努力して、ファッションとかグルーミングとか、言葉遣いや酒の飲み方などのスタイルのなかに、女の子にモテル秘訣があるのだ、というような考え方が背景にあり、それに合わせてＭＧ５やバイタリスのような男性用化粧品やジーパンやサングラス、はては車まで男の生活のイメージに取り入れられて、巨大なマーケットができあがっていった。

当時、右手に『朝日ジャーナル』、左手に『平凡パンチ』といわれたが、これはみんなの前では熱心に『朝日ジャーナル』を読むが、家に帰って一人になると必死になって『平凡パンチ』を読んで、女たちにモテるための研究をする、という意味だった。

当時、すでにアメリカでは雑誌が広告収入によって支えられるという状況にあったが、日本でも、この『平凡パンチ』という、編集方針に生活提案やそのための情報を織り込んで記事作りをするという新しい雑誌のメディアの形ができ上がりつつあった。これがやがて、本格的に集広をするようになり、雑誌の有り様を根本的に変化させていく。この『平凡パンチ』の創刊を成功させたことによって、この後、平凡出版はオール・グラビア・マガジンである『アンアン』の企画を温めはじめるのである。

そして、最期に三島由紀夫の動向である。

三島は早くも、文壇のもつ文化の限界性に気が付いて、まわりの作家たちを信用しなくなっている。そのことが、彼の孤立をさらに深め、大衆文化の坩堝、つまり『平凡パンチ』的な世界にのめり込んで行くのだが、やがて戦後の日本文化を肯定せず、批判の意味を込めた作品を多筆するようになる。

年譜では、こういうふうになっている。

一月十六日　映画『憂国』のシナリオを脱稿し、大映のプロデューサーと具体化の協議に入る
二月十八日　映画『憂国』の相手役に山本典子（芸名・鶴岡淑子）を選ぶ。
四月十五日　三島、東京・砧の大蔵スタジオで十七日までかかって『憂国』を撮影。
四月三十日　編集作業を終え、映画『憂国』が完成。
十月＊＊日　フランス、パリのシネマテックで映画『憂国』の試写会、成功を収める。

上の写真は昭和35年に大映映画『空っ風野郎』に主演した記念のプロマイド写真。映画の評判はよくなかったが、出演料200万円、ベストセラー一冊分の稼ぎだった。三島は映画は商売として美味しい、いずれ自分で映画を作ってやろうと思っていた。下は翌年、映画公開時と同時に発売された小説『憂国』を収録した単行本『英霊の聲』。

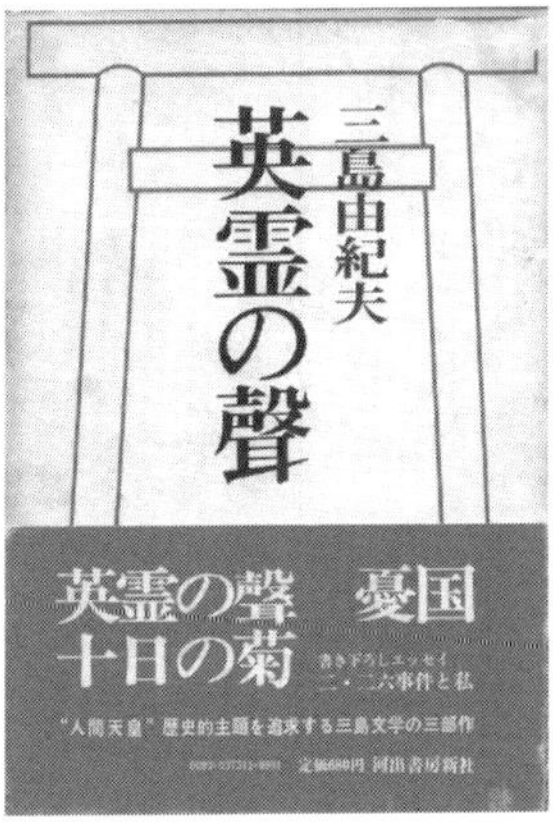

そして、この年の三島由紀夫にはもう一つ、ビッグ・ニュースがあった。九月二十五日の毎日新聞がノーベル賞の候補者の一人に三島の名前があると報じたのである。こういう記事だった。

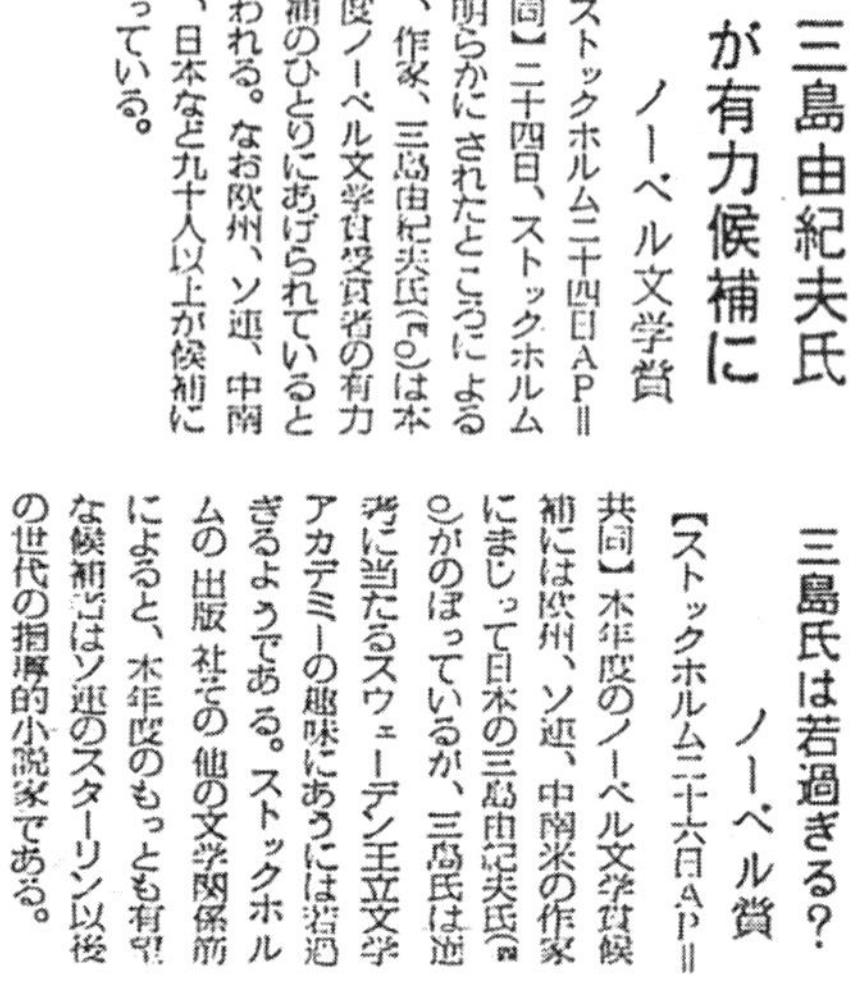

三島由紀夫氏
が有力候補に
ノーベル文学賞

【ストックホルム二十四日AP＝共同】二十四日、ストックホルムで明らかにされたところによると、作家、三島由紀夫氏(四〇)は本年度ノーベル文学賞受賞者の有力候補のひとりにあげられているといわれる。なお欧州、ソ連、中南米、日本など九十人以上が候補に上っている。

三島氏は若過ぎる？
ノーベル賞

【ストックホルム二十六日AP＝共同】本年度のノーベル文学賞候補には欧州、ソ連、中南米の作家にまじって日本の三島由紀夫氏(四〇)がのぼっているが、三島氏は選考に当たるスウェーデン王立文学アカデミーの趣味にあうには若過ぎるようである。ストックホルムの出版社その他の文学関係筋によると、本年度のもっとも有望な候補者はソ連のスターリン以後の世代の指導的小説家である。

この小さな記事が彼の人生を狂わせたのかもしれない。

［三島由紀夫氏が有力候補に〜ノーベル文学賞〜］
（ストックホルム発AP＝共同）
二十四日、ストックホルムで明らかにされたところによると、作家、三島由紀夫氏（四〇）は本年度ノーベル文学賞受賞者の有力候補にあげられているといわれる。なお欧州、ソ連、中南米、日本など九十人以上が候補にあがっている。

数行の囲み記事だったが、ノーベル文学賞に日本人の名前が出るのは初めてで、かなり衝撃的なニュースだった。つづく二十七日の夕刊にもノーベル文学賞候補報道の後追い記事が掲載された。これも毎日新聞。記事には「本年度のノーベル文学賞候補には欧州、ソ連、中南米の作家にまじって日本の三島由紀夫氏（四〇）がのぼっているが、三島氏は（略・年齢的に）若すぎるようである」とあり、本人、文壇、読者をがっかりさせた。

三島由紀夫の書斎。雑然としているが、ここから整然とした文学作品が多数作り出された。しかし、大衆的な支持（人気）をえて、文壇の評価を気にしなくなったところから、人から隔絶した独自の右翼思想をいだき始めていった。

映画の話にもどるが、『憂国』の日本での公開は翌（昭和四十一）年の四月十二日のことである。上映時間わずか二十八分の短編映画だったが、大変な反響を呼んでいる。『平凡パンチ』はこのニュースを［三島由紀夫氏の勝利］～ATGの新記録を樹立した『憂国』の観客数～」というタイトルをつけて、この映画の盛況ぶりを次のように伝えている。

原作・脚色・製作・監督・主演三島由紀夫氏の短編映画『憂国』の封切り（四月十二日、アートシアター併映ルイス・ブニュエル監督『小間使いの日記』）いらい、毎晩三島氏が新宿文化劇場に姿を現わし、話題をよんでいる。観客の反応を見たり、ロビーや事務室を歩きまわったり、「さすがの三島さんもちょっと落ちつかない」といわれるほどの気のいれかた。三島氏がこの映画の試写会すら、日本でおこなう前にツールの国際短編映画祭に出品したのは、かつて増村保造監督の『からっ風野郎』に出演して不評だっ

たのにコリ、外国の反響を見るためだったという噂もあるくらいで、日本の観客の反応が、気がかりだったようだ。(21)

映画は初日から新記録の観客動員で、その後も初日を上まわる成績を残し、三島を単に小説家としてだけではない、大衆的なスターへと祭りあげていった。小説『憂国』は昭和三十六年に、『宴のあと』裁判に前後して書かれた、日本陸軍の軍事クーデター(二・二六事件)を素材に書かれたものだった。

この年六月には、その小説『憂国』が収録されている単行本『英霊の声』も河出書房新社から刊行される。そして、このあと、三島はなにかに突き動かされるようにして右傾化していくのである。

【放送界】

最初にテレビの物理的状況を説明しよう。岩崎放送出版が作った『放送文化小史・年表』は昭和四十年までのテレビ界の記録をまとめたものだが、そこにはこんな記録がある。(22)

1964年〈11月末　テレビ受信契約数1657万6455(普及率80・3%となる)。
これはテレビ・ラジオ両方の放送が利用可能な契約だった。
ラジオだけの単独契約は281万0128。

1965年〈5・11〉テレビ・ラジオを合わせた契約数1726万1104。
〈9・30〉契約数1735万6730(84・1%)。

日本の全所帯のうちの84パーセントがテレビを見ている。ほぼ全国制覇をなし遂げた形である。

この本にはこの年の秋時点での世界のテレビの普及状況を調べた数字も概略だが載っている。

それによると、アメリカが６７１０万台、日本が１７７１万台、イギリス１４６１万台、ソ連１１８０万台、西ドイツ１００２万台、カナダ５００万台、その他の国々の合計４０３３万台である。日本はこの時点でもうすでに世界第二位のテレビ大国である。

また、電通発表の昭和三十九年度の綜合広告費は３４９１億円で、初めて３０００億円を突破。

前年度からの伸び率は17・1％で、前年（昭和三十八年）の伸び率22・5％に比べて増加率が逓減しているのは不況を反映したものである。ラジオの広告取扱量は１７０億に下降。雑誌の１９５億円に抜かれた、とある。

これらの数字にあまりリアリティを持てないのだが、現在の年間広告の総利用を調べると、マスコミに加え、インターネットやプロモーションメディア（イベントやダイレクト・メール、折り込みチラシ、展示など）も含めた広告料金の総量は６兆８０００億円を超えている。実に昭和三十九年の二十倍である。

マスコミの広告取扱２兆４５３８億円（前年比増加１０８・９％）のうち、テレビの広告取扱量１兆８３９３億円、雑誌広告が１２２４億円、ラジオが１１０６億円。テレビの広告取扱量は約六倍に、雑誌。ラジオも同様の倍数だが、数字を競っているのも往時と共通している。しかし、それでもマスメディアの広告取扱総量はインターネット広告に負けている。

ネットの方は２兆７０５２億円（前年比１２１・４％）と非常な伸び方をしていて、広告総量は、ネット

【昭和40年テレビ番組 視聴率ベスト20】		放送局	日時	放送時間	%
第1位	第16回NHK紅白歌合戦	NHK総合	12月31日	21:05～160分	78.1
第2位	ボクシング ファイティング原田対A・ラドキン	フジテレビ	11月30日	20:00～86分	60.4
第3位	ついに帰らなかった吉展ちゃん	NHK総合	7月5日	7:35～25分	59.0
第4位	ニュース	NHK総合	12月31日	21:00～ 5分	58.8
第5位	ボクシング ファイティング原田対E・ジョフレ	フジテレビ	5月10日	20:00～86分	54.9
第6位	ニュース	NHK総合	7月5日	21:30～60分	53.6
第7位	プロレスリング	日本テレビ	2月26日	20:00～76分	51.2
第8位	うず潮	NHK総合	2月12日	8:15～15分	47.8
第9位	スタジオ102（台風24号）	NHK総合	9月17日	7:25～35分	47.4
第10位	ニュース	NHK総合	9月17日	7:00～21分	46.7
第11位	たまゆら	NHK総合	7月5日	8:15～15分	44.7
第12位	そっくりショー	日本テレビ	3月30日	19:30～30分	43.0
第13位	ゆく年くる年	NHK総合	12月31日	23:45～15分	42.1
第14位	てなもんや三度笠	TBS	5月21日	19:30～30分	41.6
第15位	太閤記	NHK総合	10月17日	20:15～ 45分	39.7
第16位	アベック歌合戦	日本テレビ	1月25日	19:30～30分	38.6
第17位	愛染かつら	フジテレビ	8月20日	13:00～30分	38.5
第18位	ただいま11人	TBS	6月10日	20:00～56分	38.4
第19位	きょうのニュース	NHK総合	9月17日	19:00～30分	38.4
第20位	日本シリーズ第二戦南海対巨人	日本テレビ	10月31日	12:45～220分	38.3

がはじめてマスコミ・メディア（新聞、テレビ、雑誌、ラジオ）を上回っている。
こういう数字を調べると、いかにわたしたちが大量のコマーシャル・メッセージを全身に浴びながら生活しているかがよくわかる。

令和のいまの話はなどてかくても、昭和のこの時代、テレビは世の中の不況の大嵐にかかわらず、新登場のコマーシャル・メディアとして確固たる地位を築き上げて、揺るぎなかった。

そして、この年の放送番組の「ベスト20」は上表の通りである。

相変わらず、「紅白歌合戦」の視聴率がすごい。しかし、こうやってずらりと並べてみると、やはりスポーツ中継とニュースが強い。テレビの持つ速報性がもっとも効果的なジャンルであることがわかる。ランキングの最後にプロ野球が顔を出しているが、ここから巨人軍のV9が始まるのである。テレビにとっての巨人戦の中継はボクシングやプロレスのような突出した視聴率を稼ぎだすような番組ではなかったが、これに興味を持って楽しみにしている人はかなり多くて、巨人戦はどのテレビ局にとってもゴールド・カードだった。

それで、テレビ・ドラマ、歌番組などの状況だが、視聴率のランキングとかを離れて、このとき高校三年生で、十八歳になろうとしていたわたし自身の記憶も合わせて省みてみる。

この年のテレビ・ドラマの主要な動きは次のようなことである。

新しい傾向もいくつか指摘することができる。まず、『愛染かつら』の大ヒット。視聴率［ベスト20］のランキングを見ても、40パーセントに近い、けっこうな数字を稼ぎだしている。

原作は川口松太郎。医師と未亡人の看護婦の恋愛模様を描くメロドラマで、田中絹代と上原謙とか、京マチ子と鶴田浩二とか、それまで何度も映画化された作品のテレビ・ドラマ化。

今度の主演は吉田輝雄と長内美那子。この番組の放送時間はウィークデイの午後一時から三十分の帯ドラマ。主婦は午前中掃除したり洗濯したり家事をやって、お昼を食べて、あと夕方、買い物にいくまでなにもやることがなくこの番組を見て恋の成り行きにため息をついた。中心的な視聴者が主婦層であることを証明するような内容の番組だった。

若者向けの新しいドラマもつくられ始めている。日本テレビ系で放送された、夏木陽介主演の『青春とは何だ！』。熱血高校教師が社会の旧弊に敢然と（ラクビーというスポーツを通してだが）挑戦する物語。夏木陽介は、この番組に抜擢されるまで、東宝のB級アクション映画の主役を演じながら、イマイチ伸び悩んでいた若手俳優の一人だったのだが、この番組で若いスーパー教師を演じて、人気が爆発した。この「青春もの」はこのあと、日本テレビの定番商品になり、浜畑賢吉、中村雅俊、村野武範らが熱血教師役を演じて、人気者になっている。

それと忘れるわけにいかないのが大映のテレビ室が作って人気を集めた『ザ・ガードマン』。主演は宇津井健。中条静夫、稲葉義男、川津祐介、神山繁、藤巻潤、倉石功らが共演した。この作品も最高視聴率41パーセントを記録した人気番組で、この年放送を開始して、一九七一年まで六年間、三百五十回にわたって放送された。『テレビドラマ全史』は次のように書いている。

当時、アメリカから上陸したばかりの警備保障会社に目をつけ、「ザ・ガードマン」という和製英語をはやらせた。最高視聴率41％のアクションもの。S40年4月から6年9ヶ月、350回続いた。同番組の斬新

ドラマ『愛染かつら』、原作は川口松太郎。これまで何度も映画化されていたがテレビドラマ化は初めて。吉田輝雄は昭和37年に同名映画で岡田茉莉子相手に同じ役を演じている。

夏木陽介が熱血高校教師役を演じた『青春とは何だ！』。ラクビーがでてくるがスポ根のドラマではなく、高校生たちの人間的成長を見守る教育的な色合いを持つドラマだった。

宇津井健主演の『ザ・ガードマン』、斜陽大映の救世主的な存在だったが、大映本体が映画作りにしがみついていて非運のドラマになってしまった。

な試みは数知れない。まず、ガードマンという職業。警備員といえば守衛のおじさんがせいぜいだった時代。帝国ホテルなどが導入しはじめた警備一括システムにいち早く着目した。（略）

ドラマ初の大がかりな海外ロケも話題を呼んだ。

オランダ、スペイン、ポルトガルまで飛んだ。また、夜9時半からの放送とあって、内容を「大人向け」に設定。犯罪も人間のドロドロした欲望も、ギリギリまでつきつめた。アクションでありながら、女性視聴者が60％を占めた現象の秘訣は、海外ロケとこの「ドロドロ」路線にあったようだ。

2匹目のドジョウを狙って他局も類似番組に手を出したが、いずれも失敗。視聴率トップをつづける同番組にはしかし、風当たりも強かった。当時日本視聴者会議では、連続ワースト番組のレッテルを貼られた。警察に捕まった犯罪者が「ザ・ガードマンを見てヒントにした」と供述したこともあったからだ。この番組が突然打ち切りになったのも、この「逆風」が大きな原因。(23)

番組打ち切りの原因を、「逆風」と書いているが、これはそうではないだろう。

最終放送日が七十一年十二月二十四日とあるのだが、この番組の制作元であった大映が銀行で不当たり手形を出して、破産宣告を受けたのがちょうど十一月末。十一月二十八日に大映は全社員に解雇通告を出している。大映のテレビ室はそれ以上、番組の制作をつづけられなかった。

無念だったことだろう。

十二月二十八日、大映は東京証券取引所で上場廃止になっている

それから、こういう現代ドラマとは別に趣向を凝らした時代劇が何本も作られ、高い視聴率をとった。

映画の時代劇は飽きられて、製作本数が減ってしまったが、大河ドラマの『太閤記』（主演は緒形拳だった）、栗塚旭、船橋元のふたりが土方歳三と近藤勇を演じた『新選組血風録』、近衛十四郎が主演、品川隆二がおどけた三枚目の渡世人を助演した『素浪人月影兵庫』など。もしかしたら、この年、40パーセントを超える視聴率をとっている藤田まこと＝あんかけの時次郎の『てなもんや三度笠』も時代劇の新しい実験だったと書いてもいいかもしれない。

『新選組血風録』、原作は司馬遼太郎。土方歳三役に栗塚旭、近藤勇役は船橋元。新選組は本格的に悲劇的な存在として評価されるようになった。

ＮＨＫ大河ドラマ『太閤記』、このころはまだ大河ドラマという呼び方はしていなかったと思う。秀吉役を演じたのは新国劇からやってきた緒方拳、この人もここから人気俳優になった。

東映が製作していた『素浪人・月影兵庫』の近衛十四郎と品川隆二。絶妙のコンビ。最初のころはシリアスな時代劇だった。近衛の殺陣は見事。

テレビ・ドラマに関していえば、時代劇は作り方次第でまだまだいけることを証明している。

このあと、三船敏郎の『荒野の素浪人』シリーズや東野英治郎が主演した『水戸黄門』、加藤剛の『大岡越前』などの時代劇が作られることになる。

歌番組では渡辺プロがフジテレビに対して「ギャラは要りませんから番組を作らせて下さい」といってザ・ピーナッツを司会に、ミッキー・カーチスを綜合司会者にしてはじめた「ザ・ヒットパレード」が若い視聴者に安定的に好まれる歌番組になっていって、（歌番組の数も少なかったのだが）ちゃんとスポンサーが付き始めて、電通が本腰を入れて番組を売りだし、のちのちにはコカコーラとかキャノンというようなナショナル・スポンサーが付くようになっている。

フジテレビはこの番組のなかで、いろいろな試行を行っているのだが、この経験がのちに、『ミュージックフェア』や『夜のヒットスタジオ』などの番組作りに生かされている。『夜のヒット〜』の放送開始は一九六八年から、『ミュージックフェア』の放送は六十四年からで、こちらは塩野義製薬の一社提供で、現在もつづいている最長寿のテレビ番組である。また、ネット（ウィキペディア）の説明だが、「コンボ・バンドとしてザ・ピーナッツのバックをつとめていた『ジャッキー吉川とブルー・コメッツ』にも注目が集まるようになり、後年のグループ・サウンズ・ブームのきっかけともなった、という記述もある。

そして、実は『テレビドラマ全史』のこの年の大見出しには［低俗番組が横行］と大書されているのだが、番組がドラマでないせいか、どういう番組が低俗だったのかの説明がどこにもない。

ところで河出書房新社が作った『現代風俗史年表』には、昭和四十年のところに「白痴低俗番組？」という小見出しのついた項目があり、そこにはこんなことが書かれている。

不況といわれたこの年、製作コストが安上がりな視聴者参加番組が数多く作られた。

〝白痴番組の横綱〟といわれた林家三平司会の「踊って歌って大合戦」（NTV系）、トニー谷がソロバンのリズムにのって「あなたのお名前なんてえの」と軽妙に司会する「アベック歌合戦」（NTV系）、スターのそっくりさんを見つける「そっくりショー」（NTV系）、あこがれのスターに四人がせまる「プロポーズ作戦」（読売テレビ系）、「ちびっこのど自慢」（フジテレビ系）等、約五〇を超えるほどに。この年1月に発足した放送番組向上委員会が「司会者や審査員が出演者に卑わいな言動をしむけたりする…ような番組に中学生以下の子供を出演させないように」と自粛を要請した。(24)

ここに名前のあがっているどの番組も薄ボンヤリした記憶はあるが、林家三平やトニー谷などの笑いは確かに卑俗だったかもしれないが、その下品も大衆が求めていたもののひとつだった。番組の細かなところまでは記憶にないので、その良し悪しをここで論じるわけにはいかないが、大衆はテレビにバカバカしいが、気楽に笑える番組を（たぶん、いまも）求めつづけているのではないか。問題はスポンサーがなんというかということと、視聴率が取れるかどうかということだろう。

たしかに子供に剥き出しの大人の笑いを見せるのはどうかとも思うが、それではのちの『8時だョ！　全員集合』の加藤茶のストリップのまねごとなど、もってのほかではないかということになるのだが、これを放送委員会が糾弾した記憶はわたしにはない。忘れているのかもしれないが。

時代と状況に合わせて、文化の内包するタブーの領域が変化している、ということだろう。

話が枝道に入る形になるが、先年（二〇二一年）の三月に亡くなられた皇達也さんという方がいた。

この人は〝テレ朝の天皇〟と呼ばれたテレビの世界のカリスマだった人なのだが、この人の生前にインタビューしている。

彼は大学在学中から（慶應義塾の文学部である）テレビ朝日でアルバイトのＡＤ（アシスタント・ディレ

クター）を経験して、大学卒業後（昭和三十九年）、テレビ朝日に正社員として入社し、そこからテレビマンとしての歩みを始めた人である。ネットにはこんなプロフィールが紹介されている。

皇達也（すめらぎ たつや、1941年5月4日—2021年3月20日）は、日本のテレビプロデューサー。テレビ朝日にて事業局長、取締役制作局長を歴任後、テレビ朝日サービス代表取締役社長を務めた。テレ朝の天皇の異名で知られた。父は元広島大学学長で教育学者の皇至道。叔父も東北大学名誉教授で、玉川大学文学部長を務めた教育学者の皇晃之。広島大学附属中学校・高等学校、慶應義塾大学文学部卒業。慶應在学中からNETテレビ（日本教育テレビ。後のテレビ朝日）でアルバイトをしており、卒業後正式に入社。ドラマスタッフを経てバラエティ番組担当となり、人気番組を手がける看板プロデューサーとして活躍。映画、演劇、新聞といったあらゆるジャンルから集まって、テレビという怪物に立ち向かった先輩たちを〝テレビ第一世代〟と名付け、自らを純粋テレビ育ちの〝テレビ第二世代〟と自認していた。「外部との交際が上手くない」と言われたテレビ朝日の社風を破り、プロダクション、レコード会社、他局の同業者と交際を広げた。その積極姿勢が実り、萩本欽一、タモリ、武田鉄矢、ビートたけしなど、当代のテレビスターの中でも最もテレビ的なタレントを掌中に収め、同時期に報道番組のプロデューサーとして活躍していた小田久栄門とともに「テレ朝の天皇」の異名を奉られた。

皇さんにインタビューしたのは亡くなられる半年ほど前のことだった。こんな発言をしている。

「ボクがテレビの世界に正式に就職してディレクターとして仕事を始めたころは、演芸番組というのは低予算と言うことも会って、ドラマ作りやニュース報道よりも数段低く見られていたんですよ。ドラマは評判のいい番組がいくつもあったからなんだけど、ボクはドラマとは違う自分なりの番組の形を作りたくて、娯楽番組の新しい形は演芸番組しかないと思っていたんです」

演芸番組に目をつけていたということは、テレビというメディアを家族がそろって楽しくみられる、白痴番組等とはいわれない、それでも見ている家族が笑いの絶えない番組を作りたいということだったのだろう。

「当時、ほかの人が企画した番組の手伝いをしながら、浅草のコメディアンとかいろいろと面白そうなタレントを探しつづけていたんです。それまで浅草で活躍していたコメディアンたち（渥美清とか由利徹とか

テレビの新番組を次々と作り出していった皇達也。自分のオリジナルの企画書で自分の番組を作ることにこだわって、必死になって新番組を考え模索したという。下はテレビに出始めて大受けしていたコント55号。お笑いの革命児だった。

谷幹一とか）はみんな、テレビに活躍の場を映していて、こんな言い方しちゃいけないんだけど、ロクな人が残っていなかったですよ。コント55号はいたんだけど、そのころは二郎さん（坂上二郎）が突っ込みで、欽ちゃん（萩本欽一）がボケをやっていて、これはあまり受けていなかった。それがしばらくして、また見にいったら、役割が逆になって交代していて、欽ちゃんが突っ込みで二郎さんがボケをやっていた。これが大受けしていてね。面白いと思って企画書を会社に提出しなきゃと思ってあれこれやってるうちに、ボクは手をあげるのが遅くなって、番組をフジテレビに持っていかれてしまった。コント55号に目をつけた人のなかには三木のり平や八波むと志のマネージャーだった浅井良二さんとかもいてね、この人が浅井企画を作って本格的にコント55号のマネージメントを始めたんです」

演芸番組は前出の低俗白痴番組と陰口をたたかれるような番組作りから次第に健康、健全な番組作りが行われるようになる。皇さんの昭和四十年代半ばの番組作りの思い出話も次巻にゆずろう。

【註】

（1）『20世紀全記録』一九八七年刊　講談社　P・951
（2）『ベストセラーの戦後史2』P・45
（3）『二十世紀』P・306
（4）現代風俗史年表』P・168
（5）朝日新聞　二〇二二年一月元旦版　エンタメP・17

（6）現在は売上げ枚数の累積では『川の流れのように』に抜かれてしまったらしい。正確な数字は不明。
（7）『美空ひばり～時代を歌う～』一九八九年刊　新潮社　大下英治著　P・322
（8）『美空ひばり～民衆の心をうたって二十年～』P・117
（9）『美空ひばり～民衆の心をうたって二十年～』P・186
（10）『いつだって青春～わが人生のホリプロ～』P・147
（11）『いつだって青春～わが人生のホリプロ～』P・158
（12）『日本映画史3』P・55
（13）『映画年鑑1966』P・127
（14）『映画年鑑1967』P・212
（15）『御三家映画の黄金時代』二〇〇一年刊　平凡社新書　藤井淑禎著　P・11
（16）『御三家映画の黄金時代』P・69
（17）『ベストセラーの戦後史』P・45
（18）『MMT現代貨幣理論入門』二〇一九年刊　東洋経済新報社　L・ランダル・レイ　帯の惹句
（19）https://www.sokagakkai.jp/philosophy/human-revolution.html　創価学会ホームページ
（20）『現代風俗史年表』P・170
（21）『平凡パンチ』第102号　一九六五年五月二日号　コラム　P・33
（22）『放送文化小史・年表』一九六六年刊　岩崎放送出版　P・156
（23）『テレビドラマ全史』P・139

（24）『現代風俗史年表』P・172

あとがき　歴史は巨大な河の流れである

歴史は巨大な河の流れである。みんな、どの人もその巨大な流れに身を浸して生きている。そして、その滔々とした大流の全貌をいくら客観的に俯瞰して見ようとしても見極めることのできる人間はいない。しかし、そこにはたしかにひとつひとつの個別の事実と、その事実の累積の向こうに人間的真実がある。人間はいつも、自分が持ち合わせたなにがしかの知識、自分の目の前に見えるもの、感じること、思うことにしたがって、歴史のなかの特定の部分をどういう時代だったのかというふうに考える。

そして、そこからの教訓を得て、これから自分はどう生きていこうかと考える、そういう存在である。

特に現代史には、歴史とはいえない現実の部分が多量にあり、その河の流れのなかに身を漬けて流れの有り様を経験している人間が、その経験を排除して、流れの向きや強さを語ることは非常に難しい作業である。逆にいうと、その流れのなかで自分がなにを感じていたか、過去の、そこのところでなにが見えていたか、なにを感じていたかを自分の経験に即して語ることのできるということでもある。人はそれぞれ違うが、その違いも歴史の幅である。

世界の全容を見定めるのは至難の技で、どの人も同じところにいても、自分の立ち位置、置かれた生活環境、過去の記憶と経験などで、その大河の流れの果てに見るもの、それは歴史観であり、世界観であるのだが、それぞれの人によって認識が違ってくる。これは主体の立場に立って説明すれば、実は人間は過去をどう思い出せばいいのかという問題なのだが、わたしは自分がこの世に存在していなかった時代、つまり一九四七年（昭和二十二年）以前のことを原稿にするとき、なんとなく頼りない感じにまといつかれる。何故なのだろうか。

自分がこの世に存在しなかった時代、実はそれが本当の歴史であるのだが、その自分が生きていなかった時代の情報を手に入れる方法はふたつしかない。つまり、人から話を聞くか、それとも、記録として残されている資料を読み込むかである。そして、人から話を聞く場合もその人の経験談であるのか、それとも、その人もどこかで聞いたり読んだりした情報であるのか、ということがある。

これはもの書きとしての自分の体質なのかもしれないが、自分が直接に関わることのできなかったテーマ、たとえば太平洋戦争のことや、現代史でも沖縄の問題とか、福島の原発の問題でもそうだが、ジャーナリストであれば、テーマの潮というものがあり、その干満に合わせて福島や沖縄に行って思いの丈を綴れば、一冊の時宜を得たドキュメンタリーをものにすることが出来るだろう。しかし、わたしはなかなかその気になれない。そのときの気持ちのなかに、その問題に対峙するジャーナリストとしての必然性はどうなのかとひたすら自問する自分がいるのだ。

昔、開高健が集英社に頼まれて、ベトナム戦争の取材にでかけ、その見聞と経験を何冊かの本にしたことがあったのだが、これを吉本隆明がどういうつもりでベトナムに行って、本にしているんだ、物見遊山かと論難したことがあった。ルポライターであればとにかく現場に行かなければとか、親しくしている出版社から作家として頼まれた仕事なのだからやらなくちゃ、ということなのかも知れないが、たとえば、戦争を面白いと考えて取材にでかけるのであれば、わたしはそこに少しだけだが頽廃を感じる。わたしのなかにもそういう〝お出かけノンフィクション〟や〝売り狙いドキュメンタリー〟本に対する、吉本さんと同じような心情というか、どういうつもりでその問題に関わっているのだろうかというモチベーションに対する疑念がしつこく存在しているのである。

わたしの書くものを、自分のことばかり書いていやがると批判する向きもあるが、わたしは自分の生活や人生、原稿稼ぎではない書く必然性、それは自分が生きた証明を記録として残したいという本能なのかもしれないが、おそらく、それがコマーシャリズムを排除した書くこと＝記録することの本質である。自分が経験した歴史の場面を自分にかかわる形で、文章を書きそれを後に残したいという、説明できない情熱があるのだ。もちろん、わたしにだって多くは人に薦められてだが、自分に直接は関係のないテーマ、たとえばプロレスや野球やサッカーについて書いた本もあるのだが、その場合でも、時代の持っていたエキスのようなものを作品のなかに塗り込めるためにはどうしたらいいかを、必死で工夫して原稿書きをしてきたつもりだ。そのことの首尾は、わたしの著作のそういう系列の本を読んでもらうと分かるが、自分とそのことへのかかわりについて書いた部分には出来不出来もあり、あとから振り返って、この本、本当に書かなければならない本だっただろうかという反省の付きまとう作品もある。人になにを伝えたいのか、自分が生きた時代の人間の生き様を伝えたかったのではないのか、いつもそれを自問している。

そしてまた、歴史は同時に死者の生きた記録でもある。自分が年をとって、余計にそれを感じるようになった。

実は、本書の執筆中、何人もの芸能人が自殺した。このあとがきを書いているのは五月の中旬のことなのだが、直近で名前を上げると、渡辺裕行さんと上島竜平さんが相次いで亡くなられている。お二人とも一九八〇年代の中ごろに芸能界デビューして、四十年以上のキャリアを持つ人たちだった。

わたしは上島竜平さんとはいっしょに仕事したことはないが、渡辺裕行さんはモデルから俳優になったばかりのころ、自分が作っていた雑誌（『ターザン』）に何度かフィットネスのページにモデルとして出演してもらった。まだ二十代でハキハキした聡明な若者だった印象が残っている。

それにしても、芸歴四〇年で自死する――これはどういうことなのだろうか。

こういう長く芸能界で仕事していた人たちの自殺をどう考えればいいのだろうか。

何行か前に［歴史は死者の記録である］とわたしは書いたが、本書のなかに登場する多くの人たちがすでに鬼籍に入った故人であることも思えば、ひとしおの感慨である。これまで、あまり意識したこともなかったのだが、わたしの蔵書も死者の書いた本ばかりが書架に並ぶようになってしまった。この本を書きながら、過去とはそういうもの、死の累積であるとあらためて気付かされた。

本書のなかでもテレビ番組の主役で大当たりをとった俳優（丸井太郎さん、大辻伺郎さん）やブルー・コメッツの井上大輔さんが自死したことを書いているが、いろいろと調べて思うに、メディアが芸能人の人気というものに対して、ものすごく冷静で残酷である、ということがいえるのではないかと思う。

私見だが、当のご本人にとっては自分の名前をマスコミに曝して大衆の前に立ちつづけることが辛くなってしまったということがあるのだろう。三島由紀夫の自裁のように、自分の死を見世物にしてみせるという積極的な死もあるにはあるが、やはり、多くが肉体的にも精神的にも追いつめられて、人気との関係性、芸能のなかの資本の論理に呪縛されて失速、墜落していく感覚に襲われて、死を選ぶのだろう。

芸能産業を貫いて作動しているのは、これは他の産業でも同じ資本の論理なのだが、芸能が他の産業と事情が異なるのは、芸能人たちは自分（＝自分の名前）を商品として売っているということである。普通は、労働者は工場で働いたり、スーパーマーケットに八時間勤務してお給料をもらっているが、芸能界の労働は全然事情が違う。名前につれて（人気につれて、あるいは必要度に応じて）、それぞれもらえるお金（ギャラ）も違うし、人気の浮き沈みでも収入が変わってくる。極限の変動相場制である。

芸能人の収入が一定の金額で長くつづくということは、プロダクションが月給制をとらない限りあり得ない。必ず増減がある。給料制のプロダクションでも、渡辺プロなどはいまどうかわからないが、二年に一度くらい、商品（タレント、実は人間）の見直しがあり、売りものにならないタレントは解雇されていた。名前はあげないが、そういうタレントを何人も知っている。

わたしも自分の名前を曝して仕事をしている人間のひとりだが、自分でこんなことを言ったらおかしいかもしれないが、わたしは自分の名前で本が売れるという状況を（つまり人気作家になるということを）信用しないようにしている。テレビ局のだれかに売りこんで積極的に広報活動でもすれば、わたしの本も多少は余計に売れるのかもしれないが、そういう情熱を持って仕事する気になれない。自分の流行を渇望し、場に身をまかせて売れるようになったことで、その後みじめなことになった作家たち、ライターたち、タレントたちをたくさん見てきて知っているからだ。

メディアに自分を曝すことは、実は、自分の自由をコマーシャリズムに譲り渡すことでもある。テレビの世界で一人前と認められると、そのときから企業（スポンサー）のルールと主婦たちの保守的な生活感覚（つまり常識）に縛られて生きることになる。あまり具体的なことは書かないようにするが、不倫や立ち小便のような軽犯罪でも犯して、それを週刊誌などに告発されれば、商品としての名前は地に墜ちる。

芸能の論理の背後にはテレビの論理というか、スポンサーの論理があり、反社会的だと、どんなに人気があってもテレビには出してもらえない。しかし、そういう芸能人の商品価格を決めているのはいまや主としてテレビというメディアなのである。検察官が裁判官も兼任している裁判のようなものだ。

芸能人というか、名前で商売している人たちは、そういう辛い場所で不自由を噛みしめながら、事務所とマネジャーがつくり出すスケジュールに合わせて、家族と事務所のスタッフのために一生懸命に働くのだ。ひっそりと自由に憧れながらである。この論理に抗ったところで、マネジャーは（普通のマネジャーは）「もっとお金を稼ぎましょうよ」としか言わないのである。このことへの絶望が芸能人を自殺に追いやるのだ。個別にいえば、それぞれ固有の原因があるのだろうが、本質的にいえば、芸能人の自死の原因は「名前を曝して生きることに疲れた」、このことだと思う。

そのことだけの話ではないのだが、芸能の変遷のなかには大衆の欲動がある。わたしはそのメカニズムを調べることを戦争取材に行くように面白いと思っているわけではないが、自分の抱いた夢や願望を実現しようと必死になって努力して大衆に訴えかける［芸能者］たちの生は、記録しておくに値する、みんなが知っておくべきことだと思ってこれを書いている。必死になって生きる、そこから生じるエネルギーがあり、それは大衆文化だけではなく、社会全体を動かしていると、わたしは考えている。

最後になるが引用画像のこと。本書では本文の説明をわかりやすくするために画像を多用した。

画像引用は著作権が絡んだ問題なので、これまでの裁判などで下された判決が示している許容の範囲で引用するようにした。紙面の四分の一程度というのが宰領の基準なのだが、基本、そのルールを守って編集している。

例えば個別にネットなどからコピーして使わせていただいた貴重な画像もあるが、その場合はできるだけキャプションで所以を書くようにしたが、読者の煩瑣をさけるため個別のキャプションに逐一出典を明示しなかったものもある。ここで、画像を引用させていただいた資料を紹介しておく。

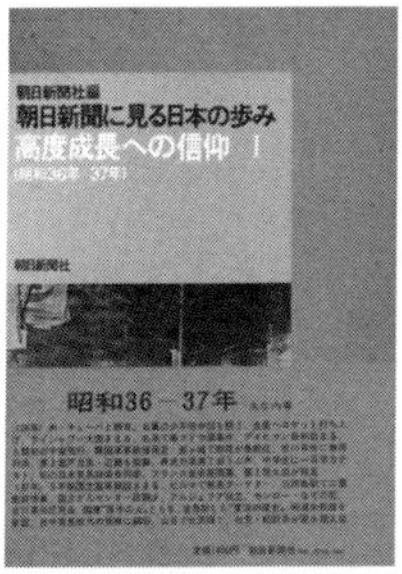

右一番上から毎日新聞社１９７６年刊『一億人の昭和史６～自立への苦悩（昭和27年―35年）～』、同『一億人の昭和史７～高度成長の軌跡（昭和35年―39年）～』、同『一億人の昭和史８～日本株式会社の功罪（昭和40年―47年）～』。左一番上から朝日新聞社編１９７６年刊『朝日新聞に見る日本の歩み～安保体制下の国造りＶ（昭和34～35年）』、同１９７７年刊『朝日新聞に見る日本の歩み～高度成長への信仰Ｉ（昭和36年～37年）』、つづいて講談社１９７８年『20世紀全記録（クロニック）』。

右上から東京ニュース通信社１９９４年刊『テレビドラマ全史』。マガジンハウス１９８８年刊『スタアの40年』。マガジンハウス２０１１年刊『昭和の美人女優』。左上、平凡出版１９７７年刊『週刊平凡特別増刊１月15日号～芸能界 この30年アルバム～』、河出書房新社（茉莉花社）２００５年刊『ＫＵＲＯＳＡＷＡ～演出・録音・記録篇』、下段は平凡出版１９５９年刊『週刊平凡』第34号。同誌の49ページを本書２３４ページに大きく使用している。発行後五十年以上が経過して著作権が消滅している。

資料紹介ついでの余談であるが、『昭和の美人女優』と『ＫＵＲＯＳＡＷＡ』は塩澤の著作で、画像の使用をマガジンハウス、東宝と契約書を結んで使用して執筆・編集した書籍である。

本書の姉妹編である『昭和芸能界史～昭和20年夏―昭和31年～』を刊行してから二年半が経過してしまった。その間、無為に過ごしていたわけではないのだが、自分でさえも、いかにも二年半は長すぎると反省している。この間、『スワノセ第四世界』という日本のヒッピーの話を本にしたり、『平凡パンチの三島由紀夫』を作り直したり、西城秀樹の本を作ったりしていた。世はコロナコロナで、わたしは生きるのに忙しかった。

本書の出版の大幅な遅れを、そんなに数はいないだろうが、わたしの本の熱心な読者に平身低頭、心のなかでは土下座をして謝りたい。

（塩）

【著者紹介】

塩澤 幸登（しおざわ　ゆきと） 小説家・編集者　1947年長野県生まれ。世田谷区立多聞小学校、同区立駒留中学校、都立千歳丘高校、早稲田大学文学部西洋史学科を経て平凡出版（現マガジンハウス）入社。雑誌編集者として月刊『平凡』、『週刊平凡』、『平凡パンチ』、『Tarzan』などの編集を担当。雑誌『Gulliver』編集長。2002年退社。以後作家活動に入り『KUROSAWA』、『海のバリへ』、『MOMOSE』、『UWF戦史』、『平凡パンチの時代』、『雑誌の王様』、『南ア戦記』、『スワノセ第四世界』、『人間研究 西城秀樹』ほかを執筆。

昭和時代の大衆文化を主なフィールドに著作をつづけている。

昭和芸能界史 ［昭和32年～昭和40年篇］
戦後の芸能界は如何にして発展したか

2022年6月20日　初版印刷
2022年6月25日　初版発行
著　者　塩澤幸登
発行者　堀内明美
発　行　有限会社 茉莉花社（まつりかしゃ）
〒173-0037　東京都板橋区小茂根3-6-18-101
電話　03-3974-5408
発　売　株式会社河出書房新社
〒151-0051　東京都渋谷区千駄ヶ谷2-32-2
電話　03-3404-1201（営業）
https://www.kawade.co.jp/
印刷・製本　株式会社シナノパブリッシングプレス

落丁本・乱丁本はお取り替えいたします。
ISBN978-4-309-92195-2
©2022　Yukito Shiozawa　Printed in Japan

発行：茉莉花社
発売：河出書房新社

茉莉花社の芸能本

ISBN-978-4-309-92238-6

1972年に歌手デビューして、先年、惜しまれて亡くなった西城秀樹の芸能活動、その存在が、時代のなかでどんな意味をもっていたのか。さまざまの分野の人たちの証言、熱烈なファンによる研究を収録し、西城の仕事ぶり、人となり、考え方を探る。

西城秀樹の人生の形は石原裕次郎と美空ひばりによく似ている

人間研究　西城秀樹

【塩澤幸登　著】

四六判並製本　578頁　本体定価2700円（税込み）2970円

ISBN-978-4-309-92189-1

戦後昭和の時代、芸能産業は日本社会の大衆文化形成の中心的な存在だった。終戦の焦土のなかから芸能者たちははどうやって立ち上がり、何を目指したのか。大衆文化の礎を築いた原節子　美空ひばり　黒澤明　清水達夫　小津安二郎　その足跡…

昭和芸能界史

ー戦後の芸能界は如何にして成立したかー

昭和20年夏〜昭和31年篇

【塩澤幸登　著】

四六判上製本　480頁　本体定価2700円（税込み）2970円